Walter Neidhart

Erzählbuch zur Bibel

Band 2

Geschichten und Texte
für unsere Zeit weiter-erzählt

Kaufmann/Patmos/TVZ

Meiner Frau Theodora,
die meine Arbeit begleitet hat

Die Deutsche Bibliothek – CIP-Einheitsaufnahme

Erzählbuch zur Bibel / hrsg. von Walter Neidhart und Hans
Eggenberger. In Zusammenarb. mit Max Bolliger... –
Lahr: Kaufmann; Düsseldorf: Patmos; Zürich: TVZ.
Teilw. in den Verl. Benziger, Zürich, Einsiedeln, Köln,
Kaufmann, Lahr und Theol. Verl., Zürich
NE: Neidhart, Walter (Hrsg.)

Bd. 2: Geschichten und Texte für unsere Zeit weitererzählt. –
2. Aufl. – 1993
ISBN 3-491-80027-7 (Patmos) Pp.
ISBN 3-7806-2238-6 (Kaufmann) Pp.
ISBN 3-290-10066-9 (TVZ) Pp.

2. Auflage 1993
Alle Rechte vorbehalten
© 1989 by Verlag Ernst Kaufmann, Lahr, Patmos Verlag GmbH,
Düsseldorf und Theologischer Verlag Zürich
Hergestellt bei Kösel GmbH & Co., Kempten
ISBN 3-7806-2238-6 (Kaufmann)
ISBN 3-491-80027-7 (Patmos)
ISBN 3-290-10066-9 (TVZ)

Inhaltsverzeichnis

Einleitung

Warum ein zweiter Band »Erzählbuch zur Bibel«?

Als das »Erzählbuch zur Bibel« 1975 erschien, waren Nacherzählungen und Transformationen von biblischen Geschichten auf dem Büchermarkt noch selten. Heute ist das anders. Es gibt eine Fülle von Versuchen, biblische Geschichten für die Gegenwart neu zu gestalten, mit verschiedenen Erzählstilen und je wieder anderem theologischen Erzählkonzept: Die einen erzählen naiv und bibelgläubig, andere reflektiert und kritisch. Die einen meditieren den Text ehrfürchtig und zeichnen ihn dann mit sparsamer Phantasie nach. Andere überlassen einer wild galoppierenden Phantasie die Zügel, ohne genau zu wissen, wo der Ritt schließlich hinführt. Für einige ist das Erzählen ein ernstes, beinahe heiliges Geschäft, andere wollen ihre Hörer unterhalten und mit ihrer Geschichte vor allem nicht langweilig sein. Einige erzählen respektlos. Ihnen sitzt der Schalk im Nacken. Andere mischen in ihre Geschichten wohldosierte Anachronismen ein und machen damit vielleicht auf die aktuelle Bedeutung ihrer Geschichte aufmerksam. Wieder andere erzählen ironisch und satirisch. Sie stellen das Gottes- und Weltverständnis der Bibel auf den Kopf oder machen uns normalen Bibellesern bewußt, wie wir, angeleitet durch gewisse biblische Erzähler, oft die irdische Wirklichkeit verzerrt und verkehrt wahrnehmen. Bei manchen tönt die Botschaft, die sie mit ihrer Geschichte vermitteln wollen, laut wie ein Posaunenstoß, bei anderen muß man auf Zwischentöne achten, um zu verstehen, was für sie an ihrer Geschichte aktuell und wahr ist.

Von diesen Nacherzählungen haben mich viele beeindruckt, ja begeistert. Ich sah keinen Grund, eine Fortsetzung des Erzählbuchs ins Auge zu fassen. Selbst als sich bei mir ein Grundstock von nicht publizierten Nacherzählungen anzusammeln begann, war das für mich noch kein Motiv, daraus ein druckfertiges Manuskript zu machen. Es war ja so viel Brauchbares und teilweise Besseres greifbar, als das, was ich zu bieten hatte.

Was mich schließlich trotz dieser Bedenken zum Schreiben des zweiten Bandes veranlaßt hat, war die Überlegung, daß ich offenbar mit dem ersten Band den Lesern etwas schuldig geblieben bin. Denn ich bekam in diesen Jahren immer wieder von mir unbekannten Lesern Briefe mit der Anfrage, wie ein bestimmter Text, mit dem sie Schwierigkeiten hatten, nach meiner Ansicht erzählerisch zu gestalten sei. Das gleiche fragten mich in Bezug auf bestimmte Texte ab und zu Redakteure von Zeitschriften und Leiter von Pfarrer- und Religionslehrerkonferenzen. Solche Anfragen waren für mich, wenn ich Zeit dazu fand, Anlaß, mich eingehender mit einem solchen Text zu beschäftigen und einen Entwurf zu einer Nacherzählung auszuarbeiten. Einiges davon ist da und dort publiziert worden. Anderes hörten nur die betreffenden Gruppen im mündlichen Vortrag. Es schien mir richtig, diese Entwürfe noch einmal zu überarbeiten, ihnen solche, die weder gedruckt noch vor einer Gruppe vorgetragen wurden, zuzufügen und sie in einem Band zusammenzufassen. Wenn der erste Band des Erzählbuchs als Versprechen verstanden wurde, daß auch schwierige Geschichten der Bibel durch phantasierendes Nacherzählen für heutige Hörer verständlich zu machen sind, soll der zweite Band dieses Versprechen wenigstens teilweise einlösen. Aus der Entstehung des Buchs erklärt sich die Auswahl der Texte. Sie ist zum größten Teil auf den Zufall solcher Anfragen zurückzuführen. Es werden Texte behandelt, die jemand für das Nacherzählen als schwierig empfunden hat, wobei ich mir nicht sicher bin, ob ich für alle Anfragen eine befriedigende Antwort gefunden habe. Andere Nacherzählungen dieses Bandes sind für mehrtägige Kurse oder Konferenzen mit Erwachsenen (oft Pfarrer oder Lehrer) entstanden. Im Tagesprogramm war nach Tradition am Morgen oder am Abend das vorgesehen, was man üblicherweise »Andacht« nennt. Wenn die Tagesarbeit aus dem Anhören von Vorträgen und dem Mitmachen bei Diskussionen in Gruppen und im Plenum besteht, sollte man aber, so meine ich, den Teilnehmern nicht noch eine Kurzpredigt zumuten. Wenn ich bei Tagungen für Morgenbesinnung oder Abendsegen verantwortlich war, habe ich deshalb auf eine Ansprache über einen Text verzichtet und entweder eine einfache Form mit Lesung, Stille, Gebet und Lied gewählt oder eine biblische Geschichte und eine Nacherzählung dazu vorgelesen und dann die Gedanken, die mich dabei bewegten, in ein Gebet zusammengefaßt. Von Tagungsteilnehmern habe ich oft dankbare Stimmen für das Dargebotene gehört. So habe ich auch einige Nacherzählungen, die für Tagungen entstanden sind, in diesen Band aufgenommen.

Die Hörer, die ich mir bei der Ausarbeitung meiner Nacherzählungen vorgestellt habe, waren darum in der Regel Erwachsene, nicht Schüler. In meiner jetzigen beruflichen Tätigkeit fehlen mir (leider) Kontakte mit Kindern und Jugendlichen. Die Geschichten dieses Bandes können also nicht unverändert für eine Gruppe von Kindern verwendet werden. Das halte ich nicht für einen Nachteil. Das Geschichtenerzählen vor Kindern gelingt dann am besten, wenn der erwachsene Erzähler zuerst selber als Hörer von einer Geschichte so berührt ist, daß er sie gern (in entsprechend veränderter Form) Kindern weitererzählt. Vielleicht geschieht das mit der einen oder der anderen Geschichte dieses Bandes bei einigen Lesern.

Zum ersten Band des Erzählbuchs haben noch andere Autoren Erzählbeispiele beigetragen. Ich war vor 15 Jahren froh, daß ich mit meinen Auffassungen über das Erzählen, die dem damals herrschenden theologischen Trend durchaus nicht konform waren, nicht allein als Buchautor in Erscheinung treten mußte. Einige Mitautoren haben, sofern sie es nicht schon damals waren, sich inzwischen selber als begabte und beliebte Erzähler profiliert. Sie werden verstehen, wenn ich diesen Band, dessen Nacherzählungen teilweise aus dem Gespräch mit Lesern des ersten Bandes hervorgegangen sind, ohne ihre Mitarbeit fertiggestellt habe.

Schwierigkeiten beim Nacherzählen von biblischen Geschichten

Die Schwierigkeiten mit Texten, die dazu geführt haben, mir einen Brief zu schreiben, waren oft durch theologische Probleme bedingt, nicht durch Fragen der erzählerischen Gestaltung. Die Briefschreiber waren beim biblischen Erzähler auf ein Glaubensverständnis gestoßen, das sie als heutige Christen nicht übernehmen konnten. Ihre Briefe haben mich herausgefordert, noch mehr über die Frage nachzudenken, wie wir solche Geschichten der Bibel weitergeben sollen. Wie verhalte ich mich gegenüber einem Text, der eine Vorstellung von Gott vertritt, die ich aus Glaubensgründen ablehne, oder eine ethische Anweisung lehrt, die dem von mir als Christ verantworteten Normverständnis widerspricht?

Eine solche Geschichte zu überschlagen, sie zu behandeln, als stünde sie nicht in der Bibel, geht nur bei Hörern, für die die Bibel ein unbekanntes Buch ist. Habe ich Schüler vor mir, die in der Kinderbibel oder in der Vollbibel nachlesen oder vorauslesen, was ich erzähle, oder sind sie in einer Kindergruppe, der ein anderer Erwachsener gern gerade diejenigen Geschichten darbietet, die ich wegen der damit verbundenen Probleme geneigt bin wegzulassen, dann bekommen die Schüler mit Recht den Eindruck, daß ich einer mir gestellten Frage ausweiche, wenn ich eine Geschichte kommentarlos weglasse. Es dreht sich hier um die Frage, auf die jeder christliche Unterricht heute immer wieder stößt: Wie gehe ich mit den Elementen der christlichen Überlieferung um, von denen ich mich ausdrücklich distanzieren will?

Jederzeit möglich ist die Lösung, daß ich die Geschichte, anstatt sie wegzulassen, so erzähle, wie sie überliefert ist, und ihr nachher kritisch das eigene Glaubensverständnis oder das eigene ethische Urteil entgegensetze. So kann der Schüler im Streit der verschiedenen Glaubensauffassungen den eigenen Weg suchen. Kinder werden in unserer Gesellschaft meistens schon vor dem Schuleintritt mit dem Sachverhalt konfrontiert, daß die für sie maßgeblichen Erwachsenen ihnen auf religiöse Fragen verschiedene, ja gegensätzliche Antworten anbieten. Daß sie dadurch auf ihrem Weg zum Glauben verunsichert werden, ist nicht zu vermeiden, aber man kann sie ermutigen, im Streit der Auffassungen ihrem persönlichen Urteil zu vertrauen und so eine eigene Überzeugung aufzubauen. Das lernen erstaunlich viele Kinder recht früh.

Für den Schüler ist jedoch die Auseinandersetzung mit einer Kontroverse in Glaubensfragen leichter, wenn er es nicht mit dem Gegeneinander einer biblischen Geschichte und einer theologischen Kritik des Lehrers an ihr zu tun hat, sondern wenn er zwei Versionen derselben Geschichte miteinander vergleichen kann, von denen die eine mit erzählerischen Mitteln die überlieferte Auffassung kritisiert. Auf diese Weise kann er auf der Ebene des phantasierenden Nacherlebens über grundsätzliche theologische Fragen nachdenken. Um dem Benützer des Bandes diese didaktische Möglichkeit aufzuzeigen, habe ich mir bei einigen biblischen Geschichten überlegt, wie ich durch Erzählen ausdrücken kann, daß ich mit dem biblischen Erzähler theologisch nicht einverstanden bin. Wie kann Kritik an bestimmten biblischen Auffassungen in erzählerischer Form zur Sprache kommen?

Meine Auffassung über das Verhältnis des heutigen zum biblischen Erzähler habe ich im ersten Band des Erzählbuches (S. 19–34) dargelegt: Als heutiger Erzähler habe ich nicht die Aufgabe, möglichst objektiv die Erzählabsicht und die Theologie des biblischen Erzählers zu übernehmen, sondern ich muß in meiner Geschichte von dem reden, was ich glaube, was für mich wahr ist. Grundsätzlich hat sich bei mir an dieser Auffassung seit der Arbeit am ersten

Band nichts geändert. Ich habe schon damals gewußt, daß ich bei bestimmten Texten mit meiner Nacherzählung indirekt den biblischen Erzähler kritisieren muß. Neu war für mich, daß ich diese Auffassung an einer Reihe von Geschichten konkretisieren mußte, und ich merkte wieder, wie leicht es ist, didaktische Prinzipien zu formulieren, und welche Schwierigkeiten es bereitet, sie durchzuführen.

Weil jetzt eine Reihe von Beispielen vorliegt, wird auch offenkundig, wie weit ich mich bei vielen Texten von der sogenannten biblischen Theologie entfernt habe. Manche Leser, die bestimmte im ersten Band formulierte Auffassungen nicht genügend beachtet und mich wohlwollend der Gruppe der beinahe bibelgläubigen Theologen zugerechnet haben, werden sich vermutlich über einige Nacherzählungen in diesem Band ärgern und empört sein. Das kann ich nicht vermeiden. Denn ich bin überzeugt, daß durch das unkritische Weitererzählen bestimmter Geschichten der Bibel während Jahrhunderten bei unzähligen Menschen seelischer Schaden angerichtet, Intoleranz gezüchtet und der Glaube an den barmherzigen Gott fragwürdig gemacht wurden. Darum halte ich es für notwendig, daß wir beim Umgang mit solchen Geschichten den Hörern unmißverständlich sagen, was wir daran ablehnen und warum wir das tun.

Den Widerspruch, den ich als Nacherzähler gegen einzelne biblische Erzähler anmelde, verbinde ich freilich nie mit dem Anspruch auf absolute Geltung. Meine Version ist nicht *die* wahre oder gar die *einzig* wahre. Sie ist nur diejenige Version, die meinem jetzigen Glaubensverständnis entspricht und die ich mit Überzeugung erzählen kann.

Kein Hörer darf den Eindruck bekommen, daß nur in dieser Version für ihn Wahrheit zu finden sei. Er soll die biblische Version mit der Nacherzählung vergleichen und selber entscheiden können, welche Elemente er aus der biblischen Überlieferung und welche aus der modernen Umformung übernehmen will. Die Nacherzählungen dieses Buches werden in ihrer Absicht nur durch den Vergleich mit ihren biblischen Vorlagen verständlich.

Biblische Vorlage und Nacherzählung

Noch einmal: Weil die Nacherzählungen Versuche sind, durch phantasierendes Nacherleben mit dem biblischen Erzähler ins Gespräch zu kommen, werden sie für den Hörer erst sinnvoll, wenn er den biblischen Text kennt. Benützt man eine Nacherzählung für eine Hörergruppe, bei der man die Vertrautheit mit der biblischen Vorlage nicht voraussetzen kann, so muß man ihnen in einer für sie geeigneten Übersetzung den biblischen Text vermitteln, entweder indem die Nacherzählung durch Vorlesen oder stille Lektüre des biblischen Textes vorbereitet oder indem beim rückblickenden Gespräch über die Nacherzählung der biblische Text studiert wird.

Weil mir der Vergleich der Nacherzählung mit der biblischen Vorlage wichtig ist, habe ich mir überlegt, ob es nötig wäre, bei jeder Nacherzählung auch den biblischen Text abzudrucken. Darauf habe ich mit Rücksicht auf den Umfang des Buches verzichtet, da ich ja mit Lesern rechne, die alle eine Bibel besitzen.

Leser und Benützer

Soweit ich über die Leser des ersten Bandes Bescheid weiß, waren sie mehrheitlich Nicht-Theologen. Das wird vermutlich bei diesem Band genauso sein. Ich verzichte darum (nicht ungern) auf den gelehrten Apparat mit Anmerkungen und bemühe mich darum, meine Gedanken so zu formulieren, daß sie für den, der nicht vom Fach ist, verständlich sind. Daß ich mich dennoch bei jedem Text gründlich mit der Fachliteratur auseinandergesetzt habe, war für mich selbstverständlich. Auch der Rat meiner Kollegen aus den biblischen Wissenschaften war mir bei manchen Geschichten wertvoll. Ich danke ihnen dafür.

Vom Leser, der sich für einige Nacherzählungen dieses Buches interessiert, unterscheide ich den Benützer, der es nach Anregungen für den Kindergottesdienst, den Religionsunterricht oder für Darbietungen in einem Kreis von Erwachsenen durchsucht und vielleicht einiges daraus verwenden wird. Für ihn sind jeder Nacherzählung Informationen über den Text vorangestellt. Sie enthalten theologische und historische Überlegungen dazu und/oder Gedanken zu den Problemen seiner erzählerischen Gestaltung. Der Leser kann diese vorausgehenden Informationen überschlagen. Sie sind zum Verständnis der Nacherzählung, im Unterschied zur biblischen Vorlage, nicht nötig. Wenn eine Nacherzählung nur auf Grund dieser Informationen in ihrer Absicht verständlich wird, stimmt etwas mit ihr nicht. (Daß dies dennoch bei einigen Nacherzählungen der Fall sein könnte, will ich nicht ausschließen!)

Für den Benützer aber sind die Informationen hoffentlich brauchbar. Wenn er mit seinen Hörern in ein Gespräch über die Geschichte tritt, werden sich Fragen melden, zu deren Beantwortung ein Hintergrundwissen über die Auslegung des Textes und über den Weg der Phantasie des Erzählers hilfreich ist. Ich will nicht zu viel versprechen: Wenn eine Gesprächsgruppe sich intensiv auf die Auseinandersetzung mit einer Nacherzählung und ihrer biblischen Vorlage einläßt, tauchen hundert Fragen auf, von denen ich bei der Niederschrift dieser Informationen nichts wissen konnte. Viele davon sind für Menschen unbeantwortbar oder lassen sich nur von jedem einzelnen für sich persönlich beantworten. Dem Benützer des Buches kann ich nur wünschen, daß er lerne, diesen unbeantworteten Fragen standzuhalten und der Versuchung zu widerstehen, als Erzähler auch noch die Rolle des allwissenden theologischen Briefkastenonkels zu übernehmen.

Die Gebete, die ich einzelnen Nacherzählungen beigefügt habe, sind nicht als Vorlage gedacht, die der Benützer wörtlich übernehmen kann. Er müßte sich bei jeder Formulierung fragen, ob sie seiner Weise des Betens entsprechen. Zudem sind sie auch formal keine liturgischen Musterbeispiele. Sie sollen den Leser und den Benützer nur darauf hinweisen, daß das Erzählen von Gotteserfahrungen anderer Menschen für mich mit Beten zu tun hat. Die Nacherzählungen sind nicht nur gemeint als Angebot an den Hörer, über einen biblischen Text neu nachzudenken und darüber in ein Gespräch zu treten. Was ich mit Menschen aus biblischen Zeiten phantasierend miterlebe, bewegt mich und löst das Bedürfnis aus, einige Gedanken, meistens als Bitte oder als Fürbitte, vor Gott auszusprechen. Die Gebete sind eine Anfrage an die Leser, ob sich in ihnen dieses Bedürfnis ebenfalls regt.

10

Das Erzählkonzept

Einige Kritiker meiner Nacherzählungen haben bei mir ein Defizit an Theorie konstatiert. Mit diesem Urteil mögen sie recht haben. Das hat mit meiner Vorliebe zu tun: Mir macht das Erzählen viel mehr Spaß als das Theoretisieren über das Erzählen. Wie mir scheint, kann ich das eine auch besser als das andere. Eine hieb- und stichfeste wissenschaftliche Theorie auszuarbeiten über Erzählen als anthropologisches Phänomen oder über Geschichten als sprachliche Gestalt oder über Geschichtenerzählen als Mittel der Kommunikation, das fällt mir schwer und überfordert vielleicht meine theoretische Vernunft und meine Fähigkeit zum abstrakten Denken. Ich will auf der anderen Seite freilich das, was ich als Erzähler zu bieten habe, nicht überschätzen. Mit meinen Geschichten verbinde ich keine literarischen Ambitionen. Sie sind bloß Versuche eines Lehrers, mit seinen Schülern ins Gespräch zu kommen. Ich habe mich zwar bemüht, von der Schreibtischsprache loszukommen und die Sätze so einfach und klar zu formulieren, daß man sie auch vorlesen kann. Aber in sprachlicher und gestalterischer Hinsicht habe ich oft Ansprüche, die ich an mich gestellt hatte, nicht erreicht.

Erzählen ist bei mir nicht an die Vorbedingung geknüpft, daß zuerst eine gute Erzähltheorie vorliegen muß, um daraus dann Erzählstil und -inhalte abzuleiten. Als junger Religionslehrer habe ich seinerzeit mit Erzählen begonnen, längst bevor ich wußte, daß es wissenschaftliche Theorien über das Erzählen gibt. Unterdessen habe ich gelernt, wie nützlich eine Erzähltheorie ist. Sie ermöglicht, das zu verstehen, was beim Erzählen geschieht, und hilft uns, die eigenen Fähigkeiten zum Erzählen vielleicht ein wenig zu verbessern.

Gert Otto hat eine Erzähltheorie vorgelegt, die mir einleuchtet und dazu verhilft, meine Erzählabsicht tiefer zu verstehen und ihr im Akt des Erzählens näherzukommen (G. Otto: Elemente einer Theorie des Erzählens im Religionsunterricht in: Religion contra Ethik ‹gemeinsam mit Ursula Baltz›. Neukirchen 1986). Ich übernehme sie dankbar. Gert Otto geht aus von der Unterscheidung zwischen Information und Erzählung, wie Walter Benjamin sie einmal gemacht hat. Eine Information berichtet über etwas, das geschehen ist. Der Informierende muß das Ereignis so objektiv wie möglich darstellen. Die Information ist nur brauchbar für den, der noch nichts über das Vorgefallene weiß. Je mehr schon darüber bekannt ist, desto geringer ist der Wert der Information. Eine Tageszeitung aus der vergangenen Woche lesen wir höchstens, wenn wir gerade von einer mehrwöchigen Reise durch die Wüste zurückgekehrt sind. »Die Information hat ihren Lohn mit dem Augenblick, sie muß sich gänzlich an ihn ausliefern und ohne Zeit zu verlieren, sich ihm erklären.« (W. Benjamin) Die Erzählung hingegen hat etwas mit dem zu tun, was für den Hörer nicht an Wert verliert, auch wenn ihm das Ereignis, von dem sie berichtet, bekannt ist. Die Kunst des Geschichtenerzählens liegt nach Benjamin darin, »weiter zu erzählen«. Dazu bemerkt G. Otto: »Der Begriff Weitererzählen hat bei Benjamin etwas vieldeutig Schwebendes. ›Weiter‹ meint einerseits die Erstreckung in der Zeit: die Geschichte nicht nur heute, sondern auch morgen und übermorgen zu erzählen. ›Weitererzählen‹ hat auch eine inhaltliche Komponente: die heute erzählte Geschichte ist nicht zu Ende, sie geht weiter ...«

G. Otto erläutert die Differenz zwischen Information und Erzählung noch mit einem Text von Peter Bichsel (Der Leser SL 1982). Bichsel erzählt von einer Reise nach Bali und von einer Diskussion mit seinem balinesischen Lehrer. Es geht um den Prinzen Rama, eine wichtige Figur in den heiligen Büchern Indiens. Bichsel will wissen, ob der Balinese daran glaube, daß Prinz Rama einst auf Erden gelebt habe, ob die Geschichte also im historischen Sinn wahr sei oder ob Rama nur die Person in einer von Menschen erfundenen Geschichte sei. Der Balinese fragt zurück: »Was willst du wissen? Willst du wissen, ob die Geschichte wahr ist, oder nur, ob sie stattgefunden hat?«

Die Information hat mit dem zu tun, was stattgefunden hat und was für den Empfänger immer mehr an Wert verliert, je weiter das Ereignis zurückliegt und je größer die Entfernung zwischen dem Ort des Ereignisses und dem Empfänger ist. Die Erzählung hingegen handelt von dem, was für ihren Hörer wahr ist, unabhängig davon, ob das Ereignis, von dem erzählt wird, stattgefunden hat, und unabhängig davon, wie weit der ursprüngliche Ort der Geschichte vom Wohnort des Hörers ist.

Übernehme ich diese beiden Begriffe für mein Erzählen, so heißt das: Ich möchte nicht informieren, sondern erzählen. Ich will auch weitererzählen, im Doppelsinn des Wortes: *zeitlich,* indem ich mich in einer für heutige Menschen verständlichen Weise an der durch Jahrhunderte vor sich gehenden Überlieferung von biblischen Geschichten beteilige, und *inhaltlich,* indem ich mich mit meiner Phantasie in die handelnden Personen einfühle und indem ich ihre Erfahrungen von meinem Glaubensverständnis her beleuchte. Dadurch sollen die Hörer zum Nachdenken motiviert werden und sich fragen, was an dieser Geschichte für sie wahr sein könnte.

Weil mir beim Weitererzählen die Frage nach der aktuellen Wahrheit einer Geschichte vor Augen steht, kann ich mit J. Lott sagen:»Ins Erzählen und Weitererzählen schießen Aspekte, Umstände, Figuren, Interpretamente ein, die dem biblischen Autor noch gar nicht zur Verfügung stehen konnten, weil er in einer anderen Zeit und Welt gelebt, geglaubt und geschrieben hat. Solches Transformieren vergegenwärtigt und verstrickt.« (Dörger/Lott/Otto: Religionsunterricht 5–10. München 1981)

Wenn diese Erzähltheorie meiner Erzählpraxis entspricht, müßte das Nacherzählen von biblischen Geschichten bei mir eigentlich zu einem Neuerzählen von Geschichten aus unserer Zeit führen: Von heutigen Menschen und ihren Erfahrungen mit Gott müßte in diesen neuen Geschichten die Rede sein, so daß der Hörer auch an ihrem Erleben phantasierend teilnehmen kann. Vielleicht wären die »exemplarischen Christen« der Gegenwart Hauptpersonen dieser Geschichten, oder es müßte von ganz und gar durchschnittlichen Menschen erzählt werden, die irgendwo im Stillen ihren Glauben praktizieren.

Warum enthält dieser Band keine solchen Geschichten aus der Gegenwart, wie sie vom Erzählkonzept her eigentlich erwünscht wären? Das werden einige Leser fragen.

Ich habe oft versucht, Geschichten vom Glauben, die in der Gegenwart spielen, zu erfinden. Die Ergebnisse waren bisher immer enttäuschend. Warum fällt es mir so viel schwerer, von Zeitgenossen und ihren Erfahrungen mit dem Glauben zu erzählen als von Menschen der Bibel? Haben diejenigen Prediger, die gern mit erbaulichen Geschichten ihrer Botschaft Kraft und Würze verleihen, diese Gattung von Geschichten so verdorben, daß sie für mich unbrauchbar geworden ist? Habe ich Angst vor erbaulicher Zudringlich-keit? Bin ich bei meinen bisherigen Versuchen darum beim Erzählen von pro-fanen Dingen steckengeblieben? Und wenn ich von Gott und vom Glauben etwas sagen wollte, fand ich es zu grell, zu massiv oder geschmacklos, und wenn ich die Aussage korrigierte und abschwächte, war sie zu undeutlich oder zu harmlos. Hindert mich die Angst vor der Erbaulichkeit am Erzählen oder stelle ich an Geschichten, in denen nicht von vertrauten biblischen The-men die Rede ist, zu hohe literarische Ansprüche? Erlaube ich mir, wenn es um biblische Geschichten geht, diesen bescheidenen, für mich realisierbaren Erzählstil, während ich bei Geschichten mit Personen aus unserer Zeit ein li-terarisch-professionelles Sprachniveau verlange, das ich nicht erreichen kann?

Oder hängt meine Schwierigkeit mit meiner Rolle als Theologe zusammen? Weil ich als Theologe immer einen Vorsprung in Kenntnissen über die Bibel habe, erwarten die Hörer, wenn ich als Erzähler vor sie trete, von mir wahr-scheinlich eine Geschichte aus der Bibel. Erleichtert mir diese Hörererwar-tung (oder das, was ich mir als Hörererwartung vorstelle), das Erzählen von biblischen Geschichten, während ich ja über Menschen der Gegenwart und ihre Erfahrung mit Gott nicht besser Bescheid weiß als viele Hörer und darum auch über keine besondere Kompetenz als Erzähler von Geschichten zu sol-chen Themen verfüge?

Oder hat das Fiktive, das bei keiner Geschichte ganz fehlt, ein anderes Ge-wicht, wenn es sich um Geschichten aus unserer Zeit handelt? Gelingt es mir bei modernen Geschichten nicht genügend, für die Hörer klar zwischen Infor-mation und Geschichte zu unterscheiden und ihnen deutlich zu machen, daß ich ihnen keine Information biete? Wenn das der Fall wäre, könte der Grund, daß mir das Erzählen aus der Bibel leichter fällt, auch darin liegen, daß ich die Ferne der biblischen Vergangenheit schätze. Erlaubt mir diese Distanz, dem Hörer mit meinen Geschichten nicht zu nahe zu treten? Ihm die Freiheit zu lassen, das, was ich ihm sagen will, mit der Begründung »Das ist ja eine Ge-schichte aus alter Zeit; sie geht uns nichts mehr an« in den Wind zu schla-gen? Wenn ich dem Hörer jedoch von einem Zeitgenossen und seinen Erfah-rungen mit Gott erzähle, rücke ich ihm ganz anders auf den Leib und fordere von ihm mindestens, daß er sich, wie ich erzähle, als mögliche Erfahrung eines heutigen Menschen gelten läßt. Habe ich etwa Angst davor, von mei-nem Hörer mindestens so viel zu fordern?

Mit diesen Fragen suche ich, meine Schwierigkeiten beim Erzählen von Glau-bensgeschichten aus der heutigen Zeit zu analysieren. Aber ich bin noch nicht zu einer abschließenden Antwort gekommen und kann nicht mit Sicher-heit sagen, welche Gründe bei mir eine Rolle spielen. Ich habe diese Liste mit Fragen zusammengestellt, um denen einen Anstoß zum Nachdenken zu ge-ben, die ähnliche Probleme mit solchen Geschichten haben, und um die Mu-tigen, die gern Glaubensgeschichten aus der Gegenwart erzählen, auf mögli-che Gefahren aufmerksam zu machen. Weil es mir aber wichtig erscheint, daß biblische Geschichten auch in inhaltlichem Sinn »weiter«-erzählt werden, hoffe ich darauf, daß fähige Erzähler uns Wege zeigen werden, wie man auch als durchschnittlicher Erzähler mit solchen Schwierigkeiten fertig wird. Grund zu meiner Hoffnung sind einzelne Texte verschiedener Autoren, die ich in den letzten Jahren – tief beeindruckt – gelesen habe.

Der Turmbau von Tschernobabel
(Gen 11,1–9)

Ähnliche Geschichten aus der Urzeit wie diese werden in vielen Kulturen erzählt. Sie wollen erklären, warum die Völker verschiedene Sprachen sprechen und warum sie sich über die ganze Welt hinweg ausgebreitet haben. In Genesis 11 scheint die Sprachenverwirrung der Grund für die Ausbreitung der Völker zu sein. Aber auch das Gegenteil wird erzählt: Weil verschiedene Gruppen der Menschheit weit voneinander entfernt wohnten, haben sich verschiedene Sprachen entwickelt.

C. Westermann vermutet, daß der biblische Erzähler mit dem Turm keine religiöse Vorstellungen verbinde, sondern sich ihn als Zentrum der Stadtbefestigung vorstelle (eine »Stadt mit einem Turm«). Der Bau sei Ausdruck für das Allmachtsstreben der jungen Menschheit. Ihm wird von Gott eine Grenze gesetzt. »Hinfort wird ihnen nichts verwehrt werden können, was sie zu tun vorhaben«, so überlegt sich Gott (Vers 6 b), und Westermann kommentiert: »Dies muß zu absoluter Autonomie der Menschheit führen, und damit wäre die Begrenztheit der Menschen in Frage gestellt, die mit ihrem Geschaffensein gegeben ist: ihr Gegenüber zum Schöpfer. Da aber die Menschheit ihre Existenz nur in ihrer Geschöpflichkeit hat, ist ihr Bestand durch die drohende Autonomie gefährdet.« (S. 733, Kommentar zur Genesis).

Die Volksetymologie von Vers 9, nach Westermann der Geschichte später zugefügt, erklärt den Namen Babel mit dem hebräischen Verb »verwirren«. Das könnte ein polemischer Spott gegen die Etymologie des Namens »Gottes Tor« bei den Babyloniern sein.

Mit dem, was der Text erzählt, was er andeutet und was man aus ihm zwischen den Zeilen herausliest, lädt er ein, das Scheitern des damaligen monumentalen Unternehmens mit dem Ende der Allmachtsträume der heutigen Menschheit zusammenzubringen. Daß der Glaube, alle Dinge seien technisch machbar, ein Wahn ist, daß dieser Glaube unseren Lebensraum mehr und mehr zerstört und daß dies bald zu einer Menschheitskatastrophe führen kann, das merken allmählich viele, mindestens solche, die nicht finanziell von diesem Wahn profitieren. Kann man das Aufwachen aus dem Wahn nicht durch diese Geschichten beschleunigen?

Überläßt sich der Erzähler den Wagenspuren, die durch viele seiner Nacherzählungen entstanden sind, so fühlt er sich ganz als Parteigänger des Gottes, der dem Versuch des Menschen, sich durch ein gewaltiges Werk einen unsterblichen Namen zu machen, ein Veto entgegensetzt. In ihrem Größenwahn wollten sie einen Turm bauen, dessen Spitze den Himmel berührt. Was sie bisher gebaut hatten, war so klein, daß der Herr herabfahren mußte, um es auch nur zu sehen. Mit seinem Befehlswort macht er das eitle Menschenwerk zunichte. »Er, der im Himmel thront, lacht, der Herr verspottet sie.« (Ps 2,4). Dieses Psalmwort wird zum Motto der Nacherzählung. Gott läßt die Gigantomanie der Menschen scheitern. Die großartige Stadt mit ihrem Turm bleibt ein Torso und wird zum Gespött. Und der Erzähler genießt es, wieder einmal auf der Seite des mächtigen Gottes zu stehen und mit ihm über die Arroganz der Mächtigen zu triumphieren. Im Alltag gehört der Erzähler ja in der Regel nicht zu denen, die an einem Schalthebel der Macht in dieser Welt sitzen. Er muß immer nur ohnmächtig und zornig zuschauen, was die Herren der Welt sich gegen das Recht Gottes erlauben. Um so mehr ist es für ihn eine Genugtuung, zu erzählen, wie Gott dafür sorgt, daß die Bäume nicht in den Himmel wachsen.

Man spürt beim biblischen Erzähler, wie mir scheint, auch eine gewisse Schadenfreude: Recht ist's ihnen geschehen, diesen Menschen, die sich so Hochmütiges in den Kopf gesetzt haben! Aus eigener Kraft wollten sie sich einen großen Namen machen und eine Völkergemeinschaft ohne Gott schaffen. Gott hat ihnen das Riesenspielzeug aus der Hand geschlagen.

Nimmt man den Text als Thema eines Familiengottesdienstes und läßt man die Kinder im Rollenspiel die Geschichte darstellen, mit bemalten Pappschachteln als Bausteinen, so spielen sie mit Begeisterung als Bauarbeiter das Chaos der Sprachenverwirrung und freuen sich, den Turm aus Karton zum Einsturz zu bringen (obwohl der Text nichts von der Zerstörung des Turms erwähnt). Auch ihre Freude hat mit Schadenfreude zu tun, mit der Freude daran, daß es andern dreckig geht und daß sie das verdient haben.

Je mehr sich der Erzähler und die Hörer den Gefühlen des Triumphs mit Gott und der Schadenfreude über andere hingeben, desto weniger fragen sie sich, was die Geschichte mit ihnen, den vom Gericht Gottes nicht Betroffenen, zu tun hat. Gott bekommt dadurch, daß so triumphierend von ihm erzählt wird, die Züge eines eifersüchtigen Herrschers. Er wird zu einem Gott, der nach der ausschließlichen Verehrung durch seine Untertanen begierig ist und streng darüber wacht, daß nur ER, nur Sein Name, verherrlicht wird. Er fährt zornig drein, wenn die kleinen Menschlein etwas unternehmen, was seine Alleinherrschaft auch nur von ferne in Frage stellt.

Ich muß überlegen: Verstehe ich als heutiger Erzähler Gott so? Sind diese Eigenschaften in seinem Bilde mir wichtig? Viele Nacherzähler bringen mit dieser Geschichte vor allem den eifersüchtigen Gott zur Sprache, den Gott, der aufpaßt, daß seine Herrschaft über die Welt gewahrt bleibt und daß jeder Versuch von Menschen, ohne ihn etwas Gutes zu vollbringen, verhindert wird.

Dieses Gottesverständnis entspricht gerade heute vielen Gläubigen. Das sind Christen, die in der totalen Emanzipation des modernen Menschen von allen bisherigen Bindungen nur den Sieg Satans sehen. Die Entwicklung der Supertechnik mit ihren Gefahren deuten sie mit Bildern aus der Apokalypse. Auch sie sind alarmiert durch die Anzeichen von kommenden Katastrophen, aber sie sind, auf Grund der biblischen Endzeitweissagungen, überzeugt, daß der Jüngste Tag unmittelbar bevorstehe. Die Welt sei dem Gericht verfallen. Diesmal gehe es nicht mehr so glimpflich ab wie damals in Babel. Jetzt sei für die gottlose Menschheit nur noch Gottes Strafe zu erwarten. Menschen, die sich bemühen, die Kriegsgefahr zu reduzieren und die drohende Umweltkatastrophe zu verhindern, würden Gott bei seinem Gerichtshandeln in den Arm fallen und damit erst recht seinen Zorn auf sich ziehen. Das Werk der UNO, die in ihrem turmähnlichen Palast in New York tagt, sei zum Scheitern verurteilt, weil die Mehrzahl der dort verantwortlichen Diplomaten Atheisten und Heiden seien.

Man kann die Geschichte vom Turmbau also so lesen: als Bestätigung, daß für die Menschheit von heute nichts mehr zu hoffen ist, und als Aufforderung

15

an den einzelnen, zu Gott und zum Glauben an Christus zurückzukehren, damit er mit der kleinen Herde der Gläubigen vor der Katastrophe durch Gottes Eingreifen entrückt werde.

Ich hingegen möchte mit dieser Geschichte ein Gottesverständnis darbieten, das mit meinem Glauben übereinstimmt. Sie soll Gott also nicht schildern als einen, der eifersüchtig und pedantisch aufpaßt, daß ihn die Menschen nicht links liegen lassen, sondern als den, der die Menschen alle liebt und für sie da ist. Meine Geschichte soll an den Gott des Jonabuchs erinnern, der Erbarmen mit den Menschen in Ninive hatte, weil »sie nicht einmal rechts und links unterscheiden konnten.«

Gewiß, eine Nacherzählung des Turmbaus soll die Alarmzeichen der Gegenwart, die eine Katastrophe ankündigen, nicht verharmlosen. Aber ganz ohne Hoffnung auf eine noch mögliche Rettung darf sie die Hörer nicht lassen, weil ich an den Gott der Hoffnung glaube, der sein Reich auf dieser Erde und nicht bloß im Jenseits bauen will.

Weil der Platz von Christen heute nach meiner Überzeugung an der Seite derer ist, die sich mit ganzer Kraft für die Bewahrung der Natur und den Aufbau des Friedens in der Welt einsetzen, auch wenn sie vielfach keine Christen sind, soll die Nacherzählung dem Hörer nicht die Rolle eines im Himmel sitzenden, über die Bewohner von Babel lachenden Zuschauers anbieten. Sie soll ihn vielmehr an die Solidarität mit allen Menschen erinnern, auch mit Atheisten und Ungläubigen.

Bringe ich den Text mit Problemen der Gegenwart zusammen, muß ich noch bedenken, daß der biblische Erzähler nichts Gutes von der Technik und vom menschlichen Erfindungsgeist erwartet. Für ihn beginnt die menschliche Hybris mit der Herstellung von Backsteinen und der Entdeckung des Asphalts als Bindemittel zum Bauen (Vers 3). Soll ich als Nacherzähler dieser Version des Textes gegen die Technik folgen? Soll ich in seinem Namen die Naturwissenschaften als solche verteufeln und ein alternatives Leben fern von der Technik fordern? Nach meiner Meinung sind die Gefahren für die heutige Menschheit nur durch neue naturwissenschaftliche Erkenntnisse und neue Techniken abzuwehren. Wir brauchen die Hilfe von Wissenschaftlern und Technikern, freilich von solchen, die nicht in den bisherigen Bahnen denken, sondern den Neuansatz mit der sanften Technik wagen. Kann die Nacherzählung zu einem solchen Neuansatz ermutigen?

Vor vielen tausend Jahren, in den Zeiten des Anfangs, lebten alle Menschen noch zusammen in den Bergen und wohnten in Höhlen und in Hütten aus zusammengeschichteten Steinen. Da beschlossen sie eines Tages, aufzubrechen und miteinander ein wärmeres Land zu suchen. Denn im Winter lag in den Bergen viel Schnee. Die Menschen litten monatelang unter der Kälte. Nach langer Wanderung kamen sie in die Ebene Sinear, die von zwei Strömen durchflossen wird. Dort gefiel es ihnen. Die Erde war fett. In den Wäldern gab es viel Wild. Im Sommer war es heiß, im Winter regnete es bloß. Die Menschen blieben, und ihre Herden wuchsen. Es fehlten ihnen nur

16

Steine zum Bau von Hütten. In der Ebene gab es Sand und Lehm, aber keine Steine. Die Hütten aus Ästen und Zweigen boten zu wenig Schutz gegen die Hitze des Sommers und die Nässe des Winters.

Da entdeckte ein Mann, wie man künstliche Bausteine aus Lehm formen kann. Brannte man sie im Feuer, so wurden sie hart wie Stein. Ein anderer fand heraus, daß es im Boden eine besondere Erdschicht gab, den Asphalt. Man konnte ihn im Feuer schmelzen und damit die Backsteine zusammenkleben und Löcher und Ritzen einer Mauer abdichten. Wenn der Asphalt abkühlte, glich er an Härte dem Stein. Jetzt gingen die Menschen daran, Häuser zu bauen, ein ganzes Dorf. Die Menschen freuten sich über diese technische Leistung. Sie genossen im Winter die trockenen, warmen Wohnräume und im Sommer den Schatten.

Aber die Frommen hatten Bedenken. Sie fanden: »Man darf die Werke der Schöpfung nicht verändern. Gott hat den Lehm und den Asphalt so geschaffen, wie sie sind. Man darf nicht in ihre Natur eingreifen. Wir dürfen nicht zu unserem Vorteil ihre Eigenschaften verändern. Wenn wir nicht mehr in den Bergen leben wollen, wo wir Schutz in Hütten aus Steinen fanden, müssen wir eben nach Gottes Willen unter der Unbill der Witterung leiden.«

Die übrigen Menschen hörten nicht auf diese Bedenken. Weil das Leben in der Ebene gut war, nahm die Zahl der Tiere und Menschen zu. Aus dem Dorf wurde eine Stadt. Weil sie stolz auf ihre Baukunst waren, sprachen die Menschen:

»Wir wollen unsere Stadt groß machen und einen Turm darin errichten. Seine Spitze soll zu den Wolken des Himmels reichen, damit Kinder und Kindeskinder staunen und sehen, wie tüchtig wir sind.«

Einer zeichnete den Plan des Turms. Ein anderer berechnete, wieviel Baumaterial nötig war. Sie verteilten die Arbeiten und wurden bald einig. Denn die Menschen damals hatten alle noch die gleiche Sprache.

Aber der Gott der Frommen war kein Anhänger des technischen Fortschritts. Als er im Himmel erfuhr, was die Menschen vorhatten, war er besorgt:

»Das ist nur der Anfang einer langen, bösen Geschichte. Wenn ihnen dieses Vorhaben gelingt, werden sie noch andere Dinge der Schöpfung zu ihren Gunsten verändern. Sie werden sich eine künstliche Welt bauen, und jeder Erfolg wird ihren Dünkel aufblähen.

Mit der Zeit werden sie meinen, es sei alles machbar und sie seien wie Götter.«

Der Gott der Frommen fuhr herab, um sich das Bauwerk anzusehen. Dann säte er den Geist der Zwietracht unter den Menschen aus. Sie bekamen Streit über die Auslegung des Plans und über die beste Weise, das Material zu beschaffen. Die, welche Lasten trugen, wollten die Arbeit der Aufseher verrichten. Die Aufseher wehrten sich für ihre Vorrechte. Sie schlugen mit Fäusten und Holzprügeln aufeinander ein und nahmen die Backsteine als Wurfgeschosse. Es gab Verletzte und Tote. Viele flohen gruppenweise aus der Stadt des Unfriedens. Andere wurden von den Starken, die sich des Vorrats an Backsteinen bemächtigt hatten, aus der Stadt vertrieben. Zurück blieben die Gewalttätigen, die über die besten Waffen verfügten. Sie hatten keine Lust, den Bau der Stadt und des Turmes weiterzuführen.

Die Frommen waren von Genugtuung erfüllt, daß ihr Gott die frechen Pläne der Menschen vereitelt hatte. Sie gaben der Stadt einen Namen, der sie an das Wort »verwirren« in ihrer Sprache erinnerte. Von da an lebten die Menschen in Gruppen getrennt und weit weg voneinander. Allmählich veränderten sich die Sprachen der einzelnen Gruppen. Neue Wörter kamen hinzu. Und die alten erhielten eine andere Aussprache oder eine andere Bedeutung. Schließlich wurden die Sprachen einander so fremd, daß keiner mehr verstand, was in einer entfernten Gegend von anderen Menschen geredet wurde.

Nach einigen tausend Jahren war es dann doch so weit: Die Menschen hatten die riesige Stadt weiter gebaut und standen jetzt vor der Vollendung. Alle wohnten wieder zusammen, außerhalb der Stadt wohnte niemand mehr. Da und dort sah man turmartige Wohnhäuser. Sie waren so hoch, daß es hieß, sie kratzten an den Wolken des Himmels. Die Menschen hatten gelernt, noch viele andere künstliche Stoffe herzustellen. Sie bekleideten sich mit ihnen, wohnten in ihnen, bewegten sich mit ihrer Hilfe fort. Sie ernährten sich von dem, was die Fleischfabriken herstellten, und von dem, was die Pflanzenfabriken auf den Markt brachten.

In der Stadt wurden viele hundert Sprachen gesprochen. Aber die Menschen wußten, wie man fremde Sprachen lernt und wie man aus der Muttersprache in diese übersetzt und umgekehrt. Bei großen Veranstaltungen mit Menschen aus verschiedenen Sprachgebie-

18

ten gab es zudem eine wunderbare Einrichtung: Jeder Teilnehmer zog sich Kopfhörer über die Ohren und drehte den Knopf an seinem Apparat, bis der Pfeil auf die eigene Muttersprache zeigte. Mochte der Redner auf dem Podium dann eine ganz fremde Sprache reden, jeder vernahm im Kopfhörer, wie eine flinke Übersetzerin in ihrer Kabine den Vortrag Satz für Satz in seine Muttersprache übertrug.

Doch das Leben in der Stadt war für viele eine Qual. Fast alle litten unter Angst. In der Stadt herrschte Bürgerkrieg. Einige Quartiere bekämpften sich. Leichen von erschossenen Männern, Frauen und Kindern lagen auf den Straßen. In anderen Quartieren wurden Waffen fabriziert.

Noch ein anderes Unheil drohte der Stadt: Aus den Mauern vieler Häuser und aus einigen Kunststoffen, mit denen die Menschen umgingen, stiegen von Zeit zu Zeit giftige Dämpfe auf. Viele Menschen wurden davon krank. Sie konnten aber nicht mehr aus der Stadt fortziehen und nach anderen Wohngebieten suchen. Denn außerhalb der Stadt, ringsherum, gab es nur noch die Wüste und das Meer.

Die Sachverständigen untersuchten die giftigen Dämpfe, um Abhilfe zu schaffen. Der eine verstand sich auf die Chemie der Gifte, der andere auf das Wetter, welches das Aufsteigen der Dämpfe auslöste, ein Dritter auf die Krankheiten, die entstanden. Techniker waren dabei, um Apparate zur Entgiftung der Wände zu bauen. Aber die Fachleute konnten sich nicht verständigen. Sie hatten wohl dieselbe Muttersprache, aber wenn sie von ihrem Fach redeten, benützten sie lauter Wörter, die den andern unbekannt waren. Und was jeder über sein Fach wußte, war so kompliziert, daß die übrigen Mühe hatten, es zu begreifen. Die Übersetzerinnen konnten ihnen bei der Verständigung nicht helfen, weil sie in ihrer Schule nichts von dem gelernt hatten, was die Fachleute aus ihren Gebieten wußten.

In diesen Tagen waren viele Fromme überzeugt, daß Gott seine Geduld endgültig verloren habe. Jede Bemühung, das Unheil von der Stadt abzuwehren, sei vergeblich. Nur für sich selber waren sie zuversichtlich. Sie glaubten, daß ihr Gott sie vor dem Untergang einzeln herausnehmen und zu sich heimholen werde.

Auch viele Bewohner der Stadt hatten die Hoffnung auf eine Rettung verloren. Sie gaben sich aber nicht der Verzweiflung hin, sondern sprachen:

»Lasset uns essen und trinken, denn morgen sind wir tot«.

19

Die Übersetzerinnen gaben ihre Anstrengungen jedoch nicht auf. Sie gingen weiterhin zwischen den Parteien des Bürgerkriegs hin und her und versuchten, das, was die einen von einem möglichen Frieden erhofften, den andern zu übersetzen.

Es gab auch viele Fromme, die sich an solchen Bemühungen beteiligten: Christen, die sich um Flüchtlinge aus den Bürgerkriegsparteien kümmerten, – Christen, die als Fachleute die Ursachen der Vergiftung und ihre Beseitigung erforschten, – Christen, die nach bisher verborgenen Wegen zur Versöhnung der Streitenden suchten. Sie hatten den Mut, auf eine noch mögliche Rettung der Stadt zu hoffen, weil sie daran glaubten, daß Gott alle Menschen der Stadt, nicht nur die frommen, liebt. In ihrer Hoffnung bestärkt wurden sie durch die Verheißung des Propheten, daß die Völker einmal die Schwerter in Pflugscharen umschmieden und gemeinsam zum Berg Gottes wandern und ihn dort in derselben Sprache anbeten werden. Auch die Pfingstgeschichte war für sie eine Ermutigung. Daß damals in Jerusalem die Menschen aus verschiedenen Ländern in ihrer eigenen Sprache verstanden haben, was die Jünger ihnen von den großen Taten Gottes verkündigten, das war für diese Christen wie ein Versprechen, daß sich solches wiederholen werde, – daß es einmal eine Sprache geben werde, die alle Menschen miteinander verbindet. Im Licht der Pfingstgeschichte erschien ihnen selbst das Geschäft der Übersetzerinnen nicht als etwas bloß Weltliches, sondern sie sahen darin einen Teil von Gottes Wirken mit dem Ziel, den Frieden auf Erden und die Gemeinschaft unter den Völkern herzustellen.

Hier bricht meine Geschichte ab, bevor sie einen erfreulichen oder einen traurigen Schluß gefunden hat, wie es üblich ist. Aber sie ist noch nicht zu ihrem Ziel gekommen. Die Geschichte von der Stadt mit ihrem Turm geht weiter, heute, morgen, in den nächsten Jahren, und wir spielen darin eine Rolle. Wie die Geschichte schließlich aufhört, hängt ein klein wenig auch davon ab, wie jeder von uns seine Rolle in ihr versteht und wie er sie spielt.

Von der Lobrede für Abraham zum Klagelied für Isaak (Gen 22,1–19)

Soll diese Geschichte Kindern erzählt werden? In einigen heutigen Lehrplänen fehlt sie. Im ersten Band des Erzählbuches habe ich Bedenken gegen sie als Stoff des Religionsunterrichts geäußert (S. 32). Verschiedene Religionslehrerinnen haben mich deswegen angesprochen. Es sei nicht möglich, diese Geschichte wegzulassen. In jeder Klasse sei sie einigen Schülern schon bekannt. Wenn diese dann fragten, warum man sie weggelassen habe, sei das kein günstiger Start, sie doch zu erzählen oder sie endgültig zu überspringen. Das war für mich ein Grund, wieder einmal eingehend über die Frage nachzudenken, ob und, wenn ja, wie ich diese Geschichte Kindern erzählen kann. Ginge ihnen Wichtiges verloren, wenn sie sie nie hörten? Was hat sie für Kinder zu bedeuten? Die Fachleute antworten verschieden auf die Frage, was der biblische Erzähler mit ihr sagen wollte und welche Wahrheit sie für heutige Erwachsene enthält: Stammt sie aus jener Zeit, in der für die Nachbarn Israels die Opferung des erstgeborenen Sohnes noch selbstverständlich war (2 Kön 3.26 f.; 2 Kön 17,31)? Will sie den Israeliten einprägen, daß Gott bei Rindern und Schafen das Opfer der Erstgeburt fordert, aber daß bei der Geburt eines Menschenkindes das Opfer durch Darbringung eines Tieres ausgelöst wird (Ex 34,19 f.)? Oder will der Erzähler Abraham preisen, weil er die Prüfung durch Gott so gut bestanden hat, will er ihn mit seiner Gottesfurcht und seinem Gehorsam als Vorbild hinstellen? Ist die Geschichte eine Lobrede auf Abraham, der bereit war, den Befehl Gottes auszuführen, auch wenn er sein Liebstes hergeben mußte? Will sie uns also ermutigen, wenn wir selber Prüfungen erleben und wenn uns Opfer zugemutet werden? Oder beabsichtigt der Erzähler, die Hörer am Leidensweg eines liebenden Vaters Anteil nehmen zu lassen, den tiefen Schmerz mitzuempfinden, den er in seiner Anfechtung erlebt? Hat Paulus die Geschichte recht verstanden, wenn er in ihr einen Hinweis auf den Gott der Liebe fand, der »auch seinen eigenen Sohn nicht verschont, sondern ihn für uns alle dahingegeben hat« (Röm 8,32)? Hat Abraham also am Leiden Gottes Anteil? Ist sein nicht ganz vollendetes Sohnesopfer ein prophetisches Zeichen, das auf das vollendete Opfer der Liebe hinweist, das Gott in seinem Sohn zur Erlösung der Menschheit vollbracht hat? Oder finden wir den Schlüssel zur Geschichte im Hebräerbrief, wenn im Kapitel über die Vorbilder des Glaubens behauptet wird (Hebr 11,17 ff.), der Glaube an die Auferstehung der Toten habe Abraham befähigt, den Sohn, wenn Gott es fordre, in den Tod zu geben? War Abraham überzeugt, daß Gott den von ihm Getöteten auferwecken wird?
Für alle diese Deutungen findet man im Text selber oder in anderen Stellen der Bibel gute Gründe. Alle werden auch in Predigten über diesen Text vorgetragen. Doch was haben sie alle mit den Kindern und ihrer Erlebniswelt zu tun? Ist es nötig, daß ein Kind mit solchen theologischen Gedankengängen bekannt wird?
Was in vielen gelehrten Auslegungen der Geschichte höchstens am Rande

steht, ist die Tatsache, daß sie für viele erwachsene Bibelleser ein Ärgernis ist und daß sie auch bei Kindern so wirkt. Daß Gott in dieser Weise einen Menschen prüft und daß der Preis dafür von einem Kind mit seinen Todesängsten bezahlt werden muß, das ist anstößig. S. Läuchli berichtet, wie er im Bibliodrama mit einer Gruppe die Geschichte darstellt und wie die Teilnehmer im rückblickenden Gespräch das, was sie im Spiel erlebt haben, verarbeiten. Hier kommt das, was Nicht-Theologen bei diesem Text empfinden, unzensiert zur Sprache:

»Hat Gott den unschuldigen Abraham quälen wollen, oder hat Abraham einfach Gott vorgeschoben, um seinen eigenen Wahn zu rechtfertigen? Wie der heilige Krieg des Propheten? Wie die Weißen, die nach Amerika gezogen sind und gesagt haben, Gott hätte ihnen das Land gegeben und dazu das Recht, die Indianer zu ermorden? Ist Gott sadistisch, oder ist Gott lediglich eine Ausrede für unseren Sadismus?
Seht ihr wirklich nicht, wie grausam diese Geschichte ist? Habt ihr keine Augen im Kopf, keine Ohren? – Aber er hat ihn doch nicht töten lassen! – Also: Wenn ich noch so brutal bin, aber der andere kommt noch mit dem Leben davon, dann ist Brutalität in Ordnung. Was für Sadisten haben wir da drin, und niedlich im Gewand der Religion. Wenn die Juden und Indianer am Schluß nicht vernichtet werden, ist der Rassismus in Ordnung. – Stelle dir mal vor: Dein Vater hat einen Revolver, hält den geladen vor deinen Kopf, einen geladenen Revolver... Aber der Revolver ging nicht los, wendet jemand ein. – Habt ihr gehört: Der Revolver ging nicht los. Und das nennen diese Heuchler: Liebe und Gottes Prüfung. Also drauf: Wir spielen Ku-Klux-Klan, verdammte Schwarze, Kreuz im Garten. Aber wir zünden das Kreuz nicht an, alles ist in Ordnung, wir stellen die Leute doch nur auf die Probe.«
(In A. Kiehn (u.a.): Bibliodrama, Stuttgart 1987)

Läuchli nennt diese Reaktionen den mythischen Schock. Es ist Zorn über die Geschichte oder über ihre Analogien in der Gegenwart oder Zorn über sich selbst, daß man bisher nicht gemerkt hat, wie furchtbar die Geschichte ist, oder Zorn über die Theologen, die nur Harmloses darüber zu wissen scheinen.
Dahinter steht die erschreckende Erkenntnis, daß unsere Wirklichkeit tatsächlich so hart und grausam ist, wie die Geschichte erzählt: »... daß Leute töten und daß sie die Stimme der Götter dafür verantwortlich machen. Die Tochter des Jephtha kam nicht mit dem Leben davon. Die erstgeborenen Ägypter auch nicht. Die Familie des Korah auch nicht. Oder denken wir an Iphigenie. An die unschuldigen Kinder der Weihnachtsgeschichte. An die Kinder der Medea. An Gulag, Nicaragua, El Salvador ...«
Das glückliche Ende der Opferung Isaaks emöglicht dem, der die Erkenntnis dieser Wirklichkeit (noch) nicht ertragen kann, sich vor dieser in die Geschichte zu flüchten und sich damit zu trösten, daß Isaak nicht getötet, sondern im letzten Moment gerettet wurde, – oder damit, daß es ja nur eine Geschichte aus alter Zeit sei. »Es ist die Genialität unserer Tradition, daß sie uns vor ihren eigenen Aussagen und dabei zugleich vor uns selbst schützt.« Aber für Läuchli ist eben das auch ihre Schattenseite, daß man mit ihrer Hilfe die grausame Wirklichkeit verhüllen kann. »Das ist die Tragödie dieser Geschich-

te: daß Menschen sie hören, Vorlesungen geben, über sie predigen, sie sogar auf hebräisch auswendig können und am nächsten Tag mit größter Brutalität an ihren eigenen Kindern weiterführen werden.«

Im Blick auf die Reaktionen von Erwachsenen im Bibliodrama fragen wir uns noch einmal, ob wir diese Geschichte den Kindern überhaupt zumuten dürfen. Überfordern wir sie nicht, wenn wir sie dem Schrecklichen aussetzen, das in der Erwachsenenwelt passiert? – Doch man darf sich das Dasein des Kindes nicht als Paradies auf einer Insel der Glückseligkeit vorstellen. Selbst das von Liebe umsorgte Kind aus behütetem Elternhaus ist nicht so ahnungslos gegenüber den grausamen Aspekten des Menschseins, wie wir Erwachsenen oft meinen. Es fühlt in sich selber zerstörerische Kräfte, die ihm Angst machen, und begegnet in der Außenwelt dem Leiden, das durch böswillige Menschen verursacht ist. Und die vielen Kinder, die nicht das Vorrecht eines solchen Elternhauses genießen, kennen oft die Brutalität der Erwachsenen besser als deren Liebe und Güte. Daß Kinder Angst haben vor bösen, starken Erwachsenen, die ihnen etwas zuleide tun könnten, hört der Erwachsene, wenn er Märchen von Räubern und Hexen erzählt und nachher mit den Kindern darüber spricht. Die Märchen thematisieren jedoch nur selten die Erfahrungen mit einer bösen, verschlingenden Mutter (diese ist im Märchen meistens die Stiefmutter, nicht die leibliche) und mit einem Vater, der im Zorn oder aus höheren Prinzipien das Kind schlägt oder tötet. Dabei gehören die Tötungswünsche des Vaters gegenüber dem Kinde, mit dem er die Liebe seiner Frau teilen muß oder das seine Nachtruhe empfindlich stört, ebenso zu den tiefenpsychologisch erkennbaren Sachverhalten einer Normalfamilie wie der nach der Ödipussage beschriebene Tötungswunsch des Sohnes gegenüber dem Vater.

Bei meinem erneuten Nachdenken über die Geschichte habe ich mich gefragt: Läßt sie sich so erzählen, daß durch sie das Kind die Möglichkeit bekommt, seine Ängste und Haßgefühle gegenüber einem zornigen oder einem kalt berechnenden Vater zur Sprache zu bringen und vielleicht ein wenig zu bewältigen? Um das zu erreichen, dürfte man sie freilich nicht wie der biblische Erzähler nur aus der Identifikation mit dem Vater nacherleben. Auch die großen und berühmten Ausleger dieses Textes – alle männlichen Geschlechts – haben sie aus der Parteinahme für den Vater erzählt, und das Ergebnis war dann meistens eine Lobrede auf Abraham. Ich möchte sie erzählen, indem ich für das Kind Partei nehme. Dann kommt wohl eher ein Klagelied für Isaak heraus.

Ich habe einmal einen Song gehört, in welchem dieser Wechsel der Parteinahme eindrücklich vollzogen war. Der Sänger kannte die Herkunft seines Liedes nicht, so daß ich es hier ohne Quellenangabe zitiere. Es soll zeigen, wie weit man gehen muß, um in dieser Geschichte, die so laut vom Gehorsam des Opfernden redet, auch das Leiden des Opfers zu entdecken.

The door it opened slowly	Die Tür ging langsam auf,
My father he came in	mein Vater trat herein,
I was nine years old	neun Jahre war ich alt.
And he stood so tall above me	Groß stand er über mir.
Blue eyes they were shining	Die blauen Augen blitzten,
And his voice was very cold.	und kalt war seine Stimm'.
Said »I've had a vision	»Eine Vision hatt' ich«, so sprach er,
And you know I'm strong and holy	»du weißt, ich bin von Gott geheiligt,
I must do what I've been told.«	was er befiehlt, das muß ich tun«.
So he startet up the mountain	So begann der Marsch zum Berg hinauf,
I was running he was walking	er schritt voran, ich rannte nach,
And his ax was made of gold.	er trug die Axt, aus Gold gemacht.
The trees they got much smaller	Die Bäume wurden kleiner,
The lake a lady's mirror	der See dem Spiegel gleich,
We stopped to drink some wine	Bei der Rast gab's etwas Wein.
Then he threw the bottle over	Dann warf er weg die Flasche,
Broke a minute later	stand plötzlich auf danach,
And he put his hand on mine.	legt seine Hand auf meine.
Thought I saw an eagle	Ich dacht, ich säh' einen Adler,
But it might have been a vulture,	vielleicht war's auch ein Geier,
I never could decide.	entscheiden konnt' ich's nicht.
Then my father built an altar	Einen Altar baut' der Vater,
He looked once behind his shoulder	schaut' über die Schultern zurück.
He knew I would not hide.	Er wußt', ich lauf nicht fort.
You who build the altars now	Ihr, die ihr heut ›Altäre‹ baut
To sacrifice these children	und drauf die Kinder opfern wollt,
You must not do it any more.	ihr sollt dies nie mehr tun!
A scheme is not a vision	Eine fixe Idee ist kein Auftrag von Gott!
And you never have been tempted	*Ihr* wurdet nie versucht,
By a demon or a god.	von einem Dämon oder Gott.
You who stand above them now	Die ihr heut' über ihnen steht,
Your hatchets blunt and bloody,	mit Beilen, stumpf und blutig:
You were not there before.	Ihr wart nicht mit dabei,
When I lay upon a mountain	als ich auf jenem Berge lag
And my father's hand was trembling	und meines Vater Hand zitterte
With the beauty of the word.	vor der Herrlichkeit des Wortes. …

Läßt sich die Geschichte beim Nacherzählen so umformen, daß die Hörer miterleben, was dem Kind Isaak widerfahren ist? Darf sie überhaupt in einer anderen Gestalt als der überlieferten wiedergegeben werden? Diese Frage hat hier doppeltes Gewicht. Seit Erich Auerbach (in: Mimesis. Dargestellte Wirklichkeit in der abendländischen Literatur. Bern 1946) dies im Vergleich mit einer Stelle aus der Odyssee so eindrücklich gezeigt hat, haben die Ausleger immer wieder bewundernd festgestellt, daß wir es hier hinsichtlich der Knappheit der Erzählmittel, des Verzichts auf epische Breite und der nicht mehr zu übertreffenden Kürze des Gesprächs zwischen Vater und Sohn mit einem Stück Weltliteratur zu tun haben. Nur der Banause, der nichts von der Vollkommenheit eines literarischen Kunstwerks weiß, würde sich anmaßen, ein Goethe-Gedicht oder eine Fabel textlich zu verändern, eigene Formulierungen beizufügen und sie für eine neue Aussage-Absicht brauchbar zu machen. Sind wir dem biblischen Erzähler, dessen Text literarische Qualität hat, nicht dieselbe Ehrfurcht schuldig?

Doch gerade diese Geschichte ist schon von den jüdischen Erzählern des Altertums immer wieder nacherzählt und dabei umgeformt worden. Keine ihrer Nacherzählungen (»Midraschim«) erreicht die künstlerische Vollkommenheit der Vorlage. Keine wollte den biblischen Text ersetzen. Sie wurden alle für Hörer erzählt, die den Urtext kennen. Aber die Umformungen entsprachen einem Bedürfnis. Die biblische Vorlage hatte bei den Hörern Gefühle geweckt und Fragen ausgelöst. Die Umformungen versuchen, mit diesen Gefühlen umzugehen und die Fragen zu beantworten. Daß die Geschichte nicht bloß unverändert rezitiert, sondern in vielen Varianten und Modifikationen neu erzählt wurde, zeigt, daß sie lebendig ist, und daß sie die nachfolgenden Generationen immer neu zur Auseinandersetzung herausfordert.

Eine dieser Hörerfragen bezog sich auf Sara, über die der Text schweigt. Wußte sie, was Abraham mit dem Sohn vorhatte? Eine Nacherzählung (Midrasch) antwortet darauf, indem sie von einer Lüge Abrahams berichtet: »Da sprach Abraham in seinem Herzen: Wie soll ich es anstellen, meinen Sohn Isaak von seiner Mutter Sara zu trennen, um ihn dem Herrn als Brandopfer darzubringen? Und er ging hin in die Hütte und setzte sich vor sein Weib Sara und redete mit ihr in folgender Weise: Siehe, unser Sohn Isaak ist groß und hat bisher von dem Dienst des Herrn nichts gelernt; so will ich morgen hingehen und ihn zu Sem und dessen Sohn Eber bringen, daß er dort die Wege Gottes erfahre; denn sie werden ihn lehren, Gott zu erkennen und werden ihn unterweisen, wie er vor dem Herrn jede Stunde beten muß, daß er ihn erhöre.« Sara ist mit dem Vorschlag einverstanden und verabschiedet sich von Isaak mit Tränen und bösen Ahnungen und ermahnt Abraham, den Sohn ja gut zu behüten: »Gib acht auf deinen Sohn und richte dein Auge auf ihn, denn ich habe keinen anderen Sohn oder Tochter ohne ihn. Verlasse ihn nicht, gib ihm Brot, wenn er hungrig ist, und laß ihn Wasser trinken, wenn er durstig ist; laß ihn nicht zu Fuß wandern und nicht in der Sonne sitzen; laß ihn auch nicht allein unterwegs ...«

In einem andern Midrasch kommt Satan nach dem Weggang von Vater und Sohn in der Gestalt eines alten Mannes zu Sara und erzählt ihr, daß der Vater den Sohn geopfert habe. Sie macht sich voll Verzweiflung auf, um die beiden zu suchen. Dann bringt ihr derselbe Greis die Nachricht, daß ihr Sohn nicht geopfert wurde. Sie kann die Freude über diese Nachricht nicht ertragen und stirbt vor Aufregung. Vater und Sohn finden sie nach ihrer Rückkehr nur noch als Leiche.

Eine weitere Frage von solchen, die den Text schon kannten, bezog sich auf den Gott dieser Geschichte. Wie konnte er auch nur auf den Gedanken kommen, Abraham einer so harten Prüfung zu unterziehen? Eine Nacherzählung antwortet darauf mit einem Gespräch zwischen Satan und Gott, das der Einleitung zum Hiobbuch nachgebildet ist. Satan macht den frommen Abraham schlecht und reizt Gott zur Behauptung, daß dieser selbst dann gehorchen würde, wenn er von Gott den Befehl bekäme, den eigenen Sohn zu opfern. Satan nimmt Gott beim Wort und verlangt, daß Abraham den Tatbeweis für diese Behauptung erbringe.

Eine andere Frage von Hörern bezog sich auf Isaak: Wußte er, was sein Vater mit ihm vorhatte? Hat er sich dagegen gewehrt? Ein Midrasch berichtet, wie der Vater dem Sohn beim Bau des Altars seine Absicht kundtat. Darauf sprach Isaak: »Alles, was der Herr dir befohlen hat, Vater, will ich mit Freuden und guten Mutes tun.« (Alle diese Texte aus: Die Erzväter. Jüdische Sagen und Mythen. Frankfurt 1914).

Auch der Philosoph und Dichter Sören Kierkegaard hat es gewagt, Genesis 22 transformierend nachzuerzählen. Er suchte damit Antworten auf die persönlichen Fragen, die ihm die Geschichte gestellt hatte. Sein frommer und schwermütiger Vater hatte immer Bewunderung für Abraham empfunden und viel über dessen Wanderung zum Morijaberg nachgedacht. Vielleicht dachte sein Sohn Sören manchmal, er selber sei ebenfalls der beinahe geopferte Sohn eines frommen Vaters. Als er 1843 die Auflösung seiner Verlobung verarbeiten und dazu immer noch die Beziehung zu dem inzwischen verstorbenen Vater klären mußte, verfaßte er unter dem Pseudonym Johannes de Silentio die Schrift »Furcht und Zittern.« Sie beginnt mit der Erwähnung dieses (nicht mit Namen genannten) Bewunderers von Abraham und bietet als Ergebnis der Reflexion über den Gang nach Morija vier Varianten zur biblischen Vorlage. Jede von ihnen enthält ein anderes Element der Beziehungsgeschichte von Vater und Sohn Kierkegaard. Die vierte Variante (für Sören war sie zwar Realität, aber sie stand wie ein gefährlicher Abgrund sein ganzes Leben vor ihm) sei hier angeführt, weil in ihr die Frage aufgenommen wird, wie sich das Verhalten des opferbereiten Vaters auf den Sohn und dessen Beziehung zu Gott ausgewirkt haben könnte:

> »Frühmorgens war es, alles war gerichtet zur Reise in Abrahams Haus. Er nahm Abschied von Sara, und Elieser, der treue Knecht, brachte ihn ein Stück Weges, bis er wieder umkehrte. Sie ritten einträchtig miteinander, Abraham und Isaak, bis sie kamen zum Berg Morija. Aber Abraham richtete alles zum Opfer, ruhig und mild. Aber wie er sich fortwandte und das Messer zog, da sah Isaak, daß Abrahams Linke sich krampfte in der Verzweiflung, daß ein Beben durch seine Glieder lief, – aber Abraham zog das Messer.
>
> Dann kehrten sie wieder heim und Sara eilte ihnen entgegen, aber Isaak hatte den Glauben verloren. Nie ist ein Wort davon gesprochen worden in der Welt, und Isaak hat zu keinem Menschen geredet von dem, was er gesehen, und Abraham ahnte nicht, daß es einer gesehen.«

Der Verfasser von »Furcht und Zittern« setzt dann freilich zu einer überschwenglichen Lobrede für Abraham an. Damit fällt jeder Gedanke unter den Tisch, die Bereitschaft des Vaters, seinen Sohn auf den Befehl Gottes zu schlachten, könnte vielleicht eine zweifelhafte Sache sein.

Viele heutige Menschen können den Zweifel an Abrahams Gehorsam nicht mehr beiseiteschieben. Nach zwei mörderischen Weltkriegen und den vielen Bürgerkriegen seither mit ihren unsagbaren Verlusten sind diese Zeitgenossen mißtrauisch, wenn die Väter, die die Macht in der Hand haben, die Söhne an die Front schicken und dabei beteuern, es sei im Namen des Rechts oder der Freiheit nötig, daß das Vaterland oder die Partei bis zum letzten Blutstropfen (der Söhne) verteidigt werde. Leszek Kolakowski hat (in: Der Himmelsschlüssel, München 1965) aus Genesis 22 eine bittere Satire gegen den absoluten und vorbehaltlosen Gehorsam gegenüber der Obrigkeit gemacht (»Abraham – oder eine höhere Trauer«) und damit einen Aspekt der Geschichte aufgedeckt, den die wissenschaftliche Auslegung übersehen hat. Dem erwachsenen Kenner von Genesis 22 gibt Kolakowskis Transformation genügend zu denken. Für Kinder ist die Auseinandersetzung mit diesem Problem der politischen Ethik, mit der Bewertung des unbedingten Gehorsams gegenüber einem Vorgesetzten, wohl noch nicht so aktuell. Für sie muß Genesis 22 etwas anders transformiert werden, freilich nur dann, wenn sie die biblische Vorlage schon kennen oder wenn sie diese nachher studieren und mit der Transformation vergleichen können.

Vielleicht wird mich jemand, der die folgende Nacherzählung liest, fragen, wo denn für mich in dieser Geschichte Gott vorkomme. Er ist für mich nicht dort, wo der biblische Erzähler, wo Paulus und Luther ihn in diesem Text gefunden haben: also nicht in jenem Zentrum, in dem beschlossen wird, daß Abraham geprüft werden muß und daß der Sohn mit seinen Ängsten die Prüfungsgebühr zu bezahlen hat; nicht in jenem Zentrum, in dem festgestellt wird, daß Abraham die Prüfung bestanden hat und daß man ihm den letzten Akt erlassen kann. So wie ich Gott in Jesus Christus kennengelernt habe, suche ich ihn bei den Schwachen und den Wehrlosen, also auch bei den Kindern, die wegen der Unvernunft von Erwachsenen oder wegen fanatischer Religiosität Todesängste ausstehen müssen und die oft von diesen gequält und abgeschlachtet werden. Darum suche und finde ich Gott auch bei den Erwachsenen, die für die Wehrlosen und die Geopferten Partei ergreifen und die sich dafür einsetzen, daß das Recht von Kindern auf ein einigermaßen erträgliches Dasein verwirklicht werde. Daß ich mit dieser Antwort eine Prüfung meines Glaubens hinsichtlich seiner Übereinstimmung mit dem traditionellen Glaubensverständnis der Kirchen nicht bestehe, das ist mir klar. Wichtiger ist mir, daß ich Gott nicht mehr dort suche, wo er für mich gar nicht mehr zu finden ist.

Wenn der kleine Isaak mit seinem Halbbruder Ismael spielte, gab es Streit. Ismael war älter und stärker. Isaak wollte sich ihm nicht fügen. Abraham mußte oft eingreifen. Schließlich setzte er der Sache ein Ende und schickte die Mutter Ismaels mit ihrem Sohn in die Wüste.

Isaak hatte noch einen anderen Spielkameraden: Peleg. Sein Vater war der Kameltreiber Serug, ein Knecht Abrahams. Peleg war jünger als Isaak und gehorchte ihm aufs Wort. Die beiden bauten zusammen am liebsten Vogelfallen und fingen darin allerlei Vögel: Spatzen, Schwalben, Tauben. Den gefangenen Vögeln banden sie die Beine zusammen und hingen sie mit dem Kopf nach unten an einen Baumast. Sie ergötzten sich, wenn die Vögel noch lange flatterten, bis sie schließlich tot waren. Am andern Morgen waren die toten Vögel jeweils verschwunden. Die Aasgeier hatten sie geholt.

Peleg mußte seinem Vater beim Versorgen der Tiere helfen. Wenn er dann beim Wasserschöpfen für die Kamele etwas neben die Tränkrinne goß oder wenn er beim Anbinden der Tiere einen falschen Knoten machte, bekam er jedesmal Ohrfeigen oder Prügel. Oft blutete er. Er klagte bei Isaak über den strengen Vater.

»Er wird mich im Zorn einmal töten. Ich habe Angst vor ihm.«

Isaak antwortete stolz: »Mein Vater ist immer gut zu mir. Ich bin für ihn das Kostbarste, was er hat.«

Als Isaak neun Jahre alt war, durften die beiden Jungen einmal den Vater Abraham nach Gerar auf den Markt begleiten. Dort war gerade ein Opferfest. König Abimelek hatte den ersten Sohn bekommen. Dafür sollte dem Stadtgott El gedankt werden.

Isaak hatte schon oft zugesehen, wenn sein Vater bei der Tamariske von Beerseba dem Herrn, ihrem Gott, dankte und ihm ein Lamm darbrachte: Er schichtete das Holz auf dem Altar auf und legte dem Lamm die Hand auf den Kopf, sprach ein Gebet , schnitt mit einem scharfen Messer dem Tier die Halsschlagader durch, fing das Blut in einem Gefäß auf und goß es an den vier Ecken des Altars aus. Dann legte er den Leib des Tieres auf das Holz, zündete es an und wartete, bis das Lamm ganz verbrannt war.

Hier aber, auf dem Opferplatz von Gerar, sah Isaak mit Erschrekken, wie der König mit seinen Händen nicht ein Opfertier, sondern einen schreienden Säugling, seinen kleinen erstgeborenen Sohn, hielt. Er hielt ihn an den Beinen, mit dem Kopf nach unten. Der Säugling zappelte wie die Vögel, wenn man sie an den Füßen aufhängte. Der König sprach ein Gebet, durchschnitt die Kehle des Kindes, ließ dessen Blut in ein Becken fließen, legte den leblosen Körper aufs Holz, zündete es an und goß das Blut an den vier Ecken des Altars aus. Der Körper des Kindes verkohlte im Feuer und verbrannte dann ganz.

Isaak war von dem, was er in Gerar gesehen hatte, so aufgewühlt, daß ihm noch auf dem Heimweg jedes Wort im Hals stecken blieb. Auch Abraham redete nichts. Peleg war gewöhnt, vor Erwachsenen zu schweigen. Nur einmal, als sie bei einem Brunnen Rast hielten und der Vater für den Maulesel Wasser schöpfte, flüsterte Peleg seinem Freund zu:

»Hast du gesehen? Auch dieser Vater hat seinen Sohn getötet. Jeder Vater könnte so etwas tun.« Isaak wußte nichts zu antworten.

In diesen Tagen nach dem Besuch in Gerar war Abraham schweigsamer als sonst. Isaak erzählte der Mutter, was geschehen war. Sie versuchte, es ihm zu erklären:

»So sind eben die Heiden. Sie meinen, daß ihre Götter sich freuen, wenn man ihnen den erstgeborenen Sohn opfert. Dann würden sie die Mutter fruchtbar machen, daß sie noch viele Kinder bekommt.« Daß Abraham in diesen Tagen mit niemandem ein Wort redete, fiel Sara auf. Sie machte sich Gedanken darüber.

Als Abraham eines Morgens früher als sonst aufstand, Holz spaltete und dem Maulesel ein Bündel auflud, als er dann zwei Knechte weckte und den Sohn und das Nötige für eine Reise zusammenpackte, da stellte Sara ihn zur Rede:

»Was hast du im Sinn? Wohin willst du reisen? Sag mir, willst du etwa zu einer Opferstätte pilgern und dort unsern Sohn opfern?«

»Schweig, davon versteht ein Weib nichts. Ich tue das, was Gott mir zu tun befiehlt, und ich habe lange genug im Gewissen gerungen, bis mir das klar wurde.«

Sara gab nicht so schnell auf: »Du willst also Isaak opfern. Du meinst, Gott habe dir das befohlen. Aber das bildest du dir ein. Unser Herr befiehlt so etwas nicht. Du willst nur nicht, daß ein anderer dich an Frömmigkeit übertreffe. Du hast kein Recht, unseren Sohn zu töten. Er ist auch mein Kind, mein einziges.«

Abraham schwieg und brach ohne Gruß auf. Als Mann hatte er gelernt, sich nicht durch Weibergeschwätz von einem guten Werk abbringen zu lassen.

Isaak hatte den Wortwechsel der Eltern gehört. Er war wie vom Blitz getroffen. Seine Knie zitterten. Der Puls am Hals und an den Schläfen klopfte heftig und schmerzte. Hatte die Mutter das Richtige vermutet? Auf ihre Frage hatte der Vater nicht mit Ja und nicht mit Nein geantwortet. Was bedeutete das?

Der Vater nahm ihn bei der Hand und wanderte mit ihm von zu Hause fort, gefolgt vom Maulesel und den Knechten. Sie redeten nichts. Isaak spürte, daß der Vater nicht reden wollte. So wanderten sie zwei Tage lang. Am dritten ließ Abraham an einem Rastplatz die Knechte und das Lasttier zurück, gab das Bündel Holz dem Sohn zum Tragen, hängte seine Tasche um, steckte das Messer in den Gürtel und nahm den Behälter mit glühender Asche zum Anfachen des Feuers in die Hand. Die beiden gingen zusammen, bis es Isaak nicht mehr aushielt. Er durchbrach die Stille:

»Vater, darf ich etwas fragen?"

»Ja, mein Sohn, was willst du?«

»Du hast alles für ein Opfer mitgenommen, Holz, Feuer und das Messer. Wo ist das Opfertier?«

Des Vaters Gesicht war aus Stein. Er ließ sich lange Zeit, bis er antwortete: »Gott wird sich ein Opfertier ersehen.«

Dann gingen die beiden wieder schweigend nebeneinander. Hatte Isaak noch etwas zu hoffen?

Sie kamen auf dem Gipfel eines Berges an. Dort war ein Altar aus unbehauenen Steinen errichtet. Andere Menschen mußten hier schon Opfer dargebracht haben. Jetzt wurde es für Isaak unausweichlich klar: »Der Vater wird mich schlachten.« Er legte zitternd das Holzbündel auf den Altar. Dem Vater jetzt wegzulaufen oder ihn um Erbarmen anzuflehen, dazu war er nicht mehr fähig. Die Angst hatte ihn gepackt, wie ein Krampf in den Gliedern und ein Würgen im Hals.

Der Vater nahm Stricke aus der Tasche, band Hände und Fußgelenke des Sohnes zusammen, legte den Gefesselten auf das Holz, holte aus der Tasche ein Gefäß zum Auffangen des Bluts und zog das Messer aus dem Gürtel.

In diesem Augenblick erblickte Abraham in einem nahen Gebüsch einen Widder, der sich mit seinem zottigen Fell in den Dornen verstrickt hatte und loszukommen suchte. Abraham gingen die Vorwürfe, die Sara ihm gemacht hatte, durch den Kopf: War der Befehl, Isaak zu opfern, wirklich vom Herrn gekommen? Oder hatte Ehrgeiz ihm das eingegeben? Wollte er tatsächlich frömmer sein und Gott mehr lieben als der König von Gerar, der Gott seinen erstgeborenen Sohn geopfert hatte? – Seine Hand mit dem Messer zögerte. Konnte er damit seinem Sohn die Kehle durchschneiden? Er durchschnitt die Stricke an dessen Händen und Füßen, ging die paar Schritte bis zum Dornbusch, zerrte den Widder mit Gewalt aus dem Gestrüpp, zog ihn an den Hörnern zum Altar, durchschnitt ihm die Kehle, fing das Blut auf und opferte das Tier.

Isaak zitterte noch immer am ganzen Leib und wußte lange nicht, ob die Todesgefahr wirklich vorüber war. Als er mit dem Vater vom Berggipfel aufbrach, war ihm schwindlig und er taumelte beim Gehen. Er hatte das Gefühl: Ich bin aus einem schrecklichen Traum erwacht. Es ist alles nicht wahr gewesen, was ich erlebt habe.

Erst als sie am dritten Tag Beerseba von fern sahen, dachte Isaak an seinen Spielkameraden Peleg und an das, was er über die Väter gesagt hatte.

Abraham aber sah recht zufrieden aus, als er Sara begrüßte und ihr den Sohn wohlbehalten übergab. Sie drückte ihn an die Brust und weinte. Abraham aber begann zu erzählen:

»Der Herr wollte mich prüfen, und es war eine schwere Prüfung. Doch ich habe sie bestanden. Er hat mir diesen Weg befohlen. Doch als er sah, daß ich gehorsam war und bereit, ihm das Liebste, was ich habe, zu opfern, sandte er mir im letzten Augenblick seinen Engel. Der rief mich:
›Abraham! Abraham!‹
Und ich antwortete:
›Hier bin ich!‹
Da sprach der Engel zu mir:
›Lege deine Hand nicht an den Knaben und tue ihm kein Leid. Denn nun weiß ich, daß du Gott fürchtest. Du hast mir deinen einzigen Sohn nicht vorenthalten.‹
Und dann zeigte er mir einen Widder, der sich im Gebüsch verfangen hatte, und ich wußte, daß ich diesen anstelle meines Sohnes opfern sollte. Das habe ich getan. Für mich heißt dieser Berg von nun an: der Berg, wo Gott sieht.«

So wie Abraham es seiner Frau dargestellt hat, so hat man die Geschichte fortan erzählt. Viele Väter haben sie gern gehört und gern weitergegeben. Sie bewunderten Abraham, weil er Gott ohne jeden Vorbehalt gehorsam war. Er hat den Befehl ausgeführt, obwohl es für ihn sehr schmerzlich war. Sie waren auch stolz auf Abraham, weil er vor aller Welt bewiesen hatte, daß es für einen Vater Heiligeres und Wichtigeres gibt, als seinen Sohn zu lieben, nämlich: Gott oder einer höheren Instanz gehorsam zu sein.

Friedenserziehung und Kriegsgeschichten der Bibel

Der Religionsunterricht hat heute einen Beitrag zur Friedenserziehung zu leisten. Er muß mithelfen, Feindbilder abzubauen und den Krieg als Mittel der Politik zu ächten. Von der christlichen Erziehung erwartet man mit Recht, daß sie die jungen Menschen für Völkerverständigung zu gewinnen sucht und in ihnen die Hoffnung auf ein friedliches Zusammenleben der Nationen stärkt. Im Blick auf die heutige Kriegstechnik schwindet bei uns die Überzeugung der Väter und Großväter, daß es gerechte Kriege gäbe, in denen ein Christ als Soldat mit gutem Gewissen möglichst viele Feinde zu töten hat.

Das ist der Grund, warum mich immer wieder Religionslehrer und Religionslehrerinnen fragen, ob man heute noch Kindern Kriegsgeschichten aus der Bibel erzählen soll. Obwohl solche Geschichten teilweise bei Lehrern und Schülern beliebt und durch Illustrationen in Kinderbibeln bekannt sind, haben wir Bedenken gegen die ihnen zugrunde liegende Bejahung des Krieges. Sollen wir sie kommentarlos weglassen? Oder sind sie als Glaubenszeugnisse aus alter Zeit für heutige Kinder wertvoll?

Läßt sich den Kindern nicht die Kraft der Fürbitte für das eigene Volk mit der Geschichte von der Amalekiterschlacht (Ex 17,8–16) eindrücklich vor Augen stellen? Solange Mose die Hände betend dem Himmel entgegenstreckte, siegten die Israeliten. Ließ er die Hände sinken, rückten die Amalekiter vor. Weist dieser Text auch heute dem Christen, der nicht Soldat ist, die Aufgabe zu, fürbittend für die Armee seines Landes einzustehen und im Kriegsfall um den Sieg der eigenen Sache zu bitten? Was aber hat die Schwurformel am Schluß der Geschichte, mit der ewiger Krieg zwischen Gott und den Amalekitern versprochen wird, mit christlicher Fürbitte zu tun?

Wie ist es mit der Eroberung von Jericho? Soll ich den Kindern diese Geschichte, über die sie sich so freuen können, vorenthalten? Hier wird ja ein Krieg zunächst ganz mit friedlichen Mitteln entschieden: mit den Widderhörnern der Priester und der Prozession des Volkes hinter der Lade, also nicht durch Waffengewalt, sondern allein durch das Eingreifen Gottes. Ist das nicht eine schöne, direkt friedliche Vorstellung? Soll ich dann einfach mit Schweigen übergehen, daß nach Josua 6,21 die Israeliten »mit der Schärfe des Schwertes« alles Lebendige in der Stadt vernichtet haben: »Männer und Frauen, Kinder und Greise, Rinder, Schafe und Esel?« Paßt das auch noch ins Bild der friedlichen Einnahme der Stadt?

Am schwierigsten wird der Verzicht auf eine Geschichte mit dem Thema Kämpfen – Töten bei David und Goliat. Dürfen sich christliche Kinder heute nicht mehr am jungen David freuen, wie er den großmäuligen und gut bewaffneten Goliat mit der Steinschleuder erledigt? Könnte eine Begeisterung über diese Heldentat des Jüngsten der Isai-Söhne der Friedensgesinnung heutiger Schüler schaden? Doch, in der Tat: Was hat diese Geschichte mit dem Gott der Bergpredigt, mit der Seligpreisung der Friedfertigen und dem Gebot der Feindesliebe gemeinsam?

Ähnliche Fragen stellen sich bei den anderen Kriegsgeschichten der Bibel. Sie im Religionsunterricht wegzulassen ist die einfachste Lösung für die

32

Schwierigkeiten. Dafür spricht, daß es wichtigere Stoffe gibt als sie, Geschichten, die wir den Kindern gern so eindrücklich vermitteln würden, daß sie ihnen das ganze Leben lang präsent sind. Gegen diese Lösung spricht, daß die Kriegsgeschichten eben auch zur biblischen Überlieferung gehören und daß ihre Auswirkung auf die christliche Praxis nicht geringer war als die der Bergpredigt, vermutlich sogar stärker. Noch im letzten Weltkrieg war in den Kirchen die Fürbitte für den Sieg der eigenen Armee nach dem Vorbild von Mose beinahe selbstverständlich. Christen beteten also darum, daß die Waffen der eigenen Kriegspartei möglichst viele Feinde töten sollten. Und wie oft sind Kriege in früheren Jahrhunderten im Namen des Gottes der Bibel, auch zur Verteidigung des eigenen christlichen Glaubens, geführt worden! Von all dem Beklagenswerten, das in dieser Hinsicht durch Christen getan worden ist, kommen wir nicht los, indem wir darüber schweigen und es zu vergessen suchen. »Wer die Vergangenheit nicht kennt, den kann es die Zukunft kosten.« (R. Kunze) Ein solches Erbe muß verarbeitet werden, indem wir die kommende Generation mit dem kriegerischen Geist, der in vielen biblischen Geschichten herrscht, bekanntmachen und ihr Maßstäbe zur kritischen Beurteilung in die Hand geben.

Die Idee eines gerechten, von Gott befohlenen Krieges ist zudem nicht bloß ein Stück Vergangenheit der biblischen Religionen. Sie lebt heute noch kräftig. Nicht nur im Islam gibt es Bewegungen, die den heiligen Krieg ausrufen und für die der Mord an Gegnern und der Terroranschlag gegen Unschuldige ein gutes Werk im Auftrag des Allmächtigen sind (und der Islam ist eine biblische Religion, seine Intoleranz wurzelt in der Bibel!). Auch Christen, die unter Ausbeutung und Verletzung ihrer Menschenrechte leiden, befürworten die revolutionäre Gewalt im Kampf um ihre Befreiung. Und radikale Intoleranz gibt es auch bei christlichen Gruppen, die im Wohlstand leben und auf demokratischem Weg Einfluß haben auf Entscheidungen über den Einsatz moderner Kriegsmittel gegen Staatsfeinde. Ihre Überzeugung, daß sie genau Bescheid wüßten, welche menschlichen Gruppen und Nationen vom Geist Satans beherrscht seien, machen es – leider – nicht unmöglich, daß auch in Zukunft wieder einmal ein Krieg gegen solche angeblich satanischen Mächte als heiliger Krieg deklariert und mit Berufung auf den Namen Jesu Christi geführt wird.

Exemplarisch ausgewählte Kriegsgeschichten können dem heutigen Schüler helfen, die Mentalität solcher Christen zu verstehen und ihr Ja zur Revolution oder ihre Kriegspläne gegen einen Landesfeind, der zum Reich Satans hochstilisiert wurde, differenziert zu beurteilen. Dazu ist freilich nötig, bei der erzählerischen Gestaltung der Geschichte Elemente einzubauen, die den Hörer zur kritischen Auseinandersetzung mit der in ihr vorausgesetzten Bejahung des Krieges anleiten. Die Schüler sollen zur Einsicht kommen, daß die biblische Religion von frühester Zeit an benützt wurde, den Krieg zu legitimieren, und daß man noch heute mit Geschichten der Bibel dem Soldaten ein gutes Gewissen für das Handwerk des Tötens vermitteln kann.

Friedenserziehung geschieht nicht schon dadurch, daß junge Menschen in der Schule keine Kriegsgeschichten mehr hören. Die Schüler werden ja außerhalb der Schule durch die primitiven Unterhaltungsmedien ständig mit Geschichten berieselt, die voll sind von Gewalt, Totschlag und Mord. Die Helden der Comic Strips, der brutalen Videostreifen und der Fünf-Groschen-

33

Romane imponieren vielen Kindern gerade darum, weil sie mit ihrem aggressiven Verhalten so erfolgreich sind. Sie sprechen offenkundig ein tiefsitzendes Bedürfnis an: den angeborenen Aggressionstrieb – so lehren die einen – oder ein in frühester Kindheit durch Lernen erworbenes Muster von aggressivem Verhalten – so lehren andere Fachleute der Aggressionsforschung. Wenn die Kinder in den Religionsunterricht kommen, haben sie jedenfalls ihre Unschuld hinsichtlich eigener aggressiver Regungen, wenn sie diese je besessen haben, längst verloren. Die Kriegsgeschichten aus dem Religionsunterricht fügen darum nie aggressionsfreien Kindern seelischen Schaden zu, sondern sie bestätigen höchstens, was das Kind schon längst in der Kinderstube und aus den primitiven Heldengeschichten gelernt hat: daß im Vergleich zum schwachen, friedlichen, aggressionslosen Menschen der Starke, der dreinschlägt, der Gewalt anwendet und seine Feinde, wenn nötig, tötet, der bessere, auch der von Gott bejahte und bestätigte Mensch ist. Der erste Schritt zur Friedenserziehung besteht darum in der Einsicht, daß Streit, Kampf, Totschlag, Mord zur zweiten Natur des Menschen gehören und daß wir einen tiefgreifenden Wandlungsprozeß durchlaufen müssen, um wahrhaft friedfertig zu werden.

Kriegsgeschichten der Bibel können, wenn sie didaktisch in diesem Sinn geformt werden, dem Schüler helfen, die aggressiven Tendenzen in der eigenen Seele zu erkennen und über ihre Gefährlichkeit nachzudenken. An diesen so problematischen Stoffen kann er die Entdeckung machen, daß er wie alle Menschen von aggressiven Wünschen und Idealen beeinflußt ist und daß Friede unter den Menschen nur möglich wird, wenn es uns gelingt, diese unheimlichen Kräfte in uns zu kontrollieren. An diesen Geschichten kann schließlich gezeigt werden, wie Aggression religiös gerechtfertigt und durch Berufung auf einen Befehl Gottes verklärt wird und wie Friede unter den Menschen auch davon abhängt, ob es gelingt, uns von der religiösen Legitimation der Gewalt zu distanzieren.

Zwei Beispiele sollen zeigen, wie die Nacherzählung den Hörer einladen kann, sich kritisch mit der Bejahung des Krieges durch den biblischen Erzähler auseinanderzusetzen.

Die Heldentat, die den Krieg nicht entscheidet
(1 Sam 13–14)

Der Text berichtet über eine Episode aus den Jahrzehnte dauernden Kämpfen zwischen Philistern und Israeliten. Die Philister waren im 13. vorchristlichen Jahrhundert vom Meer her in die Küstenebene im Südwesten von Palästina eingewandert. Sie wollten mit ihren technisch überlegenen Waffen und mit einem Heer von Berufskriegern (vgl. die Beschreibung der Rüstung Goliats, 1 Sam 17,5–7) das ihrem eigenen Gebiet angrenzende Bergland tributpflichtig machen. Die angegriffenen Israeliten wehrten sich für ihre Freiheit, aber langfristig ohne Aussicht auf Erfolg. Denn sie bildeten damals noch einen lockeren Bund von Stämmen ohne straffe staatliche Organisation,

und ihre Bewaffnung war technisch noch nicht auf der Höhe der Zeit. Die Philister verfügten über Waffen aus Eisen, bei den Israeliten gab es erst wenige Eisenschmiede. Die Metallwerkzeuge waren noch aus Bronze.
Der Sieg Jonatans in unserer Geschichte blieb eine Episode, die den Vormarsch der Philister nur für kurze Zeit aufhielt. Einige Jahre später scheiterte Saul mit seinem Königtum am Kampf gegen die Philister. Er und seine Söhne fielen in der Schlacht am Gilboaberg (1 Sam 31), die Israeliten wurden vernichtend geschlagen. Erst David gelang der entscheidende Sieg über die Philister (2 Sam 8,1–4).
Der alttestamentliche Erzähler hat eine unreflektierte Freude an der Heldentat Jonatans und eine Freude an Gott, der durch seinen Geist das blutige Werk des Helden ermöglicht. Ich bin mit seinem Gottesverständnis nicht einverstanden. Wenn ich seine Geschichte übernehme, erzähle ich nicht von dem Gott, der den Krieg befiehlt und dem Helden die Kraft zum Töten verleiht, sondern ich erzähle von Jonatan, wie er subjektiv überzeugt war, daß Gott ihn in diesen Kampf sende und ihn mit seinem Geist dazu ausrüste. Das ist ein gewaltiger Unterschied!
Meine Distanzierung vom Gottesverständnis des Erzählers darf mich jedoch nicht veranlassen, aus Jonatan einen Anti-Helden zu machen und von seiner Aggression so zu erzählen, daß er als Mensch widerlich und abstoßend wirkt. Wenn wir bei jenem Kampf gegen die Philister als Augenzeugen dabei gewesen wären, hätten wir ihn vielleicht als brutal und blutrünstig empfunden. Aber der Hörer meiner Geschichte sollte Jonatan nicht degoutierend, sondern sympathisch erleben und »sich mit dem Aggressor identifizieren« können, wenn unsere Geschichte das Gespräch über die in uns allen vorhandenen aggressiven Regungen eröffnen soll. Das läßt sich bei dieser Geschichte unschwer erreichen, weil ihr Held eine gewisse Ähnlichkeit hat mit James Bond und mit dem bei Kindern beliebten Superman. Die Erzählung muß diese Ähnlichkeit sichtbar machen, freilich ohne daß sie auffällig wird.
Ich baue ferner in meine Nacherzählung ein Element ein, das die religiöse Verherrlichung des Krieges in Frage stellt und ein Gespräch mit den Schülern über diesen Kernpunkt anregen soll. Die anachronistische Verfremdung, die dieses Erzählelement auslöst, ist beabsichtigt. Der biblische Erzähler kennt zahlreiche Einzelzüge des heiligen Krieges, die uns teilweise fremd sind. Ich habe einige in die Nacherzählung aufgenommen, andere weggelassen.

Der zehnjährige Jonatan konnte nie genug von diesen Geschichten hören. Der Großvater Kis mußte immer wieder von den Helden aus der Zeit der Urgroßväter erzählen: von Josua und seiner Eroberung der Stadt Jericho mit ihren dicken Mauern, von Gideon, der mit nur 300 wackeren Kämpfern das Riesenheer der Midianiter vertrieben, und von Simson, der mit Bärenkraft das Haus der Philister zum Einsturz gebracht hat. Ein solcher Kämpfer wollte Jonatan einmal werden, ein Held, der die Feinde seines Volkes besiegt.
Seine ältere Schwester Michal spottete über seine Jungenträume:
»Euch Männern fällt nichts Gescheiteres ein, um berühmt zu werden, als andere Menschen totzuschlagen.«

Jonatan wußte es besser:

»Der Krieg, den wir Israeliten führen, ist ein heiliger Krieg. Der Herr befiehlt ihn und erfüllt uns mit seiner Kraft, wenn wir uns ihm weihen.«

Michal schwieg. Sie fand das merkwürdig, daß der Herr gerade das befiehlt, was die Männer so lustvoll finden. ER hatte doch alle Menschen erschaffen. Hatte ER denn wirklich Freude, wenn Menschen totgeschlagen wurden?

Jonatan kam seinen Heldenträumen einige Schritte näher, als sein Vater Saul zum Häuptling und Anführer des Volks gewählt wurde. Man hatte ihm den Titel König verliehen.

Bald darauf belagerte der grausame Ammoniterkönig Nahas das Städtchen Jabesch im Osten. Die Leute von Jabesch sandten Eilboten zu Saul und baten um Hilfe. Da rief Saul die Männer Israels zum Krieg auf, zog gegen Nahas und schlug ihn in die Flucht. Beim Siegesfest stand der zwölfjährige Jonatan neben seinem Vater und spürte, wie köstlich es ist, Held des Volkes zu sein.

Von jetzt an wurden die Übungen im Kriegshandwerk seine liebste Beschäftigung. Er lernte den Umgang mit Pfeil und Bogen. Bald war er so weit, daß er einen Vogel im Flug traf. Er übte sich im Werfen des Kampfspeers. Sein Wurf wurde kräftiger und sicherer. Der Fechtmeister brachte ihm den Kampf mit dem Schwert bei: schlagen und stechen, zurückweichen und vorprellen, sich ducken und zustoßen. Jonatan erhielt einen Knappen zugeteilt, der ihn begleitete und beschützte und ihm die Waffen trug, die er nicht gerade für den Kampf brauchte.

Doch es waren böse Zeiten damals in Israel. Die Philister dehnten ihre Macht aus und nahmen ein israelitisches Dorf nach dem anderen in Besitz, verlangten von den Bewohnern Steuern, setzten in den Hauptorten Steuervögte ein. Wer Widerstand leistete, bezahlte mit dem Leben. Denn die Philister hatten die besseren Waffen: Kriegswagen und Rosse, Schwerter aus hartem Eisen, Schilde und Brustpanzer, die jedem Hieb standhielten, dazu eine Menge Soldtruppen, die im Kriegführen geübt waren. So waren sie an Zahl den Israeliten immer überlegen. Sie nahmen das Gebiet von Ephraim und Manasse in Besitz. Nur Teile von Benjamin ließen sie übrig. Vielleicht hielten sie die Bergbauern dort oben für so arm, daß ein Kriegszug gegen sie zu wenig Gewinn versprach. So blieben Saul und sein Dorf vorläufig frei.

In den besetzten Gebieten lähmten die Philister die Kraft der Israeliten, indem sie den Besitz von Waffen aus Eisen verboten. Alle, die solche besaßen, mußten sie abliefern. Die Eisenschmiede nahmen sie alle mit und befahlen ihnen, ihr Handwerk in den Philister-Städten auszuüben. Um eine Axt zu kaufen oder einen Pflug zu reparieren, mußten die Israeliten den Weg in eine Philister-Stadt unter die Füße nehmen und die Schmiedearbeit mit teurem Philistergeld bezahlen. Und Waffen durften ihnen die Schmiede nicht verkaufen. So suchten sie denn die Bronze-Schwerter wieder hervor, mit denen ihre Vorfahren gekämpft hatten. Doch mit ihnen waren sie im Kampf gegen die Philister unterlegen, denn Bronze war weicher als Eisen.

Jonatan gab die Hoffnung nicht auf, Befreier des Volks zu werden. Mit seinen Knappen und einigen Kameraden lauerte er in einem Versteck dem Steuervogt von Gibeah-Elohim auf, erschlug ihn und seine Wächter mit einem eisernen Schwert, das er aus dem Versteck hervorgenommen hatte und zündete sein Haus an. Dies war für die Philister das Zeichen, daß ein Aufstand im Gang war. Sie rückten mit einem gewaltigen Heer gegen das Bergland vor. Die Israeliten waren ärgerlich und nicht erfreut über die Tat Jonatans. Sie sagten: »Jonatan hat das Volk Israel stinkend gemacht bei den Philistern.« Michal erzählte ihrem Bruder, was man über ihn redete. Sie meinte: »Merkst du endlich, wie töricht es ist, durch Töten von Menschen die Welt verbessern zu wollen?«

Doch Jonatan hatte keine Lust, auf ihre Bedenken einzugehen. Saul war überzeugt, daß er jetzt den heiligen Krieg gegen die Philister ansagen müsse. Er rief die Männer Israels unter die Waffen. Aber die Mehrheit kam nicht. Sie fürchteten sich. Die einen machten ihrem Steuervogt freiwillig ein Geschenk, um zu bezeugen, daß sie den Philistern treue Untertanen sein wollten. Die andern versteckten sich in Schluchten und Höhlen.

Nur 600 sammelten sich bei Saul in Geba. Wenige hatten Waffen aus Eisen. Geba liegt auf einem Bergrücken, dessen eine Flanke durch eine Schlucht gebildet wird. Auf dem nächsten Bergrücken, jenseits dieser Schlucht, bei Michmas schlugen die Philister ihr Lager auf. Geba liegt höher als Michmas, so daß die Israeliten jede Bewegung im feindlichen Lager beobachten konnten. Sie sahen, von welcher Übermacht sie bedroht waren. Ihre Stimmung war gedrückt.

Zunächst wollten weder Philister noch Israeliten angreifen. Denn auf dem steilen Weg in die baumlose Schlucht hinunter wäre der Angreifer das schutzlose Ziel der Bogenschützen auf der andern Seite geworden. So warteten beide Heere in der Ausgangsstellung, mit Angst die einen, die andern voller Siegeszuversicht.

Das war die Stunde Jonatans. Er plante einen Angriff, nicht auf dem Schluchtweg, wo man ständig im Schußfeld der Gegner war, sondern durch eine Felsrinne, wo die feindlichen Vorposten ihn, wenn überhaupt, nur kurz sehen konnten, und auf der gegenüberliegenden Seite hinauf, wieder durch eine Rinne kletternd. Er wollte heimlich angreifen, ohne den Vater zu fragen, und nur seinen Knappen mitnehmen. Aus den Heldengeschichten seines Großvaters hatte er gelernt, daß es für Gott nicht schwer ist, durch wenige den Sieg zu geben. Der Knappe war freudig bereit zu diesem Abenteuer. So stiegen die beiden bei Tagesanbruch die Felsrinne hinunter.

Jonatan war noch nicht ganz sicher: War es wirklich Gottes Wille, daß sie den Angriff wagten? Wie jemand heute bei einer schwierigen Wahl eine Münze aufwirft und sich entscheidet, je nachdem ob Kopf oder Zahl oben liegen, so wollte Jonatan sich vergewissern, ob Gott zu seinem Unternehmen Glück gebe. Bevor sie zu der Stelle kamen, an welcher man von der andern Seite gesehen werden konnte, sprach Jonatan zum Knappen:

»Wenn die Feinde uns gleich beschießen oder wenn sie rufen: Halt! Stehen bleiben!, dann lassen wir den Angriff bleiben. Wenn sie uns aber so etwas zurufen wie: Kommt nur heran, wir wollen es euch zeigen! − dann hat der Herr sie in unsere Hand gegeben.«

Dem Knappen war es recht so.

Als sie dann die Vorposten drüben gut sahen, aber diese nicht zu ihnen herüberblickten, schlugen sie mit den Schwertern an den Fels. Da wurden die Posten aufmerksam. Einer lachte laut und höhnte:

»Schaut her, da strecken zwei Israeliten ihre Nasen aus den Löchern, in die sie sich verkrochen haben. Kommt nur zu uns herauf. Wir wollen euch schon was erzählen.«

Da flüsterte Jonatan dem Knappen zu:

»Es steht gut mit uns. Folge mir.«

Sie stiegen tiefer, den Blicken der Philister entzogen, überquerten den ausgetrockneten Bach, stiegen auf der andern Seite hoch, eine gute Stunde Kletterarbeit mit Händen und Füßen. Jonatan kannte diesen Aufstieg genau.

Offenbar hatten die feindlichen Wachtposten ihre Beobachtung auf der israelitischen Seite schon vergessen. Oder sie rechneten nicht damit, daß die Israeliten die Felswände auf der eigenen Seite der Schlucht hochkämen. Als Jonatan, 30 Schritte vom Vorposten entfernt, in der Rinne, die sie zum Aufstieg benützten, den oberen Rand erreicht hatte und vorsichtig hinüberspähte, stellte er fest, daß die Posten unverrückt in die andere Richtung schauten, hinüber ins Lager der Israeliten.

Die Gelegenheit war günstig. Jonatan und der Knappe nahmen ihre Bogen vom Rücken, legten Pfeile auf, zielten, trafen lautlos zwei Philister, und ehe die andern begriffen, woher die Pfeile kamen, sanken zwei weitere, von Pfeilen getroffen, zu Boden. Dann zogen die beiden ihre Schwerter aus Eisen, brachen mit Gebrüll aus dem Versteck hervor, rannten gegen die Posten, griffen die Nächststehenden an und erschlugen sie. Heißa, war das ein Kampf! Jetzt konnte Jonatan endlich im Ernst anwenden, was er beim Fechtmeister gelernt hatte. Er spürte, wie die Gotteskraft seine Glieder durchströmte.

Nach wenigen Augenblicken lagen auch die in ihrem Blut, die zu widerstehen versucht hatten. 15 Feinde waren tot, fünf flohen mit Angstgeschrei davon, ins Lager der Philister, das 400 Schritte entfernt lag.

Erst jetzt wurde es für Jonatan und den Knappen gefährlich. Wenn die Fünf im Lager der Philister Alarm schlügen und mit einer Übermacht zurückkehrten, um gegen die Eindringlinge zu kämpfen, bliebe für die beiden keine Hoffnung mehr. Doch nichts dergleichen geschah. Jonatan stand an erhöhter Stelle und blickte auf das Lager der Philister herab. Dort lief alles durcheinander. Einige bestiegen ihre Wagen und fuhren in entgegengesetzter Richtung weg. Hatten die Fünf vielleicht die Nachricht verbreitet, daß die ganze Mannschaft Sauls sich im Angriff befinde? Waren die Philister nicht genügend gegen einen Überraschungsschlag vorbereitet? Oder hatte ein Gottesschrecken sie durcheinandergebracht?

Auch die Wachtposten Sauls auf der anderen Seite der Schlucht hatten das Hin und Her im Lager der Feinde wahrgenommen. Sie meldeten Saul, daß Streitwagen massenweise in Richtung der Philister-Städte wegfuhren. Was war los? Hatte jemand ohne Sauls Wissen einen Angriff unternommen? Er ließ die Mannschaft in Reih und Glied aufstellen und kontrollieren, ob jemand abwesend sei. Jonatan und der Knappe fehlten. Hatten die beiden mit einem kühnen Schlag die Verwirrung drüben bewirkt? Ich weiß nicht, ob der Vater Saul bei diesem Gedanken stolz war auf den Wagemut seines Sohns, oder ob ein Zorn in ihm aufstieg, weil der Sohn sich heimlich und ohne Erlaubnis entfernt hatte. Klaffte schon am Morgen dieses Tages ein Riß auf zwischen Vater und Sohn?

Saul wollte keine Zeit verlieren. Das Durcheinander im Lager der Feinde mußte durch einen raschen Angriff ausgenützt werden. Und die israelitischen Krieger sollten sich für diesen Tag dem Herrn weihen, damit ER sie mit seinem Kampfgeist erfülle. Er ließ die ganze Mannschaft schwören, daß – unter Androhung der Todesstrafe bei Übertretung – keiner bis zum Sonnenuntergang Speise und Trank zu sich nehme. Durch dieses Fasten sollte der Angriff zu einem heiligen Krieg werden.

Dann rannten die Krieger Sauls, von keinem Pfeil der Philister gehindert, den Weg in die Schlucht hinunter, stiegen auf der andern Seite empor und erreichten das Lager der Philister. Es war menschenleer. Nur verlassene Zelte und herumliegende Gepäckstücke waren zu sehen. Saul befahl, die Feinde zu verfolgen. Vielleicht waren sie noch zu erreichen, bevor sie sich in ihre gut befestigten Städte zurückgezogen hatten. Anstatt ein Tag des Kampfes war ein Tag des Wettlaufs angebrochen. Die Israeliten stießen auf dem Weg auf weggeworfene Gegenstände, auf Kampfwagen mit schadhaften Rädern oder gebrochener Achse, auf Schlachttiere, auch einmal auf übermüdete feindliche Soldaten. Die wurden sofort getötet. Aber die Hauptmacht der Philister hatte einen großen Vorsprung. Die israelitische Vorhut holte Jonatan und den Knappen ein. Die beiden hatten ebenfalls die Verfolgung aufgenommen.

Der Tag war lang und heiß. Ab und zu hielten die Verfolger zu einer Verschnaufpause an. Beim Anhalten spürten sie mehr als beim Laufen, wie hungrig und durstig sie waren. Bei einer Rast neben einer blühenden Wiese fielen Jonatan Löcher am Boden auf. Wilde Bienen krabbelten um sie herum, flogen weg und kehrten wieder dorthin zurück. Das waren Eingänge zu Bienennestern. Jonatan steckte die Spitze seines Speers in eines der Löcher, zog ihn heraus. Sie war voll von Waben, gefüllt mit Honig. Jonatan scheuchte mit der Hand die Bienen weg und schleckte die Waben und den Honig. Einer der Krieger sah das:

»Dein Vater hat uns heute in der Frühe einen heiligen Schwur auferlegt und gesagt: Verflucht ist der Mann, der heute etwas ißt und trinkt. Er soll mit dem Tod bestraft werden. Ich wag's nicht, von diesem Honig zu schlecken, obwohl ich schlottrige Knie habe.«

»Mit solchen Befehlen bringt mein Vater uns ins Verderben. Ich spüre, wie das bißchen Honig mich gestärkt hat. Wieviel tüchtiger wären die Mannen bei der Verfolgung, wenn sie zwischendrin einmal ordentlich von der Beute gegessen hätten.«

Der Dauerlauf hinter den fliehenden Philistern ging bis zum Abend weiter. Nach Sonnenuntergang galt das Fastengelübde nicht mehr. Jetzt verlangte die Mannschaft eine längere Rast und schlachtete heißhungrig die von den Philistern zurückgelassenen Tiere, ohne die Regeln für das Schlachten zu beachten. Saul mußte einschreiten, um einen Frevel zu verhindern.

Nachdem sie satt waren, wollte Saul wissen, ob es einen Sinn hatte, die Verfolgung während der Nacht fortzusetzen. Der Priester brachte den Becher mit den beiden Würfeln. Mit ihnen erkundeten die Israeliten damals den Willen Gottes. Jeder Würfel hatte drei weiße und drei schwarze Flächen. Man warf die beiden Würfel miteinander, und es waren drei Antworten möglich: zwei weiße Flächen bedeuteten ein Ja, zwei schwarze ein Nein. Zeigte der Wurf eine weiße und eine schwarze Fläche, so hieß das: Gott antwortet nicht.

Der Priester schüttelte den Becher und ließ die Würfel fallen. Eine schwarze und eine weiße Fläche lagen oben. Der Priester ließ die Würfel ein zweites Mal rollen. Sie zeigten dasselbe Ergebnis. Saul dachte: Wenn Gott meine Frage nicht beantwortet, ist er zornig. Jemand von uns muß ihn erzürnt haben. Er befahl dem Priester, mit dem heiligen Los nach dem Schuldigen zu suchen. Und er betete: »Du, Gott Israels, zeig uns, wer der Schuldige ist.«

Zuerst wurde gelost, ob der Schuldige sich unter der Mannschaft oder in der Familie Sauls befinde. Das Los deutete auf die Familie Sauls. Dann ließ Saul das Los entscheiden, ob er oder Jonatan der Schuldige sei. Das Los fiel auf Jonatan.

Saul herrschte Jonatan an:

»Sag mir, womit hast du Gott erzürnt?«

Jonatan gestand: »Ich habe mit der Speerspitze in einem Bienennest Waben und Honig geholt und gegessen.«

»Du hast den Tod verdient. Man führe dich ab zur Steinigung.«

Die Hauptleute um Saul herum erhoben Einspruch: »Er hat doch nichts von deinem Fastengebot gewußt.«

Saul blieb unnachgiebig: »Unkenntnis des Gesetzes schützt vor Strafe nicht. Er hat mein Gebot übertreten und muß sterben.«

Ich frage mich, warum der Vater so hart und unnachgiebig war. Hatte er einen toten Sohn lieber als einen ungehorsamen? Oder konnte er es nicht ertragen, daß an diesem Tag nicht er, sondern der Sohn den kühnen Angriff gewagt hatte? Kam es ihm gelegen, daß er einen Grund hatte, Jonatan zu beseitigen?

Aber die ganze Mannschaft rottete sich zusammen, nahm Jonatan in ihre Mitte und schützte ihn. Sie erklärten:
»Jonatan darf kein Haar gekrümmt werden. Durch ihn hat Gott heute die Feinde in die Flucht geschlagen. Er soll leben, damit er uns künftig ein Befreier sei.«
Es tat Jonatan wohl, daß sie so für ihn sprachen. Saul mußte nachgeben und das Todesurteil aufheben.
Inzwischen war es für die Verfolgung der Feinde zu spät geworden. Diese hatten sich alle hinter ihre dicken Stadtmauern zurückgezogen. Für eine Belagerung von Städten war das Heer Sauls nicht ausgerüstet. So schickte Saul die Mannschaft nach Hause.
In den folgenden Wochen rückten die Philister mit ihren Söldnertruppen wieder in die Dörfer der Israeliten ein, und diese mußten noch mehr Steuern als bisher bezahlen. Michal aber bemerkte zu Jonatan:
»Jetzt glaub ich erst recht nicht mehr, daß Gott etwas zu tun hat mit dem, was ihr Männer den heiligen Krieg nennt. Was hast du mit deiner Heldentat erreicht? Es ist alles wie zuvor. Wenn Gott uns befreien will, gebraucht er andere Mittel als eure Speere und Schwerter.«

Die Endlösung der Amalekiterfrage (1 Sam 15)

Samuel fordert Saul zum heiligen Krieg auf gegen die Amalekiter. Diese räuberischen Nomaden hatten den Israeliten schon auf ihrer Wüstenwanderung viel Leid zugefügt. Ein alter Spruch aus dieser Zeit sagte ihnen den ewigen Krieg an (Ex 17,16). Sie hatten in der Zeit der Richter von neuem Raubzüge in das von Israeliten bewohnte Gebiet unternommen (R 6,3.33). Saul soll jetzt die Feinde endgültig besiegen.
Zu den altisraelitischen Vorstellungen über den heiligen Krieg gehört das Gebot, daß die besiegten Feinde mit dem Bann belegt, das heißt, Jahve als Eigentum übergeben werden sollen. Das Banngut gehört Gott. Der Mensch hat jedes Verfügungsrecht darüber verloren. Beim Bannen ist »Jahve der ausschließlich Handelnde, während das Volk lediglich die Stellung eines ausführenden Organs hat«, so erklärt die Fachwissenschaft die grausame Regel, daß im heiligen Krieg keine Gefangenen und keine Beute gemacht werden. Das ganze feindliche Volk, ohne Unterschied des Alters und des Geschlechts wird ausgerottet, alle seine Besitztümer werden verbrannt.
Die Geschichte erzählt, wie Saul dieses Gebot verletzt, indem er erbeutete Tiere für sich selbst behält und in falschem Großmut Milde gegenüber dem gefangenen König der Feinde walten läßt. Samuel sagt Saul deswegen das

Gericht Gottes an und weist dessen Entschuldigungen als Ausreden zurück. Ihm wird das Königtum genommen werden. Der prophetische Grundsatz »Gehorsam ist besser als Opfer« gilt auch gegenüber den grausamen Regeln des heiligen Krieges. Die Geschichte will erklären, warum Sauls Königtum keinen Bestand hatte, sondern warum es schließlich in einer nationalen Niederlage endete.

Weil es für jeden Erzieher bequem ist, gehorsame Kinder zu haben, wurde diese Geschichte schon lange von christlichen Erziehern dazu benützt, den Kindern den Wert des unbedingten Gehorsams einzuschärfen. Am schrecklichen Ende Sauls, das mit dieser Geschichte beginnt, konnte eindrücklich gezeigt werden, wie streng Gott den Ungehorsam bestraft.

Nach meiner Meinung verbieten jedoch die Massenmorde an ganzen Völkern in Auschwitz, Hiroshima und andernorts, die in unserm Jahrhundert geschehen sind, endgültig eine Verherrlichung des blinden Gehorsams, zu der diese Geschichte einlädt. Daß die Israeliten bei der Ausführung des Banns »bloß ausführende Organe für das Handeln Gottes« gewesen seien, wird angesichts der kollektiven Ausrottung von Hunderttausenden zur theologischen Rechtfertigung von Verbrechen.

Immer haben Massenmörder, die ihr Geschäft großformatig betrieben haben, sich auf einen göttlichen Auftrag berufen, oder sie haben das zu vernichtende Volk mit Beschimpfungen zuerst so schlecht gemacht, daß man in ihm nur noch Ungeziefer sah, dessen Ausrottung ein gutes, notwendiges Werk ist. Auch der fromme Samuel wird mit seinem Grundsatz vom Gehorsam, der einen Massenmord begründet, zum Anführer der Schreibtischtäter, die mit Berufung auf ihre Gehorsamspflicht den Hebel der Tötungsmaschine bedient haben.

Wenn diese Geschichte im Religionsunterricht behandelt wird, dann nur so, daß an ihr (gegen die Absicht des biblischen Erzählers!) die Fragwürdigkeit des absoluten Gehorsams aufgedeckt wird. Das kann geschehen, wenn der heutige Erzähler sich vom Urteil Samuels über Sauls Verhalten, so wie es der Text berichtet, distanziert. Das will nicht heißen, daß der heutige Erzähler alles, was von Saul in diesem Kapitel berichtet wird, gutheißt.

Vor Beginn des heiligen Krieges gegen die Amalekiter wurden nach 1 Samuel 15,6 die Keniter, die als nomadisierende Hirten, Wanderschmiede und Musikanten in deren Gebiet wohnten, gewarnt. Sie sollten wegziehen, damit die Israeliten sie nicht ebenfalls vernichten müßten. Zwischen den Kenitern und den Israeliten bestand ein altes Friedensbündnis.

Von Kain, dem Stammvater der Keniter, erzählte man in Israel die bekannte Geschichte von seinem Brudermord. Bei den Kenitern war diese Geschichte gewiß auch bekannt, vielleicht in einer Version, in der Kain mehr die Züge eines Helden hatte. Ich habe meine Bedenken gegen den Krieg, der im Namen Gottes als heiliger Krieg geführt wird, einer Keniterin in den Mund gelegt. Das ist sicher ein Anachronismus. Aber er gefällt mir.

Die Bibel erzählt, daß Kain als erster den Konflikt mit seinem Bruder durch dessen Ermordung lösen wollte. Das macht mich mißtrauisch gegen jeden Versuch, den Massenmord an einem Nachbarvolk als Auftrag Gottes zu deklarieren. Ich möchte, daß jemand die Frommen, die als heilige Krieger unterwegs sind zur totalen Ausrottung einer Menschengruppe, an den Brudermörder Kain erinnere.

43

In diesen Tagen litt Israel wieder unter den Überfällen der Amalekiter. Kein Gehöft in Grenznähe war mehr bewohnt. Überall hatten die Amalekiter zugeschlagen. Nachts waren sie mit ihren schnellen Kamelen gekommen, hatten die Bewohner getötet, was wertvoll war, geraubt und den Rest verbrannt. Jetzt griffen die Räuberbanden schon einsame Dörfer im Innern des Landes an. Wer nicht in einer ummauerten Stadt wohnte, war in Gefahr. Die Angst nahm zu. Saul mußte etwas unternehmen.

Auch Samuel war von der Not des Volkes bedrückt. Ein altes Gotteswort aus der Zeit der Wüstenwanderung ging ihm durch den Sinn. »Krieg ist zwischen dem Herrn und Amalek von Geschlecht zu Geschlecht«, so hieß es damals nach einer blutigen Schlacht gegen die Amalekiter. Noch ein anderes Gotteswort hatte er von seinem priesterlichen Lehrer vernommen: »Denk daran, was Amalek dir unterwegs angetan hat, als ihr aus Ägypten zogt. Wie er unterwegs auf dich stieß und, als du müde und matt warst, ohne jede Gottesfurcht alle erschöpften Nachzügler von hinten niedermachte. Wenn dir der Herr Ruhe verschafft hat von allen deinen Feinden, sollst du die Erinnerung an Amalek unter dem Himmel auslöschen.«(Dtn 25,17 ff.) War jetzt die Zeit gekommen, auf dieses Wort aus alter Zeit zu hören und den heiligen Krieg gegen die Amalekiter auszurufen? So überlegte Samuel. Dann hörte er in seinem Innern die Stimme, klar und jeden Widerspruch ausschließend: Es muß sein! Es war eine harte Strafe. Aber, dachte Samuel, Gott ist in seinen Urteilen gerecht. Wenn er Menschen beauftragte, das Gericht an seinen Feinden zu vollstrecken, dann tat nur eines not: gehorchen, nicht räsonnieren, nicht diskutieren, ob's nicht auch anders sein könnte, sondern den Befehl ausführen, Gottes Wort hören und tun.

So machte sich Samuel auf zum König und sprach zu ihm: »So spricht der Herr: Ich habe beobachtet, was Amalek Israel angetan hat. Darum zieh jetzt in den Kampf und weihe alles, was ihm gehört, dem Untergang. Schone es nicht. Töte Männer und Frauen, Kinder und Säuglinge, Rinder und Schafe, Kamele und Esel.«

Der Auftrag kam Saul nicht ungelegen. Er hatte die Philister nicht geschlagen und konnte einen militärischen Erfolg brauchen. Es war nicht schwer, die Amalekiter zu besiegen. Ihre Sippen waren zerstritten. Sie kümmerten sich wenig um die Befehle ihres Königs Agag.

So rief Saul die wehrfähigen Männer auf, sich in Telaim zu versammeln. Hier gab er ihnen die Regeln des heiligen Krieges bekannt: Alles, was lebt, muß getötet werden. Das übrige wird durch Feuer vernichtet. Keiner darf irgend etwas als Beute an sich nehmen. Das ganze Volk muß ausgerottet werden, so lautet der Befehl. Nicht räsonnieren, sondern gehorchen! Wenn die Feinde um Erbarmen winseln, nicht weich werden, sondern sich an das Wort Gottes halten. Befehl ist Befehl! Jeder Schwertstreich ist ein Gottesdienst. Nur eine Ausnahme ist zu beachten: Die Keniter müssen verschont werden.

Die Keniter waren mit Israel verbündet und verehrten auch den Herrn Zebaoth. Sie lebten in Israel und unter den Amalekitern ohne feste Wohnsitze und waren als Handwerker und Künstler geschätzt. Sie flickten Werkzeuge, flochten Körbe und spielten Zither und Schalmei. Unter ihnen gab es weise Frauen, die man holte, wenn die Geburt eines Kindes nicht so leicht wie üblich verlief oder wenn eine Viehseuche ausgebrochen war. Am tätowierten Zeichen auf der Stirn waren sie erkennbar.

Mit diesen Weisungen zogen die Israeliten in den heiligen Krieg, überfielen mit Übermacht das erste Zeltdorf der Feinde und töteten nach dem Wort des Herrn alles, was lebte und sich bewegte: Männer, Jünglinge, Kinder, Säuglinge, Mädchen, Greisinnen, dazu alles Vieh. Es war ein Fest des Tötens. Sie fühlten sich wie der Engel des Herrn, der Gericht über die Völker hält. Vielleicht hatten einige auch Bedenken, wenn sie ihr Schwert in den Leib einer Großmutter stießen oder wenn ihre Pfeile fliehende Kinder einholten. Aber sie trösteten sich: Gottes Wort hat's so befohlen, und wir wollen nicht räsonnieren und diskutieren, sondern gehorchen.

Ebenso verfuhren sie mit dem nächsten Amalekiterdorf. Weil die Zeltlager miteinander verfeindet waren, kam keines dem Angegriffenen zu Hilfe. Auf die Befehle ihres Königs, der sie zu einer großen Streitmacht sammeln wollte, hörten sie nicht. Die Israeliten waren immer in der Überzahl.

Wenn sie auf Keniter stießen, taten sie ihnen kein Leid. Einmal trat ihnen aus einem Keniterzelt eine alte Frau entgegen. Sie hatte das Treiben der Soldaten im nahen Amalekiterdorf beobachtet und fragte in scharfem Ton:

»Was haben euch denn die Frauen und Kinder in diesem Dorf Übles getan, daß ihr sie so erbarmungslos ermordet?«

»Sie sind ein Räubervolk. Genauso haben sie es mit uns gemacht. Über Einzelhöfe und Dörfer sind sie hergefallen und haben gemordet und geplündert«, antwortete einer der Angesprochenen.

45

»Nur die Männer sind in euer Land eingedrungen, nicht Frauen und Kinder. Warum macht ihr keinen Unterschied zwischen den Räubern und dem übrigen Volk?«

»Der Herr Zebaoth hat uns durch den Mund seines Dieners Samuel befohlen, das ganze Volk der Amalekiter auszurotten. Wir gehorchen diesem Befehl.«

Die alte Frau ließ sich noch nicht abweisen:

»Wir Keniter verehren wie ihr den Herrn Zebaoth. Aber wenn bei uns einer kommt und uns mit diesem ›So spricht der Herr‹ zu morden befiehlt, wissen wir, daß der Befehl nicht vom Herrn kommt. Vielmehr hat sich die Mordlust dieses Mannes in einen Gottesbefehl verwandelt. Für uns ist der Ahnherr, der Brudermörder Kain, ein abschreckendes Beispiel.«

Jetzt wurden die Männer ärgerlich:

»Halt's Maul, sonst geht's dir wie den Amalekiterweibern«, fuhr sie einer an. Sie zogen weiter und dachten: Der weise Samuel wird schon wissen, was der Herr von uns haben will. Wo kämen wir hin, wenn wir das Wort, das der Herr durch seinen Mund redet, anzweifelten? Und so töteten sie auch im nächsten Dorf alles Lebendige ohne Erbarmen.

Der Hauptort Schur, in welchem der König wohnte, war schlecht verteidigt. Die Israeliten eroberten ihn ohne Mühe und begannen auch hier ihr blutiges Geschäft. Doch es ging ihnen nicht so leicht von der Hand. Hier waren die Rinder fetter, die Kamele und Esel stärker, die Schafe hatten ein dickeres Fell. Wollte Gott, der Schöpfer alles Lebendigen, wirklich, daß das alles getötet und verbrannt werde? So nahmen sie die besten Schafe und Rinder und das wohlgeformte Mastvieh beiseite. Daraus wollten sie dann zu Hause dem Herrn ein kostbares Opfer darbringen. Nur das Minderwertige töteten sie und verbrannten es auf der Stelle.

Als König Agag sah, daß seine Sache verloren war, befahl er der Leibwache, sich zu ergeben, ging ohne Waffen und Helm Saul entgegen, fiel vor ihm in die Knie und flehte um Gnade. Und Saul war großmütig, er konnte nicht anders, und nahm ihn als Gefangenen mit.

Sie kehrten nach Israel zurück und ließen von den Amalekiterlagern nur Aschenhaufen, verbrannte Zelte und verkohlte Leichen zurück. Die Räuberbanden freilich hatten sich, als ihnen der Einmarsch der Israeliten gemeldet wurde, in ihre Schlupfwinkel zurückgezogen und blieben dort ungeschoren.

46

Saul trat triumphierend vor den Priester Samuel:
»Gesegnet seist du vom Herrn. Ich habe den Befehl des Herrn ausgeführt.«
Samuels Gesicht versprach nichts Gutes:
»Was bedeutet dieses Blöken von Schafen und das Gebrüll von Kühen, das an mein Ohr dringt?« Den gefangenen König im Hintergrund hatte er auch schon erblickt.
Saul wollte erklären:
»Das Volk hat die besten Schafe und Rinder geschont, um davon hier auf dem Altar Gottes ein würdiges Opfer darzubringen.«
Samuel schnitt ihm das Wort ab:
»Der Herr hat dich auf den Weg geschickt und dir geboten: Kämpfe gegen die Amalekiter, bis du sie vernichtet hast. Befehl ist Befehl. Aber du hast verschont und das Gesetz des heiligen Krieges gebrochen.«
»Das Volk möchte doch aus dieser Herde Opfergaben zu Ehren des Herrn Zebaoth darbringen.«
Samuel ließ keine Entschuldigung gelten:
»Hat der Herr von dir Opfergaben verlangt und nicht vielmehr Gehorsam? Gehorsam ist besser als Opfer, Hinhören besser als das Fett von Widdern. Ich sehe, daß du auch Gefangene gemacht hast, dort hinten, ist das nicht der König der Amalekiter? Weil du das Wort des Herrn verworfen hast, verwirft dich der Herr als König.«
Da erschrak Samuel: »Ich habe gesündigt und mich über den Befehl des Herrn und seine Weisungen hinweggesetzt. Es tut mir leid. Bitte doch für mich, daß mir vergeben werde.«
Samuel blieb ungerührt: »Du kannst nicht mehr König sein. Der Herr wird einen anderen an deine Stelle setzen.«
Dann verlangte Samuel, daß ihm der gefangene Agag vorgeführt werde. Man brachte ihn in Fesseln nach vorne. Samuel sprach voll Zorn: »Weil dein Schwert die Frauen um ihre Kinder gebracht hat, so sei unter den Frauen deine Mutter kinderlos gemacht.«
Und er nahm ein Schwert und hieb den König in Stücke. Das Blut Agags tropfte über die priesterlichen Hände, die im Gottesdienst an jedem Morgen das Volk segneten.
Die mitgebrachten Tiere wurden nicht geopfert, sondern bloß verbrannt, wie es die Gesetze des heiligen Krieges vorschreiben.
Zwei Dinge haben die Könige und Feldherrn seither vom Priester Samuel für das Kriegführen gelernt: Die Soldaten kämpfen besser, wenn sie überzeugt sind, daß Gott selber ihnen den Krieg gegen die

Feinde befohlen hat. Und: Um einen Krieg zu gewinnen, braucht man Soldaten, für die es nichts Höheres gibt als zu gehorchen. Befehl ist Befehl. Wenn sie sich an diesen Satz halten, kann man mit ihnen ganze Völker ausrotten.

Psalmen erzählen

Die Psalmen wurden ursprünglich, wie man vermutet, ohne Angaben über Verfasser und Zeit der Abfassung überliefert. Im Lauf der Jahrhunderte haben gelehrte Abschreiber der Texte viele Psalmen mit Namen versehen, von den 150 Psalmen haben sie 73 David zugeschrieben. Ob sie selber dabei an die Abfassung durch diesen König dachten, ist nicht sicher. In frühjüdischer Zeit verstand man dann diesen, wie auch die andern Namen am Kopf der Psalmen (z. B. Mose, Salomo, Korachiten u.a.) im Sinn der Verfasserschaft. Bei einigen Davidpsalmen stehen noch zusätzliche Informationen über die Zeit, in welcher der betreffende Psalm entstanden ist (z. B. Psalm 3 »ein Psalm Davids, als er vor seinem Sohn Absalom floh« oder Psalm 34 »Von David, als er sich vor Abimelech wahnsinnig stellte und dieser ihn fortjagte und er ging«).

Die heutige Psalmenauslegung zweifelt mit guten Gründen an der historischen Zuverlässigkeit dieser Angaben über Verfasser und Abfassungszeit. Doch daß den Psalmen solche Informationen vorangestellt wurden, scheint mir bedeutsam. Es entsprach wohl dem Bedürfnis der Benützer der Psalmen. Wenn sie von einem dieser Gebete beeindruckt waren, interessierten sie sich dafür, von wem es stammte und wie es entstanden war. Die Psalmen sind Zeugnisse einer Gotteserfahrung ihrer Verfasser. Aber sie erzählen diese Erfahrung nicht, sondern geben nur Einblick in das, was der Betroffene auf Grund seiner Erfahrung mit Gott geredet hat. Seine Worte sprechen die späteren Benützer der Psalmen konkreter und intensiver an, wenn sie ihn als Menschen kennen und an seiner Erfahrung Anteil bekommen. Das wollten die gelehrten Angaben am Kopf der Psalmen vermutlich erreichen.

Was die Psalmbenützer in frühjüdischer Zeit diesen Angaben entnommen haben, wie ihr Verständnis des Textes dadurch bereichert wurde, kann ich nicht mehr nachvollziehen. Gerade die detaillierten Angaben aus der Lebensgeschichte Davids erhellen mir den Psalm, dem sie jeweils vorangestellt sind, nicht. Es ist mir bis jetzt bei keinem dieser Psalmen gelungen, den Text besser zu verstehen, indem ich mich in die angegebene Situation hineinversetzt und sie mit meiner Phantasie miterlebt habe.

Darum habe ich versucht, bei einigen Psalmen, ohne Rücksicht auf die Verfasserangaben, so lange über den Text nachzudenken, bis mir eine Geschichte über einen unbekannten Verfasser einfiel, von dem ich mir vorstellen konnte, daß er den Psalm geschrieben hat. Einige dieser fingierten Verfasser sind Laien, nicht Priester.

Die heutige Psalmenauslegung nimmt an, daß manche Psalmen Ausdruck der Laienfrömmigkeit des Alten Testaments sind.

Die nachfolgenden Geschichten sind nicht als literarische Hypothesen über den wahrscheinlichen Verfasser gemeint. Ein einziger Psalm bietet als historische Quelle einen so kleinen Ausschnitt aus dem Erleben der Menschen, daß sich daraus keine historisch gesicherten Schlüsse über seine Person ziehen lassen. Die Geschichten bewegen sich also nur im Bereich des historisch Möglichen. Ich erzähle von Menschen, die vielleicht gelebt und möglicherweise auf eine Gotteserfahrung mit einem Psalm geantwortet haben.

Mit meinen Versuchen, dem Psalmtext eine Geschichte über die ihr vielleicht zugrunde liegende Gotteserfahrung des Verfassers zu entlocken, möchte ich heutigen Lesern von Psalmen, Erwachsenen und Jugendlichen, einen Zugang zu diesen Gebeten anbieten. Wenn sie nicht Theologen sind, erleben sie diese Gebete oft als zu unscheinbare oder befremdliche Bekenntnisse aus einer fernen Vergangenheit. Manchmal sind die Texte ihnen auch durch verfrühte Begegnungen zu bekannt, und es geht kein Reiz von ihnen aus, sich mit ihnen zu befassen. Als Nicht-Theologen bringen sie auch kein professionelles Interesse an der Interpretation von Texten aus alter Zeit mit. Eine Rahmengeschichte über die mögliche Entstehung des Psalms macht sie vielleicht neugierig, so daß sie diesen unbekannten Beter aus der Vergangenheit ein Stück weit auf seinem Weg begleiten und dann auch über eigene, schon gemachte oder noch fehlende Gotteserfahrungen nachdenken.

Wenn die Trommel nicht mehr ausreicht (Ps 40,1–12)

Psalm 40 besteht aus zwei verschiedenen Psalmen: Vers 14–18 erscheint noch einmal als selbständiges Gebet in Psalm 70. Ein Abschreiber hat, so ist anzunehmen, Psalm 70, ein Bittgebet, an das Danklied Psalm 40, 1–12 angehängt und Vers 13 als Überleitung zur erneuten Klage eingefügt. K. Seybold (Die Psalmen. Eine Einführung. 1986) versteht den ersten Teil dieses Psalms als Danklied eines unbekannten Einzelnen. Dieser hat nach einem Bittgebet in Not eine wunderbare Errettung erfahren. Eigentlich wollte er dafür Gaben und Opfer in das Heiligtum bringen. Doch ihm wurde klar, daß Gott von ihm keine Brandopfer und kein Sündopfer wolle, sondern daß er seinen Dank in einem neuen Loblied zum Ausdruck bringen dürfe. Er schrieb den Text auf ein Papyrus- oder Pergamentblatt und brachte ihn in den Tempel. »Siehe, jetzt bin ich gekommen mit einer Schriftrolle (anders übersetzt: einem Schriftstück, einem Papyrusblatt). In ihr steht über mich geschrieben« (Vers 8). Dieses Schriftstück, so die mir einleuchtende Hypothese von K. Seybold, sei nichts anderes als der für die Gemeinde neu gedichtete Hymnus von Psalm 40 A. Dieser Text sei wie noch andere Danklieder von unbekannten Gläubigen im Tempelarchiv aufbewahrt und später einem unter dem Namen David zusammengestellten Liederheft beigefügt worden.
Wenn diese Hypothese zutrifft, muß ich mir, damit der Psalm mir seine Geschichte erzählt, nur ausdenken, welche Not für diesen Unbekannten Anlaß zur Erfahrung der Gebetserhörung war und warum er als Dank nicht, wie vermutlich die Mehrheit seiner Glaubensgenossen in ähnlicher Lage, eine blutige oder eine unblutige Opfergabe dargebracht, sondern warum er zur Feder gegriffen und diesen Dankpsalm gedichtet hat.

Der Levit Giddalti sagte manchmal von sich selbst: »Ich mache Lärm zum Lobe Gottes.« Er war Musiker im Tempelorchester. Seine Instrumente waren, je nachdem, was gebraucht wurde, die Trommel, das Tamburin, die klingende oder die schmetternde Zimbel. Er freute sich jedesmal, wenn im Gottesdienst jener Psalm an der Reihe war, in welchem alle Instrumente des Orchesters aufgeführt wurden:

Hallelujah!
Lobet Gott in seinem Heiligtum!
Lobet ihn in der Feste seiner Macht!
Lobet ihn um seiner Machttaten willen!
Lobet ihn ob seiner gewaltigen Größe!
Lobet ihn mit Hörnerschall!
Lobet ihn mit Harfe und Leier!
Lobet ihn mit Pauke und Reigen!
Lobet ihn mit Saitenspiel und Schalmei!
Lobet ihn mit klingenden Zimbeln!
Lobet ihn mit schmetternden Zimbeln!
Alles, was Odem hat, lobe den Herrn! Hallelujah!

(Psalm 150, übersetzt nach H.-J. Kraus)

Sogar die Zimbeln wurden in diesem Psalm erwähnt, die hellen mit dem feinen Glockenton, und die beiden großen Metallbecken, die man aneinanderschlug und damit einen lauten Ton erzeugte. Der Psalm erinnerte Giddalti daran, daß die Instrumente beim Lobe Gottes nur den Teil eines Ganzen bilden. Daß das Schlagen der Trommel nicht Aufbruch zum Krieg, sondern Lob Gottes bedeutet, wurde nur verständlich, weil der Chor es mit Worten ansagte. Daß die Zimbeln nicht zu Tanz und irdischem Vergnügen, sondern zur Ehre Gottes erklangen, wurde durch die Sprache der Sänger deutlich. Den heiligen Namen Gottes aussprechen konnten nur ihre Stimmen, nicht die Musikinstrumente. Giddalti liebte die Psalmen, die der Chor sang. Er konnte viele auswendig. Doch er war nicht beauftragt zu singen. Er mußte mit Instrumenten präludieren und den Takt zum Singen schlagen. Es leuchtete ihm ein, daß in der heiligen Ordnung der Priester und Leviten die Sänger den Musikanten übergeordnet waren.
Aber daß die Opferpriester noch eine Stufe höher standen, fand er nicht recht. War ihr Werk wirklich so viel edler und heiliger als das der Sänger? Sie schlachteten Tiere, häuteten sie ab, gossen ihr Blut am Altar aus, warfen das Fleisch ins Feuer und sprachen dabei ihre Gebete. Giddalti konnte nicht glauben, daß Gott an diesem Opfer-

dienst Wohlgefallen habe. Das war nicht denkbar. Gott freute sich doch nicht am Duft von verbranntem Fleisch! Giddalti wußte, daß vor einigen Jahrhunderten, als der Tempel Salomos noch stand, Propheten gelehrt hatten: Gott will keine Tieropfer. Gott will, daß wir im Alltag seine Gebote halten und daß wir mit Witwen, Waisen und Fremdlingen barmherzig sind. Doch die Priester, die jetzt den Tempel leiteten, kannten diese Lehre nicht. Sie behaupteten, daß Gott den täglichen Opferdienst bis in alle Einzelheiten mit seinen Geboten vorgeschrieben habe.

Daß Giddalti mit den Psalmen vertraut war, kam ihm zugute, als die Seuche ihn packte. Sie war im Dorf umgegangen. Einige waren schon daran gestorben. Auch ihn traf es stark. Sein Körper behielt keine Speise mehr bei sich. Todmüde lag er auf der Matte, seine Haut mit kaltem Schweiß bedeckt. Er fröstelte, obwohl es Hochsommer war. Es war ihm, als ob er von stinkendem Schlamm umhüllt wäre. In den ersten Tagen betete er die Psalmen, die in ihm aufstiegen. Bald hatte er dazu die Kraft nicht mehr. Nur einzelne Zeilen kamen über seine Lippen:

»Meine Seele harrt des Herrn, mehr als der Wächter auf den Morgen.« Seine Lippen waren vertrocknet, und er hörte es nur in seiner Seele sprechen: »Auf dich, Herr, harre ich. Du wirst antworten, Herr, mein Gott.«

Seine Frau pflegte ihn Tag und Nacht. Sie betete um seine Rettung. Sie versprach, Gott einen Widder zu opfern, wenn er wieder gesund werde. Aber ihre Hoffnung schwand. Sie machte sich darauf gefaßt, ihn hergeben zu müssen.

Eine Woche lang war es fast, als ob er schon in der Grube läge. Da erwachte er eines Morgens mit frischem Blick und hatte Durst und Hunger. Nach einigen Tagen konnte er sich vom Lager erheben. Alles, was im Wohnraum war, schien ihm wie neu. Bald reichte es zu den ersten Schritten vor die Haustür. Er freute sich an der Sonne und an den Bäumen und fühlte sich wie einer, der vom Tod erstanden ist.

Seine Frau erzählte ihm von ihrem Gelübde. Auch er hatte den starken Wunsch, Gott in besonderer Weise für die Heilung zu danken, aber vom Schlachten eines Widders wollte er nichts wissen.

Er nahm die Trommel und versuchte, mit ihr Gott zu loben. Er entlockte ihr einen dreistimmigen Klang und erfand Wirbel und Rhythmen, die noch nie jemand auf der Trommel hervorgebracht hatte. Aber es war nicht der Dank, den er Gott darbringen wollte.

52

Auch mit den klingenden und den schmetternden Zimbeln ging es nicht anders. Da nahm er ein Papyrusblatt, ein Schreibrohr und Tusche und lauschte auf die Worte des Dankes, die in seiner Seele darauf warteten, geweckt zu werden. Dann schrieb er ein neues Lied auf das Blatt, ein Lied, das der Tempelchor nicht kannte. Das wollte er dem Chorleiter bringen und ihn bitten, daß es der Gemeinde vorgesungen werde. Dann sollte er das Blatt der Bibliothek des Tempels als sein Dankopfer übergeben. Das Lied lautet:

Unerschüttert harrte ich des Herrn,
  und er neigte sich zu mir und hörte mein Schreien.
Er zog mich aus der Grube des Verderbens, aus tiefem Schlamm,
  er stellte meine Füße auf den Fels, machte fest meine Tritte,
gab mir ein neues Lied in den Mund,
  einen Lobgesang auf unsern Gott.
Viele werden es schauen, werden erschauern
  und Vertrauen fassen zum Herrn.
Glücklich ist der Mann, der sein Vertrauen setzt auf den Herrn,
  sich nicht zu den Drängern wendet, den in Lüge Verstrickten.
Viel sind der Wunder und Ratschlüsse, die du an uns vollbracht hast,
Herr mein Gott.
Nichts ist dir gleich.
  Wollt' ich künden und reden davon, unzählbar sind sie.
Schlacht- und Gabeopfer wolltest du nicht,
  doch Ohren hast du mir gegraben.
Brand- und Sündopfer verlangtest du nicht.
Da sprach ich: Siehe, jetzt bin ich gekommen mit einem Schriftstück,
  in ihm steht über mich geschrieben.
Ich habe Lust, deinen Willen zu tun, mein Gott,
  und dein Gesetz trage ich im Herzen.
Froh verkündige ich Heil in großer Gemeinde.
  Ja, meine Lippen verschließe ich nicht, du weißt es.
Deine Gerechtigkeit verbarg ich nicht in der Tiefe meines Herzens.
  Deine Treue und Hilfe spreche ich aus.
Nicht verhehle ich deine Gnade und Wahrheit
  vor der großen Versammlung.
Du, Herr, wirst nicht verschließen dein Erbarmen vor mir,
  deine Gnade und Wahrheit werden stets mich behüten.

(Übersetzt nach K. Seybold und H.-J. Kraus)

Fremd unter Fremden (Ps 120)

In diesem Wallfahrtspsalm dankt der Beter zuerst, daß Gott ihn aus einer Not erlöst hat (Vers 1), klagt dann aber nur noch über sein Leben in einer für ihn feindlichen Umwelt (Vers 2–7), als ob er nicht gerade eben für die Hilfe durch Gott gedankt hätte. Hat das mit dem Gegensatz zwischen seinem bisherigen Wohnort, an dem er sich unglücklich fühlte, und der Freude, die er in der Stadt des Heiligtums empfindet, zu tun? Wird er also nicht mehr an seinen bisherigen Wohnort zurückkehren? – Diese Frage stellte sich vielleicht für manchen Jerusalem-Pilger.

Die Angaben über seinen Wohnsitz fern von Jerusalem sind geographisch nicht sicher zu deuten. »Weh mir, daß ich weile in Mesek, daß ich wohne bei den Zelten von Qedar.« (Vers 5) Qedar ist der Name eines Beduinenstamms in den nördlichen Teilen der syrisch-arabischen Wüste. Mesek wird von den einen im hohen Norden, von den anderen in eben diesem Gebiet des Stammes Qedar gesucht. Die Bilder des Beters für sein Leben als rechtloser Fremdling in nationaler, religiöser und wohl auch sprachlicher Diaspora lassen auf ein Lebensschicksal schließen, wie es zahlreiche Juden schon lange vor Christus erlitten haben und wie es nach Christus für das jüdische Volk bis zur Gründung des Staates Israel zur Regel wurde. Für viele wurde dieses »Elend in der Fremde« zur Herausforderung, dem Glauben der Väter erst recht die Treue zu halten.

Gelingt es Christen, die sich nicht als Minderheit in einer nicht-christlichen Umgebung fühlen, an den Nöten dieses Beters Anteil zu nehmen? Und können wir Protestanten, in deren Glaubensleben es keine Wallfahrten zu einem Heiligtum gibt, überhaupt nachfühlen, was einem Diaspora-Juden die Reise zum Tempel und der Aufenthalt in der heiligen Stadt bedeuteten?

Mit jedem Reisetag wurde es Salmai klarer, daß er nicht mehr zurückkehren werde. Beim Aufbruch im Zeltdorf Qedar hatte er noch mit beidem gerechnet. Eingepackt hatte er, was ihm kostbar war: die Werkzeuge, die Torarolle des Großvaters, das Kästchen der Großmutter mit den Gold-Schekeln, seinen Gebetsmantel. Vieles mußte er zurücklassen. Die Satteltaschen waren prallvoll. 20 Jahre lang hatte Salmai sich die lange Reise in die heilige Stadt versagt. Jetzt hatte er genügend Geld beisammen. Den Verdienstausfall konnte er verkraften.

Doch seit ihm klar geworden war, was er wollte, war er kein Pilger mehr wie seine Reisegenossen. Er war ein Rückwanderer. In Damaskus hatte er sich einer Gruppe Reisender angeschlossen, nachdem er vier Tage lang allein durch die Wüste geritten war. Er kannte sie nicht und hing, während er den ganzen Tag auf dem Kamel saß, ohne zu reden, seinen trüben Gedanken nach. Sie schmeckten in seinem Mund wie das Saure, das aus dem Magen aufstößt: Er mochte die Qedarleute nicht, und sie mochten ihn nicht. Dennoch lebte er in ihrem Zeltdorf bei Mesek als Einsamer, seit der Vater und ein Jahr später die Frau seiner Jugend gestorben waren. Sein Vater war als junger Handwerker auf der Wanderschaft bei Qedarleuten auf der Durchreise hängengeblieben. Sie brauchten für ihre Kamele gut schließende Riemen. Von ihnen verstand sich keiner auf die Herstellung von Gürteln und Schnallen. Das kam ihm gerade recht, denn er war auf der Suche nach einem Arbeitsplatz. Der Vater war noch einmal in die Heimat gereist, um sich dort eine Frau zu holen. Als ihr Sohn war Salmai im fremden Land aufgewachsen und hatte vom Vater das Handwerk gelernt und gemeinsam mit ihm ausgeübt. Der Sprache und dem Glauben der Väter blieben sie treu. Arbeit hatten sie immer genug. Nur wenn's ans Zahlen ging, gab es oft Streit. Waren die Riemen bestellt, so behaupteten die Qedarleute nachher, der abgemachte Preis sei tiefer. Und die fremden Gürtler mußten am Ende bei jedem Streit nachgeben. Beim Dorfrichter erhielten sie kein Recht. Was sie aussagten, glaubte der nicht. Kauften die Qedarleute bereits hergestellte Gürtel aus kostbarem Kalbsleder, so drückten sie oft den Preis und beschimpften die fremden Gürtler als Ausbeuter und Geizhälse, bis sie einwilligten und die Ware für einen Schleuderpreis weggaben, nur um nicht beschimpft zu werden. Dennoch bot ihnen das Handwerk ein rechtes Einkommen. Seit Salmai es allein betrieb, war er ein wenig zu Wohlstand gekommen.

Warum wollte er nach der Wallfahrt nicht mehr zu den Qedarleuten zurück, zurück zu den Gräbern seiner Eltern und seiner Frau? Weil er im Frieden mit seinen Nachbarn leben wollte. Weil er es satt hatte, Zielscheibe ihres Spotts und Opfer ihrer Preisdrückerei zu sein. Weil er als Fremder bei ihnen doch immer den kürzeren ziehen mußte.

Am schlimmsten war es vor einem Jahr gewesen, als plötzlich das Wasser der oberen Quelle nach verwestem Fleisch stank und ungenießbar war. Ein unachtsamer Qedar-Sohn hatte wohl den Deckel der Zisterne nicht geschlossen, und ein Tier war in das Loch gefallen. Aber das ganze Dorf beschuldigte ihn, den Juden, der immer gewissenhaft die Zisterne gedeckt hatte. Steine flogen gegen ihn, wenn er sich zwischen den Zelten zeigte. Man hinderte ihn, die untere Quelle zu benützen. Eine Woche lang mußte er in der Nacht, wenn alle schliefen, zur Zisterne schleichen und seine Krüge füllen.

»Scharfe Kriegspfeile und Ginsterkohlen!« Unwillkürlich war das

Kraftwort über seine Lippen gekommen, das die Qedarleute benützten, wenn sie etwas ärgerte und erzürnte. Ich weiß nicht, ob
dieses Wort mit ihrer Beschäftigung zu tun hatte: Sie lebten nämlich
nicht bloß von der Vermietung ihrer Kamele an Kaufleute, die
durch die Wüste reisten, sondern überfielen dann und wann Bau-
erndörfer am Rand der Wüste, schossen vom Rücken der galoppierenden Kamele auf die Bewohner, so daß sie Angst bekamen und
flohen. Dann plünderten sie die Häuser und zündeten sie mit glü-
henden Kohlen an, die sie in Krügen mitgebracht hatten. Salmai
hatte die Sprache der Qedarleute gelernt, auch ihre Flüche. Sonst
bemühte er sich immer, nach den Geboten des Herrn zu leben und
keine anderen Götter anzurufen. Weil er einsam lebte, war das
nicht so schwer. Wäre er einmal auf den Gedanken gekommen, mit
den Qedarleuten das Fest zu Ehren ihrer Götter zu feiern, so hätten
sie ihn gewiß zurückgewiesen. Denn er war und blieb für sie ein
Fremder.

Verstehen wir jetzt, warum er Rückwanderer und nicht Pilger sein
wollte? Nach seiner Ankunft in der heiligen Stadt, zwei Tage vor
Beginn der Festwochen, suchte er die Gasse der Gürtler und Schnal-
lenmacher auf und fragte nach einem Arbeitsplatz. Doch man wies
ihn ab. Ein Meister rühmte seinen tüchtigen Gesellen. Ein anderer
betrieb sein Geschäft lieber allein. Der nächste fragte ihn nach der
neuen Technik, mit der man den Ring an der Schnalle befestigt. Salmai hatte seit 20 Jahren nie mehr mit einem Arbeitskollegen zu tun
gehabt. Jetzt merkte er, was sich alles seither in seinem Handwerk
geändert hatte. Langsam begriff er: In der heiligen Stadt war für ihn
keine Arbeit zu finden. War das in den kleinen Städten Judas nicht
ebenso? Blieb ihm am Ende nichts anderes übrig als zu den Qedarleuten zurückzukehren?

Niedergeschlagen saß er am Abend in einer Trinkstube. Da setzte
sich ein junger Mann an seinen Tisch. Sie kamen ins Gespräch. Der
andere war Schüler bei einem Schriftgelehrten. Salmai erzählte ihm
die ganze Geschichte, all das Bittere, das er von den Qedarleuten erfahren hatte. Der andere zog ein Papyrusblatt und Schreibzeug aus
der Tasche und begann zu schreiben. Hörte er überhaupt noch zu?
Salmai verstummte. Nach einer Weile reichte der andere ihm das
beschriebene Blatt. Was darauf stand, begann wie ein Gebet. Salmai
las es und fragte sich, ob ihm dieses Gebet Mut mache, trotz allem
ins Zeltdorf zurückzukehren und dort sein Handwerk wieder aufzunehmen. Das Gebet lautete:

56

Zum Herrn habe ich in meiner Not gerufen,
und er hat mich erhört.
Herr, rette mein Leben vor der trügerischen Lippe,
vor der Trug-Zunge!
Was soll man dir geben und was machen mit dir, Trug-Zunge?
Geschärfte Kriegspfeile samt Ginsterkohlen!
Ach, ich, daß ich blieb bei Mesek,
wohnte bei den Zelten Qedars.
Zu lange für mich wohnte ich bei denen, die den Frieden hassen.
Ich aber bin für Frieden,
doch wenn ich aussagen soll, jene sind für Krieg.

Ein Vater, der den Sohn verloren hat (Ps 130)

Nach der kirchlichen Tradition gehört dieser Psalm zu den sieben Bußpsalmen. Luther rechnete ihn sogar zu den »Psalmi Paulini«. Er hat ihn im Kirchenlied »Aus tiefer Not schrei' ich zu dir« aus der Sicht seiner von Paulus her erneuerten Theologie ausgelegt und mit diesem Text alles, was er selber an Sünde und Gnade erfahren hatte, zur Sprache gebracht.

Mir fällt auf, daß der Dichter dieses Psalms nicht, wie das bei Bußgebeten üblich ist, sich selber anklagt, seine Sünden einzeln aufzählt und Reue und Bereitschaft zur Umkehr beteuert. Daß die Tiefe, aus der er zum Herrn ruft, nicht irgendeine menschliche Not ist, sondern daß sie mit eigener Schuld zu tun hat, läßt sich indirekt daraus schließen, daß der Beter Gott an die Schuldverfallenheit aller Menschen erinnert. Auf die Frage »Wenn du Sünden anrechnen willst, wer kann bestehen?«, gibt es für ihn nur eine Antwort: Niemand! Vergebung Gottes ist die einzige dem sündigen Menschen verbleibende Hoffnung.

Worauf wartet der Beter so sehnlich, »mehr als der Wächter auf den Morgen«? Manche Ausleger meinen: auf die Verkündigung der Vergebung durch den Priester. Sie wurde dem Angeklagten zuteil, nachdem er die ganze Nacht hindurch im Tempel betend verbracht hatte. Doch daß ein Büßender diese institutionalisierte Absolution nach seiner Buße erhielt, war wohl nicht so völlig ungewiß. Für das sehnliche Warten auf diesen Spruch wäre die Metapher mit dem Wächter etwas übertrieben. Hofft der Beter mit seiner ganzen Sehnsucht also noch auf ein anderes Tun Gottes als das, was ein Priester ihm durch einen Spruch vermitteln kann?

Wer war dieser Beter? Kann ich ihm die Züge einer konkreten Person geben, nachdem unzählige Beter sein Gebet übernommen und ihre eigene Geschichte damit verknüpft haben? Darf ich ihn mir anders als so vorstellen, daß seine Schulderfahrung zum paulinischen Verständnis von Sünde und Vergebung paßt?

Mich interessiert ein Mensch, dem offenbar das Reden von der eigenen Schuld nicht so leicht über die Lippen geht, sondern der nur andeutend davon spricht, indem er sich den übrigen Menschen zuzählt, die alle schuldig und alle auf Vergebung angewiesen sind. Hat er vielleicht sein Schuldig-werden gar nicht so eindeutig erlebt, nicht als individuelles moralisches Versagen, sondern als etwas, das mit Schicksal, mit Zeitumständen und mit dem Verstricktsein in das Versagen vieler anderer Menschen zusammenhängt?

Ich nenne ihn Jaschar, den »Rechten«, und stelle ihn mir als reichen Mann vor. Er hat es im Leben weit gebracht. Angefangen hatte er als Pferdeknecht. Er war fleißig und verstand sich auf den Umgang mit Pferden, aufs Züchten der gewünschten Eigenschaften und auf den Handel. So konnte er sich bald selbständig machen und wurde schließlich Besitzer eines Stalls mit 120 Pferden. Seine Kunden kamen zu ihm aus der Nähe und aus dem Ausland. Sie kauften Rosse, die durch Kraft und Ausdauer berühmt waren. Mit seinem behäbigen Haus und seiner Familiengruft am Fuß des Stadthügels gehörte er zu den Vornehmen. Sein Wort galt viel bei den Verhandlungen im Tor.

Man hätte ihn glücklich preisen können. Man tat es, wenn man nichts von der Sache mit seinem Sohn wußte. Doch für ihn war es bitter, daß es mit Abbir so gekommen war. Der Sohn war auch ein tüchtiger Geschäftsmann und bewohnte eine Villa in der Hauptstadt. Doch er war reich geworden durch den Sklavenhandel. Das war kein ehrliches Geschäft für einen Israeliten. Bei ihm traf sich ein Kreis von Männern und Frauen mit frevlerischem Lebenswandel. Im Hause Abbirs wurde über den Glauben der Väter gespottet. Das erzählte man an den Brunnen und in den Trinkstuben der Hauptstadt.

Zwischen dem Vater und dem Sohn war jede Beziehung abgebrochen. Das schmerzte Jaschar tief. Er dachte daran, daß er bald einmal gebrechlich und hilfsbedürftig sein würde. Eines Tages würde man ihn dann ins Familiengrab betten. Sein einziger Sohn würde nicht dabeisein. Alle würden es sehen, daß sein Leben verfehlt war.

Wenn Jaschar wegen eines Handels in der Hauptstadt zu tun hatte, lenkte er jedesmal seine Schritte durch die Gasse, in der das Haus seines Sohnes stand. Aber die Beine wurden ihm schwer. Er blieb stehen und kehrte um. Hatte er Angst, seinem Sohn zu begegnen und von ihm abgewiesen zu werden? Schreckte ihn der Gedanke, daß in diesem Hause lästerliche Reden geführt wurden? Er kannte das Wort: »Die Toren sprechen in ihrem Herzen: Es ist kein Gott.«

58

Abbir war dieser Torheit verfallen. Blieb er nicht dennoch sein Sohn? War er der Vater, mitschuldig an diesem gottlosen Lebenswandel?

Als Abbir klein war, hatten sie viel Freude an ihm. Er war ein lebhafter und fröhlicher Junge und zudem das einzige Kind. Die Mutter umsorgte ihn und erfüllte ihm jeden Wunsch. Als Fünfjähriger lernte er reiten. Der Vater war stolz und sah ihn schon als Teilhaber am Geschäft mit den Pferden. Im nächsten Jahr hatte seine Ehefrau eine Totgeburt und starb in den Wehen. Der Junge war untröstlich. Auch Jaschar trug schwer an dem Verlust und konnte sich nicht entschließen, eine andere Gefährtin zu suchen. Die bewährte Magd übernahm die Hausfrauenpflichten und versorgte Vater und Sohn. Aber Abbir tanzte ihr auf der Nase herum.

In diesen Jahren zwang der Aufbau des Geschäfts den Vater zu längeren Reisen ins Ausland. Der Meisterknecht sollte während seiner Abwesenheit die Erziehung des Sohnes übernehmen. Er verstand sich gut auf das Zähmen von wilden Fohlen. Doch der Junge war anders als die Fohlen. Wenn Jaschar von seinen Reisen heimkam, mußte er sich lange Klagen über Streiche und Unflätigkeiten des Sohnes anhören. Er kannte den Spruch der Lehrer Israels, daß nur der Vater den Sohn liebt, der die Rute braucht, wenn Strafe nötig ist: So griff er oft zur Rute, und das Zusammensein des Vaters mit dem Sohn war mehr schmerzhaft als zärtlich.

Der Schullehrer lobte Abbir, weil er die Tora und die heiligen Schriften schneller lernte als die anderen Schüler, aber ebenso häufig klagte er über ihn, weil er freche Fragen stellte und nicht glauben wollte, was geschrieben stand.

Als Abbir achtzehn war, kam es zum letzten Streit zwischen ihm und dem Vater. Anlaß dazu war ein lahmer Hengst. Der Vater behauptete, daß der Sohn ihn lahm geritten habe. Dieser bestritt es. Ein Vorwurf zog den andern nach sich. Beide beschuldigten sich gegenseitig. Jeder schrie dem andern den eigenen Haß ins Gesicht. Der Vater griff nach dem Stock, um den Sohn zu züchtigen. Dieser war schneller und versetzte dem Vater einen Faustschlag auf das Kinn. Jaschar sank ohnmächtig zu Boden. Als er wieder zu sich kam, war Abbir weg. Die Geldtruhe war aufgebrochen. Es fehlte ein großer Betrag.

Der Sohn blieb lange verschollen. Erst nach zwei Jahrzehnten erzählte man dem Vater in der Hauptstadt, was aus Abbir geworden sei und wie es in seinem Haus zugehe. Hatte er bei der Erziehung etwas falsch gemacht? Hätte er sein Geschäft vernachlässigen und sich mehr um seinen Sohn kümmern müssen? War er nicht ein Vater wie alle andern gewesen? Hatten sie alle versagt, weil viele der Jungen den Glauben der Väter gering achteten? Solche Fragen bedrückten ihn, als er wieder einmal auf dem Rückweg von der Hauptstadt war. Daheim, als die Magd ihm das Wasser zum Waschen von Händen und Füßen hinstellte, konnte er sich nicht freuen. Als sie ihm köstliche Speise und Trank vorsetzte, spürte er nur, was ihm fehlte. Er wartete und wartete – worauf? Daß der Sohn bereit werde, einen Schritt zur Versöhnung zu tun? Daß er selber den Mut finde, eine Brücke über den Graben zu bauen? Oder daß der Prophet Elia wiederkomme und sein Werk an ihnen beiden tue? Von ihm hatte er gelesen, daß er kommen und das Herz der Väter den Söhnen zuwenden werde und das Herz der Söhne ihren Vätern. In der Nacht träumte er, man habe ihn, wie einst Joseph, in eine wasserlose Zisterne gestoßen. Vergebens bemühte er sich, die Wände hochzuklettern.

Als er am anderen Morgen sein Gebet sprach, fügte er aus der Bedrängnis seines Herzens noch die Worte hinzu:

»Aus Tiefen rufe ich dich, Herr,
  höre meine Stimme!
Laß deine Ohren aufmerken auf mein lautes Flehen.
Wenn du auf Verfehlungen achten willst, Herr,
  wer kann da bestehen?
Ja, bei dir ist die Vergebung, daß man dich fürchte.
Ich hoffte auf den Herrn, meine Seele hoffte:
  seines Wortes harrte ich.
Meine Seele hofft auf den Herrn,
  mehr als die Wächter auf den Morgen.
Israel harre auf den Herrn.
  Denn beim Herrn ist die Gnade und viel Erlösung bei ihm.
Und er wird Israel erlösen von allen seinen Verschuldungen.«

(Übersetzt nach K. Seybold)

Ein Gebet im Anschluß an diesen Psalm:

O Gott,
die Jungen klagen uns an, uns Väter, Mütter und Lehrer.
Wir überlassen ihnen die Umwelt beschädigt.
   Mit kranken Wäldern,
   mit vergifteten Flüssen,
   mit einer Luft voller Schadstoffe.
   Mit Bergen von Abfall, die sie beseitigen müssen.
   Mit Straßen und Städten, die ihnen das Grün des Lebens rauben.
Die Jungen wenden sich ab von uns,
   den Müttern, Vätern und Lehrern.
   Sie gehen ihre eigenen Wege.
Wir konnten ihnen den Weg zur Wahrheit nicht weisen,
   weil wir selber nicht darauf wandeln.
Wir konnten ihnen, was uns heilig ist, nicht bedeutsam machen,
   weil es uns selber nicht wichtig genug war.
Wir konnten ihnen den Glauben an dich nicht weitergeben,
   weil unser Alltag so laut dagegen spricht.

Sollen auch wir uns anklagen?
Sind wir vor dir schuldig, weil jeder schuldig ist?
Du kennst unser Versagen, unsere Schwachheit.
Was wir an der kommenden Generation verschuldet haben,
   durch Torheit, durch Eigennutz, – du siehst es.
Du weißt auch, wo wir überfordert sind,
   und was wir beim besten Willen nicht zu tun vermögen.
Daß wir den Jungen nicht eine bessere Welt übergeben können,
   daß für sie die Zukunft dunkel und drohend ist,
das ist Not für uns.
Aus der Tiefe der Not rufen wir, Herr, zu dir ...

Ihr eigener Psalm (Ps 131)

G. Quell (Festschrift für L. Rost, 1967) und K. Seybold (»Die Wallfahrtspsalmen«, 1978) nehmen an, daß dieser Psalm von einer Frau verfaßt wurde. Auf Grund von sprachlichen Überlegungen übersetzen sie Vers 2 (bisher: »Wie ein Kind *bei* der Mutter ist meine Seele still in mir«) neu »Wie ein Kind *auf* seiner Mutter, wie das Kind *auf* mir ist meine Seele«). Die beiden Gelehrten denken dabei auch an die Bilder aus der Welt des Alten Testaments, die Mütter zeigen, wie sie ein drei- bis fünfjähriges Kind auf den Schultern tragen. Wenn Vers 2 diese Situation voraussetzt, kann man sich vorstellen, wie die Mutter dem Kind auf den Achseln das kleine Lied, im Rhythmus schreitend, vorsingt. Das Kind ist zufrieden. Sie ebenfalls, doch für sie war der Weg zur inneren Ruhe wohl nicht so leicht zu finden. Zuerst mußte sie zur Einsicht kommen, daß sie nicht zu viel für sich selber erwarten darf. (Vers 1) Was hat diese Mutter wohl erlebt, bevor ihr dieser Psalm einfiel? Wo war damals ihr Mann, der Vater des Kindes? Ich weiß wenig über sie. Darf ich dennoch meine Phantasie auf die Suche nach ihrer Geschichte ausschicken?

Zum Fest der Entwöhnung hatte sie die Nachbarinnen ringsum eingeladen. Nur zwei jüngere Frauen waren gekommen. Es wurde trotzdem ein fröhlicher Tag. Zu dritt aßen und tranken sie und waren guter Dinge. Die kleine Jetoma spielte am Boden mit ihren aus Ton geformten Kühen. Sie war jetzt drei Jahre alt geworden. Die beiden Gäste schlossen sie in ihr Herz.

Vielleicht wurde aus diesem Fest ein neuer Anfang. Vielleicht hatte die Mauer ein Loch bekommen, die sie von den andern in der Stadt trennte.

Aber das Loch vergrößerte sich in den nächsten Wochen nicht. Man mied sie noch immer. Auch die beiden Nachbarinnen grüßten nur kühl.

Seit dem jähen Tod ihres Mannes vor drei Jahren galt sie als eine von Gott Verfluchte. Man kaufte zwar bei ihr weiterhin Geschirr und Tonwaren. Nirgends gab es Krüge mit so zierlichen Mäanderbändern und Becher mit so reichen Brauntönen. Doch sonst ging man ihr aus dem Weg.

Sie hatte schon damals die Ablehnung gespürt, als ihr Mann sie als Ortsfremde geheiratet und nach Hebron gebracht hatte. Er war bei seinen Mitbürgern schon vorher nicht beliebt gewesen. Er war ein tüchtiger Töpfer, aber ein freier Geist und machte vor niemandem Bücklinge. Er stellte noch vorlaute Fragen, wenn die andern längst aus Angst vor den Mächtigen den Mund hielten. Die Stadtältesten haßten ihn, weil er bei einer Verhandlung im Tor Betrügereien aufgedeckt hatte.

Und dann heiratete er noch eine Ortsfremde! Als sie im achten Monat schwanger war, hatte er wieder einmal in der Trinkstube Streit mit einigen Männern. Sie griffen ihn an, aber niemand konnte gegen seine harten Fäuste aufkommen. Auf dem Heimweg ging er in der Untergasse an dem Haus vorüber, das die Maurer damals aufstockten. Da fiel ein Quaderstein herunter, traf ihn an der Stirn, und er blieb tot liegen. Die Nachricht löste bei ihr die Wehen aus. Ohne Hilfe durch die Nachbarinnen brachte sie ein Mädchen zur Welt. Sie gab ihm den Namen Jetoma (Waise).

Die ganze Stadt sprach davon, daß der Tod des Töpfers ein Gericht Gottes sei. Trauer und Verzweiflung wollten sie verschlingen, aber ihr Säugling rief sie mit seinem Schreien ins Leben zurück. Sie nährte ihn und war froh, daß sie bei ihrem Mann das Töpferhandwerk gelernt hatte. So wässerte und knetete sie, mit dem Säugling auf dem Rücken, den Ton, setzte sich an die Scheibe, drehte mit den Füßen und formte die Krüge. Bänder und Verzierungen gelangen ihr immer besser. Man kaufte bei ihr wie zuvor bei ihrem Mann, aber redete mit ihr nur, was nötig war. Hielt man *ihn* für einen von Gott Bestraften, so sah man darin, daß sie sich selber und ihr Kind durchbrachte, einen Trotz gegen Gott. Sie mußte lernen, als Ausgestoßene zu leben. Es war schwer, beides zu tragen, die Last der Witwenschaft und das Urteil der andern. Doch sie trug beides, und ihr Kind wuchs auf zu ihrer Freude.

Über Gott wußte sie nicht so gut Bescheid wie die Männer im Lehrhaus. Manchmal fragte sie sich, ob er gegen sie sei oder ob er sie vergessen habe. Von ihrem Vater hatte sie als Kind einige Psalmen gelernt. Die betete sie ab und zu, aber sie schienen ihr nicht zu dem zu passen, was sie erlebte. In diesen Gebeten wurde oft geklagt, gerufen, gefleht. Es wurden viele Worte gemacht. Sie hatte erfahren, daß sie durch Schweigen Kraft zum Tragen empfing. Wenn sie verstummte und in sich selber ganz ruhig wurde, fühlte sie sich stark.

Die Enttäuschung nach dem Entwöhnungsfest war bitter. Es kam in ihr eine Welle des Zorns hoch. Wie töricht waren doch diese Menschen, daß sie den Lebenswillen einer Mutter als Sünde verurteilten! Wie verkehrt, als Auflehnung gegen Gott anzusehen, daß sie sich selbst mit dem Kind durchbrachte. Wie selbstgerecht waren sie doch, zu meinen, Gott habe ihren guten Mann mit dem jähen Tod bestraft. Wie beschränkt waren sie alle, daß sie sich vom Schein täuschen ließen. War sie denn die einzige in diesem Städtchen, die einen klaren Kopf hatte und den rechten Weg wußte? Doch sie wehrte solche Gedanken ab. Sie hatte keinen Grund, stolz zu sein und sich über die andern zu erheben. Sie sah den Dingen auf den Grund, weil sie selbst davon betroffen war. Die Hoffnung, daß mit dem Entwöhnungsfest sich alles ändere, war ein kindischer Wunsch gewesen. Es hätte ja ein Wunder geschehen müssen, wenn die Leute ihr Urteil über eine ortsfremde Frau hätten aufgeben sollen – sie, die ihr ganzes Leben lang nie über die Grenzen des eigenen Städtchens hinausgekommen waren. Wie konnte sie nur meinen, daß dieses Wunder gleich für sie geschehen müsse.

Solche Gedanken beschäftigten sie, als sie wieder einmal auf dem Weg zum Markt in Beerseba war. Sie führte den Maulesel, hochbepackt mit Töpferwaren. Jetoma war zuerst zu Fuß neben ihr getrippelt, dann hatte sie das Kind aufs Maultier gesetzt, doch es hatte Angst bekommen. Jetzt trug sie es auf den Schultern, und es war still und zufrieden.

Ihr kam in den Sinn, daß es ihr eigentlich mit Gott ähnlich gehe wie dem Kind auf ihrer Schulter. Sie fühlte sich wie von einem Starken getragen. Was sie empfand, formte sie in Worte, und als sie die Worte leise vor sich hersagte, merkte sie, daß dies ihr eigener Psalm war. Er sprach aus, was sie jetzt in ihrem Herzen bewegte:

Herr, nicht stolz ist mein Sinn,
   und nicht hoch geht mein Blick;
nicht gehe ich auf Großes aus und allzu Wunderbares für mich.
Nein, ich habe geglättet und habe beruhigt meine Seele.
Wie ein Kind auf seiner Mutter,
   wie das Kind auf mir, ist meine Seele.

(Übersetzt nach K. Seybold)

Vom Markt in Beerseba zurückgekehrt, schrieb sie die Worte auf ein Papyrusblatt und legte es in die Truhe. Dort fand es Jetoma nach vielen Jahren, als die Mutter schon gestorben war. Sie nahm das Blatt bei ihrer nächsten Wallfahrt nach Jerusalem mit und gab es einem Priester. Der legte es ins Tempelarchiv zu den andern Gebeten, die ab und zu von Pilgern mitgebracht wurden. Als ein Liturg später eine Sammlung mit Gebeten für Pilger zusammenstellte, nahm er auch das Gebet der Mutter mit dem Kind auf ihren Schultern darin auf. Damit von diesem so persönlichen Gebet die ganze Gemeinde angesprochen werde, fügte er den Satz hinzu:
»Israel, harre auf den Herrn von nun an und allezeit.«
So ist das Lied in die Reihe der Wallfahrtspsalmen gekommen.

Wie Tau vom Hermon (Ps 133)

Den ersten Vers dieses Psalms singen wir gern als Kanon in hebräischer Sprache mit Gruppen, in denen sich alle gut verstehen (Kumbaya. Ökumenisches Jugendgesangbuch. 1980. K. 222). Wir drücken damit aus, daß wir eine harmonische Gemeinschaft von Gleichgesinnten bilden. Wir freuen uns daran. Was in unserer Gruppe geschieht, finden wir »fein und lieblich«. Wir könnten mit der Gruppe einmal das Metaphernspiel machen: »Unsere Gemeinschaft ist wie ...« Den Gliedern der Gruppe würden vermutlich viele schöne Vergleiche für den Gruppengeist einfallen. Aber gewiß niemand, der in Mittel-Europa daheim ist, würde auf die Metaphern kommen, mit denen dieser Psalm das Glück des brüderlich-schwesterlichen Beisammenseins besingt: »Wie gutes Salböl auf dem Kopf, das in den Bart herabfließt«, »wie Tau vom Hermon, der auf die Berge von Ijjon herabfließt« (Vers 2–3). Was hat der Psalmsänger erlebt, daß ihm solche Vergleiche einfallen? War es überhaupt ein einzelner, oder stammen die beiden Vergleiche von zwei verschiedenen Personen? Und von welcher Art war die Gemeinschaft, die sie erfahren haben? War es eine Gruppe von Gleichartigen und Gleichgesinnten? Oder war für sie die brüderliche Gemeinschaft unter ihnen alles andere als selbstverständlich? War es für sie fast wie ein Wunder, daß sie sich als Brüder zusammenfanden und miteinander solidarisch wurden?

Bis in den Sommer hinein war der Gipfel des Hermon mit Schnee bedeckt. Es sah aus wie das Haupt eines alten Mannes. In Ijjon, wo Jemima wohnte, sagte man: »Dort oben wohnt der gütige Herr, von dem wir Speise und Trank, Frucht und Gedeihen empfangen.« Man betete im Dorf täglich zu ihm und opferte ihm einen Hahn. Das Dorf war umgeben von Obstgärten, fruchtbaren Weinbergen und Feldern, auf denen reichlich Hirse und Dill wuchsen. Wenn im Sommer unten in der Ebene alles dürr war, fiel hier oben am Südhang des Hermon jede Nacht so viel Tau, daß die Blätter grün blieben. Der Bach, der am Dorf vorbeifloß, führte Wasser, auch wenn im Tal die Brunnen versiegt waren.

Damals, als Haggija, ein Künstler aus Juda, ins Dorf kam, war Jemima mit ihrer Lust an Spiel und Schabernack noch ganz ein Mädchen und mit ihrer Fürsorge für Jungtiere und mit den immer sichtbareren Rundungen ihres Leibes bereits ein wenig junge Frau. Sie half dem Vater beim Viehhüten und bei Arbeiten im Weinberg.

Der Künstler aus Juda machte das Angebot, gegen Bezahlung die Wände der Häuser mit Abbildungen von Menschen zu verschönern. Aus den Strichen, die er dabei mit Kohle auf eine Steinplatte skizzierte, erkannte man schnell den Dorfältesten. Über die komisch verzerrten Gesichtszüge auf dem Bild wurde viel gelacht. Der

Jude erhielt gleich Aufträge. Bald sah man an den weißen Wänden der Häuser Köpfe, Gesichter und Figuren von Dorfbewohnern. Es wurde ein lustiges Spiel, wer zuerst aus dem entstehenden Bildwerk den Namen des Dargestellten erraten konnte. Der Preis für die Bilder war bescheiden. Wichtiger als Geld war dem Maler, jeden Tag seinen Durst mit dem ausgezeichneten Wein des Dorfes zu löschen. Zwischen dem unbekannten Juden und Jemima funkte es schnell. Am Dorffest tanzte er fast nur mit ihr – zum Ärger der Burschen des Dorfes. Sie war stolz, von dem Fremden so ausschließlich bevorzugt zu werden. Sie fand ihn anziehender als den jungen Mann, dem ihre Eltern sie in einigen Jahren als Ehefrau verkaufen wollten. So war sie schnell entschlossen, als Haggija ihr vorschlug, heimlich mit ihm das Dorf zu verlassen. Die Aufträge in Ijjon waren erschöpft. Haggija wollte in anderen Dörfern und Städten weiße Wände mit seiner Kunst schmücken. Jemima war begeistert, mit ihm zusammen die weite Welt kennenzulernen.

So zogen sie nach Ribla, von dort nach Apamea, dann weiter nach Hamath am Orontes. Mit seiner Kunst verdiente der junge Maler für beide anständig den Lebensunterhalt. Sein Durst aber nahm immer mehr zu. Schon am Anfang des Tages mußte er einen Krug Wein leertrinken, um arbeiten zu können. Über Mittag war ein zweiter fällig. Gegen Abend wurde er immer durstiger. Er schwatzte dann ununterbrochen und lärmte. Und wenn seine Kumpane um Mitternacht aufbrachen, war er so berauscht, daß er ohne ihre Hilfe den Weg zu ihrer Unterkunft nicht gefunden hätte.

Am andern Morgen lag er dann lange mit Kopfweh auf dem Lager, bis ihm der erste Krug Erleichterung verschafft hatte. Es war ein Elend mit ihm. Das merkte er manchmal selber. Dann beschuldigte er sich, daß er sein Leben zerstöre und Jemima mit sich ins Verderben reiße. Er forderte sie auf, ihn zu verlassen. Davon wollte sie nichts wissen: »Auch wenn wir vor den Menschen nicht richtig verheiratet sind, gehören wir zwei doch zusammen. Ich bleibe bei dir und sorge für dich, wenn du mich brauchst.«

Bei den morgendlichen Gesprächen vor dem ersten Schluck Wein erzählte er manches aus der Vergangenheit, und aus den Bruchstükken der Erinnerung wurde für sie schließlich seine ganze bisherige Geschichte sichtbar: Haggija war zusammen mit seinem älteren Bruder Machli auf dem väterlichen Gut in Alemet, im Stamm Benjamin, aufgewachsen. Als Sohn eines Priesters war er für das priesterliche Amt vorherbestimmt. Aber als Junge schon zeichnete er

Köpfe und Figuren auf weiße Wände. Sein Vater verbot es ihm streng:
»Unser Gott hat geboten: Du sollst dir kein Bildnis, noch irgendein Gleichnis von mir machen. Da er uns Menschen nach seinem Ebenbild geschaffen hat, bezieht sich dieses Verbot auch auf das Zeichnen und Malen von Menschen.« Haggija hielt sich nicht an das Verbot. Er zeichnete weiter, wenn ihn niemand sah, und wurde, wenn man ihn erwischte, hart bestraft.

Schlimmer war, daß er den Wein zu seinem Freund machte. Als er das priesterliche Amt im Tempel übernommen hatte, begann er, vor dem Dienst am Morgen sich mit einem Becher Wein Mut zum Sprechen der Gebete vor der versammelten Gemeinde anzutrinken. Da geschah es einmal, daß er den Faden des Gebets verlor und nur noch stammeln konnte. Ein anderer Priester mußte das Gebet für ihn zu Ende sprechen. Sein priesterlicher Vorgesetzter erteilte ihm einen scharfen Verweis. Doch vom Morgentrunk konnte er nicht lassen. Als er ein zweites Mal beim Sprechen des Gebets ins Stammeln fiel, entschied der Hohepriester, daß er für immer aus dem Priesterstand ausgestoßen und mit einem Fluchwort über seinem Haupt weggeschickt werde.

So hatte er sich aufgemacht, um mit seiner Kunst als Zeichner in der Fremde sein Brot zu verdienen. Was er an Fluchworten gegen ihn im Tempel gehört hatte, gab er reichlich mit Flüchen gegen Tempel und Priester und gegen den Gott seines Volkes zurück. Es wurde Jemima unheimlich, wenn sie die haßerfüllten Worte hörte, die er gegen das sprach, was für ihn einmal heilig gewesen war.

Was sie über seine Vergangenheit herausgefunden hatte, wurde für sie bald wichtig. In Hamath erlebte er einen gesundheitlichen Zusammenbruch. Auch nach dem ersten Trunk am Morgen fühlte er sich zu schwach zum Arbeiten. Wenn er aufstand, zitterte er an Armen und Beinen. Wollte er mit dem Pinsel einen Strich zeichnen, gehorchte die Hand seinem Willen nicht. Er brachte nur eine wacklige Linie zustande, die jedes Bild verdarb.

Sie warteten, daß es besser würde mit ihm, gingen zu einem Arzt, doch der konnte nicht helfen. Beim Warten auf Heilung schmolzen die finanziellen Mittel zusammen. Es wurde Jemima klar, daß sie jetzt einen Entschluß fassen mußte. Haggija war dazu nicht imstande. In dieser Stadt zu bleiben, wo sie keine Freunde hatten, war nicht klug. Mit dem kranken Freund ins Dorf am Hermon zurückzukehren, kam auch nicht in Frage. Für die Eltern war sie eine Weggelaufene, Entehrte. Das wußte sie. So blieb nur eines: in die Heimat Haggijas zu reisen und bei dessen Bruder anzuklopfen. Vielleicht hatte der Erbarmen mit ihnen. Haggija wehrte sich mit aller Kraft gegen diesen Plan:

»Mein Bruder ist Priester. Auch er hat mich verflucht. Ich will nicht vor ihm einen Kniefall tun.«

Jemima brauchte viel Überredungskunst, bis Haggija eingesehen hatte, daß ihm keine andere Wahl blieb.

Das Geld reichte noch zum Kauf eines Lastesels. Nach einer langen, mühsamen Reise kamen sie in die Nähe von Alemet, wo der Bruder Machli wohnte. Jemima ging voraus, um zu erkunden, ob Machli bereit wäre, den Bruder bei sich aufzunehmen. Machli war gerade zu Hause und sagte ohne Zögern zu. Doch die Begrüßung der Brüder war kein jubelndes Wiedersehen. Machli erschrak über den Anblick des Bruders: das früh gealterte Gesicht, die Tränensäcke unter den Augen, die zitternden Hände… Er sah aus wie vom Tode gezeichnet.

Haggija seinerseits fand es zwar gut, daß der Bruder ihn aufnahm, aber fühlte sich zugleich gedemütigt. Noch vor kurzem hatte er alle Priester verflucht. Jetzt war er auf die Gnade eines Priesters angewiesen.

Haggija und Jemima wurden Hausgenossen von Machli im väterlichen Gut. Jemima half dem Schwager in Haus und Hof. Seine Frau war schon seit längerer Zeit gestorben. Haggija wurde immer schwächer und konnte sich vom Lager kaum mehr erheben. Nur sein Durst nach Wein blieb unvermindert. Ersetzte man dieses Getränk durch ein anderes, wurden seine Beschwerden unerträglich.

Wie lange soll das wohl noch so weitergehen mit ihm, so fragte sich Machli besorgt auf dem einsamen Weg nach Jerusalem. Dann kamen quälende Fragen hinzu: Warum war der Bruder ein Weinsäufer geworden? Hatten die Eltern bei der Erziehung etwas falsch gemacht? War seine Verfluchung im Tempel eine zu harte Strafe für ihn gewesen? War er deswegen auf schlechte Wege geraten? Hatte er selber als älterer Bruder sich an ihm durch irgend etwas schuldig gemacht? Machli war ratlos und traurig.

Die bedrückten Gedanken wichen für eine Weile, wenn er in der Morgenfrühe das vorgeschriebene Reinigungsbad nahm und der priesterliche Diener ihn dann abtrocknete und ihm mit einem Gebet das heilige Öl über das Haupt goß. Das nach einem geheimen Rezept hergestellte Öl duftete nach Yasmin, machte die Haut, wenn es vom Haupt durch den Bart bis zum Hals herabfloß, weich und zart und gab dem, der auf diese Weise gesalbt war, das wohlige Gefühl, daß alles gut und in Ordnung sei. So konnte er dann unbeschwert die Gebete sprechen und die Opfer vollziehen.

Auf dem Heimweg von Jerusalem aber waren die trüben Gedanken alle wieder da: Mußte er untätig zusehen, wie das zerstörte Leben des Bruders langsam zu Ende ging? Konnte er nicht noch etwas für die Heilung tun?

In einer Hinsicht hatte sich Haggija in letzter Zeit verändert: Die Zeichen der Ablehnung, ja des Hasses, die Machli am Anfang ihres Zusammenseins wahrgenommen hatte, waren verschwunden. Haggija begrüßte jetzt seinen Bruder jeden Tag herzlich. Es war offenkundig, daß er sich freute, hier zu Hause zu sein.

Zu Jemima hatte Machli gleich von Anfang an ein herzliches Verhältnis. Sie liebte ihn wie einen väterlichen Freund, und ihm war es recht so. In Fragen des Glaubens wurde sie seine eifrige Schülerin. Sie lernte den Gott der Juden kennen. Manches an ihm war völlig anders als beim alten Herrn oben auf dem Hermon, einiges jedoch schien ihr bei beiden ähnlich zu sein.

Bei Gesprächen über den Glauben fragte sie ihn über seine Aufgaben als Priester aus, und dabei erzählte er ihr vom Reinigungsbad in der Morgenfrühe und von der Salbung mit heiligem Öl und von dem Wohlgefühl, das ihn dabei durchströmte.

Bei Machli lernte Jemima Lesen und Schreiben und übte diese Kunst durch Abschreiben von Psalmen. Besonders die Wallfahrtspsalmen hatten es ihr angetan. Eines Tages übergab sie Machli ein Papyrusblatt. Darauf stand ein kleiner Psalm, der bisher noch in keiner Sammlung zu lesen war. Es war ein Lied, in dem Jemima ihre Dankbarkeit für Machlis brüderliche Liebe ausdrücken wollte. Es lautete:

»Sieh, wie schön und lieblich ist es,
    wenn Brüder miteinander in Eintracht wohnen.
Wie gutes Salböl auf dem Kopf, das in den Bart herabfließt,
    wie Tau vom Hermon, der auf die Berge um Ijjon herabfließt.
Lebt wohl allezeit.«

Das Lied gefiel ihm. Nur den Vergleich mit dem Salböl wollte er nicht unverändert stehen lassen. Damit niemand auf den Verdacht käme, er hätte der Verfasserin über seine Gefühle bei der morgend-

lichen Salbung erzählt, fügte er an dieser Stelle einen Satz ein, der den Leser veranlassen sollte, an den wallenden Bart des Hohepriesters zu denken:
»den Bart Aarons, der hinabreicht weit übers Maß.«
So brachte er den Psalm seinem priesterlichen Kollegen, der im Tempelarchiv solche Lieder sammelte. Der nahm an, daß es sich beim Ortsnamen Ijjon um einen Schreibfehler handle und korrigierte das Wort in »Zion«. Damit aus dem Lied, das die Freude an der brüderlichen Gemeinschaft besingt, ein Gebet werde, änderte er den Schluß in eine Segensformel:
»Denn dort spendet der Herr Segen und Leben in Ewigkeit.«

Abwehr einer Versuchung (Ps 137)

Der Psalm 137 ist einer der wenigen, dessen Abfassungszeit sich erschließen läßt: Der Beter blickt entweder nach der Rückkehr aus der Kriegsgefangenschaft in Babylon, angesichts der Trümmer der Stadt Jerusalem, zurück: »wir saßen«, »wir weinten« (Vergangenheit!). Oder er lebt zur Zeit der Abfassung immer noch in einem Kriegsgefangenenlager fern von der Heimat. Bei den »Strömen Babels« (Vers 1) denkt er vermutlich an die Bewässerungskanäle, mit denen das Schwemmland der unteren Euphratebene durchzogen war. Dort hat man vielleicht die Kriegsgefangenen für die Bewässerung des Landes eingesetzt.
An den konkreten Angaben dieses Psalms ist mir klar geworden, daß mindestens einige Psalmen ihre eigene Geschichte erzählen und daß man diese vernimmt, wenn man ihnen lange genug zuhört. Mit Gruppen, die das Erzählen lernen wollten, habe ich mehrmals an diesem Psalm gearbeitet. Was die durch das Gruppengespräch angespornte Phantasie der Teilnehmer jeweils zusammentrug, hat mir seinen Verfasser, diesen unbekannten Juden, immer nähergebracht. Mich interessierte der Beter, der sich mit einer feierlichen Selbstverfluchung vor der ihm offenbar drohenden Gefahr, die heilige Stadt zu vergessen, schützen muß. Ich wollte wissen, warum er seinen Haß gegen die Edomiter und Babylonier vor Gott aussprechen muß, und warum ihm die Edomiter noch vor seinen eigentlichen Feinden, den Babyloniern, in den Sinn kommen. Sein Rachegebet ist nicht, wie manche Ausleger meinen, Ausdruck einer »typisch alttestamentlich-jüdischen Moral«. Wenn wir Christen in uns solche Haßgefühle noch nie gespürt haben, dann – entweder weil unser Leben bisher so friedlich und harmlos verlaufen ist, daß wir gar nie genügend Grund zum Hassen bekommen haben, oder weil unsere christlichen Erzieher uns schon von früher Kindheit an beigebracht haben, jede Regung von Haß zu verdrängen. Durch ein von Feindschaft verschontes Leben und durch Verdrängen werden wir aber noch nicht die Friedensstifter, die in der Bergpredigt seliggepriesen werden.

70

Ich möchte den Beter, der so ungehemmt seine Haßgefühle vor Gott aus-
spricht, verstehen, möchte begreifen, wie sein Rachewunsch mit seiner
Selbstverfluchung zusammenhängt. Die neue Möglichkeit für menschliche
Beziehung, welche die Bergpredigt mit ihrem Gebot, die Feinde zu lieben
verheißt, eröffnet sich wohl nur denen, die in sich selbst das urmenschliche
Gefühl des Hasses kennen und das auch zugeben.

Wenn das zwei Meter hohe Schöpfrad einmal im Schwung war, trat
es sich beinahe von selbst. Ben Asaph mußte sich nur mit beiden
Händen an der Querstange über seinem Kopf festhalten und dann
einen Fuß vor den andern setzen, immer gerade auf das Trittbrett,
das ihm durch die Drehung des Rades entgegenkam. Jedesmal wenn
sich das Knie des Standbeins streckte, war schon der nächste Tritt
fällig. Ihm kam es manchmal vor, als ob er endlos die lange Treppe
von der Siloahquelle zur alten Davidsstadt emporsteigen müßte.
Aber er scheuchte solche Gedanken sofort weg. Das war damals gewesen, vor mehr als 10 Jahren. Jetzt war er in der Fremde. Er mußte, zusammen mit einem Kameraden, das Schöpfrad der babylonischen Sieger in Bewegung halten.
Die vielen Kürbisschalen an den Kufen des Rades schöpften das
Wasser aus dem tiefer gelegenen Kanal und gossen es über seinem
Haupt in eine Holzrinne. Die leitete es in einen der Wassergräben
weiter. Ein babylonischer Wächter verschob die Rinne nach jeder
Stunde. Dann floß das Wasser in den nächsten Graben. Der Wächter paßte auf, daß die Zwangsarbeiter nicht faul wurden und nicht
zu hastig traten.
Wie jeder Jude hatte Ben Asaph täglich Dienst am Schöpfrad, immer den vierten Teil des Tages. Die zweite und die dritte Schicht
war bei allen verhaßt. Die Hitze war oft unerträglich, und die Arbeiter waren froh, wenn beim Verschieben der Rinne etwas Wasser
auf sie herabspritzte. Auch zur vierten Schicht ließ sich Ben Asaph
nicht gern einteilen. Sie fiel in die Zeit des Abendgebets. Die erste
Schicht war ihm recht. Dann konnte er nachher die Arbeit auf dem
Feld verrichten, das ihm zugeteilt war, und nach seinen Schafen und
Ziegen schauen. Daß das Rad auch am Sabbat gedreht werden
mußte, war für sie alle ein Ärgernis. Sie beteten, daß der Herr in seinem Erbarmen ihnen diese Übertretung des Gebots nicht anrechne.
Sie waren dazu durch den Willen der Sieger gezwungen.
Das Wasser für das eigene Feld mußte Ben Asaph wie alle im Dorf
mit Schöpfkübeln aus dem Kanal holen. Das kostete manchen Gang
mit dem Querbalken auf der Schulter und den vollen Kübeln auf

beiden Seiten. Aber Korn und Gemüse wuchsen gut, und er war dankbar, daß das Pflanzland seine Familie ernährte. Das war ihm ein Zeichen, daß der Herr sie auch in der Fremde nicht ganz verlassen hatte.

Wie immer müde vom Tagewerk, so kehrte er auch an diesem Abend zu seiner Hütte zurück. Seine beiden Jüngsten liefen ihm zur Begrüßung entgegen. Seine Frau stand am Herd und rührte im Kochtopf. Er küßte sie auf die Stirn. Als Witwe hatte er sie auf dem langen Marsch der Gefangenen kennengelernt. Sie war sein Trost in der Fremde geworden. Zwei Söhne hatte er mit ihr gezeugt. Sein Ältester, dessen Mutter umgekommen war, machte ihm Sorgen. Denn er war dabei, den Weg des Herrn zu verlassen und den Götzendienern nachzulaufen. Seine erste Frage galt ihm:

»Wo ist Jedaja? Ist er wieder bei seinem babylonischen Freund?«

Die Frau zuckte traurig die Achseln.

Jedaja kam erst gegen Mitternacht zurück. Der Vater wollte ihn einem strengen Verhör unterziehen. Jedaja antwortete ausweichend. Das Gespräch verlief ohne Ergebnis. Der Vater spürte, daß der Sohn sich ihm entzog. Er konnte ihn nicht halten.

Jedaja hatte dem Vater das Erlebnis dieses Tages verschwiegen: Sein Freund hatte ihn in die große Stadt zum Mardukfest mitgenommen. Zusammen mit Abertausenden standen sie am Straßenrand und warteten auf die Prozession. Endlich kam sie heran. Zuerst die Tempelmusik, die mit Trompeten und Pauken das Herz erbeben ließ, dann die zahllosen Mardukpriester in purpurroten Gewändern, dann, von vier Priestern getragen, das Standbild des Gottes als strahlender Sieger. Da sanken alle Zuschauer am Wegrand in die Knie und sprachen:

»Groß ist Marduk, unser König!«

Auch Jedaja war in die Knie gesunken und hatte die Lippen bewegt. Den Schluß der Prozession bildeten die endlosen Reihen der Marduk-Verehrer: Bürger und Bürgerinnen von Babylon in blauen und weißen Gewändern.

Auf dem Heimweg versuchte Jedaja Einwände gegen den Glauben an Marduk vorzubringen:

»Unser Gott Jahwe wohnt im Himmel. Man kann ihn nicht als Holzfigur auf der Straße herumtragen.«

Sein Freund lächelte überlegen: »Kein Babylonier ist so dumm, zu meinen, das Standbild Marduks sei Gott selber. Das Bild ist nur Zeichen für uns, damit wir wissen, wo wir ihn anbeten können.«

Jedaja machte noch einen Anlauf: »Wir glauben daran, daß Jahwe, nicht Marduk, die Welt erschaffen hat.«

Auch darauf wußte der andere eine Antwort: »Ein Gott muß die Welt erschaffen haben. Ihr Juden nennt ihn Jahwe, wir Babylonier Marduk. Aber Marduk ist der stärkere Gottesname. Das wurde bewiesen, als unser König Nebukadnezar im Namen Marduks eure Stadt eroberte. Eure Gebete zu Jahwe haben euch damals nichts genützt.«

Darauf wußte Jedaja keine Antwort. Hatte sein Freund recht? Er war froh, daß die Freundschaft durch solche Gespräche nicht in die Brüche ging. Seinem Vater konnte er von all dem nichts erzählen. Der würde das doch nicht verstehen.

Am nächsten Sabbat hatte Ben Asaph Spätdienst. So konnte er zum Versammlungsplatz am Kanal gehen, wo am Sabbatmorgen die Gebetsstunde gehalten wurde. Unterwegs sah er den Nachbarn Peres auf dem Feld arbeiten. Das machte ihn traurig. Bisher war Peres unsträflich nach den Satzungen des Herrn gewandelt. Jetzt hatte er, wie so viele vor ihm, das Joch der Gebote abgeschüttelt. An den Gebetsstunden nahm nur noch die Hälfte aus dem Dorf teil. Vor 10 Jahren waren fast alle dabeigewesen. Einige hatten Töchter der Babylonier geheiratet. Die traten alle die Weisungen des Herrn mit Füßen.

Nach den Gebeten und Lesungen saßen die Gläubigen beisammen. Zwei hatten ihre Lauten mitgenommen. Sie begannen, Lieder aus der Heimat zu singen. In einiger Entfernung standen babylonische Wächter. Sie klatschten Beifall. Ben Asaph war empört über die Fremden. Er fühlte sich von ihnen wie bloßgestellt. Als sie den Psalm von denen sangen, die mit Tränen säen und mit Freuden ernten, wurden ihnen die Augen naß. Die Lautenspieler legten die Instrumente weg. »Singt uns doch noch eines von den Zionsliedern!« riefen die Wächter herüber. Das war für sie das Zeichen, aufzubrechen und in die Hütten zurückzukehren.

In der folgenden Nacht konnte Ben Asaph nicht schlafen. Die Gespräche am Gebetsplatz und der Ruf der Babylonier hatten böse Erinnerungen in ihm wachgerufen. Er sah jenen schrecklichen Tag in der Heimat vor sich, als die Feinde nach ihrem Sieg über die Verteidiger in sein Haus eindrangen, drei seiner Kinder niedermetzelten, seine Frau wegzerrten und sie, weil sie sich mit Händen und Füßen wehrte, vor seinen Augen erstachen. Seine Galle stieg in ihm empor. Der Haß brannte in seinem Innern wie Feuer. Er wußte wohl, daß man Böses nicht mit Bösem vergelten soll. Diese Lehre haben die Juden lange vor Christus gekannt. Aber Ben Asaphs Haß und seine Rachewünsche waren stärker als sein Wissen um die Lehre.

Er schlief erst gegen Morgen ein und wurde dann von Angstträumen gejagt. Einmal verfolgte ihn eine Meute wilder Hunde. Sie bellten und fletschten die Zähne. Er lief, so schnell er konnte, stolperte, fiel, wollte schreien, brachte keinen Laut heraus. Dann waren es nicht mehr Hunde, sondern Menschen, die sich über Gepäckstücke und Kleiderbündel hermachten. Er erwachte und sah noch einmal jene widrige Szene vor sich: Als Gefangene warteten sie auf dem Boden sitzend auf den Abtransport. Die Bündel mit den Habseligkeiten, die sie mitnehmen durften, lagen schön geordnet abseits. Da war eine Gruppe Edomiter gekommen, Leute aus diesem Räubervolk im Süden. Sie durchsuchten die Bündel und Säcke und nahmen an sich, was ihnen paßte. Den Protest der Gefangenen beantworteten sie mit Hohngelächter. Die babylonischen Wächter ließen sie gewähren.

Einige Tage später, Ben Asaph hatte die Schreckbilder dieser Nacht noch nicht vergessen, trat nach der Schichtarbeit ein babylonischer Vorgesetzter auf ihn zu:

»Wir haben dich schon lange beobachtet. Du bist ein zuverlässiger Arbeiter. Du kannst lesen und schreiben. Du hast das Vertrauen deiner Mitgefangenen. Wir brauchen noch einen Mann, der für uns die Schreibarbeiten für euer Dorf in eurer Sprache erledigt. Du kannst die Stelle in der Verwaltung übernehmen, bekommst einen Lohn dafür und bist frei von der Arbeit am Schöpfrad. Überleg dir's bis morgen.«

Der Vorgesetzte nickte und ging weiter.

Im Innern von Ben Asaph brach ein Sturm los. Keine Zwangsarbeit mehr! Den Lebensunterhalt auf leichte Art verdienen! Das Angebot war verlockend. Aber trat er nicht als Schreiber auf die Seite der Feinde seines Volkes? Würde er nicht dadurch ihr Helfer werden? Würde er damit nicht seine Heimat Zion verraten? Wäre er dann noch ein gutes Vorbild für seine Söhne? Würde er nicht Jedaja auf seinem Weg des Abfalls bestärken?

Am Abend hatte sich der Sturm gelegt. Ben Asaph war entschlossen, das Angebot abzulehnen. Zugleich hatten sich seine Gedanken zu Worten und Versen geformt. Sie waren zu einem Lied geworden. Er suchte ein Papyrusblatt, Schreibrohr und Tusche. Während er schrieb, wurde es ihm ein wenig leichter ums Herz. Sein Haß schmeckte nicht mehr so bitter. Er hatte vor Gott seine Rachegedanken ausgesprochen. Sein Lied lautete:

An den Strömen von Babel,
  da saßen wir und weinten,
  wenn wir an Zion dachten.
Wir hängten unsere Harfen
  an die Weiden in jenem Land.
Dort verlangten von uns die Zwingherren Lieder,
  unsere Peiniger forderten Jubel:
  »Singt uns Lieder von Zion!«
Wie könnten wir singen die Lieder des Herrn,
  fern, auf fremder Erde?
Wenn ich dich je vergesse, Jerusalem,
  dann soll mir die rechte Hand verdorren.
Die Zunge soll mir am Gaumen kleben,
  wenn ich an dich nicht mehr denke,
  wenn ich Jerusalem nicht zu meiner höchsten Freude erhebe.
Herr, vergiß den Söhnen Edoms nicht den Tag von Jerusalem;
  sie sagten: »Reißt nieder, bis auf den Grund reißt es nieder!«
Tochter Babel, du Zerstörerin!
  Wohl dem, der dir heimzahlt, was du uns getan hast!
Wohl dem, der deine Kinder packt
  und sie am Felsen zerschmettert!

(Übersetzung von Ps 137 in der Einheitsübersetzung 1980)

Von Jeremia erzählen, als ob er mein Freund wäre

Das Buch Jeremia ist aus verschiedenartigen Stoffen zusammengesetzt: einzelne Prophetenworte, ganze Predigten, persönliche Bekenntnisse des Propheten, Weissagungen über Fremdvölker u.a.m. Einige Kapitel bieten Erzählungen über den Propheten in der 3. Person (Jer 19,1–20,6; Jer 26; Jer 28; Jer 36; Jer 37–44). Manche Forscher nehmen an, daß Baruch, der Sohn Nerijas, der Verfasser dieser Kapitel sei. Er wird mehrmals erwähnt (Jer 32,12; 36,4 ff.; 43,3; Jer 45). Andere Alttestamentler lehnen diese Hypothese ab, weil sie sich historisch nicht beweisen lasse.

Doch selbst wenn die Geschichten über Jeremia von verschiedenen, mir unbekannten Verfassern geschrieben wurden, möchte ich, wenn ich vom Wirken und Leiden Jeremias erzähle, auf Baruch als handelnde Person und Berichterstatter des Geschehens nicht verzichten. Das ist erst recht der Fall, wenn ich mit Schülern arbeite, die bei mir erzählen lernen wollen. Obwohl ich weiß, daß ich mit historischen Argumenten die Verfasserschaft Baruchs nicht beweisen kann, ist er mir in Erzählseminaren als Identifikationsfigur für die Teilnehmer zum unentbehrlichen Helfer geworden. Als unsichtbarer Partner ist er in einem solchen Seminar anwesend und sitzt auf einem leeren Stuhl. Die Phantasie der Teilnehmer sieht ihn. Sie führen mit ihm ein Gespräch. R. Bohren hat recht, wenn er einmal (Predigtlehre, 1971) die großartigen Leistungen der Phantasie preist: Die Phantasie »ist Ausdruck der Freiheit, vermag Raum und Zeit zu überfliegen und macht vor dem Unmöglichen nicht halt. Sie ist wie der Igel immer vor dem Hasen am Ziel!« Sie leistet »ihren Magd-Dienst an der Erinnerung als Zudienerin, ja als Lückenbüßerin. Sie tritt in Funktion, um Unwissenheit zu überspielen, hilft da weiter, wo das Auge versagt ... Schon die historisch verifizierbare Geschichte kann nicht ohne Phantasie dargestellt werden ...«

Mit ihrer Phantasie denken sich die Seminarteilnehmer aus, wie Baruch Jeremia kennengelernt hat und, noch unter König Jojakim, vom Propheten als Schreiber in Dienst genommen wurde, wie er in den Wochen der Niederschrift der Prophetenworte (Jer 36,4) den Menschen Jeremia näher kennengelernt hat. Als Baruch dann den Auftrag bekam, selbst die Predigten des Jeremia im Tempel vorzulesen, da verwickelte sich sein Geschick unwiederbringlich mit dem des Propheten. Die beiden kamen sich erst recht nahe, als sie, von der Polizei Jojakims gesucht, untergetaucht waren und die Prophetenworte zum zweiten Mal niederschrieben (Jer 36,26–32).

Gemeinsam erlebten sie vermutlich die erste Belagerung der Stadt durch die Babylonier, den plötzlichen Tod des Königs, die Kapitulation, die Deportation der führenden Schicht von Jerusalem und die Einsetzung eines neuen Königs. Die Babylonier machten einen Bruder Jojakims als ihren Vasallen zum König, den unglücklichen Zidkija, dem, wie wir aus der Rückschau feststellen können, wohl jede Fähigkeit zur Führung eines Staatswesens abging. Aber man kann sich vorstellen, wie Jeremia damals nach einer ersten Begegnung mit Zidkija (Jer 34,1–7) in ihm einen König sah, der bereit war, auf die Weisungen Gottes zu hören. Doch bald kamen die Enttäuschungen. Zidkijas,

Plan, sich gemeinsam mit den Nachbarstaaten von der Herrschaft der Babylonier zu befreien, war genau das Gegenteil von dem, was Jeremia für richtig hielt: nämlich das babylonische Joch zu tragen (Jer 28). Der Aufstand kam nicht zustande, aber einige Jahre später (589 v. Chr.) entschloß sich der König doch, im Vertrauen auf ägyptische Hilfe, mit den Babyloniern zu brechen. Es kam zur zweiten Belagerung der Stadt – kurz unterbrochen, weil die Babylonier eine ägyptische Armee, die Jerusalem befreien wollte, zurückschlagen mußten (Jer 34,8–22). Jeremia wurde verhaftet und hatte in Gefängnissen zu leiden (Jer 37–88).

Der Erzähler dieser Ereignisse hat das alles aus nächster Nähe miterlebt, so nehmen wir in unserer Phantasie an, auch die Eroberung und Zerstörung der Stadt (Jer 39). Aus den Kapiteln Jeremia 40–44 läßt sich schließen, daß Jeremia und Baruch zusammen erlebt haben, was dem Rest der Bevölkerung, der nicht in die Kriegsgefangenschaft weggeführt wurde, unter dem Statthalter Gedalja widerfahren ist: wie sie anfänglich auf Heilung der Kriegswunden unter dessen Verwaltung hofften, wie der Prinz Jischmael mit einer Gruppe von Nationalisten in einem sinnlosen Blutbad Gedalja und dessen Mitarbeiter ermordeten, wie die noch übriggebliebenen Truppenführer mit den verängstigten Bürgern von Jerusalem die Flucht nach Ägypten beschlossen und wie Jeremia und Baruch gezwungen wurden mitzuziehen. All das, was ein unbekannter Schreiber in der dritten Person erzählt, verstehen die Seminarteilnehmer als Augenzeugenbericht und deuten das Gotteswort an Baruch, mit dem der Abschnitt schließt (Jer 45) und in dem diesem zugesichert wird, daß er trotz aller Gefahren sein Leben als Beute davontragen würde, als verschlüsselte Unterschrift des Erzählers unter die von ihm erlebte Geschichte.

Baruch wird auf diese Weise ein Mensch aus Fleisch und Blut, mit Herz und Verstand, dessen Lebensgeschichte die Teilnehmer am Erzählkurs während längerer Zeit miterleben. Es geht hier nicht um eine historische Rekonstruktion der Person Baruchs, sondern um den Versuch, dem heutigen Erzähler durch Kontakt mit einer biblischen Bezugsperson eine emotionale Teilnahme am Geschick Jeremias zu ermöglichen. Wem es gelingt, sich in die Person Baruchs hineinzuversetzen, kann von Jeremia erzählen, als ob er sein Freund wäre, mit verständnisvoller Sympathie für ihn, auch mit Respekt vor dem Geheimnis seiner Person und ohne die befremdlichen und absonderlichen Züge an ihm zu übergehen. Denn in einer freundschaftlichen Beziehung ist es möglich, das, was man an seinem Partner als ehrfurchterregend erlebt, ebenso gelten zu lassen wie das, was man als unheimlich oder als abstoßend empfindet.

Was ich über gefühlsmäßige Anteilnahme am Geschick Jeremias mit Hilfe eines mit ihm befreundeten Zeitgenossen ausführe, kommt freilich in der Erzählweise dieser Kapitel nicht offen und deutlich zur Sprache. Baruch ist ein spröder, wortkarger Erzähler, der sich in seinen Geschichten fast nur auf Fakten beschränkt und über Gefühle von Beteiligten schweigt oder nur Andeutungen macht. In der Geschichte von der Buchrolle (Jer 36) zum Beispiel steht kein Wort über die Emotionen Baruchs, als er nach Diktat die Worte des Herrn aufschreiben mußte. Ob Baruch dann, als er beauftragt wurde, selber anstelle des Propheten im Tempel aus der Schriftrolle vorzulesen, sich fürchtete oder sich freute (Vers 5), ob er Angst bekam, als er die Rolle ein zweites Mal vor dem Ministerrat verlesen mußte (Vers 15), darüber schweigt der Erzähler. Mit ihm als Augenzeuge miterleben kann der heutige Erzähler nur, wenn er sich jeden Satz genau überlegt und ein wenig in die Haut jeder handelnden Person hineinzuschlüpfen versucht. Ich muß heute wohl nicht mehr ausdrücklich begründen, daß ein solches phantasierendes Nacherleben des Textes theologisch legitim ist, ja daß wir mit seiner Hilfe einen Text tiefer verstehen.

In Erzählkursen habe ich mehrmals gerade an Jeremia 36 erlebt, daß einige Teilnehmer Feuer fingen für das phantasierende Nacherleben und den ihm entsprechenden Erzählstil. Das Schicksal der Buchrolle, das in diesem Kapitel im Mittelpunkt steht, und das Erleben der beiden Männer, die sie herstellten und dann grausam verlieren mußten, gingen ihnen ans Herz. Daraus entstanden eindrückliche Nacherzählungen dieses Kapitels, von denen einige besonders beachtenswerte als Manuskripte bei mir in einem Ordner aufbewahrt werden. Ich möchte hier gern eines publizieren, um dem Leser zu zeigen, wie Anfänger im Erzählen mit Hilfe von Baruch lernen, spannende und gehaltvolle Geschichten zu schreiben. Die Wahl zwischen den Manuskripten in meinem Ordner fällt mir dabei nicht leicht, weil jedes wieder gegenüber den andern besondere Vorzüge hat. Ich entscheide mich für die Geschichte von *Sabine Aschmann.*

Die Geschichte der Buchrolle (Jer 36)

Es war im vierten Regierungsjahr Jojakims, im Sommer. Zwei königliche Beamte schritten, ins Gespräch vertieft, über den sonnenbeschienenen Marktplatz.

»Wie denkst du eigentlich über diesen Nebukadnezar, mein Bruder?« fragte der eine. »Ist er ein gefährlicher, mächtiger Nachfolger seines Vaters oder bloß ein ehrgeiziger Emporkömmling? Wird er es wagen, gegen Pharao Necho anzutreten, oder begnügt er sich mit seiner Macht über Babel und Assur? Und was, wenn die Babylonier Ägypten schlagen sollten? Bedeutet das für uns Unterdrückung oder neue Selbständigkeit? Wir können ja nichts dafür, daß wir den Ägyptern Tribut bezahlen müssen. Ach, Gemarja, wenn doch nur König Josia noch lebte! Der würde sich bestimmt nicht zu sehr auf ägyptischen Schutz verlassen, aber Jojakim mit seinem Nechofimmel ...«

Der andere wandte ein: »Noch sitzen die Ägypter auf ihren Wachtposten. Solange Karkemisch steht, ist keine Gefahr für uns. Das ist eine sichere Festung an der Euphratfurt.«

»Nein, Gemarja«, erwiderte der erste. »Gewiß, Juda ist klein und schwach, deshalb lehnt es sich immer irgendwo an. Aber wer so lange auf dem Schlachtplatz war wie ich, weiß, wie schnell sich alles ändern kann. Keine Sicherheit ist sicher genug. Alles kann von Stunde zu Stunde zerschlagen werden. Schau dir da vorne den Jeremia an!« Er deutete mit der Hand auf die Gestalt eines Mannes, der an der Mauer lehnte. »*Er* ist eine sichere Festung! Er wird von allen Seiten bestürmt und belagert, aber nie eingenommen! Keiner in ganz Jerusalem ist so verhaßt und zugleich bewundert. Weißt du noch, wie das war, damals, als er im Tempel verhaftet wurde, weil er Unheil über den Tempel und das Volk gepredigt hatte? Ich vergesse nie, wie das Volk in Aufruhr war, bereit ihn zu steinigen, er aber berief sich vor uns Richtern allein auf den Herrn und seine Sendung.«

»War das der Grund, warum du ihn vor der Steinigung gerettet hast, Ahikam?«

»Gewiß, Jeremia würde einen nie von sich aus um Hilfe bitten. Genau diese Unabhängigkeit macht ihn verhaßt, aber auch uneinnehmbar«, antwortete Ahikam und nickte zustimmend, als sein Bruder zufügte: »Meinst du nicht, jetzt, wo er den Tempel nicht mehr betreten darf, benötige er Hilfe? Wenn das so weitergeht, kann er sich bald nicht einmal mehr auf der Straße zeigen und landet noch im Gefängnis. Ich würde ihm gern irgendwie helfen.«

»Schau, er kommt auf uns zu«, bemerkte Ahikam. »Ich lasse euch allein, dann kannst du in Ruhe mit ihm reden.«

»Sei gegrüßt, Gemarja, Sohn Saphans«, begann Jeremia. »Ich wollte deinem Bruder Ahikam den Friedensgruß bieten, doch er mußte wohl gleich gehen?«

»Er hat uns verlassen, damit ich mit dir reden kann, Jeremia. Wir haben uns Sorgen gemacht um dich. Der König hat dir mit seinem Tempelverbot das Reden untersagt. Das ist ein harter Schlag gegen dich. Ich würde dir gerne helfen. Was ich habe, stelle ich dir zur Verfügung, aber ich weiß noch nicht, was dich retten könnte.«

Jeremia reagierte sofort: »Kannst du mir einen zuverlässigen Schreiber vermitteln?«

Gemarja stutzte: Wozu brauchte Jeremia einen Schreiber? Wollte er sich schriftlich an den König wenden? Da kam ihm eine Ahnung. Er blickte auf Jeremia und sah etwas Verschmitztes in diesem sonst so strengen Gesicht.

»Nimm dir Baruch, den Sohn Nerijas«, entgegnete Gemarja. »Er wohnt in der Davidsstadt, am unteren Ende der Walkerstraße in einer kleinen Hütte, ein intelligenter Mann. Und noch etwas«, fügte er hinzu, als er bemerkte, daß Jeremia sich verabschieden wollte. »Du weißt, ich habe im oberen Tempelvorhof ein Gemach, vorn beim neuen Tor. Ich meine nur, wenn du willst ... es steht dir zur Verfügung.«

Jeremia nickte dankbar, und wenig später ging er die schmale Gasse zur Davidsstadt hinauf. Im Gehen wiederholte er die Worte, die der Herr ihm an diesem Morgen offenbart hatte: ›Nimm dir eine Buchrolle und schreibe darauf alle Worte wider Jerusalem, wider Juda und wider alle Völker, wie ich zu dir geredet habe von Anfang an zur Zeit Josias bis auf diesen Tag. Schreibe auf das Unheil, das ich ihnen anzutun plane, vielleicht, daß sie es hören und umkehren und ich ihnen Schuld und Sünde vergebe.‹ Vor seinen Augen begannen Buchstaben zu tanzen, formten sich zu Wörtern und Sätzen und brannten sich in sein Herz: ›Wem soll ich noch zuhören, wen beschwören, daß sie darauf achten? Siehe, zum Hohn geworden ist ihnen das Wort des Herrn!‹ Jeremia erkannte den Satz: Vor Jahren hatte er ihn in einer Prophezeiung verkündet. ›Er ist wahr geworden, dieser Satz‹, dachte Jeremia, während er auf der Höhe angelangt war und auf Jerusalem blickte. Diese Stadt wollte das Wort des Herrn nicht hören, das hatte sich deutlich gezeigt. Jeremia dachte an die Verzweiflung, die Tränen, unter denen er noch an diesem Morgen zum Herrn geschrien hatte. Und der Herr hatte geantwortet: Sie sollen erst recht hören, das Wort soll aufgeschrieben werden. Ja, jetzt verstand er: Man kann ihm, Jeremia, seinem Boten, das Reden verbieten, aber das Wort des Herrn hört nimmermehr auf. Was für ein trügerischer Friede lag auf den Zinnen dieser Stadt und den Hügeln Judas! Die Zeit drängt, wenn das Volk nicht bald zur Besinnung kam, würde alles verloren sein.

Der Prophet eilte jetzt durch die Walkerstraße. Durch die Hilfe Gemarjas hatte ihm Gott die Richtung gewiesen. Ob dieser Schreiber Baruch wohl brauchbar war? Jeremia sah die Buchrolle vor sich: Groß mußte sie sein, denn der Worte waren viele, auf feinstem Papyrus, die Buchstaben mit wertvoller Tinte in kunstvoller Anordnung und angemessener Größe. Inzwischen war Jeremia in eine niedere Hütte getreten, in eine enge, mit allerhand Papieren, Gefäßen und Behältern angefüllte Kammer. Am einzigen Fenster saß, mit dem Rücken zur Tür, Baruch, der Sohn Nerijas, und war ohne aufzublicken mit Schreiben beschäftigt.

Jeremia begann: »Hast du feinen Papyrus? Hast du geschmeidige und spitze Federn, hast du königliche Farben für Torarollen, hast du eine ruhige Hand und ein maßvolles Auge? Und hast du ein williges Herz?« Jeremia stockte. Baruch hatte sich umgewandt: »Wozu?« – »Das Wort des Herrn aufzuschreiben«, sagte Jeremia. Baruch schluckte hörbar und legte die Feder aus der Hand: »Du bist Jeremia«, sagte er dann. »Ich habe von dir gehört. Aber du kannst hundertmal Jeremia sein, ich werde dich deswegen nicht anders behandeln als jeden Kunden. Wenn dein Auftrag so groß ist, wie du sagst, wird er Zeit und Geld kosten. Daß du Geld hast, weiß ich«, sagte er, bevor Jeremia die Hand mit dem Beutel aus der Tasche ziehen konnte. »Hingegen ist meine Zeit knapp. Ich könnte dich in zwei bis drei Wochen einmal für ein paar Stunden zum ersten Diktat empfangen.«

Baruch hatte sich umgedreht und wog die angefangene Arbeit mit der Hand, strich über einige Notizen und kehrte sich langsam wieder zu Jeremia. Der wollte sich bereits umdrehen und die Kammer verlassen, als Baruch sagte: »Aber wenn du willst, kann ich dir heute abend eine Schreibprobe machen. Komm nach Sonnenuntergang wieder vorbei.« Grußlos wandte sich Jeremia zum Gehen.

Ein merkwürdiges Gefühl überkam Baruch, und er wünschte, diesen komischen Kauz nicht nach seinen harten Geschäftsprinzipien behandelt zu haben. Was nun, wenn er am Abend nicht käme?

Doch zur zehnten Stunde stand Jeremia wieder in der dämmerigen Hütte des Schreibers. Eine Öllampe brannte. Papyrusblätter, Tinte und Schreibfedern lagen auf dem Tisch bereit. Jeremia atmete tief, schloß die Augen und begann zu diktieren: »Es erging an mich die Rede des Herrn: Geh hin! Predige in die Ohren Jerusalems! Sprich: So spricht der Herr: Ich gedenke deiner, wie du mir hold warst in deiner Jugend, wie du mich liebtest zu deiner Brautzeit, wie du hinter mir durch die Wüste gingst ...«

Jeremia stockte. Baruch hatte ihn am Arm gepackt, und Jeremia sah über die Schultern auf das Notizblatt, das den Wortlaut hätte aufnehmen sollen. Da stand nichts weiter als: ›Es erging an mich die Rede‹. Beim Gottesnamen hatte die Feder aufgehört.

»Ich habe heute seit Sonnenaufgang gearbeitet!« Baruchs Stimme war erregt. »Den ganzen Morgen an der Auffrischung alter Beamtenlisten des Hofes, bis zur siebten Stunde an der Abrechnung eines phönizischen Kaufmanns, am Nachmittag an der Kopie eines Schreibens an die Ältesten judäischer Städte und zuletzt noch für den Auftrag eines Priesters zur Zusammenstellung einiger Tempellieder. Und so wie heute arbeite ich seit zwanzig Jahren. Ich habe alles aufgeschrieben, was man aufschreiben kann: Rechnungen, Zahlen, Bitten und Gerichtsurteile, sogar Liebesbriefe – aber das kann ich nicht, nicht ich, ein einfacher Mensch! Such dir einen andern, das Wort des Herrn aufzuschreiben!«

»Baruch, hör zu«, wandte Jeremia ein, »der Herr hat durch mich und durch deine Mitarbeit etwas auszurichten. ›Nimm dir eine Buchrolle und schreibe darauf alle Worte, die ich zu dir geredet habe über Jerusalem‹, so hat Er heute zu mir gesprochen, und ich muß Seinem Wort gehorchen. Ich kann dich zu nichts zwingen, aber selbst wenn du dich weigerst, auch nur einen Buchstaben mit deinem Griffel zu schreiben, so gilt doch unumstößlich dieses Wort des Herrn: ›Eingeschrieben ist Judas Versündigung mit eisernem Griffel, eingegraben mit diamantener Spitze auf die Tafel ihres Herzens.‹ Überleg dir gut, ob du als Werkzeug Gottes dieser Aufgabe dienen willst.«

Baruch schwieg und stöhnte dann leise auf: »Noch nie in meinem Leben hat mich jemand gefragt, ob ich einverstanden sei mit dem, was ich zu schreiben habe. Ein guter Schreiber, sagt man, vergißt den Inhalt des Geschriebenen, sobald er den Griffel aus der Hand legt. Du aber verlangst etwas ganz anderes ...« Er starrte Jeremia an: »Wer bist du? – Wenn du eintrittst, scheint ein Bote Gottes vor mir zu stehen, wenn du mich anblickst, ergreift mich Furcht. Du willst lebendige Buchstaben. In deiner Buchrolle stehen Worte von Feuer. So zu schreiben hat mich, den Schreiber, niemand gelehrt. Der Schreiber Baruch kann dir nicht helfen.«

Er schüttelte den Kopf und blickte nachdenklich auf den angefangenen Satz: ›Es erging an mich die Rede – des Herrn‹, schoß es ihm durch den Kopf. Wie kommt es, daß mich ein Wort so ergreift? Wenn es nun wahr wäre? Konnte es sein, daß Gott ihn dazu auserwählt hatte?

»Jeremia, der Schreiber Baruch kann dir nicht helfen, aber vielleicht Baruch, der Sohn Nerijas. Der Herr hat mich gerufen zu dieser Arbeit, ich will sie tun. Wenn ich meine Zeit ein wenig einteile, könnte ich mich abends vor Sonnenuntergang vielleicht zwei Stunden freimachen.«

»Gut so, dann dürfte die Rolle in einigen Monaten fertiggestellt sein!« Jeremia lächelte ein wenig.

Damit begann jene seltsame Zeit, in der Buchstabe für Buchstabe, Wort für Wort und Blatt um Blatt eine neue Schriftrolle entstand.

Niemand ahnte etwas davon, daß jeden Abend die Stimme Jeremias die Kammer Baruchs erfüllte, manchmal in abgehackten Sätzen, manchmal in schnellem Redefluß, zuweilen laut und drohend, dann wieder traurig, wie gebrochen, während Baruchs Kopf tief über die steifen Blätter gebeugt war, auf denen er das Diktat aufnahm.

»Denn zweifach Böses getan hat mein Volk: Sie verließen mich, Quelle lebendigen Wassers, um sich Gruben zu bauen, rissige Gruben, die das Wasser nicht halten.« Baruch blickte auf: »Meinst du, wir könnten wirklich verdursten?« − »O ja, wir sind schon fast verdurstet! Sieh dir das Volk an, wie es auf dem Marktplatz diskutiert. Die Fürsten machen geheime Verhandlungen, und der König fragt täglich nach Boten, und alle wissen sie im Grunde, daß sie nur reden, um nicht ihre Angst zugeben zu müssen. Aber sie sollen erschrecken. Ihr Herz soll sich zusammenziehen. Nur so erkennen sie den Herrn und geben ihre Versündigung zu.«

Noch Tage und Wochen verflossen so: Die Tage der Nachricht, daß Karkemisch, der äußerste ägyptische Stützpunkt gefallen sei, viele Tage der Furcht vor den babylonischen Truppen unter Nebukadnezar und die Tage, da König Jojakim die Gesandten Nebukadnezars mit schwerem Tribut aus der Stadt gehen lassen mußte. Mehr als ein Jahr war vergangen, seit Baruch mit seiner Arbeit begonnen hatte. Es war Winter geworden.

Für Baruch war diese Zeit anstrengend gewesen. Aber die täglichen Stunden des Diktats, das Nachsinnen über diese gewaltigen und harten Worte angesichts der immer bedrohlicheren Weltlage und die aufwühlenden Gespräche mit Jeremia hatten Baruch verändert. Er war unruhig und zugleich ergriffen. Den ganzen Tag wartete er auf den Abend, auf die Stunden mit Jeremia. In letzter Zeit war es vorgekommen, daß sie nur wenige Zeilen weiterkamen, da es so viel zu besprechen gab. Jeremia schien es nicht mehr so eilig zu haben. Worauf er wohl wartete? Baruch vermied es, Jeremia zu fragen. Doch dann war es endlich soweit. Eines Abends rückte Jeremia heraus: »Baruch, du hast drei Tage Zeit. Such dir Tuch vom besten, das du auftreiben kannst. Erstelle die Rolle und verfertige mit dem Tuch eine Schutzhülle. Dann kommt der Hauptteil deiner Arbeit: Du gehst in den Tempel!«

Baruch riß die Augen auf: »Du meinst doch nicht etwa, ich soll die Rolle im Tempel verlesen?! So haben wir nicht gewettet, das war ganz und gar nicht abgemacht. Es fällt mir nicht im Traum ein, mein Leben aufs Spiel zu setzen«, schrie er.

»Baruch, mein Freund, beruhige dich. Du weißt, ich darf den Tempel nicht betreten. Nun findet in drei Tagen der Bußtag des Herrn statt, der von den Ältesten für alle Einwohner Judas und Jerusalems ausgerufen wurde, da wir von Babel bedrängt sind. Wohin gehört die Rolle, wenn nicht an diesen Ort, zu dieser Zeit? Es geht jetzt darum, Seine Reden in Seinem Haus vor den Ohren des Volkes auszurufen an einem Tag der Kasteiung. Vielleicht werfen sie sich dann flehend vor dem Herrn nieder und kehren um.«

Baruch stand still da und strich mit den Fingern über das dicke Bündel Papyrus: »Ich weiß, dieses Wort, das ich nicht nur mit meiner Tinte, sondern mit der Kraft meiner Seele aufgeschrieben habe, es muß lebendig werden und zu den Menschen sprechen. Dieses Buch ist auch mein Buch geworden. Ich möchte es zu seiner Bestimmung bringen, aber ich fürchte mich. Warum kann mich Gott denn nicht in Ruhe lassen?« Baruch stockte. Da spürte er, wie sich Jeremias Hand auf seinen Kopf legte, und hörte seine Stimme sagen:

»So spricht der Herr: Siehe, was ich gebaut habe, ich reiße es nieder und, was ich gepflanzt, ich reiße es aus. Und du begehrst Großes für dich? Begehre es nicht. Denn siehe, Unheil über alles Fleisch ist beschlossen, aber dir gebe ich dein Leben zur Beute, wohin du auch gehst.«

Baruch richtete sich auf: »Und wie soll ich es anstellen, daß ich angehört werde und kein Aufruhr entsteht im Vorhof?«

»Du kennst das Gemach Gemarjas, gleich neben dem neuen Tor? – Es hat eine Brüstung, dort sollst du dich hinstellen zur frühen Stunde, wenn die meisten Leute da sind.«

Baruch sagte: »Ich will es tun!«

Jeremia umarmte ihn: »Der Herr sei mit dir!«

Es war ein kalter, unfreundlicher Morgen, als Micha ben Gemarja, ein vierzehnjähriger Junge, die Stufen zum Tempel emporeilte. Aus allen Gassen strömte das Volk zum Tempel, Kaufleute und Händler, Bauern und Großgrundbesitzer, Frauen und Kinder, auch Bettler und Sklaven, alt und jung in bunter Ordnung. Micha wunderte sich, daß man die vielen Menschen fast nicht hörte. Kaum einer redete laut oder lachte gar, viele gingen schweigend, gesenkten Hauptes neben Micha die Treppe hinauf. ›Wie anders diese Stimmung ist als an den großen Festtagen‹, dachte der Junge, ›wenn alles jauchzt und singt, und man schon auf den Gassen tanzt und einander zuwinkt.‹

84

Es war der erste offizielle Fasttag, den Micha erlebte. Sein Vater, der Minister Gemarja, hatte ihm erklärt, daß alles Volk zu Bußopfern im Tempel zusammenkomme, um Gottes Hilfe gegen die Bedrohung durch die Feinde zu erflehen. Doch Micha wollte nicht die langen Gebete sprechen und den immer gleichen Handbewegungen der Priester zuschauen. Ihn drängte etwas anderes zum Tempel: Sein Vater hatte einem bekannten Schreiber Jerusalems, Baruch mit Namen, sein Gemach zur Verfügung gestellt, damit er eine Botschaft verlesen könne. Gemarja war im Ministerrat zu einer wichtigen Sitzung geladen und konnte nicht weg. Er, Micha, sollte nun für seinen Vater die Geschehnisse beobachten.

Inzwischen stand Micha schon im Vorhof und suchte einen Platz, von wo aus er die Brüstung und das Volk auf dem Platz beobachten konnte. Da trat Baruch an die Brüstung, eine große Buchrolle in den Händen. Er zog die purpurne Hülle weg und löste die Halterungen. Jetzt begann er zu lesen, zuerst stockend, dann fester und lauter, so daß mehr und mehr das Volk aufmerksam wurde, schweigend nähertrat und mit der Zeit der ganze Tempelhof zu hören schien. Hunderte von gereckten Gesichtern blickten zum Gemach Gemarjas empor. Von dort her ertönte die Stimme: »Welch ein Geschlecht seid ihr! Sehet das Wort des Herrn: Wie gut richtest du deinen Weg, eine Liebschaft zu suchen. Darum hast du auch deinen Wandel an jede Bosheit gewöhnt, und du sprichst noch: ›Ich bin unschuldig, gewiß kehrt sich sein Zorn von mir!‹ Wohlan, ich will mit dir rechten, weil du gesagt hast, du habest nicht gesündigt. Auch an Ägypten wirst du zuschanden, wie du an Assur zuschanden wurdest, denn der Herr verwirft deine Sicherungen.«

Micha sah einige Gesichter zusammenzucken. Ein Priester war auf die Knie gesunken. Einige Frauen hatten sich zusammengeschart und hielten die Kinder an sich gepreßt, während die Stimme Baruchs noch härter wurde: »Schon steigt aus dem Dickicht herauf der Löwe, der Würger der Völker. Deine Städte werden zerstört, daß niemand darin wohnt. Darum gürtet das Trauergewand um, wehklagt und heult. Dein Wandel und deine Taten haben dir solches bereitet. Wasche dein Herz rein von Bosheit, Jerusalem, daß dir Rettung werde!«

Micha sah eine Bewegung in der Menge. Man hörte Kindergeschrei, Weinen der Frauen. Fast wie Hohn klang Baruchs Stimme jetzt: »Streift durch die Gassen Jerusalems und sehet und erkundet und suchet auf ihren Plätzen, ob ihr *einen* fändet, ob's einen gibt, der

Recht tut und nach Treue sucht – dann will ich verzeihen, spricht der Herr. Aber sie haben ihre Stirn härter gemacht als Stein, wollen nicht umkehren.« Neben Micha streute sich jemand stöhnend Erde auf den Kopf.

Micha hatte genug gehört. Er hatte nur einen Gedanken: schnell zum Vater. Ans Tempelareal angebaut erhob sich die Fassade des Palastes. Micha passierte die Wachen und eilte schnurstracks zum Gemach des Kanzlers, wo der Ministerrat tagte. Ein Soldat hielt ihn an der Tür an. »Ich muß zu meinem Vater, es ist dringend!« rief Micha verzweifelt. »Halt, halt, hier kommt keiner rein«, entgegnete der Wächter und stellte sich vor die Tür. In diesem Moment wurde die Türe einen Spaltbreit geöffnet und jemand fragte: »Was ist da draußen für ein Lärm! Du bist es, Micha?« Jehudi, der Staatssekretär, hatte ihn erkannt.

Micha trat in den Raum und suchte mit den Augen nach Gemarja. »Verzeihung, mein Vater, ich muß dir erzählen, was geschehen ist. Baruch hat im Tempel vorgelesen, Worte Gottes von der Strafe, und er hat gesagt, wir müßten umkehren und die Strafe ernstnehmen. Ach Vater, Baruch hat mir Angst gemacht. Und viele Menschen sind auf die Knie gegangen und haben geweint und gebetet, sogar Onanja, der Großgrundbesitzer, hat sein Kleid zerrissen.« Gemarja zog seinen verängstigten Sohn an sich und legte den Arm um ihn.

»Was sollen wir tun?« fragte der Kanzler Elisama, der alles mitangehört hatte. Delaja ben Semaja erhob sich und sprach: »Gerechter Elisama, ich sehe die Botschaft dieses Jungen als einen Hinweis Gottes, des Allmächtigen, denn du selber hast, gerade bevor diese Nachricht kam, festgestellt, daß wir in der jetzigen Lage keinen Schritt weiterkommen, wenn nicht ein Wunder geschieht. Könnte nicht das hier das Wunder sein?«

Einige Minister nickten und Eljathan rief: »Dann laßt es uns doch anhören, dieses Wunder!« Der Kanzler Elisama sprach etwas zu seinem Sekretär und erklärte dann: »Ich habe diesen Baruch holen lassen. Ich glaube, er könnte uns etwas zu sagen haben.«

Baruch wußte kaum, wie ihm geschah: Ein Unbekannter forderte ihn plötzlich zum Mitgehen auf. Er hatte kaum Zeit, die Rolle sorgsam in die schützende Hülle zu packen. Der Unbekannte zog ihn durch die starrende Menge zum Palast hinüber. Jetzt saß er im Ministerrat, im Angesicht des Kanzlers Elisama, den er sonst von weitem kaum zu grüßen wagte; *saß* auf einem gepolsterten Stuhl, wo man doch vor einem Kanzler knien mußte, die Rolle in den Armen, und sollte lesen. Sollte dieselben Worte wiederholen, die er dem Volk zugerufen hatte, sollte diesen weisen, ergrauten Köpfen das Wort vom geilen Hengst und der Hure Israel entgegenschleudern. Aber er sah, wie Gemarja ihm freundlich zunickte. Er schluckte leer, suchte das Zittern seiner Stimme zu verbergen und begann zu lesen. Las vom entarteten Weinstock und von der abtrünnigen Tochter, las von Kriegsgeschrei und Öde, vom verworfenen Silber und vom Beschneiden der Herzen und spürte, wie sie den Atem anhielten bei den Worten: »Ich aber dachte: Nur die Geringsten sind's, die sind töricht; denn sie verstehen sich nicht auf den Willen des Herrn, auf das Recht ihres Gottes. Ich will doch zu den Großen gehen, will mit ihnen reden −, aber sie alle haben das Joch gebrochen, die Stricke zerrissen. Darum schlägt sie der Löwe des Waldes. Sie alle, vom Kleinsten bis zum Größten, sind auf Gewinn aus, und Betrug üben alle, so Priester wie Prophet, und sie heilen den Schaden meines Volkes leichthin, indem sie sagen ›Friede, Friede‹. Doch wo ist der Friede?«...

Als Baruch geendet hatte, waren alle Blicke der Umsitzenden zu Boden gesenkt. Endlich ergriff Elisama das Wort: »Diese Schrift ist unerhört. Wir sollten sie dem König kundtun, denn die Lage ist zu gefährlich, als daß man noch Privatinteressen verfolgen darf.« Alle wußten, welche Interessen Jojakims hier angesprochen waren. Ein zustimmendes Raunen ging durch die Versammlung.

Eljathan erhob sich: »Ihr habt die Worte dieser Buchrolle gehört. Die Zeit drängt. Wenn wir nicht etwas unternehmen, kann das schreckliche Unheil, wie es hier prophezeit wird, eintreffen.« Aus einer Ecke rief einer: »Gewiß, die Lage ist ernst, aber wer sagt dir, daß Baruch diese Worte nicht erfunden hat? Woher, Baruch, ich frage dich, woher hast du diese Worte?«

Im Saal entstand Tumult. Elisama gebot Ruhe: »Die Frage nach der Verfasserschaft soll geklärt werden. Baruch hat das Wort.«

Baruch stand auf, die Rolle an den Leib gepreßt. Er war erschöpft von der Anstrengung und der ausgestandenen Angst. Er hatte gehört, daß man vom König gesprochen hatte. Sollte er etwa noch in den Thronsaal zur dritten Verlesung aussetzen müssen? »Jeremia selber hat mir alle Worte diktiert, während ich sie mit Tinte in das Buch schrieb«, erklärte er mit heiserer Stimme. Gemarja erhob sich: »Ich kann diese Aussage Baruchs bestätigen, denn Jeremia hat mit mir darüber geredet. Jetzt aber gebe ich zu bedenken, welche Ge-

fahr es für Baruch ist, vor Jojakim die Lesung zu wiederholen, denn Jojakims Zorn auf Jeremia ist groß, und so müssen wir versuchen, die Worte allein und in aller Umsicht dem König darzulegen.«
»Wahr gesprochen, Gemarja«, meinte Elisama, »ich denke deshalb, der Ministerrat sollte sich der Sache annehmen und geschlossen die Bitte, diese Worte anzuhören, vor den König bringen. Uns allein wird er nicht zu zürnen wagen. Dich aber«, und damit wandte er sich zu Baruch, »wie deinen Gefährten Jeremia, bitte ich, euch sicherheitshalber an einem günstigen Ort zu verbergen und achtzuhaben, bevor ihr wieder auftaucht, ob nicht der König nach eurem Leben trachtet.«
Baruch trat vor den Kanzler: »Ich gebe die Rolle nur ungern aus den Händen, aber da eure Absicht gut ist, so sei es.« Und leise seufzend fügte er hinzu: »Es scheint sowieso, als gehe diese Rolle den ihr vorbestimmten Weg. Nicht mehr als ein paar Schriftzeichen auf Papyrusblättern, von mir geschrieben – und doch gehört dieses Buch nicht eigentlich mir. Sondern Gott benützt es, als wäre es Sein eigenes.« Gemarja hatte Verständnis für Baruchs Unruhe: »Fürchte dich nicht«, sagte er, »ich verspreche dir, daß ich für die Rolle sorgen will, damit ihr nichts zustößt.« Und zu Elisama: »Ich denke, am besten schauen wir, daß die Rolle erst einmal an einem sicheren Ort verwahrt ist, bevor sie der König zu Gesicht bekommt.« Der Kanzler nickte. »Sehr gut, man schließe die Rolle hier in die Truhe meines Gemachs! Jehudi, nimm den Schlüssel an dich und gib ihn nicht aus der Hand. Wir müssen zum Winterhaus hinüber«, erklärte er Baruch, klopfte ihm freundlich auf die Schultern und entließ ihn die große Freitreppe hinab.

Jojakim ließ seinen Ministerrat nicht warten. Ohne Umschweife begann er zu sprechen, während sich die Beamten, einer nach dem anderen, mit ehrfürchtigem Gruß dem königlichen Stuhl näherten und in angemessenem Abstand stehen blieben. »Ihr habt eure Beratung lange hinausgezogen«, wandte sich der König an seine Minister. »Ich hoffe, euer Bericht sei dafür wenigstens brauchbar.«
Während Elisama stockend und in vorsichtigen Worten den Wert der prophetischen Botschaft und ihre allgemeine Wirkung schilderte, starrte Gemarja auf Jojakim und erschrak über die Härte dieser Gesichtszüge. Gemarja streifte die feuchtgewordenen Handflächen an seinem Gewand ab, bemerkte die teuer beringte Hand des Königs und hörte Elisama sagen: »Mein Herr und König, so wollen

wir dich untertänigst bitten, doch gütig auf uns zu blicken und diese
wichtigen Worte eines Künders von Gott anzuhören.«
Gemarja sah, wie Jojakims Hand sich bei der Nennung des Propheten Jeremia verkrampfte. »Wie anders muß doch sein Vater Josia
gewesen sein«, schoß es ihm durch den Kopf. »Auch er mit Dia-
manten im Haar und in purpurnen Gewändern, auch er auf demsel-
ben geschnitzten Stuhl, die Füße auf dem Schemel und das brennende Kohlenbecken zur Linken, um ja nicht frieren zu müssen. Und
doch, wie anders hätte Josia auf die jetzige Not reagiert. Ohne
Angst hätten wir ihm die Buchrolle bringen können, und er hätte sie
sich angehört und Buße getan, wie damals, als im Tempel das alte
Gesetzbuch gefunden worden war. Aber vielleicht tue ich Jojakim
Unrecht. Vielleicht ist er gar nicht ein solches Scheusal, und sein
Herz ist nicht aus Stein, daß er keine Regung kennt ...«
Gemarja hielt den Atem an, denn der König schnitt dem Kanzler
mit einer Handbewegung das Wort ab. »Holt die Rolle!« befahl er
mit unbeweglicher Miene. »Ich werde sie mir anhören.«
Der Sekretär Jehudi lief. Eine unheimliche Stille lag über dem
Thronsaal, während alles auf seine Rückkehr wartete. Nur das leise
Flackern der Flammen im Kohlebecken war zu hören. Gemarja
schloß die Augen. Gleich würde Jehudi zurück sein, gleich würde er
vor dem König stehen, dort auf dem roten Teppich, und mit eintö-
niger Beamtenstimme die Worte lesen, die jetzt noch Gemarjas
Herz erregten, wenn er daran dachte.
Dann stand Jehudi im Raum, die Rolle war da. Ein unmerkliches
Lächeln umspielte die Lippen Jojakims, als er der Entfernung der
Hülle zusah. »Tritt näher«, befahl der König, »noch näher! – Lies
jetzt«, sagte er, lehnte sich zurück und steckte die Hand in die Tasche seines Gewandes, als ob ihn fröre.
»Die Worte Jeremias, des Sohnes Hilkias, eines der Priester, die zu
Anathot im Lande Benjamin wohnten, an den das Wort des Herrn
erging ...«
»Halt!« unterbrach Jojakim. »Lies das noch einmal!« »Die Worte
Jeremias, des Sohnes Hilkias, eines der ...« Jehudi unterbrach sich,
denn der König war aufgestanden und so nahe an ihn herangetre-
ten, daß er seinen Atem spüren konnte. Er wagte nicht aufzublik-
ken, als die beringte und von Öl schimmernde Hand des Königs den
oberen Zipfel der Rolle faßte und er die andere Hand aus dem Gewand zog. Gemarja wollte wie ein Wilder auf Jojakim losstürzen,
als er das blanke Messer in seiner Rechten gewahrte. Aber die Mini-

ster auf beiden Seiten hielten ihn zurück. Die Vorliebe des Königs für solche Waffen war zu groß, als daß er sie nicht unbedacht auch gegen Menschen eingesetzt hätte. Mit einer raschen Bewegung schnitt Jojakim die obersten Zeilen der ersten Seite heraus und warf sie ins Kohlebecken. Der helle Streifen verfärbte und bog sich in den Flammen, glühte noch einmal kurz auf, so daß die Buchstaben schwarz auf rot sichtbar waren, und zerfiel dann in Asche.

»Los, weiterlesen«, befahl der König, und wieder las Jehudi drei Zeilen, und wieder setzte das Messer an, und wieder verging ein Stück Rolle in einer Stichflamme. Jetzt konnte Gemarja nicht mehr an sich halten. Er fiel auf die Knie und bat inständig, der König möge Erbarmen haben und sich nicht ins Unrecht setzen, sondern die Rolle ehrfürchtig behandeln und nicht zerstören. Jojakim beachtete ihn nicht einmal, sondern befahl barsch weiterzulesen.

Und Jehudi las mit seiner trockenen amtlichen Stimme, las Satz für Satz und wartete gehorsam alle paar Zeilen, damit Jojakims Federmesser den grausamen Schnitt ausführen könne. Las: »Erkenne und sieh, böse und bitter ist dein Abfall vor dem Herrn, deinem Gott: Du hast keine Scheu vor mir, spricht der Herr Zebaoth.« Und Jojakims Hand zitterte nicht.

»Denn treulos haben sie den Herrn verleugnet, haben gesprochen: ›Er tut's nicht. Es wird kein Unheil kommen über uns, Schwert und Hunger werden wir nicht sehen. Aus dem, was die Propheten sagen, wird nichts, das Wort des Herrn ist ja doch nicht in ihnen‹.«

Ungerührt zerschnitt Jojakim den Papyrus, und die Worte des Propheten fielen ins Feuer.

Gemarja starrte wie gelähmt auf die Szene. Sein flehender Blick rang dem Kanzler nur ein Achselzucken ab. Also hatte er sich in diesem König doch nicht getäuscht. War Jojakims Haß auf seinen berühmten Vater Josia so groß, daß er keine seiner Reformen fortführen und nicht daran erinnert werden wollte, daß Josia bußfertiger gewesen war als er und sein Kleid zerrissen hatte in einer solchen Situation?

Jehudis Stimme las: »Siehe, ich mache meine Worte in deinem Munde zu Feuer und dieses Volk zu Brennholz, und es wird sie verzehren.« Jojakim lachte.

Im Kohlebecken flackerten die roten Flammen hell auf. Immer größer wurde der Aschenhaufen.

Inzwischen saß Baruch neben Jeremia in einer kleinen Höhle weit oben im Gebirge. Sie wärmten sich an einem Feuer und rösteten ein

wenig Brot, während Baruch seine Erlebnisse erzählte. Plötzlich ertönte aus der Finsternis ein Vogelschrei. Baruch zuckte zusammen.
»Fürchtest du dich?« fragte Jeremia.
»Ich weiß nicht, aber ich habe Angst, man könnte uns suchen.«
»Du glaubst also auch nicht an einen guten Ausgang der Geschichte?« forschte Jeremia weiter.
»Nein, ich fürchte mich und habe eine böse Ahnung, daß irgend etwas schief gelaufen ist. Was nun, wenn …« Baruchs Stimme wurde verzweifelt. »Jeremia, was nun, wenn sie die Rolle vernichtet haben?«
Jeremia legte seinen Arm um die zusammengesunkene Gestalt seines Freundes. »Vergiß es nicht, Baruch: ›Begehre nichts Großes für dich‹. Du weißt doch wohl, was dann zu tun wäre?«
»Ja«, antwortete Baruch leise, »dann schreiben wir eine neue Rolle im Auftrag Gottes.«
Das letzte Dämmerlicht erlosch über den Höhen des judäischen Hügellandes. Ein kleiner Trupp Soldaten scharte sich mitten im Buschwerk um den Hauptmann: »Es ist zu spät, wir kehren um, jetzt finden wir sie sowieso nicht mehr. Ich werde dem König Bericht erstatten, daß die Fahndung ergebnislos war. Morgen früh erwarte ich euch im Wachthof. Die Truppen müssen verstärkt werden, da der Kriegsnotstand ab sofort ausgerufen wurde. Das ist jetzt wichtiger. Abtreten!«

Sabine Aschmann

Widerruf der Sklavenbefreiung
(Jer 34,8–22; Jer 37,3–10)

Der Verfasser von Jeremia 34, 8–22 erzählt keine Geschichte. Für ihn ist nur wichtig, daß dem Propheten in einer bestimmten Situation ein Gotteswort offenbart wurde (Vers 8: »Das Wort, das vom Herrn an Jeremia erging …«). Der Text schweigt darüber, daß dem Empfang des Wortes bestimmte Ereignisse vorausgingen, und er sagt nichts davon, daß der Prophet es nachher denen, für die es bestimmt war, verkündet hat. Die Art, in der dieser Abschnitt das Prophetische zur Sprache bringt, unterscheidet sich von den Kapiteln, die wir dem Erzähler Baruch zugeordnet haben. In Jeremia 36 und Jeremia 37–44 schreibt einer, der gern Geschichten erzählt. Jedes Kapitel bietet einen durchgehenden Zusammenhang von Ereignissen mit einem Anfang und einem Schluß. Der Schreiber von Jeremia 34, 8–22 interessiert sich nur für das Prophetenwort und seine Begründung.

Er bietet freilich in der Hinführung zum Prophetenwort (Vers 8 b–11) und bei dessen Entfaltung (Vers 14, 15 b, 19) eine Reihe von Einzelheiten, aus denen sich die Vorgeschichte, die zu diesem Prophetenwort geführt hat, rekonstruieren läßt. Der Abschnitt Jeremia 37, 3–10 aus den Baruch-Geschichten, in welchem von einer Delegation Zidkijas an Jeremia erzählt wird, gehört zudem in den gleichen Ereignis-Zusammenhang.

Es handelt sich um ein trübes Kapitel aus der Zeit Jerusalems, als der letzte Krieg der Babylonier gegen die Stadt bevorstand. Man versuchte Gott gnädig zu stimmen, indem man ein altes Gesetz wieder einmal durchführte und feierlich die Freilassung der israelitischen Schuldsklaven gelobte. Als die Freilassung in Kraft getreten war, schien sich durch den Wegzug der Babylonier die militärische Lage gewendet zu haben. Da machte man die Freilassung wieder rückgängig. In dieser Situation verkündete der Prophet, daß Gott den Wortbruch der Sklavenbesitzer mit einer Freilassung von Schwert, Hunger und Pest über die Stadt beantworten werde.

Ich kann mir vorstellen, daß der Schreiber von Jeremia 34, 8–22 die Zerstörung der Stadt durch die Babylonier im Jahre 587 v.Chr. und das Wüten von Schwert, Hunger und Pest selber erlebt hat. In der Erinnerung stehen Bilder des Grauens vor ihm. Sie sind für ihn erträglich, weil er in dem Schrecklichen, das geschehen ist, das gerechte Handeln des göttlichen Richters erkannt hat. Vielleicht hat er mit einer gewissen Genugtuung wahrgenommen, wie einige der wortbrüchigen Sklavenbesitzer von Gottes Gericht getroffen wurden. Sonst würde er nicht in allen Einzelheiten das Bild der göttlichen Strafe ausmalen: »Ihre Leichen sollen den Vögeln des Himmels und den Tieren des Feldes zum Fraß dienen« (Vers 20).

Ich möchte diesen Text gern als Geschichte weitererzählen, weil mir daran wichtig ist, daß ein schweres Unrecht, das aus Staatsraison und Profitdenken an einer Gruppe von rechtlosen Menschen geschehen ist, durch den Propheten im Namen Gottes aufgedeckt und angeprangert wird. Ich begründe den prophetischen Protest freilich noch anders als Jeremia. Für sein Empfinden war offenbar anstößig, daß die Sklavenhalter ein feierliches Versprechen gebrochen haben, das sie vor Gott in der Form eines Bundesschlusses abgegeben haben (Vers 18–21). Wenn ich von Jeremia erzähle, als ob er mein Freund wäre, darf ich ihn mit allem Respekt vor seiner Person fragen, ob es nicht im Sinn seiner sozialen Botschaft ist, auch für Sklaven, denen Unrecht geschieht, Partei zu ergreifen. Sklaven sind wehrlose, schutzbedürftige Menschen wie Waisen, Witwen und Fremdlinge. Nach Jeremia 7,6 wird im göttlichen Gericht das Verhalten von Menschen beurteilt u.a. mit der Frage, ob »die Fremden, die Waisen und die Witwen nicht unterdrückt werden«. Das dürfte doch auch für die Sklaven gelten.

Wenn ich diesen nicht-erzählenden Text erzählen will, muß ich mir ausdenken, wann, wo und vor wem Jeremia diese Botschaft verkündigt hat. Das Wort, das ihm offenbart wurde, hat er gewiß nicht für sich behalten, sondern es denen, die es anging, ins Gesicht gesagt, ja in die Ohren gerufen. Diese Szene muß ich, weil der Text darüber schweigt, phantasierend ergänzen.

Ich muß mich sodann fragen, ob ich von diesem Ereignis mit derselben Absicht berichten will wie der Schreiber des Textes. Will ich ebenfalls dem Hörer mit meiner Geschichte sagen, daß Gott den Bruch eines im Heiligtum vor ihm abgelegten Versprechens streng richten wird? Soll der Hörer aus meiner

Geschichte vor allem das mitnehmen, daß kriegerische Ereignisse die Mittel sind, mit denen Gott Menschen, die sich gegen ihn versündigt haben, bestraft? Nein, mir fehlt der zuversichtliche Glaube, daß Gottes Gericht in der Gewalt der tötenden Waffen und der den Krieg begleitenden Epidemien jeweils die eigentlich Schuldigen treffe. Die Weltgeschichte ist nicht das Weltgericht. Sie war es schon damals, bei der Eroberung Jerusalems durch die Babylonier, nicht. Nachdem zwei Weltkriege in Europa gewütet haben, sind uns Fälle von Kriegsgewinnlern bekannt, die nicht weniger als die Sklavenhändler von Jerusalem das Gericht Gottes verdient hätten, aber sie blieben von Schwert, Hunger und Pest verschont. Auch von Kriegsverbrechern wissen wir, die es fertig gebracht haben, bis in ihr Alter in Amt und Würde zu bleiben. Weder Bomben und Granaten des Krieges, noch die Übel der Nachkriegszeit konnten ihnen das Geringste anhaben. Solche heutigen Erfahrungen muß ich in meiner Geschichte berücksichtigen, sonst kann ich mit ihr nicht den Glauben an Gott in unserer Zeit zur Sprache bringen.

Kriegsgefahr macht die Leute fromm

Als im ersten Halbjahr 1939 immer mehr Europäer zur Einsicht kamen, daß Hitler auf den Krieg zusteure und ein Waffengang unvermeidlich würde, stieg der Besuch der Gottesdienste gewaltig an. Wie seit Jahrhunderten nicht mehr, waren die Kirchen jeden Sonntag voll besetzt.

Ähnliches wird von Jerusalem berichtet aus der Zeit, als die Gefahr des zweiten Krieges der Babylonier gegen die Stadt akut wurde. Die Babylonier waren mit einer Armee ins Land einmarschiert und errichteten, eine halbe Wegstunde im Norden der Stadt, ein befestigtes Lager. Wer sich in Sichtweite heranschlich, sah mit eigenen Augen, wie Belagerungstürme zusammengeschraubt und Rammböcke darin aufgehängt wurden. In Jerusalem bereitete man sich fieberhaft auf die Belagerung vor. Man schleppte Lebensmittel aus den Dörfern in die Stadt, lagerte sie in Vorratshäusern, flickte schadhafte Stellen an der Mauer. Die wehrfähigen Männer wurden im Schießen von Brandpfeilen ausgebildet – die beste Waffe gegen die Türme aus Holz.

Im Kronrat wurden weitere Maßnahmen besprochen.

»Wenn der Herr nicht die Stadt behütet, wacht der Wächter umsonst«, zitierte Zephanja, der Priester. »Wir müssen etwas Außerordentliches tun, damit Er uns beisteht. Beten allein ist zu wenig. Wir könnten eine Freilassung von Schuldsklaven ausrufen. Ihr wißt, nach dem Gesetz müßte das in jedem siebten Jahr geschehen. Wir haben es seit 25 Jahren nicht mehr getan.«

Der Schatzmeister Josifja erinnerte sich: Das war unter dem frommen König Josia gewesen. Seither hatten einige Kriegszüge das Land heimgesucht. Mehr als 100 Kleinbauern und Handwerker waren dabei zahlungsunfähig geworden. Ihre Gläubiger hatten sie dann als unbezahlte Arbeitskräfte übernommen. Auch Josifja besaß zwei. Von der Rendite her gesehen war das Gesetz, sie in jedem siebten Jahr freizulassen, unsinnig. Es konnte niemand zur Freilassung gezwungen werden. Aber war das in dieser alarmierenden Lage nicht vielleicht doch das Richtige?

König Zidkija begrüßte den Vorschlag. Er hatte Angst vor dem Kommenden und beurteilte die Chancen ungünstig, bis zu einem Gegenschlag der Ägypter durchzuhalten.

Der Oberbefehlshaber befürwortete die Idee ebenfalls. Denn Sklaven waren nicht wehrfähig. Nach ihrer Freilassung aber könnte man sie, weil die Maßnahme Israeliten betraf, sofort unter die Waffen rufen. Eine Verstärkung von 100 Mann wäre für den Kampf auf der Mauer nicht zu verachten.

So wurde die Sache ohne Gegenstimme beschlossen. Alle Besitzer von israelitischen Schuldsklaven wurden zu einer feierlichen Zeremonie in den Tempel gerufen. Zuerst wurden Gebete zur Erneuerung des Bundes mit Gott gesprochen. Dann wurden die Anwesenden daran erinnert, daß sie nach dem Gesetz verpflichtet waren, in jedem siebten Jahr die hebräischen Schuldsklaven freizulassen. Die Sklavenbesitzer wurden aufgefordert, diesen Akt jetzt nachzuholen. Zu diesem Zweck wurde ein Kalb geschlachtet und in zwei Teile zerschnitten. Die beiden Teile legte man in kleinem Abstand auf den Boden. Jeder Sklavenbesitzer schritt zwischen den Stücken hindurch und sprach dabei eine Verfluchung aus für den Fall, daß er sich nicht an das Versprechen halten werde:

»Ich gelobe, meine hebräischen Schuldsklaven, Männer und Frauen, freizulassen. Wenn ich diesen Bund mit Gott breche, so möge ich zerteilt und zerschnitten werden wie dieses Kalb. Amen.«

Niemand weigerte sich, die Zeremonie zu vollziehen. Auch Josifja beschritt den Weg und sprach die Formel, ebenso seine Freunde, der Großgrundbesitzer und der Bankier. Manche dachten: Ich bin ganz froh, meine Sklaven jetzt in die Freiheit zu schicken. Dann habe ich während der Belagerung keine unnötigen Esser an meinem Tisch.

Am Abend dieses Tages gab es ein Fest unter den Freigelassenen. Als sie am nächsten Morgen zum Militär einrücken mußten, war die Stimmung weniger rosig.

Die militärische Lage entspannt sich

Die Babylonier hatten mit der Belagerung keine Eile. Im Gegenteil, nach einigen Wochen meldeten die nächtlichen Kundschafter: Das Lager wird abgebrochen, die Babylonier marschieren im weiten Bogen um die Stadt herum nach Süden. Meldungen aus dem Nilland erklärten die Wendung: Eine Armee der Ägypter marschierte nach Norden, um den Kleinstaaten in Palästina gegen die Babylonier beizustehen.

Die Bürger der Stadt atmeten auf. Vielleicht war man noch einmal mit dem Schrecken davongekommen. Die Frommen dankten Gott, daß er ihre Gebete so schnell erhört hatte. Man wartete täglich auf Nachrichten vom Kriegsschauplatz. Die Babylonier waren bis gegen die Grenze Ägyptens vorgestoßen und hatten ein Lager errichtet und es mit Wall und Graben geschützt. Die Ägypter warteten hinter den Bollwerken der Grenze auf ihren Angriff. Keines der Heere wollte beginnen. Die Kundschafter berichteten immer nur: Im Süden nichts Neues.

Im Tempel betete man um den Sieg der Ägypter. Das paßte zwar nicht zum Lob Gottes für die Befreiung aus dem Sklavenhaus in Ägypten, das im Gottesdienst zu hören war. Doch es war nicht das erste Mal, daß die politische Lage zu einer Fürbitte für den Pharao zwang.

Der Priester Zephanja sann darauf, wie die Kraft der Fürbitte zu verstärken wäre, und kam auf den Gedanken, daß Jeremia, der große Einzelgänger, vielleicht einen besseren Zugang zum Herrn habe. Zidkija, dem er den Vorschlag machte, war sofort dafür. Zephanja, zusammen mit Hauptmann Juchal, wurde mit der offiziellen Mission beauftragt. Sie suchten den Propheten in seiner Wohnung auf und unterbreiteten ihm das Anliegen:

»Bete doch für uns zum Herrn, unserm Gott.«

Das hieß soviel wie: Bete für den Sieg der Ägypter über unsere Todfeinde.

Doch Jeremia hatte von Gott eine andere Weisung erhalten. So gab er den Gesandten des Königs den Bescheid:

»So spricht der Herr, der Gott Israels: Antwortet dem König von Juda, der euch zu mir gesandt hat, um mich zu befragen. Fürwahr, das Heer des Pharao, das aufgebrochen ist, um die Babylonier abzuwehren, wird geschlagen nach Hause zurückkehren. Die Babylonier aber werden wieder gegen diese Stadt ziehen, sie erobern und in

Brand stecken. Täuscht euch nicht selbst mit dem Gedanken, die Gefahr sei vorüber. Sie kommen zurück und kämpfen gegen uns. Selbst wenn ihr sie besiegen könntet und nur einige Verwundete übrigblieben, so würden diese wieder aufstehen und unsere Stadt in Brand stecken.«

Mit wachsendem Ärger hörte sich der Hauptmann Juchal diese Rede an. In seinen Augen war das reiner Defaitismus. Der Prophet hatte keine Ahnung von der militärischen Kraft der Festung Jerusalem und von ihren beachtlichen Reserven. Er mußte zudem eine abartige Liebe für die Babylonier, die Todfeinde, haben.

Auch dem Priester Zephanja gefiel der Bescheid Jeremias nicht. Ihm kam die Verweigerung der Fürbitte für die Stadt in dieser Lage wie ein Schuß in den Rücken vor.

Zephanja und Juchal verließen wortlos die Wohnung Jeremias und gaben dem König Bericht. Bei ihm verstärkte sich die Angst vor dem, was bevorstand.

Inzwischen ging das Alltagsleben mit seinen Verpflichtungen für Haus und Hof weiter. Die Ernte war noch nicht eingebracht. Lieferverträge mußten eingehalten, Waren fertiggestellt, verpackt und transportiert werden. Allenthalben fehlten die Arbeitskräfte, die früher ihren Dienst reibungslos verrichtet hatten. Sie jetzt als bezahlte Taglöhner einzustellen wäre für manchen Unternehmer der finanzielle Ruin gewesen.

So begannen die Sklavenbesitzer denn, einer nach dem andern, ihre früheren Sklaven zurückzuholen. Einige kamen nicht ungern. Sie hatten erfahren, wie schwierig es war, in dieser politischen Lage eine selbständige Existenz aufzubauen. Auch die beiden Sklaven von Josifja hatten noch keinen Verdienst gefunden, von dem sie leben konnten. Bei andern mußte man polizeilich nachhelfen. Schließlich war alles wieder wie vor jener feierlichen Zeremonie im Tempel.

Hatten nicht einige Sklavenbesitzer dabei wenigstens ein schlechtes Gewissen? Erinnerten sie sich nicht an das zerschnittene Kalb und an die Selbstverfluchung? Ich nehme das schon an. Aber ihr Gewissen ließ sich beschwichtigen: »Sachzwänge«, »unternehmenspolitische Notwendigkeiten«, »höhere Interessen des Staates an einer gut funktionierenden Wirtschaft«, so begründeten sie ihren Wortbruch.

Ein Protest

Nur Jeremias Gewissen wurde durch diese Schalmeien nicht beruhigt. Die Sklavenbesitzer hatten den mit Gott geschlossenen Bund gebrochen. Heiliger Zorn erfüllte ihn. Er vernahm die Stimme des Herrn. Ein Gerichtswort wurde ihm aufgetragen:
»Jeder von euch hat seinen Sklaven und seine Sklavin zurückgeholt, die ihr doch freigelassen habt. Darum, so spricht der Herr: Wohlan, ich rufe eine Freilassung aus für Schwert, Hunger und Pest und mache euch zu einem Bild des Schreckens für alle Völker der Erde. Das Heer des Königs von Babel, das eben von euch abgezogen ist – ich gebe den Befehl und hole es zu dieser Stadt zurück, damit es gegen sie kämpft, sie erobert und niederbrennt.«
Und diese Gerichtsbotschaft verkündete er schonungslos denen, die den Bund mit Gott gebrochen hatten.
Ich höre, wie sie darauf reagiert haben.
Der Bankier meinte: »Der Prophet mischt sich in Dinge ein, die er nicht versteht. Er mag über Gott Bescheid wissen, aber was die Geschäftsführung und das Wirtschaftsleben betrifft, so ist er blutiger Laie.«
Der Großgrundbesitzer pflichtete ihm bei: »Er verpolitisiert die Religion. Als Gottesmann soll er sich darum kümmern, daß die Menschen wieder mehr an Gott glauben, und soll nicht Politik treiben.«
Josifja etwas milder: »Er hat keine Ahnung, wie schwierig die Entscheidungen sind, die wir, die Besitzenden, oft für uns und andere treffen müssen. Wir allein tragen dafür die Verantwortung. Er kann sie uns nicht abnehmen. Wir müssen lernen, etwas mit schlechtem Gewissen zu tun, wenn wir damit etwas noch Schlimmeres vermeiden können.«
Unter den Zuhörern Jeremias standen auch zwei Betroffene, die wieder als Sklaven arbeiteten, nachdem sie für kurze Zeit die Freiheit genossen hatten.
»Wenigstens einer protestiert gegen das Unrecht, das geschehen ist«, meinte der erste. Der andre fand, die Predigt Jeremias habe das Hauptproblem verfehlt: »Er hat unsere Herren nur verurteilt, weil sie sich gegen Gott und sein Gesetz vergangen haben. Das Unrecht, das uns Sklaven angetan wurde, kümmert ihn nicht.«
»Immerhin, einer hat öffentlich Stellung genommen gegen das Verbrechen. Das ist besser, als wenn alle geschwiegen hätten.«
Der andere war nicht einverstanden: »Aber er hat das Verbrechen

nicht beim richtigen Namen genannt. Wer hat denn mehr zu leiden: Der da oben, weil sie ihn mit dem Wortbruch beleidigt haben, oder wir, wenn wir jetzt wieder ohne Lohn schuften müssen und behandelt werden wie ein Stück Vieh?«

Eine unerbauliche Episode aus der Nachkriegszeit

Ich stelle mir vor, was mit den Sklavenhaltern zwei Jahre später, als die Babylonier die Stadt einnahmen und zerstörten, geschehen ist: Der Großgrundbesitzer starb durch das Schwert der Feinde. Der Bankier wurde Opfer der Pest. Andere kamen auf dem langen Marsch in die Gefangenschaft vor Hunger und Übermüdung um. Auch Josifja war unter den Gefangenen, aber er konnte die babylonischen Wächter bestechen und setzte sich nach Ägypten ab. Dort hatte er begüterte Freunde. Er nahm einen ägyptischen Namen an und betätigte sich im internationalen Geldgeschäft. Als die Babylonier Ägypten eroberten, blieb er unbehelligt, und sein Geschäft blühte.

Es waren wohl 20 Jahre vergangen, seitdem Schwert, Hunger und Pest unter den Bürgern von Jerusalem gewütet hatten, da betrat ein Fremder Josifjas Geschäft und begrüßte ihn mit seinem jüdischen Namen. Es war ein alter Bekannter aus Jerusalem. Er hatte die Adresse und den Namen Josifjas herausgefunden. Nach langen Jahren der Entbehrung besaß er jetzt wieder eine Handelskarawane. Sie erzählten sich aus ihrer Vergangenheit und kamen auch auf jene verunglückte Maßnahme mit den Sklaven vor der Belagerung der Stadt zu sprechen und auf das Auftreten Jeremias.

Der Besucher fand: »Bei der Mehrzahl derer, die damals mit Schuldsklaven arbeiteten, ist seine Gerichtsbotschaft eingetroffen. Die einen kamen im Kampf gegen die Babylonier um, die andern wurden von der Seuche oder vom Hunger dahingerafft.«

Josifja sah die Dinge anders: »Außer uns beiden sind noch einige ungeschoren davongekommen. Die Hauptsache bei solchen Unheilsworten ist, daß du nicht an sie glaubst. Wenn du denkst: Er könnte recht haben, wirst du unsicher, bekommst Angst, und dann bist du verloren. Wenn du aber denkst: Er schwatzt Unsinn, dann behältst du deine Nerven, und es passiert nichts.«

Jeremia als politischer Gefangener (Jer 37, 11–21)

Was Baruch mit konkreten Einzelheiten über die Leiden des Propheten als politischer Gefangener erzählt, hat eine traurige Aktualität. In vielen Ländern werden heute Menschen, die die politische Lage anders als die jeweiligen Machthaber beurteilen und die ihre Meinung öffentlich verbreiten, verhaftet und ohne Gerichtsverhandlung in Gefängnisse gesteckt, damit sie dort vermodern. Und was uns auch bekannt vorkommt: Baruch erzählt nichts von einem spektakulären Eingreifen Gottes zur Rettung des Gefangenen, nichts von einem Engel, der die Tür des Gefängnisses öffnet und Jeremia in die Freiheit hinausführt. Die Geschichten wissen nur von zufälligen, aber nicht außerordentlichen Umständen, durch die es geschieht, daß der Prophet trotz aller Gefährdung seines Lebens mit dem Leben davonkommt. Ist das unausgesprochen ein Thema dieser Geschichten? Will der Erzähler zeigen, wie Gott durch alltägliche Ereignisse und Zufälle bewahrt und rettet? Nach Jeremia 37,11 ff. wird der sichere Tod des Propheten, der in einem feuchten Kellergewölbe gefangen ist, abgewendet durch das Bedürfnis des von Angst umgetriebenen Königs, wieder einmal mit dem Propheten zu sprechen. Will Baruch darauf aufmerksam machen, daß Gottes Vorsehung auch durch den launischen Entschluß eines ratlosen Königs wirken kann?

Suchen wir uns aus den Erzählungen Baruchs ein Bild von den Gegnern Jeremias zu machen, so bieten sie genügend Einzelheiten, die uns deren Standpunkt verständlich machen. Bei der Verhaftung des Propheten am Benjaminstor (Vers 13 ff.) ist der Verdacht des Wachtsoldaten, er wolle zum Feind überlaufen, für jedermann einleuchtender als die Behauptung des Verhafteten, er müsse in seinem Heimatdorf in Benjamin eine Erbangelegenheit regeln. Aus Jeremia 32 wissen wir Genaueres über die Motive Jeremias für diesen Besuch bei den Verwandten, der durch die Verhaftung verhindert wurde: Er sollte dort bei einem Erbgang ein Stück Land kaufen und damit ein prophetisches Zeichen aufrichten. Indem der Prophet sich in der Öffentlichkeit als Landkäufer betätigte, sollte er die Verheißung Gottes sichtbar machen: »So spricht der Herr der Heerscharen, der Gott Israels: Man wird wieder Häuser, Äcker und Weinberge kaufen in diesem Land« (Jer 32,15).

Aber dieses prophetische Zeichen war so paradox, daß die Zeitgenossen Mühe hatten, es zu verstehen. Es widersprach allem, was man vom Propheten bisher gehört hatte. Man ließ sich dadurch das eigene Urteil, daß er ein Unheilsprophet sei, nicht in Frage stellen. Nach Jeremia 32,9 f. wurde der Kauf, den der Prophet im Sinn hatte, später durch die Erstellung eines Kaufvertrags abgeschlossen. Das geschah, als der Prophet unter erleichterten Haftbedingungen im Wachthof leben mußte (Jer 32,3). Ich stelle mir vor, daß dies erst geschah, nachdem Jeremia aus der Zisterne gerettet worden war (Jer 38,1–13).

Jeremia im Kellergewölbe des Kanzlers

Nach einigen Wochen wußten die Kundschafter doch Neues zu berichten. Die Ägypter waren in mehreren Scharmützeln geschlagen worden. Die Babylonier brachen ihr Lager im Süden ab und marschierten nach Norden. Man sprach wieder vom kommenden Krieg. Nervosität breitete sich aus. Die Preise der Lebensmittel stiegen an. An den Stadttoren herrschte emsiges Treiben. Städter mit vollbepackten Eseln brachten Eßwaren herein, die sie in den Dörfern gekauft hatten. Bauern, die mit ihren Erzeugnissen in der Stadt ein gutes Geschäft gemacht hatten, drängten in die entgegengesetzte Richtung.

In dieser Zeit träumte Jeremia von seinem alten Onkel Schallum in Anatot und dessen Sohn Hanamel. Schallum bearbeitete in Anatot das Land, das seit uralter Zeit der Familie gehörte. Hanamel lebte als Teppichweber, verarmt, in der Stadt. Jeremia wußte, daß er hoch verschuldet war.

Als er anderntags den Traum bedachte, vernahm er ein Wort des Herrn, das für ihn ein Rätsel war. »Hanamel wird zu dir kommen und sagen: Kauf dir meinen Acker. Tue, was er von dir will.« Jeremia wußte nicht, wozu er Land kaufen sollte. Er würde in seinem Alter gewiß nicht mehr mit der Landwirtschaft anfangen. Außerdem stand der Krieg bevor. Wozu einen Acker kaufen, wenn Schwert, Hunger und Pest die Stadt und das ganze Land Juda heimsuchen werden?

Bald darauf klopfte Hanamel an die Tür Jeremias. Er brachte die Nachricht vom Tod seines Vaters Schallum und lud seinen Vetter Jeremia zur Beerdigung ein. »Dann können wir gleich das Erbe regeln.« Jeremia erfuhr, was er dabei zu tun hatte: Hanamel war zwar der einzige Erbe, aber er hatte schon lange dem Bankhaus Jakob das Land seines Vaters verpfänden müssen, um nicht als Schuldsklave verkauft zu werden.

»Wenn ich jetzt nicht zurückzahle, verfällt der Acker. Du bist mein nächster Verwandter. Du hast das Vorkaufsrecht.«

Dieses Recht, das wußte Jeremia, war für die, die an den guten Ordnungen der Väter festhielten, eine Pflicht. Verwandte müssen zusammenhalten, damit der Erbbesitz der Familie nicht verlorengeht, so sagte man. Wenn einer verarmt war, mußte sein nächster Verwandter für ihn einstehen. War das der Sinn des rätselhaften Gottesbefehls? Die dafür nötigen Silberschekel konnte Jeremia aufbringen. Mußte er jetzt ein Zeichen für die Treue zum Brauchtum der Väter aufrichten?

Am andern Morgen brach Jeremia nach Anatot auf, zwei Wegstunden im Norden der Stadt. Baruch begleitete ihn, mit seinem Schreibzeug in der Tragetasche. Er sollte den Kaufvertrag aufsetzen. So wurde Baruch Zeuge für das, was mit Jeremia am Benjamintor geschah:

Der Wachtsoldat, der die vielen Ein- und Ausgehenden kontrollierte, erkannte ihn und befahl ihm, stehen zu bleiben. Er rief den diensttuenden Offizier Jirija. Dieser begann ein Verhör.

»Wo willst du hin?«

»Ich gehe nach Anatot zur Bestattung meines Onkels.«

»Das glaube ich dir nicht. Du, Prophet, predigst, daß die Babylonier die Stadt erobern und in Brand stecken werden. Du hast selbst schon gesagt: Wer zu ihnen überläuft, wird sich retten. Das willst du jetzt tun. Du willst dich bei ihnen in Sicherheit bringen.«

»Das ist eine Verleumdung. Ich denke nicht daran, diese Stadt zu verlassen. Ich bin heute abend wieder zurück.«

Es nützte nichts, daß Baruch sich für Jeremia wehrte und bezeugte, daß Schallum heute bestattet werde. Mit einem »Halt's Maul!« schob man ihn beiseite und verhaftete Jeremia. Baruch konnte nichts für ihn tun.

Sie führten Jeremia zu den Offizieren. Unter ihnen war Hauptmann Juchal. Sein Zorn über den Propheten war seit dem Besuch bei ihm noch nicht verraucht. Jeremia wurde wieder verhört. Sie ließen nichts, was er zur Verteidigung sagte, gelten und schlugen ihn. Als er ihnen zu erklären versuchte, daß er durch den Kauf eines Ackers aus dem Erbgut ein prophetisches Zeichen aufrichten müsse, spotteten sie nur darüber.

Dann brachten sie Jeremia in das Kellergewölbe im Haus des Kanzlers Jonatan. Das hatten sie in dieser Zeit zum Kerker gemacht, weil das Gefängnis überfüllt war. Schon gut 20 Männer hockten dort unten: Diebe, die Lebensmittel für sich beiseite geschafft, Soldaten, die auf der Wache geschlafen, Einwohner der Stadt, die mit Gerüchten Panikstimmung verbreitet hatten. Licht und Luft erhielt der Raum durch zwei faustgroße Löcher in der Mauer. Es stank nach menschlichen Ausscheidungen. Gegenstände gab es in diesem Raum keine. Jeremia setzte sich auf den nackten Steinboden. Er schwieg zu den Bemerkungen seiner Mitgefangenen. Ihn quälten andere Fragen: Habe ich mich über das Wort des Herrn, das mir den Kauf des Ackers befohlen hat, getäuscht? Hat der Herr mich getäuscht, damit ich mein Prophetenleben in diesem Loch beende?

Vom Steinboden ging Kälte aus. Nach einigen Tagen schmerzten Jeremia alle Glieder. Er fröstelte und hustete. Der Becher Wassersuppe, den die Gefangenen einmal am Tag erhielten, erwärmte ihn nicht. Ermattet lag er da. Niemand kümmerte sich um ihn. Wenn er nicht bald aus dem feuchten Kellerloch herauskäme, würde er sterben.

Doch einer dachte an ihn: König Zidkija. Er wollte ein neues prophetisches Wort von ihm hören. Man hatte ihm vor Tagen die Gefangennahme des Propheten gemeldet: »Er wollte zu den Babyloniern überlaufen. Das darf man nicht ungestraft hinnehmen und wäre für andere ein schlechtes Beispiel.« Der König hatte sich gefügt, weil er sich gegen den Willen der Offiziere doch nicht durchsetzen konnte. Jetzt, da die Babylonier den Belagerungsring geschlossen hatten, ließ er den Propheten heimlich aus dem Gefängnis in den Palast holen und fragte ihn:

»Hast du ein Wort vom Herrn über mich und über die Stadt?« Bis zum Schluß wartete der König nämlich darauf, daß eine unwahrscheinliche Wendung eintreten und ihm das längst verlorene Glück bringen werde. Er wird wohl enttäuscht gewesen sein, als Jeremia ihm antwortete:

»Es ist das Wort, das du kennst. Ich habe es dir auch schon gesagt. Die Babylonier werden die Stadt zerstören, und du wirst in die Hand des Königs von Babel gegeben werden.«

Zidkija wollte Befehl geben, Jeremia wieder ins Gefängnis zurückzubringen, doch Jeremia brachte noch etwas vor:

»Mein König, erlaube mir noch ein Wort. Womit habe ich das verdient? Ich bin unschuldig im Gefängnis. Ich wollte nicht zu den Feinden überlaufen, sondern an einer Bestattung in Anatot teilnehmen. Im übrigen: Wo sind heute die Propheten, die immer geweissagt haben, daß wir über die Babylonier siegen werden? Ich habe eine dringende Bitte an dich: Schicke mich nicht mehr in dieses feuchte Kellergewölbe zurück. Dort würde ich sterben.«

Dem König ging die Bitte ans Herz. Aber weil er vor den Offizieren Angst hatte, wagte er nicht, Jeremia freizulassen. So verfügte er: Der Prophet bleibt ein Gefangener, darf sich im Wachthof vor der Kaserne frei bewegen. Er soll zudem täglich die Brotration erhalten, die jedem Einwohner der Stadt zusteht.

So blieb Jeremia im Wachthof. Ab und zu dachte er an den Acker Schallums. Der war gewiß inzwischen der Familie verlorengegangen, weil Jeremia sein Vorkaufsrecht nicht wahrgenommen hatte.

Jeremia in der Zisterne (Jer 38,1–13)

Wir sind bisher von der Hypothese ausgegangen, daß diese Kapitel von Baruch, dem Schreiber und Freund Jeremias, aufgezeichnet wurden. Bei Jeremia 38,1 ff. meldet sich aber, mehr als bei anderen Abschnitten, die Frage, wie es möglich sei, daß ein Vertrauter Jeremias, einer, dem Jeremia menschlich viel bedeutete, von dessen wunderbarer Rettung aus äußerster Lebensgefahr erzählen kann und dabei selber als Erzähler so unbeteiligt zu bleiben scheint. Vom Entschluß der Gegner des Propheten, ihn endgültig zu beseitigen, ist die Rede, von der Todesart, die sie ihm zugedacht haben, von der hoffnungslosen Lage, in der er sich befindet, und vom tatkräftigen Eingreifen eines königlichen Sklaven, des Afrikaners Ebed-Melech, also eines Nicht-Israeliten. Das alles berichtet der Verfasser, als ob es um einen ihm unbekannten Menschen ginge, ohne auch nur im geringsten anzudeuten, was diese Ereignisse für ihn emotional bedeuteten. Baruch muß ein Erzähler gewesen sein, der von seiner Rolle als Erzähler gering dachte und überzeugt war, es sei nur wichtig, genau die Fakten darzustellen und diese für sich selber sprechen zu lassen. Oder ist unsere Hypothese falsch? Stammt diese Geschichte von einem Verfasser, der keine enge Beziehung zum Propheten hatte, sondern über ihn distanziert und sachlich berichten will? Aber wie wäre in diesem Fall zu erklären, daß er doch so ungemein liebevoll bezeichnende Einzelheiten für die Lebensgefahr Jeremias und charakteristische Einzelheiten seiner Rettung bis hin zu den Textil-Polstern, mit denen das Wundwerden Jeremias durch die Stricke verhindert werden soll (Vers 11), gesammelt hat? Sind das nicht doch Anzeichen dafür, daß dem Erzähler viel an Jeremia, an seiner Person und seinem Ergehen liegt?

Wenn ich von Jeremia erzählen will, als ob er mein Freund wäre, muß ich mir all diese Einzelheiten vorstellen und mich fragen, was sie für den Ablauf der Ereignisse und für das Erleben der handelnden Personen zu bedeuten hatten. Dann brauche ich für meine gefühlsmäßige Anteilnahme am Geschick Jeremias auch nicht viele Worte zu verlieren. Sie kommt dann mehr in der Stimme beim Erzählakt zum Ausdruck. Und was mir vom Glauben her an dieser Geschichte wichtig ist, muß nicht lange erklärt werden. Ich deute es an in dem, was ich bei diesen Einzelheiten hervorhebe und was ich weglasse.

Noch ganz andere Engel Gottes

Täglich ging Baruch vor das Tor, das in den Wachthof führt, und wartete. Wenn Soldaten aus- und einrückten, wurde es geöffnet. Dann konnte er einen kurzen Blick in den Hof tun. Oft sah er von fern seinen Freund und war dankbar, daß er noch lebte. Der alte Mann saß an der Hausmauer und wärmte sich. Der schreckliche Husten, den er sich im feuchten Gefängnis geholt hatte, plagte ihn nicht mehr. Baruch hätte gern mehr für seinen Freund getan. Aber vorläufig hatte der die Besorgnis Baruchs nicht nötig.

Es ging ihm gut, wenn man das »gut« nennen kann, was Bewohner einer Stadt im zweiten Jahr der Belagerung erleben. Er bekam täglich aus der Bäckergasse ein Brötchen und einige gedörrte Feigen. Vorläufig reichten die Vorräte noch. Das Brötchen wurde von Tag zu Tag kleiner.

Jeremia war froh, daß ihn Gott mit neuen Aufträgen in Ruhe ließ. So konnte er schweigen, wenn er nicht gefragt wurde. Aber die Soldaten im Wachthof, wenn sie nicht Dienst hatten, fragten ihn: »Mann Gottes, hast du ein neues Gotteswort?«

Er schüttelte den Kopf.

»Was bedeutet das, wie wird's weitergehen?«

»Es gilt noch immer, was der Herr zu mir gesagt hat: Diese Stadt wird sicherlich in die Gewalt des Heeres des Königs von Babel gegeben werden, und er wird sie einnehmen.«

Und sie drängten ihn: »Gibt es dann für uns keine Rettung mehr?«

»Ich hab's schon mehrmals gesagt: Wer in dieser Stadt bleibt, der wird durch Schwert, Hunger oder Pest umkommen; wer sich aber den Babyloniern ergibt, wird davonkommen, er wird sein Leben als Beute davontragen und am Leben bleiben.«

Obwohl er ihnen keinen besseren Bescheid gab, mochten sie ihn gern. Sie dachten: Wenn er so redet, tut er nur, was er tun muß, weil sein Gott es ihm so aufgetragen hat.

Bei den Gesprächen mit den Soldaten hörte dann und wann ein schwarzer Sklave zu. Er war Kammerdiener beim König und zuständig für dessen Garderobe. Er hieß Ebed-Melech, wenn das überhaupt ein Eigenname ist. Denn Ebed-Melech bedeutet nichts anderes als »Sklave des Königs«. Ebed-Melech verehrte nicht den Gott Jahwe, sondern die Götter seiner Heimat, aber Jeremia kam ihm vor wie einer der weisen Männer, die man daheim hoch in Ehren hielt. Man brachte ihnen Kranke zur Heilung und fragte sie bei wichtigen Entscheidungen um Rat. Was Jeremia über die Zukunft der Stadt sagte, machte ihm angst. Denn er wußte, daß die Herren, wenn sie untergehen, auch ihre Sklaven in den Abgrund reißen. Aber zu den Babyloniern überzulaufen, um sein Leben als Beute davonzutragen, das wollte er seinem Herrn nicht antun.

Die Gespräche Jeremias mit den Soldaten blieben nicht ohne Folgen. Als Hauptmann Juchal in diesen Tagen den Morgenappell durchführte, wurden neben 11 Verwundeten und 3 Gefallenen vom Vortag auch 3 Deserteure der vergangenen Nacht gemeldet. Trotz scharfer Bewachung liefen jede Nacht einige zum Feind über.

104

»Kein Wunder, wenn der Prophet im Wachthof ständig Propaganda fürs Desertieren macht«, dachte Juchal, und der Zorn stieg ihm ins Gesicht. Er gab den Tagesbefehl aus und suchte die beiden anderen Hauptleute.

»So kann es nicht mehr weitergehen!«

Pashur gab ihm recht: »Auch in meiner Hundertschaft sind in dieser Nacht wieder zwei abgehauen.«

»Ich spalte ihm eigenhändig den Schädel entzwei.«

Sephatja, der Dritte, warnte: »Wir bekommen Scherereien beim König, wenn wir es ohne sein Wissen tun. Der Prophet ist ihm wie ein Schoßhündchen.«

Bei der Lagebesprechung mit dem König an diesem Vormittag brachten sie ihre Klagen über Jeremia vor. Der König machte Einwände, doch der Hinweis auf die Staatsraison ließ ihn verstummen.

»Er ist in eurer Hand. Der König vermag nichts gegen euch.«

Befriedigt verließen die Hauptleute den König. Juchals Zorn war seinem Ziele nahe:

»Mein Schwert dürstet nach dem Blut des Propheten.«

Ich weiß nicht, warum Juchal seine Absicht nicht gleich ausgeführt hat. Vielleicht machte Sephatja den Vorschlag:

»Dieser Verräter hat keinen ehrlichen Soldatentod verdient. Ich weiß etwas Besseres: Im hinteren Wachthof ist eine Zisterne ohne Wasser. Dort werfen wir ihn hinunter. Dann schmort er noch eine Weile in seinem eigenen Saft.«

Das leuchtete den andern ein. Im Wachthof rief Juchal zwei Soldaten heran und gab ihnen den Befehl:

»Ihr werft sofort den Propheten Jeremia in die Zisterne im hinteren Wachthof!«

»Zu Befehl, Herr Hauptmann.«

Die beiden gingen weg, um Jeremia zu holen.

»Das ist gemein«, brummte der eine. »Er ist ein Mann Gottes. Den dürfen wir nicht umlegen.«

»Laß das Denken, Kamerad. Wir wollen keine Scherereien mit den Hauptleuten. Im Krieg verrecken noch andere, um die es schade ist.«

Der erste meinte: »Wenn wir ihn hinunterstoßen, bricht er vielleicht sofort das Genick. Wir lassen ihn an einem Seil hinab. Dann kann sein Gott, wenn er es will, ihn immer noch retten.«

Der andere war einverstanden. Sie holten Jeremia, befestigten zwei Seile an einem Holzprügel. Er mußte sich darauf setzen, und so ließen sie ihn hinunter. Als seine Füße den Schlamm berührten, befahlen sie ihm, zu stehen. Sie zogen die Seile herauf und schlossen die Grube mit Brettern.

Jeremia sank bis zu den Knien im weichen Grund ein. Es stank nach Schlamm und verfaulten Abfällen. Bei jeder Bewegung sank er etwas tiefer. Ein Sonnenstrahl fiel durch ein Astloch eines Brettes. Er sah, wie tief das Loch war. Nach oben verjüngte sich die Grube. Jeremia betete:

»O Herr, laß mich bald sterben. Nimm meine Seele von mir.«

Als einst der Prophet Elia so betete, erschien ihm ein Engel. Jeremia aber blieb im Schlamm stecken. Kein Engel kam.

Oben im Wachthof ging unterdessen die Nachricht flüsternd von Mund zu Mund.

»Weißt du schon, wie schändlich die Hauptleute mit Jeremia verfahren sind?«

Alle ärgerten sich. Alle waren empört. Alle schluckten den Ärger hinunter und schwiegen. In einer belagerten Stadt zählt ein Menschenleben wenig.

Gegen Abend vernahm Ebed-Melech im Palast, was geschehen war. Auch er war empört. Sein Gott hieß zwar anders als der Gott Jeremias, aber er meinte doch, er müsse etwas für diesen Gottesmann tun. Aber er wagte es nur mit Einverständnis des Königs. Der weilte gerade beim Benjaminstor und beobachtete, wie die Feinde für den nächsten Tag einen Angriff vorbereiteten.

Ebed-Melech lief, so schnell er konnte, durch die Gassen der Stadt, kam atemlos beim König an, verbeugte sich tief und begann:

»Mein Herr und König, erlaube ein Wort deines Sklaven. Gewiß ohne daß du es weißt, hat man ein Verbrechen an dem alten Gottesmann im Wachthof begangen. Auf Befehl der Hauptleute wurde er in die wasserlose Zisterne im hintern Wachthof geworfen. Er wird im Schlamm ersticken, oder er muß verhungern.«

Der König hatte schon seit der Lagebesprechung am Vormittag ein schlechtes Gewissen. Er hätte nicht so schnell nachgeben dürfen. So war es ihm recht, daß er den Gegenbefehl erteilen konnte:

»Nimm von hier drei Männer mit dir und ziehe den Propheten aus der Zisterne, bevor er stirbt.«

Drei Soldaten begleiteten Ebed-Melech. Er eilte ihnen voraus in die Vorratskammer, holte dort Seile und aus der Truhe, in der abgetragenes Zeug aufbewahrt wurde, ein Bündel verschiedener Stoffe. Er wollte Jeremia unnötige Schmerzen beim Hängen am Seil ersparen.

Dann traten die Vier zum Brunnenschacht und hoben die Bretter weg.

»Jeremia, lebst du noch?«

»Ja«, tönte es mit schwacher Stimme.

»Ich bin Ebed-Melech, der schwarze Sklave. Wir holen dich auf Befehl des Königs heraus. Leg die Seilschlinge, die wir hinablassen, um deine Brust, aber polstere unter den Achselhöhlen gut mit den Stoffen, die ich hinabwerfe.«

Ein zusammengeschnürtes Bündel fiel neben Jeremia in den Schlamm, und das rettende Seil schwebte neben ihm. Jeremia tat, wie Ebed-Melech es angeordnet hatte. Er schlüpfte in die Seilschlinge und stopfte Tücher zwischen Seil und Körper. So wurde er sanft aus dem Schlamm, der schon bis zu seiner Hüfte reichte, herausgezogen, schwebte sicher in der Luft und wurde oben sorgsam von vier Paar Händen in Empfang genommen. Die Soldaten führten ihn in den Palast, badeten ihn und gaben ihm trockene Kleider. Von da an blieb Jeremia im Wachthof.

Baruch erfuhr von all dem erst am nächsten Tag. Er ließ sich von verschiedenen Männern, die im Wachthof ein- und ausgingen, alles ausführlich erzählen, und er staunte. Gott hatte also, wenn er einen Propheten aus Todesgefahr retten wollte, noch ganz andere Engel als solche mit Flügeln.

Das Zeichen der Hoffnung (Jer 32)

Neben Gerichtspredigten gibt es bei Jeremia Verheißungen der kommenden Heilszeit. Unser Kapitel enthält einen Ich-Bericht des Propheten über eine prophetische Handlung, die ein Zeichen der Hoffnung auf den kommenden Frieden sein soll. Über den äußeren Anlaß zu diesem Zeichen wurde einiges im Zusammenhang mit Jeremia 37,3 ff. ausgeführt (S. 91).

Die Ausleger nehmen an, daß spätere Abschreiber die Heilsworte des Propheten oft erweitert und ergänzt haben. Das dürfte in unserem Abschnitt zum Beispiel der Fall sein bei Vers 37, einer Heilsverheißung, welche die Zerstreuung Israels unter alle Völker voraussetzt.

Das Schema Gericht und Gnade, göttlicher Zorn und göttliche Heilszuwendung, mit dem in unserem Abschnitt Gottes Wirken gedeutet wird, ist verständlich, wenn jemand mit seiner Hilfe sein eigenes Geschick deutet. Aber das Schema paßt nicht ohne weiteres für alle, die vom gleichen Schicksal betroffen sind wie der Deutende. Erst recht problematisch ist es, wenn die Kirchenlehre das Schema benützt, um damit das Auf und Ab der Völkergeschichte zu erklären und mit dem Glauben an die Herrschaft des gerechten Gottes zu harmonisieren. Solche Erklärungsversuche sind immer nur für einige hilfreich, für andere aber unbrauchbar und ärgerlich. An diese Problematik möchte meine Nacherzählung erinnern.

Trotz des Pfeilhagels der Verteidiger hatten die Babylonier mit der Zeit drei ihrer Holztürme dicht an die Mauer herangebracht. Von früh bis spät hörte man das Hämmern der Rammböcke gegen die Mauern. Die Breschen, die dadurch entstanden, wurden zusehends größer. An einen Gegenangriff der Verteidiger war nicht mehr zu denken. Die Soldaten waren abgekämpft und hungrig. Die Vorräte an Lebensmitteln in der Stadt gingen zur Neige. Auf dem Schwarzmarkt war zu überhöhten Preisen noch alles zu kaufen. Aber wer kein Geld hatte, konnte sich nicht mehr satt essen. Vernünftige Bürger sahen ein, daß nichts mehr zu hoffen war. Nur Hauptmann Juchal und die andern Offiziere glaubten noch an den kommenden Sieg. Der Priester Zephanja betete um das große Wunder, daß der Herr, wie damals zur Zeit des frommen Hiskia, den Pestengel sende, um Tod und Verderben im Lager der Feinde zu säen.

Was wird mit uns geschehen, wenn demnächst die Kraft der Verteidigung gebrochen ist und die Feinde in die Stadt eindringen? So fragten sich angstvoll die nicht kämpfenden Bewohner der Stadt. Sie wußten genug über das Schicksal anderer Städte, die nach langer Belagerung erobert wurden: Die Feinde würden plündern, vergewaltigen, Brände anlegen, totschlagen. Sie wußten auch, daß die Babylonier in eroberten Städten Bewohner in großer Zahl gefangennahmen und als Zwangsarbeiter in ihre ferne Heimat wegführten. Jeder dachte: Hoffentlich habe ich Glück und komme mit dem Leben davon und muß nur ein paar Jahre Zwangsarbeit leisten.

Für diesen Fall wollte man sich jetzt schon vorbereiten: Um als Kriegsgefangener vor dem Schlimmsten verschont zu bleiben, mußte man die Wächter bestechen. Dazu benötigte man Bargeld oder kostbaren Schmuck, gut verborgen in einem leinenen Säcklein, das man sich an den Leib gebunden hatte. So ließen die Reichen Leinensäcklein herstellen und füllten sie mit Geld, oder verkauften Sachwerte. Herrlich geschnitzte Truhen, kostbare Teppiche und Eßgeschirr aus kunstvoll verziertem Silber wurden zu Spottpreisen verkauft. Und wer ein Haus oder ein Stück Land anbot, um Bargeld zu bekommen, fand keinen Käufer.

Jeremia lebte in diesen Tagen immer noch im Wachthof. Dort lagen oder hockten jetzt auch verwundete Soldaten und warteten auf Heilung oder auf das Ende des Krieges. Die militärische Ordnung klappte nicht mehr. Das Tor war nicht bewacht. Baruch konnte seinen Freund jeden Tag besuchen.

Jeremia dachte noch immer an das Gotteswort, das ihm damals, vor seiner Verhaftung, den Kauf des Landstücks von Schallum geboten hatte. Er wußte, daß sein Neffe Hanamel am Tag der Bestattung seines Vaters auf das Vorkaufsrecht Jeremias gepocht und erreicht hatte, daß die Regelung der Erbschaft verschoben wurde. So war diese Sache noch unerledigt. Mehrmals äußerte sich Jeremia zu Baruch, daß er diesen Kauf noch vollziehen müsse. Es war bei ihm nicht wie der Wunsch eines Sterbenden, der unbedingt noch irgend etwas Unerledigtes in Ordnung bringen muß, sondern Jeremia hatte ein neues Gotteswort vernommen, nicht weniger rätselhaft als das erste, das ihm den Kauf des Ackers geboten hatte: »So spricht der Herr der Heerscharen, der Gott Israels: Man wird wieder Häuser, Äcker und Weinberge kaufen in diesem Land.« Der Kauf des Akkers hatte also nicht den Sinn, die Treue zu den Sitten der Väter zu bezeugen, sondern sollte ein prophetisches Zeichen der Hoffnung sein: Gott beabsichtigte noch Gutes für das Land Juda. Nachdem Schwert, Hunger und Pest ihren schrecklichen Dienst getan hatten, wird Friede einkehren, die Menschen werden wieder ein normales ruhiges Leben führen und sich an ihrem Dasein freuen. Diese Hoffnung mußte Jeremia seinen Mitbürgern mit dem Kauf des Ackers bezeugen.

Von der Kühnheit dieser Hoffnung war Baruch beeindruckt, aber er hatte Bedenken: »Sie werden dir diese Botschaft nicht abnehmen. Wenn sie dir nicht geglaubt haben, was du über den Untergang der Stadt geweissagt hast, wird es ihnen erst recht nicht eingehen, was du ihnen von einer kommenden Heilszeit zeigen willst.«

Auch daß Jeremia zu diesem Zeitpunkt noch Bargeld weggeben wollte, schien ihm nicht vernünftig zu sein: »Hanamel wird das Geld für sich selbst behalten, oder wenn er es seinen Gläubigern zurückzahlt, werden sie es in ihr Säcklein für die Zeit der Kriegsgefangenschaft legen!«

Jeremia schob die Einwände beiseite und blieb bei seinem Entschluß. Baruch mußte für den nächsten Tag Hanamel in den Wachthof holen, Schreibzeug und Geldwaage mitnehmen und aus der Wohnung Jeremias das nötige Bargeld bringen. Jeremia sorgte für einen weiteren Zeugen, Asgad, der vor dem Krieg mit Grundstücken gehandelt hatte und über die Formalitäten bei einem Landkauf Bescheid wußte. Ihm war beim Nahkampf die rechte Hand abgeschlagen worden. Um seinen Armstummel waren Verbände gewickelt, die an einer Stelle dunkelrot gefärbt waren.

Als Baruch und Hanamel am andern Tag in den Wachthof kamen und sich mit Asgad und Jeremia in einer Ecke niederließen, sammelte sich um sie herum eine Gruppe von Soldaten, die einen mit Verbänden am Kopf oder an einem Arm, andere an Krücken humpelnd. Was Jeremia vorhatte, war bekannt geworden. Alle wunderten sich über das sonderbare Unternehmen.

Jeremia erklärte noch einmal laut, daß er den Acker zum vorgesehenen Preis kaufen wolle. Das wurde mit Handschlag bestätigt. 17 Silberschekel wurden abgewogen. Hanamel nahm sie an sich. Dann diktierte Asgad den Kaufvertrag. Jeremia schrieb den Text auf ein Papyrusblatt, das auf einer festen Unterlage auf seinen Knien lag: »Im 10. Jahr des Königs Zidkija kaufe ich, Jeremia, Sohn des Priesters Hilkia, aus Anatot, nach Gesetz und Recht den Acker meines verstorbenen Onkels Schallum aus Anatot und bezahle dafür 17 Silberschekel. Hier mein Siegel und meine Unterschrift. Zeugen für diesen Kauf sind Baruch, der Sohn Nerijas, und Asgad, der Sohn Bigwais, von Jerusalem.«

Dann schrieb Baruch denselben Text noch einmal in Zierschrift auf die untere Hälfte des Papyrusblatts. Diese Hälfte wurde gefaltet und mit den Siegeln der Beteiligten so an das Blatt geheftet, daß man die obere Hälfte noch lesen konnte. Dann wurde der Vertrag zusammengerollt und mit Bändern verschnürt. Auf diese Weise konnte man jederzeit den oberen Teil des Vertrags einsehen. Sollten dann einmal Zweifel auftauchen, ob etwas daran gefälscht sei, so müßte man nur in Anwesenheit der Beteiligten die Siegel aufbrechen, um den Wortlaut des Vertrags auf der oberen und der unteren Hälfte zu vergleichen. So war es durch das Recht vorgeschrieben.

Jetzt übergab Jeremia den Kaufvertrag Baruch und sprach, für alle vernehmlich: »Nimm diesen Kaufbrief, stecke ihn in einen Tonkrug und bewahre diesen an einem sicheren Ort auf. Man soll noch nach Jahren von diesem Landkauf in der Zeit der Bedrängnis wissen. Was ich getan habe, ist im Auftrag Gottes geschehen. Er will euch zeigen, daß einmal wieder Zeiten kommen, in denen man hier in Frieden leben wird. Denn so spricht der Herr: ›Man wird wieder Häuser und Äcker und Weinberge kaufen in diesem Land‹.«

Ein unwilliges Raunen ging durch die Runde der Männer, die dabeistanden. Sie schüttelten die Köpfe und sagten: »Erzähl doch keinen Unsinn!« »Bist du übergeschnappt?«
Auch Asgad schaute den Propheten an, als ob er in einer unverständlichen Sprache gesprochen hätte. Schon die Summe, die der Prophet für den Acker bezahlt hatte, schien ihm bei den gegenwärtigen Grundstückspreisen viel zu hoch. Daß ein Landkauf dann noch eine Bedeutung für die Zukunft haben sollte, konnte er erst recht nicht begreifen. Selbst im Gesicht von Baruch waren Zweifel zu lesen.

Jetzt wurde Jeremia selber unsicher. Hatte er diesmal Gott richtig verstanden? Hatte er etwas verkündet, was für Menschen unmöglich ist zu glauben? Er fühlte sich hin- und hergerissen zwischen dem Drang, das Verheißungswort für die Zukunft des Landes jetzt, in den Tagen der Bedrängnis, auszurufen und der Einsicht, daß die Zuhörer nicht fähig waren, es zu glauben. Er selber fing ja an, daran zu zweifeln. In dieser Not begann er zu beten:
»Ach Herr, Jahwe, siehe, du bist es, der Himmel und Erde geschaffen hat. Und du hast unsere Väter mit starker Hand aus dem Sklavenhaus Ägypten befreit und hast uns dieses Land geschenkt. Aber wir sind dir bis auf den heutigen Tag ungehorsam gewesen und haben dein Gericht verdient. In deinem Auftrag habe ich gepredigt, daß du uns in die Gewalt der Babylonier geben und uns mit Schwert, Hunger und Pest heimsuchen wirst. Wie kann ich das zusammenbringen mit der Verheißung des kommenden Friedens, die ich jetzt verkünden soll?«
Und Jeremia hörte Gottes Antwort auf sein Gebet. Nur Jeremia hörte sie:
»Ich bin Jahwe, der Gott aller Menschen«, so hörte Jeremia. »Sollte mir etwas unmöglich sein? Ich liebe dieses Volk. Weil ich es liebe, schmerzt mich sein Ungehorsam, und ich muß es strafen. Aber weil ich es liebe, erbarme ich mich seiner wieder und freue mich, ihm von neuem Gutes zu tun.«
Die Männer im Wachthof hatten diese Antwort Gottes nicht vernommen. Sie konnten mit dem Heilswort Jeremias nichts anfangen:
»Was nützt mir, wenn ich weiß, daß einmal wieder Friedenszeiten anbrechen werden, wenn ich nicht weiß, ob ich dann noch am Leben bin?«
Ein anderer meinte: »Die, welche später einmal wieder Äcker und Häuser kaufen, das sind die Reichen. Da gehöre ich nicht dazu. Der

Krieg hat mich ruiniert. Mein kleines Geschäft ist kaputt, und meine Schulter heilt nicht mehr. Die hat mir ein Speer der Feinde zerschmettert.«

Asgad diskutierte noch mit Jeremia. Er fand: »Das hat doch keinen Sinn, daß Gott uns so entsetzlich viel Leid schickt, um uns zu strafen, und nachher läßt er unsere Nachkommen wieder in Frieden leben und tut ihnen Gutes, aber sie sind nicht bessere Menschen als wir. Sie werden ihm wieder ungehorsam sein, und dann fängt das alte Lied wieder von vorn an.«

Jeremia wollte ihm erklären, wie Gott sein Volk mit Strafen erziehe und bessere. Aber Asgad wehrte ab: »Mit deinen Erklärungen willst du nur nicht zugeben, daß wir Gott nicht verstehen können.«

Die Pharisäer (Umweltgeschichte)

Viele Geschichten in den Evangelien setzen Kenntnisse über die Pharisäer voraus. Weil sie in den meisten Geschichten Gegner Jesu sind, werden sie von den Nacherzählern oft schlecht behandelt. Ihre Feindschaft gegen Jesus wird vergröbert. Indem sie in dunklen Farben dargestellt werden, möchten die Nacherzähler das Licht Jesu um so heller leuchten lassen. Was während Jahrhunderten in Predigt und Unterricht durch antipharisäische Polemik gelehrt wurde, hat das Wort Pharisäer in der vom Christentum beeinflußten Alltagssprache zum Schimpfwort gemacht. Der Pharisäer ist ein Heuchler, ein Frommer, dessen Frömmigkeit nur Fassade ist, oder ein Frommer mit einem unberechtigten Überlegenheitsdünkel. Niemand freut sich, wenn seine Mitmenschen ihm sagen, er sei pharisäisch. Selbst wenn das Wort Pharisäer auf der Getränkeliste einer Gaststätte auftaucht, steckt in dieser Bezeichnung eines heißen, stark alkoholischen Getränks ein Spott über den frommen Schein.

Die historischen Pharisäer in der Zeit Jesu waren ziemlich anders, als das christliche Vorurteil sie sieht. Unter den religiösen Gruppen waren sie weder die strengsten, noch die radikalsten. Manche Fragen der Gesetzesauslegung waren bei ihnen sehr menschenfreundlich geregelt. Auf Grund der historischen Erforschung der jüdischen Quellen wissen wir darüber einiges, was unsere Väter noch nicht wissen konnten. Es ist an der Zeit, die Vorurteile, die durch die Fehlinformationen über die Pharisäer in christlichen Völkern entstanden sind, abzubauen – eine Aufgabe, die uns Jahrzehnte lang in Anspruch nehmen wird. Wenn es uns nicht gelingt, ein gewisses Verständnis (vielleicht sogar ein wenig Sympathie) für diese Zeitgenossen Jesu aufzubringen, wird unser Reden von der Liebe Gottes, die allen Menschen gilt, unglaubwürdig.

Damit meine ich nicht, daß der Gegensatz zwischen Jesus und den Pharisäern im Verständnis von Gesetz und Gerechtigkeit verwischt oder verharmlost werden soll. Es geht zunächst darum, daß in den Aussagen über die Pharisäer die falschen Verallgemeinerungen zu vermeiden sind. Man darf nicht aus dem, was über einzelne Pharisäer berichtet wird, auf die ganze Gemeinschaft zurückschließen. Nicht alle Pharisäer waren bloß fromm und gesetzestreu, um von den andern gerühmt zu werden, sondern es gab unter ihnen einige Geltungssüchtige – neben anderen, die selbstkritisch und bescheiden waren. Nicht für jeden Pharisäer war die Frömmigkeit bloße Fassade, sondern es gab bei ihnen neben den Scheinheiligen andere, die der Heuchelei in jeder Form den Kampf angesagt hatten. Manches kritische Wort Jesu an die Adresse der Frommen stimmt dem Sinne nach mit dem überein, was pharisäische Lehrer zur Kritik von falscher Frömmigkeit geäußert haben.

Uns Protestanten, die von (ehemaligen Pharisäer) Paulus gelernt haben, daß wir »allzumal Sünder sind« und alle nur durch die Gnade vor Gott gerecht werden, fällt es freilich schwer, einen Typ von Frömmigkeit zu verstehen, bei dem man sich darum bemüht, auch in den kleinen Dingen des Alltags Gottes Weisungen gehorsam zu sein. Hinter einer solchen Frömmigkeit, die es ganz genau nimmt mit dem Tun von Gottes Willen, wittern wir schnell Werkgerechtigkeit oder Mißachtung der Hauptsache im Gesetz, der Gottes- und der

Nächstenliebe. Oder wir meinen, solche Frommen müßten alle, weil kein Mensch Gott so extrem gehorsam sein könne, Heuchler sein. Doch die Bemühung um Heiligung des Alltags ist nicht etwas typisch Pharisäisches, sondern sie ist ein Aspekt der jüdischen Religiosität (darum wird durch antipharisäische Polemik oft der christliche Antijudaismus genährt). Zudem gibt es auch im katholischen und im protestantischen Christentum kleinere Gruppen und Gemeinschaften, die in ähnlicher Weise versuchen, Gott in allen Dingen, auch in scheinbar nebensächlichen Verhaltensweisen, gehorsam zu sein. Unsere Bemühung um Verständnis dieser Art von Frömmigkeit ist auch im Blick auf solche christlichen Brüder und Schwestern ein Gebot der Stunde.

Ich habe versucht, Kenntnisse über die Pharisäer, die aus den Quellen zu belegen sind, in eine Geschichte einzubauen, die den Schülern die für das Verständnis von Pharisäergeschichten nötigen Informationen vermittelt. Bei der Benützung der Geschichte sollte man im voraus sagen, daß es sich nicht um eine Geschichte aus der Bibel handelt, sondern daß die Geschichte ausgedacht wurde, um die Pharisäer zur Zeit Jesu als Menschen verständlich zu machen.

Da Vorurteile zäh sind und sich weder durch rationale Argumente noch durch schöne Geschichten schnell abbauen lassen, bilde ich mir nicht ein, daß die Geschichte vom Unfall an der Zisterne allein genügen wird, um den Schülern eine vorurteilsfreie Sicht der Pharisäer zu ermöglichen.

Der Unfall an der Zisterne

Schon seit dem Tod ihrer Mutter im letzten Jahr besorgte Jedida ihrem Vater den Haushalt, fütterte die Hühner, melkte und hütete die Ziegen auf der Weide und die Eselin. Das alles hatte sie von der Mutter gelernt. Beim Hüten half ihr Cäsar, ein struppiger Köter mit lustigen Augen. Er war ihr zugelaufen. Sie hatte ihn durch Füttern gezähmt. Jetzt hing sie an ihm wie an einem eigenen Bruder.

Ihr Vater Machschab stellte in seiner Werkstatt Sattelzeug und Gürtel her und verzierte sie mit silbernen Beschlägen. Die rotbraune Umhängetasche, die sie mit Stolz beim Einkaufen trug, war ein Geschenk des Vaters.

Seit dem Tod der Mutter war der Vater ganz anders geworden. Früher konnte Jedida mit ihm lachen und spielen und plaudern. Jetzt war er schweigsam, mürrisch, mißtrauisch. War er noch nicht über den Verlust seiner Ehefrau hinweggekommen? Jedida wagte nicht zu fragen. Dabei hätte sie mit ihren zwölf Jahren noch über so viele Dinge mit dem Vater zu reden gehabt!

Von Zeit zu Zeit packte er seine Ware auf die Eselin und ritt mit ihr auf die Märkte in der Umgebung. Er kam erst nach einigen Tagen zurück und brachte neues Rohleder mit. Jedida hatte keine Angst vor dem Alleinsein. Cäsar war bei ihr, und beim Wasserholen am Morgen sah sie ihre gleichaltrige Freundin Temima, die Tochter Simons. Wenn der Vater auf Reisen war, machte Jedida mit dem Wasserkrug zweimal den Umweg am Hause Simons vorbei, und die beiden Mädchen standen oft lange beisammen, weil sie sich so viel zu erzählen hatten.

Als der Vater diesmal nach Hause kam, war er schlecht gelaunt. Sein Gesicht war gerötet. Er griff gleich nach dem Krug in der Nische, in dem das Geld aufbewahrt wurde, und zählte die Münzen. Dann schrie er Jedida wütend an: »Du hast einen halben Denar aus diesem Krug entwendet, du Diebin!« Jedida beteuerte ihre Unschuld. Sie hatte den Krug in diesen Tagen nicht einmal angerührt. Doch der Vater glaubte ihr nicht, schalt sie und schlug sie mit dem Lederriemen. Cäsar verkroch sich winselnd in eine Ecke. Erst als der Vater draußen war, kam er hervor, leckte Jedida die Hände und wedelte mit dem Schwanz.

Solche Szenen wiederholten sich, wenn der Vater nach einer Reise nach Hause kam. Immer hatte er etwas an ihr auszusetzen: Sie habe eines der Hühner verkauft. Sie habe ihm ein Werkzeug entwendet. Sie sei schuld, daß eine Ziege hinke. Es nützte nichts, daß sie sich dagegen wehrte. Der Vater hörte nicht auf sie.

Auch am Abend verließ er jetzt oft das Haus und ging in die Dorfschenke. Jedida lag dann schlaflos und voller Angst auf ihrem Lager. Erst wenn im Dorf keine Lichter mehr brannten, kam er heim, polterte und schimpfte dann noch lange vor sich hin. Er roch nach saurem Wein. Was Jedida in solchen schrecklichen Nächten erlebte, erzählte sie am andern Morgen am Brunnen ihrer Freundin. Das tat wohl.

Als der Vater das nächste Mal auf die Märkte zog, durfte Temima sie zum Essen nach Hause einladen. Jedida war überglücklich. Sie zog ihr Sonntagsgewand an und hängte die Ledertasche um. Im Hause Temimas war alles anders als daheim. Daheim roch es nach Leder, nach Ziegen und saurem Wein. Im Hause Simons roch es nach Ordnung und Sauberkeit. Vor dem Essen wuschen sich alle Anwesenden Hände und Füße, trockneten sie; ein Fläschchen mit wohlriechendem Öl wurde herumgereicht, jeder tropfte sich etwas auf die Haut und rieb es ein. Es duftete herrlich. Dann nahm der Vater Simon eine Buchrolle und las daraus ein langes Gebet vor. Er hatte weiße Haare und gütige Augen. An Gesicht und Stimme merkte Jedida, wie er sich freute, mit Gott zu reden. Erst jetzt setzten sie sich. Simon und seine drei großen Söhne oben am Tisch, unten die Mutter, Temima, die Jüngste, und Jedida. Neben ihr saß noch ein anderer Gast, den sie kannte: der Bettler, der täglich beim Dorfausgang an der Karawanenstraße saß und den Vorbeigehenden einen Teller hinstreckte.

Während der Mahlzeit sprachen nur die Männer. Einer erzählte empört von einem Freund, daß er ein heidnisches Mädchen geheiratet habe und sich jetzt dem Götzendienst zuwende. Vater Simon meinte: »Um so nötiger ist es, daß wir auf dem Weg der Gebote bleiben. Wir wollen noch treuer für die andern Fürbitte tun, damit sie ihre Sünden erkennen und zu Gott umkehren.«

Nach dem Essen waren die beiden Freundinnen noch lange beisammen. Jedida hatte viel zu fragen und erfuhr, daß Simon und seine Familie zu einem Verein gehörten, den sie selber den Kreis der Chassidim (der »Frommen«) nannten. Andere redeten von ihnen als von den sich Absondernden (den »Pharisäern«). Doch Temima betonte: »Mein Vater sagt immer: ›Wir wollen uns von den andern Juden nicht absondern. Wir wollen nur dem Willen Gottes ganz gehorchen. Und wir hoffen, daß mit der Zeit auch die andern so werden wie wir. Gott will, daß alle Juden sich von den anderen Völkern unterscheiden‹.«

Das Waschen von Händen und Füßen, so lernte Jedida weiter, gehöre zu den Lebensregeln der Chassidim. Nach dem Gesetz mußten nur die Priester sich sorgfältig waschen. Aber Gott habe alle Juden dazu berufen, daß sie ihm wie Priester dienten. Daß der Dorfbettler mitaß, war auch in einer Sitte der Chassidim begründet. Sie luden jeden Tag einen Bedürftigen zum Essen ein, einen Armen aus dem Dorf oder einen Wanderlehrer, der sich gerade hier aufhielt. Diese Gastfreundschaft machte Jedida Eindruck. Sie hatte sie am eigenen Leib erfahren.

Als der Vater das nächste Mal für seinen Ritt auf die Märkte aufbrach, war es Freitag. Temima erfuhr es und sorgte dafür, daß ihre Freundin zum Abendessen eingeladen wurde. Jedida ging erwartungsvoll hin. Sie wußte schon, daß der Freitagabend, an dem der Sabbat begrüßt wurde, für die Chassidim ein besonderes Fest war. Bei ihr zu Hause unterschied sich seit dem Tod der Mutter der Sabbat nicht von den übrigen Tagen. Als die Mutter noch lebte, wurde bei ihnen am Freitagabend auch der Sabbat begrüßt. Die Mutter zündete das Licht an, und der Vater sprach das Gebet. Aber nun blieb die Kerze in der Truhe. Der Vater betete nicht mehr. Er ging am Sabbat auch nicht ins Lehrhaus. Nicht anders als die Mehrzahl der Dorfbewohner arbeitete er an diesem Tag, oder er ging in die Trinkstube.

Das war in der Familie Simons ganz anders. Jedida spürte, wie sie alle innerlich aufgeräumt und fröhlich waren. Der Vater zündete das Sabbatlicht an, segnete Brot und Wein und teilte jedem davon aus. Sie sangen ein Lied. Simon las ein Gebet, und die festliche Stimmung ging Jedida ans Herz. Diesmal waren einige Chassidim zu Gast. Während des Essens gab es ein lebhaftes und langes Gespräch. Jedida verstand nicht alles, wagte aber nicht, ihre Freundin flüsternd um Erklärungen zu bitten. Lange war vom Joch der Römer die Rede und wie man es zerbrechen könne.

»Erst wenn ganz Israel das Joch des Gesetzes auf sich nimmt, wird Gott sich unser erbarmen«, so sagte einer. Ein anderer antwortete: »Wenn ganz Israel zweimal hintereinander den Sabbat feiert, wie Gott es geboten hat, wird der Befreier kommen.«

Jedida hörte am Brunnen oft, wie die Römer verflucht wurden und wie man davon sprach, sie mit Waffen zu vertreiben. Sie merkte, daß die Männer hier bei Simon von einem andern Weg zur Befreiung redeten: vom Weg der Umkehr zu Gott und seinen Geboten.

Später redeten die Männer über den Sabbat: Was er bedeute und wie man ihn am besten feiere. Einer meinte: »Am wichtigsten ist, daß wir keine der 36 Arbeiten verrichten, die im Gesetz für diesen Tag verboten sind.«

Ein anderer: »Wir sollen am Sabbat vor allem keine Lasten tragen. Denn Lastentragen ist Sklavenarbeit, und der Herr will, daß wir am Sabbat freie Menschen sind.«

Simon antwortete: »Der Herr, unser Gott, hat einen fröhlichen Menschen, der ihn lobt, lieber als einen, der am Sabbat nur an das denkt, was verboten ist.«

Ein anderer widersprach: »Die vielen Vorschriften über den Sabbat sind der Zaun um das Gesetz. Du, Simon, hast deinen Blumengarten auch mit einem Zaun geschützt, damit er nicht von den Ziegen zertreten wird. So hat es Gott für uns mit dem Sabbat-Gebot gemacht.«

Zum Abschluß der Mahlzeit nahm Simon noch einmal die Buchrolle und betete: »Ich danke dir, Herr, mein Gott, daß du mir mein Teil gabst bei denen, die im Lehrhaus sitzen, und nicht bei denen, die an Straßenecken sitzen; denn ich mache mich früh auf, und sie machen sich früh auf: Ich mache mich früh auf zu den Worten des Gesetzes, und sie machen sich früh auf zu eitlen Dingen. Ich mühe mich und empfange Lohn, und sie mühen sich und empfangen keinen Lohn. Ich laufe, und sie laufen: Ich laufe zum Leben der zukünftigen Welt, und sie laufen zur Grube des Verderbens« (Babylonischer Talmud, Berakot 28 b).

Als Jedida diese Worte hörte, ging es ihr wie ein Stich durchs Herz. Hatte der alte Simon bei diesem Gebet an ihren Vater gedacht? Das war doch nicht gut möglich. Das Gebet war in der Rolle aufgeschrieben, und Simon kannte Machschab kaum. Wie hätte er von ihm im Gebet reden wollen? Dennoch blieb Jedida beunruhigt. War ihr Vater nicht auf dem Weg ins Verderben? Wie sollte es mit ihm noch enden?

In der nächsten Woche war der Vater am Vorabend zum Sabbat wieder ohne Gruß weggegangen. Die Nacht brach herein. Jedida wälzte sich schlaflos auf ihrem Lager. Der Vater kam und kam nicht heim. Auch Cäsar war unruhig und rannte immer wieder zur Haustür. Endlich brach der Morgen an, und der Vater war noch nicht zurück. War ihm etwas zugestoßen? Jedida befürchtete es. Sie zog sich an und sprach zu Cäsar: »Komm, hilf mir den Vater suchen.« Cäsar bellte und schoß wie ein Pfeil aus der Haustür. Die Spur, die er verfolgte, führte zur Schenke. Türe und Läden des Hauses waren noch verschlossen. Jedida klopfte mehrmals. Dann öffnete der Wirt verschlafen: »Dein Vater ist um Mitternacht weggegangen. Was störst du mich in meiner Nachtruhe?« Die Tür wurde zugeschlagen.

Cäsar hatte schon eine neue Fährte entdeckt. Sie führte in die entgegengesetzte Richtung. Hatte der Vater noch einen Trinkkameraden begleitet? Der Hund sprang weiter und stoppte plötzlich vor einer runden gemauerten Öffnung auf dem Boden, die in der Regenzeit als Ziehbrunnen diente. Er umkreiste die Zisterne mehrmals und bellte heftig. Jedida trat hinzu, blickte in das dunkle Loch hinunter und erschrak. Unten lag mit ausgebreiteten Armen, das Gesicht nach unten, ein Mann. Das mußte ihr Vater sein! Sie erkannte ihn am Gewand und an den Haaren. »Vater! Vater!« schrie sie hinunter. Aber es regte sich nichts. Was sollte sie tun? Ohne Leiter kam sie nicht hinunter, und selbst wenn sie hinunterkam, wie hätte sie den schweren Leib des Vaters nach oben schaffen sollen? Wer konnte helfen? Ihr erster Gedanke: der Vater ihrer Freundin. Ihr zweiter Gedanke: Aber heute war doch Sabbat. Hatten die Männer am Tisch nicht davon gesprochen, wie heilig der Sabbat sei und daß man an diesem Tag keine Lasten tragen dürfe? Ist das Unglück mit dem Vater eine Strafe Gottes?

Jedida war wie erstarrt. Doch sie raffte sich zusammen und eilte zum Haus ihrer Freundin. Dort machte sich die Familie gerade zum Gang ins Lehrhaus bereit. Jedida erzählte Temima, was passiert war, und diese sagte es dem Vater. Jedida mußte vor ihm noch einmal alles erzählen und beschreiben, was sie im Brunnenschacht gesehen hatte. Dann befahl Simon den Söhnen, die Leiter im Schuppen zu holen. Er selber ergriff zwei Seile und ein Brett.

Doch sein Ältester war nicht einverstanden. »Das geht doch nicht. Der Herr hat verboten, am Sabbat Lasten zu tragen.« Simon antwortete: »Ich habe von meinem Lehrer Hillel gelernt, daß Lebensgefahr das Sabbat-Gebot aufhebt. Wenn wir den Mann nicht herausholen, ist das vielleicht sein Tod.«

»Du hast doch gehört, was das Mädchen erzählt hat. Der Mann rührt sich nicht, auch wenn sie ihn ruft. Er ist tot. Wir müssen warten, bis der Sabbat vorüber ist, sonst werden wir auch noch durch den Leichnam unrein.«

Doch Simon blieb entschlossen: »Das Herz ist weiser als der Verstand. Weil ich nicht genau weiß, ob der Mann schon tot ist, gehe ich hin. Auch er ist unser Bruder. Kommt und helft mir!«

Die vier gingen, geführt von Jedida. Zwei stiegen in die Grube hinunter und legten den Verunglückten sorgfältig auf das Brett. Die andern zwei zogen ihn an den Seilen hoch.

Machschab war auch noch bewußtlos, als sie ihn in seinem Haus auf das Lager betteten, aber er atmete, und sein Puls war zu spüren. Jedida wusch und pflegte ihn, und gegen Abend erwachte er. Verletzungen hatte er keine. Jedida wußte nicht, wie sie Gott für diese Rettung danken sollte.

Das ist die Geschichte von einem Simon, der Pharisäer war. Es war wohl nicht derselbe Simon, von dem der Evangelist Lukas erzählt (7,36−50), daß er einmal Jesus bei sich als Gast am Tische hatte. Dieser Simon war auch Pharisäer, aber den Brauch, daß vor dem Essen Hände und Füße gewaschen werden, hielt er nicht so streng ein wie der Vater von Temima.

Die Engel in der Weihnachtsgeschichte von Lukas

Bevor Lukas sein Evangelium schrieb, waren unter Juden und Griechen Hoffnungen auf den kommenden Friedenskönig lebendig und kamen in farbigen Bildern und Ehrennamen für den Erwarteten zum Ausdruck. Diese Bilder haben die Weihnachtsgeschichte schon im Stadium ihrer mündlichen Weitergabe beeinflußt. Die Christen, die von der Geburt des Herrn erzählten, haben ihren Glauben an ihn und ihre Erfahrungen mit ihm ebenfalls durch Bilder und Ehrennamen ausgedrückt. Vielleicht kam Betlehem als Geburtsort Jesu nur deshalb in diese Geschichte hinein, weil die Erzähler in Jesus den Davids-Sohn verehrten, der das verheißene Friedensreich bringen wird.

Nachdem das Lukas-Evangelium geschrieben und das Buch von der Kirche als heiliges Buch anerkannt war, wurde das zweite Kapitel daraus unzählige Male in Gottesdiensten vorgelesen, von einzelnen studiert und meditiert, wieder erzählt und durch die Phantasie der Erzähler ausgeschmückt und umgeformt, später von Künstlern an Kirchenwände und auf Leinwand gemalt oder in Holz geschnitzt. Die Motive dieser Geschichte wurden von Liederdichtern besungen, von Komponisten mit Kantaten und Oratorien gefeiert. Schließlich kamen noch die kritischen Theologen, stellten Fragen nach ihrem historischen Kern, vermuteten, daß er minimal sei oder überhaupt fehle, und suchten Erklärungen dafür aus der Forschung der Mythen und der Archetypen.

Diese Nachgeschichte von Lukas 2 hat alle Menschen in christlichen Ländern irgendwie beeinflußt. Ich stelle mir Zeitgenossen vor, denen ich den Text aus Lukas erzählen möchte: kritische Jugendliche, die die Geschichte vom Stall in Betlehem und den Hirten schon mehrmals gehört, vielleicht als Kinder bei einem Krippenspiel mitgestaltet haben, aber damit nichts mehr anfangen können. Oder zweifelnde Erwachsene, für die die Weihnachtsgeschichte ein Stück Kinderland ist, ein Märchen – zu schön, um wahr zu sein. Wo kommen in ihrer Alltagswelt Engel vor? Wo ist in ihrem Erleben Raum für den Lobgesang von der Ehre Gottes und dem Frieden auf Erden? Wo – außerhalb des ästhetischen Erlebens beim Genuß einer musikalischen Darbietung? Für sie ist schon der Glaube an Gott nicht mehr selbstverständlich. Sie haben das Gefühl, die Weihnachtsgeschichte mute ihnen zu, auch noch an die Existenz von Engeln glauben zu müssen. Wie kann ich solchen Menschen die Weihnachtsgeschichte erzählen? Soll ich alle legendären und übernatürlichen Züge streichen und die Geschichte auf das reduzieren, was kritische Jugendliche und zweifelnde Erwachsene sich aufgrund ihrer Alltagserfahrung und ihres gesunden Menschenverstandes vorstellen können? Dann bekäme sie vielleicht folgende Gestalt:

»Eine Mutter aus Galiläa bringt ihr erstes Kind in einer Höhle bei Betlehem zur Welt. Die ersten, die an ihrer Freude Anteil nehmen, sind Hirten. Sie erkennen aufgrund einer inneren Erleuchtung in diesem Kind den kommenden Heilsbringer.«

Das wäre gewiß eine glanzlose, armselige Weihnachtsgeschichte, von der ich nicht einmal behaupten könnte, daß sie in allen Punkten historisch gesichert sei. Weder der Geburtsort Betlehem, noch die Hirten als erste Besucher von Mutter und Kind lassen sich quellenmäßig so belegen, daß sie als historische Fakten zu bezeichnen wären. Die Geburt Jesu in einer Höhle entspricht einer späteren Ortstradition von Betlehem, während Lukas mit Vers 7 (»Sie legte ihn in eine Krippe«) eher an einen Stall denkt.

Eine Weihnachtsgeschichte, aus der jeder Glanz des Überirdischen gestrichen ist, reizt nicht zum Nacherzählen und bietet nicht einmal den Vorteil, daß man sie als historischen Tatsachenbericht ausgeben kann. Ist sie ein erster Schritt zum Gespräch mit meinen Adressaten? Könnte sie ihnen helfen zu verstehen, daß Jesus ein wirklicher Mensch war? Ließe sich mit einer »profanisierten« Geburtsgeschichte zeigen, daß die Ehrennamen, mit denen Lukas das neugeborene Kind auszeichnet (Retter, Messias, Herr, Davids Sohn), Versuche des Glaubens sind, seine Bedeutung für uns zu umschreiben, und keine Diktate des Himmels, die uns zwingen, diese Deutungen gegen bessere Einsicht zu akzeptieren? Ich möchte ja meine Adressaten einladen, eigene Erfahrungen mit Jesus zu machen und dafür die ihnen angemessenen Ausdrucksformen zu suchen. Meine Geschichte soll nicht so auf sie wirken, daß sie meinen, es käme vor allem darauf an, daß sie mit Verstand und Willen sich der Botschaft der Engel unterwerfen.

In meiner vorläufigen Formulierung der Geburt Jesu fehlen die Engel. Sie sind aber aus der Weihnachtsgeschichte nicht wegzudenken. Das gilt für meine Adressaten noch mehr als für mich. Für sie sind die Engel durch verschiedene Weihnachtsbräuche und noch mehr durch die Bilder der Reklame für das Weihnachtsgeschäft geradezu penetrant anwesend. Mein Versuch, von der Geburt Jesu etwas zu sagen, ohne dabei die Engel zu erwähnen, macht nur auf ihr Fehlen aufmerksam. Die Engel sind ein unverzichtbares Element der Geschichte. Wie aber erzähle ich davon für Hörer, die mit der Vorstellung von Engeln nichts anfangen können, ja vielleicht eine Aversion dagegen haben? Ich probiere zwei Möglichkeiten aus: eine Geschichte mit einer von der unsrigen abweichenden Vorstellung von Engeln und eine Geschichte, in der religionspsychologische Erkenntnisse über Engelvisionen verarbeitet sind.

A. Das hebräische Wort Engel bedeutet nichts anderes als *Bote*. Einige alttestamentliche Texte reden von einem Engel, als ob es sich um einen Boten in Menschengestalt handelte (Gen 18,1 ff.; Tobit 5,4). Lionel Blue, ein heutiger Rabbi, erzählt in seiner Autobiographie ›Durch die Hintertür in den Himmel‹ (München 1980): »Die Engel haben mich mein ganzes Leben begleitet. Als Jude war ich nicht an bildliche Darstellungen von religiösen Ereignissen oder himmlischen Wesen gewöhnt. Meine Engel hatten weder Heiligenschein noch Flügel. Auch trugen sie keine Nachthemden ... Man begegnete ihnen im Leben, und Gott hatte sie geschickt. Sie halfen mir, Grenzen zu überschreiten, dem Neuen ins Gesicht zu blicken und die Welt immer wieder frisch zu erleben. Der Engel, der mich in meiner Kindheit tröstete, war ein jiddisch sprechendes Pferd. Ein Engel kann der erste Mensch sein, in den man sich verliebt, wenn er sanft und leicht mit einem umgeht und einem hilft, die Risiken des Lichts und der Liebe einzugehen. Man kann einem Engel in einer Busschlange begegnen. Den Namen erfährt man nie, aber er sagt etwas, was die Antwort auf eine innere Frage ist, was aus einer Not hilft, die kaum bewußt war ...« – Ich versuche also, das Material aus Lukas so umzuformen, daß darin ein Engel in der Gestalt eines Menschen auftritt.

B. Nach der Kenntnis der Religionspsychologie ereignen sich *Engelerscheinungen* nicht in einem Milieu, in dem man diese Form des religiösen Erlebens gar nicht kennt und nicht damit rechnet, wohl aber in einer Kultur, in der Engel und ihre Erscheinungen zur religiösen Vorstellungswelt der Mehrheit gehören. In einer solchen Umgebung hört schon das Kind Geschichten von erscheinenden Engeln. Es kennt Orte, an denen Erscheinungen stattfanden, und Menschen, denen sie zuteil wurden und die deswegen von den andern hoch geehrt werden. Es weiß, wie man sich verhalten muß, wenn einem ein Engel erscheint, und kennt die Sprache, in der man nachher von seinem Erlebnis erzählt. Ob in einem solchen Milieu Engelerscheinungen vorkommen, ist meines Erachtens keine Glaubensfrage, sondern eine Frage an unsere Fähigkeit, uns psychologische Vorgänge vorzustellen, die wir an uns selber nicht ohne weiteres wahrnehmen. Eine Nacherzählung, die die psychologischen Bedingungen von Engelerscheinungen berücksichtigt, müßte dem, der so etwas aus eigenem Erleben nicht kennt, helfen, das ihm fremde Erleben zu verstehen.

Tiefenpsychologische Ausleger deuten die Erscheinungen eines Engels oft als Begegnung des davon Betroffenen mit dem Archetyp des Selbst. Weil die Begriffe »Selbst« und »Archetyp« heute aber mit recht verschiedenen und vielfach schlecht faßbaren Bedeutungen benützt werden, weiß ich nicht, ob ich sie gebrauchen soll, um Erfahrungen mit der eigenen Seele zur Sprache zu bringen, und sehe auch nicht, was sie zum Verständnis von Engelerscheinungen bei einem mir unbekannten Menschen der Bibel beitragen. Vielleicht meint aber die Formel »Begegnung mit dem Archetyp des Selbst« auch, daß die Engelerscheinung ein in die Außenwelt projizierter innerseelischer Vorgang sei und daß dabei das betreffende Individuum und seine bisherige Lebensgeschichte eine Rolle spielen. Wenn die Formel das meint, bekommt sie für mich einen gewissen Sinn. Da ich beim Suchen nach der Wahrheit Gottes für mich darauf angewiesen bin, mich mit der Gotteserfahrung von Mitmenschen – zeitgenössischen und Menschen aus der Vergangenheit – auseinanderzusetzen, ist die Engelerscheinung eines bestimmten Menschen zwar ein einmaliges und individuelles Erleben, das nur für ihn persönlich wahr ist, aber indem ich mich darauf einlasse und mich damit beschäftige, kann sich daraus auch ein Aspekt der Wahrheit Gottes für mich erschließen.

Die beiden Nacherzählungen, die ich mir von den zwei Ansätzen her ausgedacht habe, können im Religionsunterricht mit Heranwachsenden entweder alternativ oder miteinander kombiniert verwendet werden; in diesem Fall wäre die Reihenfolge möglich: Nacherzählen oder Vorlesen der Geschichte *A* – gemeinsames Feststellen, was gegenüber der biblischen Version geändert wurde – Beurteilungen der Veränderungen durch die Schüler – Nacherzählen oder Vorlesen der Geschichte *B* – Gesamt-Diskussion.

I. Der alte Mann und der Bote

1.

Die Geschichte handelt von einem Beduinen, einem alten Mann, Vater von vier Söhnen und Großvater. Ich nenne ihn Nathanja. Er trieb seine Schafherde von Dorf zu Dorf und ließ sie die abgeernteten Felder abweiden und die Hänge, die kein Bauer bepflanzte. Seine Söhne halfen ihm dabei. Einmal hatten sie sich in der Nähe von Beth-Sacharja gelagert. Sie trieben die Herden zum Ziehbrunnen vor dem Dorf. Die Tränkrinnen dort waren beschädigt. Es dauerte lange, bis alle Tiere getrunken hatten. Die Bürger des Dorfes drängten herzu und sprachen: »Ihr fremdes Gesindel, ihr habt die Rinnen beschädigt.« Die Hirten wehrten sich gegen die Anklage. Sie stritten miteinander und der älteste Sohn erhielt einen Messerstich in den Hals. Die Hirten trugen ihn zu den Zelten. Dort verblutete er. Er hinterließ eine junge Frau und ein Büblein, das noch an der Brust der Mutter lag. Der alte Hirte und seine Frau trauerten um ihn, zusammen mit den Söhnen und der Schwiegertochter. Sie begruben ihn unter einer Tamariske. Nathanja klagte und betete: »O Herr, räche mich an meinen Feinden und setze der Bosheit der Frevler ein Ende. Laß den Tag des Gerichts anbrechen, die Zeit, da die Gerechten frohlocken.«
Dann brachen sie die Zelte ab und zogen weiter. Nathanja faßte neue Hoffnung und richtete seine Gedanken auf die Zukunft Gottes. Er wartete auf den Tag, an dem Gott den Richter auf die Welt senden würde, seinen Sohn, der mit eiserner Keule die Missetäter erschlagen würde.
Nach einigen Jahren zettelte Judas, der Galiläer, einen Aufstand gegen die Römer an. Man nannte ihn den Gotteskönig und Messias. Der zweitälteste Sohn Nathanjas schloß sich ihm an. Und der Vater segnete ihn und sprach:
»Der Herr gebe seinem Messias Sieg über alle seine und unsere Feinde. Er segne dich und führe dich sicher zu uns zurück.«
Die Mutter schwieg beim Abschied des Sohnes. Sie war voll dunkler Ahnungen. Judas, der Galiläer, und seine Schar kämpften tapfer gegen die Herren des Landes. Doch der römische Statthalter zog seine Kohorten zusammen, umzingelte sie und erschlug viele mit der Schärfe des Schwertes. Den Rest nahm er gefangen. Und er befahl, alle Gefangenen zu kreuzigen. Unter ihnen war auch der Sohn Na-

thanjas. Als man dem alten Hirten die Kunde brachte, zerriß er sein Kleid, streute Staub auf sein Haupt und klagte zu Gott:
»Warum lässest du mich den bittern Kelch bis zur Neige trinken? Warum bist du mein Feind geworden? Warum machst du deine Verheißungen zur Lüge? Hast du das Wort vergessen, das du deinem Knecht David gegeben hast? Wann wird Er kommen, der vom Berg Zion aus Gerechtigkeit über das ganze Land bringen wird?«
Doch Nathanjas Gebet blieb ohne Antwort. Und seine Hoffnung auf den Tag des Heils erlahmte. Sein Glaube wurde müde. Wenn er betete, war sein Herz leer.
Nach einiger Zeit lagerte er mit seiner Herde in der Nähe von Maon. Sein dritter Sohn war draußen auf offenem Feld, als ein Gewitter hereinbrach. Da erschlug ihn ein Blitz samt fünf Schafen, die sich um ihn geschart hatten. Als man es dem alten Vater berichtete, erstarrte er und blieb stumm. Seine Tränen waren versiegt. Nacht erfüllte sein Herz. Gott war ihm ferngerückt. Und die Bewohner von Maon sprachen:
»Dieser Hirt draußen auf dem Feld wurde von Gottes Zorn getroffen. Er ist wohl ein besonderer Bösewicht, und seine Sippe, diese Wanderhirten, sind ein verfluchtes Lumpenpack.« Und sie vertrieben die Familie Nathanjas aus der Gegend.
Nathanja zog mit seiner Familie und seinen Schafen weiter von Dorf zu Dorf. Er verrichtete seine Arbeit wie ein Abwesender. Er redete kaum ein Wort. Seine Frau hatte nicht nur drei Söhne verloren. Es war für sie, als ob auch Nathanja nicht mehr unter den Lebendigen wäre. Der jüngste Sohn half, so gut er konnte. Er war schwerhörig, beim Reden stockend und kurzsichtig. Er war nicht fähig, allein die Tiere zu hüten. Aber er gab sich redlich Mühe.

2.

So kamen sie wieder einmal zum Rahelgrab. Dort in der Nähe kannten sie eine Höhle, in der sie übernachteten, wenn sie in der Gegend waren. Diesmal war die Höhle durch Unbekannte bewohnt. Es waren Leute aus Galiläa. Sie waren nach dem Befehl des Kaisers hergereist, damit sie im Steuerregister eingetragen würden. In der nahen Stadt Betlehem hatten sie keinen Raum zum Übernachten gefunden. Unter ihnen war eine hochschwangere Frau. Die Wanderhirten schlugen ihre Zelte vor der Höhle auf. Nathanja sah die Fremden wie durch einen Schleier. Er bemerkte auch die schwangere Frau und dachte: »Wozu sollen noch Kinder geboren werden unter den Menschen, die den Messias kreuzigen und rechtschaffene Söhne eines Hirten erschlagen?« Und er trieb seine Herde für die Nacht auf ein Feld, eine halbe Stunde weit. Sein jüngster Sohn begleitete ihn.

In der Höhle beim Rahelgrab wurden in dieser Nacht die Öllämpchen nicht gelöscht. Die Frau aus Galiläa hockte in einer Ecke und stöhnte. Die Wehen waren über sie gekommen. Die Frauen der Familie Nathanjas umsorgten sie. Mit festem Griff hielt die Alte ihre beiden Hände, wenn die Wehen kamen und gab ihr Anweisungen. Die Junge schürte das Feuer unter dem Wasserkübel und legte Tücher bereit. Die paar Männer standen hilflos und beunruhigt herum. Nach zwei mühseligen Stunden faßte die Alte den Kopf des Kindes und zog es aus dem Mutterleib. Es war ein Büblein. Die Frauen atmeten auf, die Männer jubelten. Das Kind wurde gebadet, getrocknet, gewickelt, und die Mutter nahm es zu sich. Die Alte sagte:

»Jetzt wollen wir ein Fest feiern. Mein Mann soll kommen und ein Lamm schlachten.«

Sie schickte den zehnjährigen Enkel aufs Feld hinaus. Die Galiläer durchsuchten unterdessen ihr Gepäck nach Eßbarem. Einer öffnete einen mitgebrachten Weinschlauch.

Der Bub rannte durch die Nacht. Er hatte ein wenig Angst und rief von weitem mit lauter Stimme:

»Großvater, komm schnell, ein Kind ist in der Höhle geboren. Es ist ein Junge. Komm schnell, Großvater, und bring ein Lamm mit.«

Der Alte hörte die Stimme. Die Worte kamen ihm vertraut vor. Ihm tauchten alte Erinnerungen auf an die Zeit, in der er noch glauben und hoffen konnte. Das Rufen des Enkelkindes tönte in ihm wie die Verheißung Jesajas: »Uns ist ein Kind geboren. Ein Sohn ist uns geschenkt. Die Herrschaft liegt auf seiner Schulter.« Und als der Enkel atemlos vor ihm stand und seine Botschaft wiederholte, kam ihm noch einmal ein Prophetenwort in den Sinn: »Wie lieblich auf den Bergen sind die Füße des Boten, der den Frieden verkündet.« Die Nacht in seinem Innern war nicht verschwunden, aber es dämmerte ein wenig. Der verlorene Glaube war nicht in seiner früheren Kraft da, aber er spürte wieder einen kleinen Rest davon, so klein wie ein Senfkorn. Auch das bittere Gefühl, ein Ausgestoßener zu sein, hatte nachgelassen. Er dachte: »Vielleicht wird's ein ganz nettes Fest mit

den Leuten aus Galiläa.« Er dachte auch: »Vielleicht hat uns Gott
doch nicht verlassen, und er schickt uns jetzt seinen Friedenskönig,
aber anders, als ich es mir vorgestellt habe. Vielleicht hat dann auch
mein Leben einen Sinn.«
Dieses Vielleicht war ihm ein Lamm wert. Er überließ die Herde ein
erstes Mal seinem jüngsten Sohn und ging, ein Lamm auf der Schulter, mit dem Enkelkind zum Rahelgrab zurück. Dort brodelte schon
die Suppe für das Festessen auf dem Feuer. Seine Frau bemerkte
gleich an seinem Gesicht, daß etwas mit ihm anders geworden war.
Aber sie fragte nicht. Stumm, aber nicht unwillig, schlachtete der
Alte das Lamm und bereitete es zum Essen.

II. Der alte Mann und der Engel

1.

Zu dritt hüteten sie die Schafe, der alte Chakam, sein Bruder Tobit
und Schalew, ihr junger Helfer. Einmal mußte Tobit 10 Schaffelle
auf den Markt von Sephoris bringen. Er verkaufte sie zu einem guten Preis und handelte dafür einen Mantel, einen Sack Mehl und
einen Krug mit Salz ein. Er belud den Maulesel und wollte aufbrechen. Doch er war plötzlich in einer Menschenmenge eingekeilt.
Mittendrin, auf dem Tisch eines Händlers, stand ein Mann mit wil-
den, schwarzen Haaren – in der Hand ein kurzes gezogenes
Schwert. Tobit hörte ihn reden:
»Ihr Israeliten! Ihr tut unrecht. Gott allein ist unser König und
Herr. Ihr aber gehorcht auch den Römern und bezahlt ihnen Steu-
ern. Ihr sollt Gott allein dienen und niemandem sonst. Ergreift das
Schwert und jagt die Römer aus dem Land. Gott ist stärker als sie.
Vertraut ihm allein. Dann gibt er uns Sieg und Freiheit, und seine
Königsherrschaft bricht an.«
Der Redner wurde von lautem Beifall unterbrochen. »Amen! Recht
hat er! Es lebe Judas, der Galiläer, Judas, der Messias Gottes!« so
riefen sie.
Tobit sah plötzlich den Redner nicht mehr. Auch die Menge zer-
streute sich rasch. Er machte sich nachdenklich auf den Rückweg.
Hatte Gott nicht schon lange versprochen, dem Volk in der Gefan-
genschaft seinen Befreier zu schicken? Am Abend erzählte er Chakam und Schalew, was er in der Stadt erlebt hatte.

Chakam schüttelte den Kopf: »So kommt der Messias nicht. Der Menschensohn sitzt jetzt schon auf dem Thron seiner Herrlichkeit und wird auf den Wolken des Himmels zum Gericht herabfahren. So hat es Gott durch seine Engel den Sehern gezeigt.« Chakam mußte es wissen. Er betete viel und verstand mehr als andere von der Weisung Gottes. Die Schriften der Propheten und Seher hatte er im Herzen, auch wenn er keine Schriftrollen besaß. So schwiegen Tobit und Schalew.

In der Nacht hatte Chakam einen Traum. Er sah einen schrecklichen Hund, größer als ein Rind. Der sprang durch die Straßen von Sephoris und über die Hügel von Galiläa und biß Menschen und Tiere zu Tode. Chakam erwachte und hatte Angst. Er wußte nicht, was der Traum zu bedeuten hatte. Er sprach bei sich: »Ist Judas, der Galiläer, vielleicht doch der Rächer Gottes, der kommen soll? Oder hat Gott uns in seinem Zorn in die Hand der Römer gegeben, damit sie uns zerfleischen?«

Die Hirten zogen weiter auf der Ostseite des Sees Gennesaret. Dort kannten sie ein einsames Tal, das ihrer Herde für einen Monat Futter bot. Auf dieser Weide blieben sie. In einer Nacht schlug der Hund zur Zeit der zweiten Nachtwache an. Die Hirten erschraken. Aber es war kein Bär, der das einsame Tal heimsuchte, oder ein Wolfsrudel, sondern eine Schar bewaffneter Männer. Als sie die Hirten bemerkten, befahlen sie ihnen, sich still zu verhalten. Sie lagerten im Tal und stellten Wachen auf. Am andern Morgen sprach Tobit leise: »Ich habe ihren Anführer erkannt. Es ist Judas, der Galiläer.« Und die Männer blieben einige Tage in diesem Tal.

Chakam aber betete viel in dieser Zeit. Eines Morgens in der Frühe saß er unter einer Tamariske und redete mit Gott. Da war ihm auf einmal, als ob ihn ein helles Licht umströmte, heller als die aufgehende Sonne, und er fürchtete sich. Mitten im Licht sah er die Gestalt Michaels, des Erzengels. Sein Haupt war mit einem Helm bedeckt, in der Hand hielt er ein feuriges Schwert. Der Engel sprach: »Fürchte dich nicht. Ich will Judas, dem Galiläer, Sieg über die Feinde verleihen.«

Da fiel Chakam auf sein Angesicht und dankte Gott, daß er für würdig befunden wurde, die Botschaft durch einen Engel zu hören. Auch sein Vater hatte einmal eine Offenbarung durch einen Engel bekommen. Tobit und Schalew freuten sich, als er ihnen die Worte des Engels erzählte. Sie beteten zusammen für Judas, den Galiläer, und seine Schar um den Sieg.

127

Bald darauf verließen die Männer das Tal. Auch die Hirten zogen mit ihren Schafen nach Süden weiter. Nach einiger Zeit sprach das ganze Land davon, wie es mit Judas, dem Galiläer, gegangen war: Er hatte tapfer gegen die Römer gekämpft und mehrmals eine Hundertschaft geschlagen. Doch der Statthalter zog alle seine Kohorten gegen ihn zusammen, umzingelte die Schar des Judas, und mit der Überzahl seiner Schwerbewaffneten überwältigte er sie. Die meisten wurden auf dem Schlachtfeld getötet, unter ihnen Judas, der Galiläer. Einige wurden gefangengenommen. Der Statthalter ließ sie alle kreuzigen.

Als der alte Chakam die Nachricht hörte, zerriß er seinen Mantel, streute Staub auf sein Haupt und klagte:

»Unsere Sünde ist groß. Der Herr hat uns verworfen. Er will uns seinen Retter nicht schicken. Er hat den Himmel verschlossen.« Und er trauerte und fastete sieben Tage und betete: »Warum hast du mich an jenem Morgen durch ein Trugbild getäuscht? Oder war der Engel, den ich gesehen habe, ein Bote Satans?« Doch Chakam hörte keine Antwort auf diese Frage. Das bedrückte ihn. Tobit und Schalew spürten, daß er litt.

2.

Auf ihrer Wanderung mit der Herde waren sie allmählich in das Gebirge Judäa gekommen. Tobit kannte dort einige ergiebige Weideplätze. Eines Abends gelangten sie beim Rahelgrab an. Dort war eine Höhle, in der sie vor Jahren einmal übernachtet hatten. Diesmal war sie schon durch Unbekannte belegt. Es waren Leute aus Galiläa. Sie waren nach dem Befehl des Kaisers hergereist, damit sie im Steuerregister eingetragen würden. In der nahen Stadt Betlehem hatten sie kein Quartier mehr gefunden. Unter ihnen war eine hochschwangere Frau.

Chakam bemerkte sie und aus einem Grund, den er selbst nicht begriff, mußte er an den Tod des Judas, des Galiläers, denken. Daß nach allem, was geschah, weiterhin Kinder geboren wurden! Wenn nun eines von ihnen der von Gott gesandte Retter wäre? Doch Chakam verscheuchte diesen Gedanken. Die Mutter des Messias würde sicher zu den vornehmen Familien des Landes gehören. Wie konnte er beim Anblick einer schwangeren Galiläerin, die nicht einmal Geld hatte, eine Übernachtung in Betlehem zu bezahlen, an den Messias denken!

Die Hirten lassen die Schafe in dieser Nacht in der Nähe des Rahel-grabes weiden. Die beiden Brüder übernehmen die Nachtwache. Sie wärmen sich an der Glut des Feuers und machen abwechselnd die Runde. Chakam muß wieder an den toten Judas, den Galiläer, denken und an den Menschensohn, der auf den Wolken des Himmels herabkommen soll, und die Worte, die er selber von einem Engel gehört hat. Da ist ihm plötzlich, als ob die dunkle Schale des Himmels auseinanderbreche. Ein heller Schein umfließt ihn, und er sieht vor sich einen Engel – anders als damals auf der Ostseite des Sees Gennesaret und doch ähnlich. Es fällt ihm auf, daß dieser Engel kein Schwert in der Hand hat. Der Engel spricht zu ihm: »Fürchtet euch nicht! Ich bringe euch eine gute Nachricht. Ihr werdet euch freuen. Heute nacht ist der Retter geboren, der Messias und Gotteskönig. Geht und sucht das Kind. Es liegt, in Windeln gebettet, in der Futternische der Höhle.«

Chakam hört die Worte, und es ist ihm, als ob die ganze Luft voll Gesang wäre. Unzählige Stimmen jubeln zur Ehre Gottes und singen vom Frieden auf Erden.

Chakam wendet sich zu seinem Bruder: »Tobit, Tobit, siehst du den Engel nicht? Hörst du nicht die vielen Stimmen?«

Dieser antwortet ganz verstört: »Nein, ich sehe nur die dunkle Nacht. Aber es ist mir, wie wenn jemand bei dir wäre, doch ich nehme nichts wahr.«

Da sieht auch Chakam, daß die Nacht dunkel ist wie zuvor. Doch der helle Schein ist in seinem Innern, und er ist sicher, daß der Retter geboren ist. Er erzählt dem Bruder von der Botschaft des Engels. Da fragt dieser zögernd: »War's nicht, wie letztes Mal, ein Trugbild?« »Ich glaub's nicht. Vielleicht ist der wahre Retter, den Gott uns jetzt schickt, ganz anders, als ich es mir bisher vorgestellt habe.«

Tobit meint: »Dann wollen wir in der Höhle nachsehen, ob die Frau ein Kind bekommen hat.«

Sie wecken Schalew und übergeben ihm die Herde. Chakam nimmt ein Lamm auf die Schulter. Wenn die Frau aus Galiläa einen Sohn geboren hat, gibt es in der Höhle bestimmt ein Festessen. Dazu will er etwas stiften.

Wundergeschichten aus den synoptischen Evangelien

Die Heilung des Gelähmten (Mk 2,1–12)

Die Hypothese von historisch-kritischen Auslegern, daß dieser Text ursprünglich bloß von der Heilung des Gelähmten erzählt habe und erst in der Zeit der Apostel mit Vers 5b–10 durch das Thema Sündenvergebung erweitert wurde, leuchtet mir heute nicht mehr ein. Im ersten Band des Erzählbuchs habe ich noch mit ihr gearbeitet (S. 102). Inzwischen habe ich erkannt, daß solche Hypothesen vielleicht für die Diskussion unter Spezialisten der historischen Forschung interessant sind, aber daß sie einem Christen, der nicht Geschichte und Theologie studiert hat, nichts bringen. Für ihn existiert die Geschichte von der Heilung des Gelähmten in der Form, wie sie in den Evangelien überliefert ist. Ihre Besonderheit besteht gerade darin, daß Jesus zuerst die Sünden vergibt und erst nachher heilt. Sie macht damit auf den tiefen Sinn aller Heilungsgeschichten aufmerksam: auf die Vollmacht Jesu, alles, was uns von Gott trennt, zu beseitigen und für uns die volle Gemeinschaft mit Gott zu verwirklichen.

Wenn ich dem heutigen Hörer einen Zugang zu dieser Geschichte durch Nacherzählen anbieten will, muß ich also die Zusammengehörigkeit von Sündenvergebung und Heilung anschaulich machen. Daß Jesus Menschen von der Last ihrer Schuld befreit hat, weiß ich aus vielen Texten. Daß er dies oft auch bei Kranken getan hat, ist anzunehmen. Denn für Menschen damals, für die Gesunden wie für die Kranken, war die Deutung der Krankheit als Strafe für Sünde und damit als Anzeichen für eine besondere Sündhaftigkeit fast selbstverständlich. Doch wie soll ich heutigen Hörern, bei denen diese Deutung von Krankheit nur vereinzelt auftaucht, einsichtig machen, daß der Heilung die Vergebung der Sünden vorausgehen muß? Bin ich selber denn davon überzeugt? Sehe ich in jedem Gelähmten einen von Gott besonders Bestraften, der mehr als wir alle der Vergebung bedarf? Gewiß nicht.

Dann kann ich mir den Gelähmten in dieser Geschichte aber nicht wie irgendeinen anderen Gelähmten vorstellen, sondern wie einen, der neben seinem körperlichen Gebrechen vor allem unter dem Haß und der Ausstoßung durch seine Mitmenschen gelitten haben muß. Er muß sich selber als einen von Gott Verworfenen erlebt haben. Dann wird für ihn Sündenvergebung erfahrbar, indem diese Ausstoßung durchbrochen wird und er sich von Gott angenommen weiß. Verstehe ich Sündenvergebung in diesem umfassenden Sinn, kann ich, wenn ich Jesus von Vergebung reden lasse, ohne diesen theologisch hochbefrachteten Begriff auskommen. Die in Vers 5b gebrauchte Formel löst beim Hörer zudem Assoziationen an die Sprache der Liturgie aus und weckt in ihm die meiner Meinung nach falsche Vorstellung, Jesus habe sich im Gespräch mit Mitmenschen liturgischer Formeln bedient.

Weil ich mich darauf konzentriere, den Gelähmten als einen von den Mitmenschen Ausgestoßenen zu verstehen, erlaube ich mir, in der Nacherzählung

130

die Schriftgelehrten und ihren Widerspruch gegen die Vollmacht Jesu zu übergehen. Was sie gegen Jesus vorbringen, ist für den heutigen Hörer ohnehin gegenstandslos. Daß er für sie Partei nähme und ihre Einwände gegen den Akt der Vergebung durch Jesus für berechtigt hielte, ist im christlichen Milieu, in dem der Hörer lebt, ausgeschlossen. Hingegen ist es möglich, daß er mitfühlt, warum ein einzelner von seinen Mitmenschen gehaßt und abgelehnt wird.

Eine Besonderheit dieser Geschichte ist schließlich, daß nichts davon zu lesen ist, der Gelähmte habe an Jesus geglaubt, wohl aber in allen drei Fassungen (auch Mt 9,2; Lk 5,20) vermerkt wird, Jesus habe den Glauben derer, die den Gelähmten gebracht haben, gesehen. Offenbar ist eine Heilung auch möglich, wenn nicht der Kranke selber, sondern jemand, der ihm nahesteht, ein unerschütterliches Vertrauen zum Heiler hat. Dieses Motiv des stellvertretenden Glaubens möchte ich in meiner Nacherzählung hervorheben.

Was wäre er ohne den Freund?

Einsame Wölfe, die fern von der Herde leben, seien besonders bösartig, so sagt man. Vielleicht hatte er deshalb den Dorfnamen Se-eb (=Wolf). Er war immer gereizt, immer bereit zurückzuschlagen, wenn er sich durch einen anderen beleidigt fühlte. Immer auf der Lauer, sich gegen ein Unrecht, das ihm geschah, zu wehren. Beinahe mit jedem Dorfbewohner war er zerstritten. Fast niemand mochte ihn. Wer ihn auf der Straße sah, ging ihm aus dem Weg. Er war stark und bissig wie ein Wolf. Niemand vermochte ihn im Zweikampf zu Boden zu werfen.

Man ging nur zu ihm, wenn man sein Handwerk brauchte. Er war Steinmetz und stellte Grabplatten her. Er verstand es meisterhaft, den Namen des Verstorbenen in den Stein zu meißeln und die Lettern kunstvoll zu vergolden. Wer einen Verstorbenen auf dem Friedhof ehren wollte, bestellte bei ihm den Stein. Um den Preis feilschte man nicht, aus Angst, es könnte Streit geben. Se-eb war nicht teurer als auswärtige Steinmetze.

Nur einer kam einigermaßen mit dem bissigen Einzelgänger aus: sein Jugendfreund Jonatan. Wenn Se-eb stichelte, tat er, als ob er es nicht gehört hätte. Wenn Se-eb gehässige Reden führte und behauptete, Jonatan habe ihn angegriffen, blieb dieser still. So hatten sie meistens Frieden untereinander.

Jonatan verdiente sein Brot als Eselstreiber. Er transportierte mit seinen Eseln Lasten. Man konnte bei ihm auch einen Esel für einen Tag mieten. Wenn Se-eb draußen im Steinbruch vor dem Dorf neue

Platten aus dem Felsen geschlagen hatte, mußte Jonatan helfen. Die Platten wurden auf die Holzsättel der Esel geladen, dort festgebunden und dann in die Werkstatt gebracht.

Jonatan war darum auch am Tag des Unfalls dabei. Se-eb arbeitete noch oben auf der Leiter, um eine Platte aus dem Fels zu hauen. Da rutschte die Leiter. Se-eb stürzte auf den Boden der Grube hinab und blieb dort liegen. Jonatan eilte herzu. Der Steinmetz konnte sich nicht mehr erheben. Seine Beine waren gelähmt. Jonatan holte Hilfe im Dorf. Mit Mühe luden sie den schweren Mann auf eine Tragbahre und trugen ihn in sein Haus. Dort pflegte ihn sein Freund, so gut er konnte. Er brachte ihm am Morgen das Essen und wusch ihn. Am Abend ging er noch einmal zu ihm und versorgte ihn.

In den ersten Tagen war Se-eb ganz anders als bisher, sanft wie ein Lamm und schweigsam. Einmal hörte Jonatan, wie er seufzte: »Der Herr züchtigt mich wegen meiner Sünden. Seine Hand liegt schwer auf mir.« Aber bald war er wieder der alte streitsüchtige Se-eb. Jonatan konnte ihm mit seiner Pflege nichts recht machen und mußte manches böse Wort hinunterschlucken. Manchmal bekam Se-eb Wutausbrüche gegen Gott. Er fluchte und haderte: »Ich hab' es nicht verdient, daß ich gelähmt bin. Gott ist ungerecht und parteiisch. Ich hab' ihm nichts Böses getan.«

Jonatan erschrak über die Lästerreden seines Freundes, aber er schwieg.

Mit der Zeit wurden die Wutausbrüche Se-ebs seltener. Er redete nicht mehr viel. Sein Gesicht wurde stumpf und wie versteinert. Nur einmal ließ er die Bemerkung fallen: »Ich glaub' nicht mehr an Gott. Wenn es einen Gott gäbe, würde er mich nicht auf meinem Bett vermodern lassen.« Diese Worte machten Jonatan traurig.

Im Dorf erzählte er nichts von dem, was er bei der Pflege seines Freundes erlebte. Dort hatte man sowieso nur eine Meinung über den Gelähmten: »Es ist ihm recht geschehen. Gott hat ihn für seine Streitsucht bestraft. Weil er so bösartig war, hat Gott ihm den Unfall geschickt.« Wenn Jonatan solche Urteile im Dorf hörte, antwortete er nicht. Er war selbst ratlos und wußte nicht mehr, wie die Wege Gottes mit seinem Freund zu verstehen waren.

Se-eb lag ein Jahr gelähmt im Bett. Da kam eines Tages Jesus in dieses Dorf. Er predigte in der Synagoge und heilte einen Mann, der von einem unreinen Geist besessen war, und einen Aussätzigen. Jonatan war tief beeindruckt und begann zu hoffen, daß Jesus auch seinem Freund helfen könne. Doch Se-eb wollte nichts davon wissen, daß man ihn zu Jesus bringe. Jonatan redete ihm den ganzen Tag zu und ließ nicht nach, ihn zu bitten, bis er endlich doch einwilligte. Da holte Jonatan noch einige Helfer. Zu viert trugen sie Se-eb auf einer Bahre zu dem Haus, in dem Jesus lehrte.

Es waren dort viele Leute beisammen. Sie ließen die vier nicht zur Tür hinein, aber nicht wegen des Gedränges, sondern weil sie fanden, Se-eb sei von Gott bestraft und habe darum kein Anrecht auf Heilung. Die vier wollten aber mit dem Gelähmten nicht zurückkehren. Sie stiegen auf das flache Dach des Hauses, gruben dort, wo sie die Stimme Jesu hörten, ein Loch in das Dach und ließen den Gelähmten auf der Bahre an Stricken vor die Füße Jesu nieder.

Aus der Schar der Anwesenden hörte man Rufe: »Hinweg mit ihm. Er ist ein Sünder, den Gott gerichtet hat.« Jesus aber sah ihn freundlich an, faßte ihn bei der rechten Hand und sprach: »Sei ruhig, mein Sohn. Mein Vater im Himmel hat dich angenommen und Frieden mit dir gemacht. Er hat dich lieb.«

Da entstand unter den Anwesenden eine große Unruhe. Sie murrten untereinander, und einige protestierten laut. Doch Jesus fuhr ruhig in seiner Rede fort: »Gott will, daß ich dich heile. Steh auf, nimm deine Bahre und geh nach Hause.«

Auf einmal war kein Laut mehr zu hören. Alle schauten auf den Gelähmten. Das Gesicht Se-ebs war unbeweglich und voll Mißtrauen. Doch sein Leib war unruhig. Seine Hände zuckten. War in ihm schon ein Funke Hoffnung entfacht? Er versuchte, seine Beine zu bewegen. Man sah, wie es ihm Mühe bereitete. Er wollte sich aufrichten, aber die Kraft fehlte ihm. Jesus hielt ihn an seiner Rechten und sprach ihm Mut zu. Langsam setzte Se-eb sich auf. Dann stellte er die Beine auf den Boden. Mit Zittern richtete er sich gerade auf. Jesus stützte ihn auch mit der anderen Hand. Es sah fast aus, als ob die beiden sich umarmten. Dann ließ Jesus ihn frei, und Se-eb stand auf beiden Beinen. Er stammelte Worte des Danks, ergriff seine Bahre und bahnte sich durch die Menschen einen Weg zur Tür. Die Leute im Haus waren ganz still geworden. Niemand sagte mehr, daß Se-eb kein Anrecht auf Heilung hätte.

Der Steinmetz aber und sein Freund gingen nach Hause, voll Jubel und Dank für die große Barmherzigkeit, die Se-eb erfahren hatte. Gott hatte ihn angenommen. Gott hatte Frieden mit ihm gemacht. Gott hatte die Fluchworte, die er gegen ihn ausgesprochen hatte, beiseite gelegt. Das wußte Se-eb.

Ob er von jetzt an immer friedfertig war? Ob er nie mehr Streit hatte mit den andern Dorfbewohnern? Ich weiß es nicht. Ich stelle mir vor, daß er sich ehrliche Mühe gegeben hat, aber daß sich doch manchmal der alte Se-eb wieder bemerkbar machte. Dann gab es gehässige Worte. Darum suchte Se-eb die Gesellschaft mit andern nicht. Er blieb für sich und hatte Jonatan als Freund. Die Bewohner des Dorfs kamen zu ihm, wenn sie einen Grabstein brauchten.

Die Speisung der Fünftausend (Mk 6,30–43)

Markus und Mattäus bieten je zwei Berichte über die Brotvermehrung: die Speisung der 5000 (Mk 6,30–44; Mt 14,13–21) und die Speisung der 4000 (Mk 8,1–10; Mt 15,32–39). Betrachtet man die beiden Berichte als Varianten, die auf dasselbe Ereignis zurückgehen, so liegen in den Evangelien im ganzen sechs Varianten der Brotvermehrung vor (Lk 9,10–17; Joh 6,1–10). Sie unterscheiden sich in den Einzelheiten, mit denen über das Ereignis berichtet wird, und in verschiedenen Formulierungen, die auf eine je wieder etwas andere Deutung des Ereignisses schließen lassen: die Brotvermehrung wird verstanden als Wiederholung und Überhöhung der wunderbaren Speisung Israels in der Wüste, als Wiederholung und Überhöhung der Brotvermehrung durch Elisa (2 Kön 4, 42–44) oder als Vorwegnahme der Eucharistie-Feier.
Versuche ich, mir ein Ereignis vorzustellen, auf das die sechs Varianten zurückgehen könnten, so mache ich mir zuerst klar, daß ich als Mensch, der bisher immer jeden Tag genug zu essen hatte, es sehr schwer habe, mich in Menschen hineinzuversetzen, für die das Erlebnis einer solchen gemeinsamen Mahlzeit so wichtig war, daß sie davon erzählten. Viele Forscher nehmen an, daß Jesus es in Galiläa hauptsächlich mit Menschen aus einem verarmten und ausgebeuteten Proletariat zu tun hatte. Viele lebten unter dem Existenzminimum und kochten nach Rezepten von Schmalhans. Wenn sie dann einmal in großer Zahl mit dem Mann von Nazaret zusammen waren und von ihm nicht nur geistliche, sondern auch leibliche Speise empfingen und davon satt wurden, redeten sie nachher noch lange davon. Dabei wurden ihnen auch Beziehungen klar zwischen dem, was sie erlebt hatten, und wunderbaren Speisungen, die aus der Vergangenheit bekannt waren. Was sie von der Brotvermehrung durch Jesus erzählten, hat die Erwartungen, die man auf seine Person setzte, verdichtet und das Bild, das man sich von ihm machte, durch einen bestimmten Zug ergänzt. Man wußte: Das Reich Gottes, das er verkündete, hatte mit Nahrung und mit Sattwerden zu tun.
Für meine Nacherzählung bin ich von Markus 6,30 ff. ausgegangen, einem Text, der deutlich auf die Elisa-Legende anspielt. Die Hörer sollten diese Legende eigentlich schon kennen, damit sie die Personen, von denen die Rede ist, besser verstehen.

Man wird essen und noch übrig lassen

Was auf den Tisch kam, wurde aufgegessen. Die Mutter mußte sich nicht um die Verwertung von Resten kümmern. Der vierzehnjährige Perez hatte oft noch Hunger, wenn sie vom Tisch aufstanden. Aber der Vater Roija erklärte:
»Wer nicht gelernt hat, den Hunger auszuhalten, hat nicht verdient, satt zu werden.«
Der achtjährige Charuz merkte sich das und gab sich Mühe, den Hunger nach dem Essen gar nicht mehr zu spüren. Der Bauer Roija hatte keine Schätze in der Truhe. Wenn der Spätregen zu dürftig fiel oder wenn die Heuschrecken das Feld kahl gefressen hatten, konnte er nicht Brot hinzukaufen. So hatte die Mutter gelernt, auch wenn die Ernte gut war, nur das Nötigste auf den Tisch zu bringen. An den großen Jahresfesten und und den Schlachttagen jedoch gab es reichlich Speise. Die Mutter kochte gut und schmackhaft. Sie aßen, soviel sie nur konnten, aber es blieb immer noch etwas übrig. Dann sagte der Vater:
»Der Prophet Elisa war unter uns und hat das Wort des Herrn wahr gemacht: Man wird essen und noch übrig lassen.«
Im Dorf Sunem pflegte man nämlich das Andenken Elisas. Man zeigte das Haus mit dem gemauerten Obergemach, in dem der Gottesmann zu Gast gewesen war, und erzählte sich die Geschichte von der Speisung der 100 Prophetenjünger. Damals hatte eine Hungersnot im Land geherrscht. Da brachte man dem Gottesmann 20 Gerstenbrote und einen Beutel frischer Körner. Er aber befahl dem Diener: »Gib es den Leuten zu essen.« Der Diener sagte: »Das reicht doch nicht für 100 junge Männer.« Doch Elisa blieb dabei: »Gib es den Leuten zu essen. Denn so spricht der Herr: Man wird essen und noch übrig lassen.« Und genau so geschah es: Sie aßen und wurden satt und ließen noch übrig.
Der kleine Charuz kannte diese Geschichte auswendig. Für ihn bedeutete Elisa so viel wie Überfluß. Er wäre gern einer der Jünger Elisas gewesen.

Eines Tages saßen einige hundert Galiläer (oder waren es einige tausend?) an einem einsamen Seeufer, um den Rabbi Jesus zu hören. Auch Roija aus Sunem mit seiner Frau und den Söhnen war gekommen. Man hatte viel Merkwürdiges über den neuen Rabbi erzählt. Roija wollte selbst prüfen, was das für ein Mann sei.

135

Und tatsächlich, Jesus redete ganz anders als die Schriftgelehrten, die Roija bisher gehört hatte. Diese lehrten über die Gesetze, wie man sie halten müsse und in welchen Fällen sie ausnahmsweise nicht galten. Der Rabbi Jesus aber sprach von dem, was der Bauer aus seinem Alltag kannte: vom Weizenkorn, das – in die Erde gesät – verwandelt wird und dann als Halm wächst; vom Bauer, der die Erde pflügt und den Samen sät; vom Hirten, der für das Vieh sorgt und einem Tier nachgeht, das sich verlaufen hat. Von diesen Dingen des Alltags redete Jesus auf eine Weise, daß sie dem Bauern Roija vorkamen wie klares Seewasser, durch das man tief auf den Grund und auf die großen Steine ganz unten sehen konnte. Der Grund war Gottes Kommen und Gottes Nähe. Je länger der Rabbi redete, desto mehr spürte der Bauer, wie ihm in den Dingen seines Alltags Gott begegnete und ihn als seinen Bundesgenossen begehrte.

Die Sonne berührte schon die Hügel im Westen, als der Rabbi mit seiner Predigt eine Pause machte. Auch die anderen Zuhörer waren tief beeindruckt. Man stand herum und plauderte. Dann wurden alle aufgefordert, sich wieder in Gruppen zu setzen. Der Rabbi hatte einen Korb in seiner Hand. Er sprach das Dankgebet und teilte aus, was darin war: Brot und getrocknete Fische. Auch Früchte machten die Runde. Alle aßen und waren fröhlich. Roija bot seinem Nachbarn ein Stück Brot an. Der lehnte dankend ab: »Ich kann nicht mehr. Ich bin satt.« Dann wurden die Reste, die herumlagen, gesammelt. Zwölf Körbe wurden damit gefüllt.

Perez dachte, daß beim Vater jetzt wieder das Wort von Elisa fällig wäre. Aber der Vater schwieg. Seine Gedanken hingen noch bei dem, was er gehört und erfahren hatte.

Auf dem Heimweg begann der Kleine lebhaft zu erzählen, was er in der Pause vor der gemeinsamen Mahlzeit gesehen und gehört hatte: »Ich stand ganz nahe beim Gottesmann. Und es ging genau so zu wie bei Elisa. Er forderte seine Jünger auf: ›Gebt ihr ihnen zu essen.‹ Aber sie wollten nicht: ›Das geht doch nicht‹, sagten sie. ›Da müßten wir mindestens für 200 Denare Brot kaufen‹. Doch Jesus ließ alles, was sie an Speisen bei sich hatten, zusammentragen. Es waren 5 Brote und 2 Fische. Dann nahm er die Brote und sprach den Lobpreis und teilte es aus. Und die Brote und die Fische, die er austeilte, nahmen nie ab. Es waren immer wieder 5 Brote und 2 Fische. Ich hab's gesehen. Darum blieb am Schluß so viel übrig.«

Der ältere Bruder lächelte: »Erzähl doch keine Märchen. Du hast phantasiert. Ich habe auch gehört, wie der Rabbi das Brot segnete.

136

Aber dann, als er die Speisen verteilte, habe ich gesehen, wie die Anwesenden die Eßwaren auspackten, die ein jeder mitgebracht hatte. Es war eine gute Stimmung unter ihnen, und sie gaben den Nachbarn davon, auch denen, die nichts bei sich hatten. So sind alle satt geworden, und am Schluß blieb noch übrig.«

Der Kleine widersprach, und der Wortstreit zwischen ihnen ging hin und her. Da wandte sich der Kleine an den Vater: »Hast du nicht auch gesehen, Vater, wie der Rabbi das Brot vermehrt hat?«

Der Vater schwieg. Das Essen ..., die vielen, die dabei waren ... der Rabbi, der das Brot segnete ... und er selber war ganz satt geworden ... War das alles nicht wie in der Geschichte des Gottesmannes Elisa? Aber da war noch mehr. Da waren die Worte des Rabbi – durch sie hatte Roija den Dingen auf den Grund gesehen. Durch sie hatte er gespürt, wie nahe Gott ihnen war. Die Worte des Rabbi – war das nicht mehr als das, was vom Gottesmann Elisa erzählt wurde? Darüber dachte Roija nach, und er sagte kein Wort zum Streit seiner Söhne.

Der fremde Exorzist (Mk 9,38–40)

Lukas erzählt in 19,13 ff. von jüdischen Beschwörern, die mit dem Namen Jesu Dämonen austreiben wollten. In einem Fall hätten sieben Söhne eines gewissen Skeuas die Formel benützt: »Ich beschwöre dich, Dämon, bei Jesus, den Paulus verkündet.« Der böse Geist habe aus dem Besessenen heraus geantwortet: »Jesus kenne ich wohl, auch Paulus ist mir bekannt. Doch wer seid ihr?« Dann habe der Mensch, in dem der böse Geist hauste, sich auf die Beschwörer gestürzt und sie so übel zugerichtet, daß sie aus dem Hause fliehen mußten. Lukas verurteilt mit dieser Anekdote die Verwendung des Jesus-Namens für heidnische oder jüdische Magie und für Dämonenaustreibung. Nach seiner Meinung hat der nicht-christliche Exorzist keinen Erfolg und wird selber blamiert.

Was Markus über den fremden Wundertäter berichtet, scheint dieselbe Praktik zu sein; bei einer therapeutischen Handlung an einem Geisteskranken wird der Name Jesus ausgesprochen. Der Jünger Johannes denkt über diesen Fall gleich wie Lukas über die Praktik der Skeuas-Söhne. Erstaunlich ist, daß Jesus für die Duldung dieses Exorzisten, der nicht zum Jüngerkreis gehört, eintritt. Warum? Unterscheidet sich Jesus von seinen Jüngern im Toleranzverständnis? Oder kommt es auf die Motive der Exorzisten an? Wollen in einem Fall die Exorzisten bloß die eigene magische Macht durch die Kraft des Jesus-Namens vergrößern, und müssen sie darum scheitern? Darf im andern Fall der Name Jesu legitim verwendet werden, weil die Heilpraktik im Sinne Jesu vor sich geht? Diese Frage war für mich der Anstoß, mich so lange in den Exorzisten, von dem Markus berichtet, einzufühlen, bis ich verstanden habe, warum Jesus ihn vielleicht toleriert hat.

Dabei weiß ich: In welcher Weise ich für Toleranz eintrete, das habe ich eher bei Lessing als im Neuen Testament gelernt. Ich will darum nicht nachträglich mit dieser Geschichte *mein* Toleranzverständnis Jesus in den Mund legen. Von ihm ist noch ein sehr intolerantes Wort überliefert:»Wer nicht für mich ist, der ist gegen mich. Wer nicht mit mir sammelt, der zerstreut« (Lk 11,23). Es ist fraglich, ob sich dieses Wort mit seinem Absolutheitsanspruch mit der Anweisung zur Toleranz in Markus 9,40 harmonisieren läßt. Manche meinen zwar, der Widerspruch zwischen diesen beiden Jesus-Worten sei nur scheinbar: In Lukas 11,23 rede Jesus von der eigenen Person (»mich«, »mir«). Ihr gegenüber fordere er eine klare Entscheidung. Wer vor dieser Entscheidung ausweiche oder sie bloß halbherzig vollziehe, so daß er nicht wirklich mit ihm ist, der habe sich gegen ihn entschieden. In Markus 9,40 sei hingegen von der Gemeinschaft der Jünger die Rede (gegen »uns«, für »uns«. Sie dürfe nicht absolut gesetzt werden, sondern müsse dafür offen sein, daß es auch außerhalb ihrer Grenzen wahre Jünger Jesu gäbe. Mit dieser Erklärung ist der Widerspruch zwischen den beiden Jesus-Worten aber nur scheinbar aufgehoben. Denn Jesus ist ja heute nicht mehr persönlich unter seinen Jüngern und erklärt ihnen, wann es um seine Person geht, der gegenüber eine eindeutige Entscheidung gefordert wird, und in welchem Fall das Gegenteil gilt: daß schon der dazu gehört, der sich nicht eindeutig als Feind zu erkennen gibt. Seit dem Tode Jesu sind es immer nur Menschen – vielleicht ein Bischof, eine Versammlung von Bischöfen oder eine Gruppe von theologischen Lehrern, die darüber urteilen, ob eine Abweichung im Glaubensverständnis oder im Verhalten oder eine Distanz zur sichtbaren Gemeinde noch zu tolerieren oder als Feindschaft gegen Christus zu bekämpfen sei. Jede Intoleranz gegenüber Andersgläubigen läßt sich mit Lukas 11,23 begründen. Für vieles, was zur Toleranz gehört, kann man sich auf Markus 9,40 berufen. Zu welchem der beiden Jesus-Worte man zuerst greift, das wird von den Menschen selber und nicht von einer übermenschlichen Instanz entschieden. Für die Grenzziehung zwischen einer vom Glauben her notwendigen Intoleranz und einer im Namen der Liebe geübten Toleranz sind wir allein verantwortlich. Weil diese beiden Worte überliefert sind, können wir unsere eigene Verantwortlichkeit nicht auf die Autorität eines Jesus-Wortes abschieben.

Eine Spitze der Intoleranz im Neuen Testament ist die Anweisung in 2. Johannes 10 f.:»Wenn jemand zu euch kommt und nicht diese (rechte) Lehre mitbringt, dann nehmt ihn nicht in euer Haus auf, sondern verweigert ihm den Gruß. Denn wer ihm den Gruß bietet, macht sich mitschuldig an seinen bösen Taten.« Das schreibt einer, der über die rechte Lehre Bescheid weiß, und in jedem, der davon abweicht, einen gefährlichen Feind Christi sieht. Der soziale Kontakt zu ihm wird verboten, auch Gastfreundschaft, ja nicht einmal ein simples Grüßen sollen ihm gewährt werden. Das ist nicht nur ein wirksamer Schutz der eigenen Gruppe vor der Ansteckung durch nicht-konforme Gedanken, sondern auch eine empfindliche Strafe für die Andersdenkenden, sofern sie in der Minderheit sind.

Diese Anweisung zur Intoleranz steht in der Sammlung der Johannesbriefe, in der man auch die schönsten Worte über die christliche Liebe findet: »Gott ist die Liebe, und wer in der Liebe bleibt, bleibt in Gott, und Gott bleibt in ihm« (1 Joh 4,16). »Wenn jemand sagt: Ich liebe Gott, aber seinen Bruder haßt, ist er ein Lügner; denn wer seinen Bruder nicht liebt, den er sieht, kann Gott nicht lieben, den er nicht sieht« (1 Joh 4,20). Offenbar kann man solche hinreißenden Sätze über die Liebe schreiben und zugleich radikal intolerant sein! Man versteht dann wohl Bruderliebe als Gesinnung, die sich ausschließlich auf die eigenen Gesinnungsgenossen bezieht, und kann dann mit um so besserem Gewissen die, welche nicht zur eigenen Gruppe gehören, hassen und anfeinden.

Nach der kirchlichen Tradition war der Apostel Johannes Verfasser des vierten Evangeliums und der drei Briefe, die unter seinem Namen im Neuen Testament stehen. Die historisch-kritische Forschung nimmt mit guten Gründen an, daß das vierte Evangelium nicht von einem Augenzeugen stammt und daß der oder die Verfasser der Briefe zwar zur gleichen theologischen Gruppe gehörten wie der Evangelist, aber mit ihm nicht gleichzusetzen sind. Mir leuchten diese Gründe ein. Ich bin aber erstaunt, daß Markus in 9,38 gerade Johannes zum Sprecher einer intoleranten Haltung gegenüber dem fremden Exorzisten gemacht hat. Was wußte Markus wohl über den Jünger Johannes und dessen Einstellung gegenüber denen, die »nicht dazugehören«?

Der Dorf-Heiler

Er war ein alter Mann und lebte allein im letzten Haus in der hinteren Dorfgasse. In seinem langen Leben hatte er viel von den alten Weisen über die Heilkraft der Pflanzen gelernt. In seinem Garten wuchsen Alraune und Nieswurz, Kamille und roter Fingerhut, Baldrian und Stechapfel, Rizinus und Goldmelisse, weißer Thymian und Lungenkraut. Er hegte und pflegte die Pflanzen und wußte bei jeder, was ihr Wachstum fördert. Wenn einer im Dorf von Schmerzen geplagt war oder von einem bösen Geist gequält wurde, ging er zu ihm. Viele empfingen Hilfe. Die alte Mekora humpelte mit ihren von der Gicht geschwollenen Knien zu ihm. Er gab ihr Feigensalbe. Die Schmerzen ließen nach. Sie konnte wieder ihren Haushalt besorgen. Der Krämer Ben-Sahab suchte ihn wegen eines Eiterzahns auf. Er zog den Zahn, spülte die Wunde mit Brennessel-Tee. Zwei Tage darauf war der Krämer wieder an der Arbeit. Sie kamen von den Dörfern der Umgebung zu ihm. Sie brachten ihm die Mutter Mirjam, die nach der Geburt ihres ersten Sohnes nur noch weinte und trauerte und sich selbst anklagte. Er gab ihr vom gekochten Saft der Alraune zu trinken und betete mit ihr. Ihre Traurigkeit ließ nach.

Jedem Kranken, der zu ihm kam, legte der Kräuterdoktor die Hände auf und sprach über ihn den Segen des Herrn:
»Der Herr Zebaot, gepriesen sei sein Name, segne dich. Sein Heil wirke in dir Leben und Fülle.«
Niemand wußte, wie die Heilkraft durch ihn wirkte. War sie verborgen in den Pflanzen, die der Herr geschaffen hat? Wirkte sie durch seine segnenden Hände? Oder war sein Gebet so kräftig, daß die Kranken es spürten? Er selber redete nicht darüber. Er war oft bedrückt, weil er vielen Kranken nicht helfen konnte. Er fragte sich dann: Warum ist die Heilung ausgeblieben? Was habe ich falsch gemacht?
Einmal kam er auf dem Heimweg vom Markt in Sephoris durch Kapernaum. Auf dem Dorfplatz sah er eine Menge Leute sitzen. Sie hörten einem Geschichtenerzähler zu. Es war keiner von denen, die von Seefahrern und vom Walfisch im Meer, von Prinzen und Prinzessinnen erzählte. Es war der Rabbi Jesus von Nazaret. Er erzählte von einem Bauern, der seine Saat bestellte und, ohne zu sorgen, dem Tag der Ernte entgegenlebte. Denn der Same ging von selbst auf und wurde groß ohne sein Zutun. Dem Kräuterdoktor war es, als ob er selbst dieser Bauer wäre. Auch er tat ein Gotteswerk an den Kranken. Es lag nicht in seiner Hand, daß sie gesund wurden. Er mußte sich nicht sorgen und bedrückt sein, wenn es nicht besser wurde mit ihnen. Er konnte sich schlafen legen, aufstehen und sein Tagewerk verrichten. Gott sorgte für seine Kranken und förderte ihre Heilung, so wie er den Samen wachsen ließ.
Der Rabbi erzählte noch von einem anderen Bauern. Der ging zum Säen aufs Feld. Und vieles, was er säte, ging verloren. Einiges fiel auf den Weg und auf steinigen Boden. Anderes unter die Dornen. Nur ein Teil des Samens fiel auf gute Erde und brachte reichlich Frucht. – Auch in dieser Geschichte fand der Kräuterdoktor sich selber wieder. Er dachte an die vielen Kranken, denen er nicht helfen konnte. Salben und Heiltrank blieben ohne Wirkung. Aus seinen Händen strömte keine Kraft zur Genesung. Sein Gebet wurde nicht erhört. Die Krankheit blieb hartnäckig. Der vom bösen Geist Geplagte wurde nicht befreit. Schließlich wurde bei allen seinen Kranken doch der Tod Meister. Das machte ihn selber oft traurig. Doch die Geschichte vom Sämann machte ihm Mut: ein Teil der Saat brachte auch bei ihm gute Frucht. Wie vielen Kranken hatte er schon mit dem Beistand Gottes zur Genesung geholfen! Er wollte es von jetzt an annehmen, daß seine Heilkunst begrenzt war. Es ge-

schah nach Gottes Ratschluß, wenn der Segen seiner Hände ohne
Wirkung blieb.

Die Begegnung mit dem Rabbi Jesus war für ihn eine wichtige Erfahrung. Er verrichtete seine Arbeit im Kräutergarten wie bisher.
Nur wenn er einen Kranken behandelte und ihm die Hände auflegte,
war etwas für ihn anders geworden: Es war, als ob der Rabbi Jesus bei ihm stünde und ihn stärkte. Seine Gebetsworte lauteten
jetzt:

»Der Ewige, gepriesen sei sein Name, segne dich. Der Vater im
Himmel, den Jesus verkündet, helfe dir und heile dich, im Namen
Jesu von Nazaret.«

Eines Tages kamen Johannes und ein anderer Jünger in das Dorf
des Alten. Zwei und zwei hatte der Herr sie in das ganze Land Galiläa ausgeschickt, um die Botschaft vom Kommen der Gottesherr-
schaft auszurichten. Sie sollten auch den Kranken die Hände auf-
legen und im Namen Jesu für sie um Genesung bitten. Johannes
hatte eine Gruppe von Dorfbewohnern um sich gesammelt und erzählte ihnen von den Taten und von der Lehre Jesu.

Doch die Zuhörer wurden auf einmal unruhig und wandten sich ab.
Auf einer Tragbahre wurde ein junger Mann vorübergetragen. Der
krümmte sich vor Schmerzen. Er stöhnte, und Schweiß bedeckte
seine Stirne. Immer wieder zuckte sein Leib zusammen und verkrampfte sich. »Diesmal wird unser Bruder den Anfall vielleicht
nicht überleben, wir bringen ihn noch einmal zum Kräuterdoktor«,
sprach einer der Träger. Die Zuhörer von Johannes standen, einer
nach dem andern, auf und schlossen sich ihnen an. Johannes fühlte
sich wie übergangen. Hätte nicht er in der Vollmacht, die Jesus den
Jüngern verliehen hatte, ein Gebet um Heilung sprechen können?
Johannes und der andere Jünger folgten dem Zug bis vor das Haus
des Kräuterdoktors. Der trat heraus, ergriff zuerst die beiden Hände des Kranken und hielt sie lange. Er erkundigte sich bei den Trä-
gern, wie der Anfall gekommen sei. Dann holte er aus dem Hause
eine Flasche mit Öl, bestrich die Stirne des Kranken, die Außenseite
seiner Hände und die Füße und murmelte dabei etwas, was man
nicht verstand. Dann legte er ihm beide Hände auf den Kopf und
betete:

»Der Ewige, gepriesen sei sein Name, segne dich. Der Vater im
Himmel, den Jesus verkündet, helfe dir und heile dich, im Namen
Jesu von Nazaret. Amen.«

Man sah, wie der Krampf im Körper des Kranken sich allmählich

löste. Sein Gesicht wurde friedlich. Er atmete ruhig und blickte mit feuchten Augen in die Runde der Umstehenden. Die begannen zu jubeln und zu danken:
»Wir haben einen tüchtigen Arzt im Dorf. Gott hat seinen Händen Heilkraft verliehen!«
In Johannes war der Unwille hochgestiegen. Dieser Mann tat etwas, was nicht erlaubt war. Er hatte im Namen Jesu einen Kranken geheilt und gehörte doch nicht zur Jüngergemeinde. Er hatte nicht das Kreuz auf sich genommen. Er lebte nicht wie sie in freiwilliger Armut mit Jesus, dem Lehrer und Herrn. Er wollte nur für sich die heilende Kraft benützen, die im Namen Jesus eingeschlossen ist.
Die Träger hatten dem Kräuterarzt einen Geldbeutel in die Hand gedrückt und waren mit ihrem Bruder auf der Bahre weggegangen. Die Menge hatte sich verlaufen. Da trat Johannes zum Alten und wies ihn mit scharfen Worten zurecht:
»Du tust, was verboten ist. Du benützt den Namen Jesus in deinem Gebet, um deine Heilkraft zu verstärken. Aber du gehörst nicht zur Gemeinde der Jünger Jesu. An der Armut, die wir um Jesu willen auf uns genommen haben, nimmst du nicht teil. Du willst nur Nutzen haben von der Vollmacht, die Jesus verliehen ist. Gott wird dich für den Mißbrauch seines Namens bestrafen.«
Der Alte schaute Johannes traurig an: »Warum sollte, was ich tue, verboten sein? Wenn doch Gott durch mich den Kranken Heilung gewährt!« Und er wandte sich um und ging in sein Haus.
Die beiden Jünger beschlossen, die Sache Jesus vorzulegen. Sie kehrten gleich zu ihm zurück, und Johannes sprach: »Meister, wir haben gesehen, wie jemand in deinem Namen Dämonen austrieb. Und wir versuchten, ihn daran zu hindern, weil er uns nicht nachfolgt.«
Ich vermute: Johannes erwartete, daß Jesus das Tun des Kräuterdoktors streng verurteile. Aber Jesus sprach: »Laßt ihn. Keiner der in meinem Namen Kranke heilt, kann so leicht schlecht von mir reden. Wer nicht gegen uns ist, der ist für uns.«
Vielleicht fragte Johannes bei sich selber schon damals, als er dieses Wort hörte, ob die Duldsamkeit Jesu nicht zu weit gehe. Später waren die großen Lehrer der Kirche jedenfalls nicht so duldsam. Sie ließen keinen als Christen gelten, der nicht zur eigenen Kirche gehörte. Für sie galt: Wer nicht mit uns ist, ist gegen Christus.
Aber Jesus urteilte anders. Wenn durch den Dienst dieses Mannes Kranke gesund werden, ist Gott am Werk. Auch wenn er nicht Glied des Jüngerkreises ist — er gehört zu ihnen.

Die Heilung des blinden Bartimäus (Mk 10,46–52)

Die folgende Nacherzählung zu Bartimäus ist der älteste Text in diesem Band. Sie entstand 1978 für einen Kreis von Verantwortlichen der Kindergottesdienst-Arbeit, die die beiden Erzählkonzepte von D. Steinwede und mir vergleichen wollten und uns beide aufforderten, ihnen eine Nacherzählung zu dieser Heilungsgeschichte vorzulegen. Die beiden Nacherzählungen sind, neben einer weiteren von S. Ruschin und einem klugen und lehrreichen Vergleich der Erzählstile durch K. Stolzmann im Taschenbuch »Biblische Geschichten Kindern erzählen« (hg. G. Urbach GTB 640) erschienen. Ich habe dort ausführlich über mein theologisches Verständnis des Textes, mein phantasierendes Ausgestalten und über den Akt des Erzählens geschrieben. Das alles soll hier nicht wiederholt werden.
Die Nacherzählung selber möchte ich aber in dieser Sammlung noch einmal gedruckt sehen, nicht nur um das Vollständigkeitsbedürfnis zu befriedigen und die Erinnerung an jene für mich wertvolle Begegnung mit D. Steinwede zu pflegen, sondern weil diese Nacherzählung zu einem Stück meines Lebens geworden ist. Ich habe mit diesem Bartimäus, so wie ich ihn mir damals vorgestellt habe, ein klein wenig den Pygmalion-Effekt erlebt, nicht im Sinn einer Selbstüberschätzung oder eines kreativen Rauschs, wohl aber so, daß er mir manchmal zu einem inneren Gesprächspartner geworden ist. Er war mir als der Blinde vor Augen, wenn ich die Strophe gesungen habe: »Daß unsre Sinnen wir noch brauchen können und Händ und Füße, Zung und Lippen regen ...« Er hat mich als der inständig nach dem Davids-Sohn Rufende gefragt, wie unermüdlich und in welchem Maß ich meine Hoffnung auf Christus setze. Und er war mir als der, der Jesus auf dem Weg nach Jerusalem folgte, ein Wegweiser, wenn ich nach dem rechten Weg für mich suchte.

Ein Bettler auf dem Weg nach Jerusalem

Bartimäus, der Sohn des Timäus, war bei Meister Mattias in der Lehre. Er wollte Teppichknüpfer werden. Der Meister war berühmt für seine Kunstfertigkeit. Der farbige Teppich in der Synagoge von Jericho, der den Schrein mit den Gesetzesrollen überdeckte, stammte von ihm. In weinroten und hellblauen Farben gehalten, strahlte in seiner Mitte golden ein siebenarmiger Leuchter und machte den ganzen Raum hell.
Der junge Bartimäus hatte Freude an der Arbeit und machte Fortschritte. Er lernte, welche Farben zusammenpassen und wie man die Fäden wechseln und verknüpfen muß, damit das beabsichtigte Muster vor dem Hintergrund sichtbar wird. Im dritten Lehrjahr durfte er bereits eine selbständige Arbeit übernehmen: Der Synagogenvorsteher hatte für sein neues Speisezimmer einen Wandteppich

mit dem sechseckigen Davidsstern darauf bestellt. Unter dem Stern sollte in heiligen Buchstaben das Wort »Davids-Sohn« stehen. Bartimäus begann das Werk mit Eifer von unten nach oben und war schon auf der Höhe, wo er die Fäden für die Buchstaben zurechtlegte. Der Meister ließ ihn die Buchstaben zuerst in der für den Teppich gewünschten Größe auf Papier zeichnen. Er freute sich, als der Lehrling die Buchstaben sauber und exakt auf das Blatt brachte. »Weißt du auch, was dies bedeutet: ›Davids Sohn‹?« fragte er. »Ja, Meister, das hat uns der Rabbi oft erklärt, als wir bei ihm lesen lernten. Sohn Davids ist der König und Befreier, den Gott uns senden wird.« Mattias antwortete: »Möge er bald kommen! Das Joch der Römer liegt hart auf unserem Nacken, und unser Volk seufzt und schreit zum Herrn, wie es einst im Sklavenhaus in Ägypten geschrien hat.« – Da fragte der Junge: »Warum will der Synagogenvorsteher dieses Wort auf dem Teppich haben?« »Weil er täglich für das Kommen des Davids-Sohns betet. Er hat viel erlitten unter den Römern. Sie haben einen seiner Söhne getötet.«

In den nächsten Tagen sah man auf dem angefangenen Teppich bereits, wie die Buchstaben emporwuchsen. Doch Bartimäus mußte die Arbeit unterbrechen. Er hatte eine Augenentzündung bekommen. Die Augen waren gerötet und schmerzten. Wenn er auf den Teppich blickte, verschwamm alles vor seinen Augen. Die Großmutter wußte Rat. Sie kannte ein Heilkraut, kochte daraus einen Absud und machte damit dem Jungen Umschläge auf die Augen. Doch es wurde nicht besser. Wenn er die Augen öffnete, tat ihm jeder Lichtstrahl weh. Er trug ständig eine Binde über den Augen. Er war unglücklich, daß er nicht mehr zur Arbeit gehen konnte. Meister Mattias mußte den Teppich mit dem Davidsstern selbst vollenden.

»So kann es nicht mehr weitergehen«, fand Vater Timäus und reiste mit seinem Sohn nach Jerusalem zu einem Augenarzt. Der holte aus dem Arzneischrank ein Fläschchen und tröpfelte daraus eine ätzende Flüssigkeit in die Augen des Kranken. Das schmerzte entsetzlich. Der Arzt versicherte, das sei ein gutes Zeichen. »In einigen Tagen bist du geheilt.«

Nachdem sie wieder zu Hause waren, heilte zwar die Entzündung, der Schmerz ließ nach, aber Bartimäus stellte mit Schrecken fest, daß er nicht mehr sehen konnte. Wenn er direkt ins Licht blickte, nahm er noch einen hellen Schimmer wahr, aber sonst war alles für ihn in Dunkel gehüllt. Er war blind geworden. Als ihm das klar

144

wurde, war er verzweifelt. Seine ganze Zukunft als Teppichknüpfer war vernichtet. Ja, er hatte überhaupt keine Zukunft mehr vor sich. Denn damals gab es keine Berufe für Blinde.

Wenn er allein war, weinte er oft und klagte Gott an, daß er ihm dieses Unglück geschickt hatte. Er zweifelte, ob es überhaupt einen gerechten Gott gäbe, wenn er, obwohl er doch nichts Böses getan hatte, blind geworden war. Seine Tage schlichen langsam vorüber, weil er nichts zu tun wußte. In der Nacht träumte er anfangs noch von farbigen Teppichen und leuchtenden Sternen. Mit der Zeit wurden auch seine Träume grau in grau. Nur ab und zu stieg in ihm die Frage auf, ob der Davids-Sohn, wenn er käme, ihn von seiner Blindheit befreien würde. Dann hatte er wieder einen Schimmer von Hoffnung. Doch der Davids-Sohn kam nicht, und in der Seele des Bartimäus wurde es dunkler und dunkler.

Der Vater sah, wie unglücklich sein Sohn war. Er machte ihm den Vorschlag, als Bettler auf die Straße zu gehen und so etwas Geld nach Hause zu bringen. Bartimäus willigte ohne Freude ein und ließ sich ans Stadttor von Jericho bringen. Dort saßen noch andere Bettler. Viele Kaufleute gingen hier vorüber, auch Pilger, die nach Jerusalem wandern und dort beten wollten. Bartimäus saß am Rand der Straße. Wenn er Schritte von Vorübergehenden hörte, rief er: »Erbarmt euch meiner, ich bin blind. Gott wird es euch vergelten.« Manche gaben nur eine Kupfermünze oder gar nichts. Am Abend, wenn er alles zusammenzählte, was sie auf den Teller gelegt hatten, war es oft nur ein halber Denar.

Ich weiß nicht, wie lange er schon als Bettler gelebt hatte bis zu dem Tag, an dem ein gesprächiger Wanderer ihm von Jesus erzählte, dem neuen Propheten aus Nazaret: »Einen Lahmen hat er geheilt. Das weiß ich von einem, der's gesehen hat. Andere behaupten, daß er auch einen Aussätzigen gesund gemacht und einem Blinden das Augenlicht gegeben hat.«

»Ist das jetzt der Sohn Davids?« fragte Bartimäus ganz erregt. Der Wanderer: »Vielleicht. Aber sag' das ja nicht laut. Für die römischen Herren ist jeder, der Davids-Sohn genannt wird, ein Feind, dem sie den Kampf ansagen.«

Von da an bekam die Hoffnung bei Bartimäus die Oberhand. Vielleicht wird Jesus mich heilen! Vielleicht ist er der Sohn Davids. So war er denn ganz außer sich, als er hörte, daß Jesus sich in der kommenden Nacht in der Stadt aufhalte und am andern Morgen nach Jerusalem weiterwandern wollte. Früh am andern Tag machte sich Bartimäus auf, setzte sich vor dem Stadttor an den Straßenrand und fragte jeden Vorübergehenden: »Kommt Jesus von Nazaret schon?«

Plötzlich hörte er ein großes Gewirr von Stimmen und Schritten. Da wußte er: Jetzt ist Jesus in der Nähe. Da begann er zu rufen und wiederholte seinen Ruf, daß er nicht zu überhören war: »Jesus, du Sohn Davids, erbarme dich meiner!« Die Vorübergehenden hießen ihn zu schweigen. Ihnen war unangenehm, daß dieser Ehrenname in der Öffentlichkeit für Jesus gebraucht wurde. Wenn eine römische Wache in der Nähe wäre, konnte das üble Folgen haben.

Doch Bartimäus ließ sich nicht zum Schweigen bringen. Sein Ruf wurde lauter: »Jesus, du Sohn Davids, erbarme dich meiner!« Da hört ihn Jesus, bleibt stehen und spricht: »Wer ruft so? Laßt ihn herzutreten.« – Die Leute sagen es Bartimäus, treten zurück und bilden eine Gasse. Und Bartimäus steht auf, läßt, damit nichts ihn hindert, seinen Mantel fallen und läuft, so schnell er kann, auf Jesus zu. Er hört Jesu Stimme: »Was willst du, daß ich dir tun soll?« Jetzt kann er die Bitte aussprechen, in der das ganze Elend der vergangenen Jahre zusammengefaßt ist: »Herr, daß ich wieder sehend werde.« Und zitternd vor freudiger Erwartung hört er die Antwort Jesu: »Gehe hin, dein Glaube hat dich gesund gemacht.«

Da ist es ihm wie einem, der nach einem langen bösen Traum die Augen öffnet und den hellen Tag vor sich sieht. Er kann es gar nicht fassen, daß der böse Traum schon vorüber ist. Er sieht Jesus vor sich stehen und die vielen Menschen um ihn herum. Ihre Gesichter blicken aufmerksam auf ihn. Alles leuchtet in bunten Farben, die Gewänder, die Straße, die Palmen, die Stadtmauer, der blaue Himmel. Bartimäus sieht so hell und klar wie damals, als er noch bei Meister Mattias Teppiche knüpfte. In seinem Innern fühlt er einen gewaltigen Strom von heiliger Freude. Er sinkt in die Knie und stammelt ein Dankgebet.

Jesus verabschiedet sich mit einem segnenden Zeichen der Hand und wendet sich ab, um den Weg nach Jerusalem fortzusetzen. Bartimäus steht auf und überlegt, was er jetzt gleich tun soll, jetzt, da er so glücklich ist über die Heilung: Nach Hause laufen und dort alles erzählen? Zu Meister Mattias gehen und nach Arbeit fragen? Nein, er schließt sich den Menschen an, die Jesus nach Jerusalem begleiten. Er will Jesus nachfolgen. Er will noch mehr erfahren von diesem Mann, dem er so viel zu verdanken hat.

Die zehn Aussätzigen (Lk 17,11–19)

Wer Geschichten von Aussätzigen anschaulich erzählen will, fragt, wie er sich diese Krankheit vorstellen soll, und benutzt dann gern Informationen aus heutigen Lepraspitälern. Die alttestamentliche Beschreibung der Hautleiden, deren Name mit Aussatz übersetzt wurde (Lev 13–14), zeigt aber, daß diese Krankheiten mit Lepra nichts zu tun haben. Es ist dort vielmehr die Rede von der Schuppenflechte (silbrige Schuppen, die beim Abkratzen Bluttröpfchen auf der Haut erzeugen), ferner von anderen Hautkrankheiten wie Ekzeme, Gesichtsrose, Gürtelrose, Krätze. Daß die Übersetzung der Krankheitsbezeichnung mit Lepra mißverständlich ist, sieht man daran, daß auch Häuser davon befallen werden (Lev 14,33 ff.) und daß von Fällen erzählt wird, in denen die Krankheit spontan heilt (Num 12,15: Mirjam, die diese Krankheit bekommen hatte, wurde nach 7 Tagen wieder gesund). Bei der Lepra kommen keine Spontanheilungen vor.

Auch in den Heilungsgeschichten, die das Neue Testament von »Aussätzigen« erzählt, wird vorausgesetzt, daß beim Ausbruch des Leidens ein priesterlicher Sachverständiger feststellte, der Patient müsse die Quarantäne aufsuchen, und daß bei einer eingetretenen Heilung wieder der Priester entschied, ob keine Ansteckungsgefahr mehr bestehe. Wenn Jesus einem Geheilten befiehlt:»Geh, zeig dich dem Priester und bring das Reinigungsopfer« (z. B. Mk 1,44), wird die priesterliche Kontrolle in die Wunderheilung einbezogen. Das Vorhandensein der Kontroll-Instanz beweist, daß bei den vom »Aussatz« Befallenen immer wieder einzelne gesund wurden. In meiner Nacherzählung habe ich versucht, auf Grund der alttestamentlichen Beschreibungen ein Bild von Hautkrankheiten zu zeichnen, das nicht an die Fotos erinnert, die wir von heutigen Leprakranken zu sehen bekommen.

Für Lukas ist in diesem Text noch ein anderes Thema wichtig: Von den zehn, die gesund wurden, kehrt nur einer zu Jesus zurück und dankt ihm für die Heilung. Nur er ist zum Glauben an Jesus, den Retter, gekommen. Die Pointe der Geschichte besteht darin, daß dieser eine ein Samariter war, also zu einer Sekte gehörte, der die Juden den rechten Glauben absprachen. Lukas erzählt diese Geschichte, ebenso wie die vom barmherzigen Samariter (10,25–37) in einer Zeit, in der sich durch die urchristliche Mission in Samaria Gemeinden bildeten, was von Judenchristen und Juden gewiß oft mit Mißfallen vermerkt wurde. Diese Einstellung der Mehrheit gegenüber einer diskriminierten Minderheit greift Lukas an, wenn er von einem Samariter erzählt, der wahre Nächstenliebe übt, und von einem andern Samariter, für den, als dem einzigen von zehn Betroffenen, die erfahrene Heilung ein Weg zum Glauben an Christus geworden ist. Wenn wir uns den einen als Samariter und die andern neun als Juden vorstellen, ist für uns die Pointe, die Lukas dieser Geschichte gegeben hat, nur mit dem Denken, nicht mit dem Gefühl nachvollziehbar. Ich müßte die Geschichte so umformen, daß sie vom Mitglied einer für mich ärgerlichen religiösen Gruppe erzählt (Zeugen Jehovas? Heimholungswerk Jesu Christi?), dann erst würde ich die Provokation spüren, die Lukas mit dieser Geschichte beabsichtigt.

Für eine Gruppe von Heranwachsenden gibt es heute wohl keine solchen kleinen Minderheiten, die aus religiösen Gründen diskriminiert sind. Weil die

Gruppennorm nicht beansprucht, daß die eigene Gruppe im Besitz einer einzigartigen religiösen Wahrheit sei, wird auch keiner abweichenden Minderheit der Zugang zur Wahrheit abgesprochen. Für eine Gruppe von Heranwachsenden, für die das Problem einer von ihnen diskriminierten religiösen Minderheit nicht existiert, kann die Geschichte nicht so erzählt werden, daß die ursprüngliche Pointe, die Parteinahme für die Diskriminierten, die beabsichtigte emotionale Wirkung auslöst.

Aus der Wirkungsgeschichte dieses Textes hat sich hingegen, wie ich meine, eine andere Diskriminierung ergeben: die neun, die nicht zu Jesus zurückkamen, wurden in Predigten und Katechesen zu abschreckenden Beispielen der Undankbarkeit. An ihnen reagierte man die eigene Ablehnung ab, die man gegenüber oberflächlichen, weltsüchtigen, unkirchlichen und religiös indifferenten Mitmenschen empfand, und glorifizierte die Dankbarkeit des einen, mit dem man sich ganz identifizieren konnte. Vielleicht ist es nötig, die Geschichte einmal so zu erzählen, daß sie die unter Christen selbstverständliche Diskriminierung der neun in Frage stellt. Sind sie nicht alle geheilt worden? Ist Heilung nicht für sie alle eine gute Gabe des himmlischen Vaters? Ist er denn so eifersüchtig auf Dank erpicht, daß er ihnen die Gesundheit, die er ihnen geschenkt hat, wieder nimmt, wenn er sieht, daß sie nicht so dankbar sind wie der eine? Können wir uns nicht daran freuen, daß er in seiner Güte auch diejenigen beschenkt, die nicht so religiös sind wie wir?

Einer von den Neun

Jael war erst einen Monat bei der Gruppe. Wie schnell war das Unheil über ihn gekommen. Zuerst war es nur ein ständiges Jucken und Kratzen gewesen. Die Haut war an verschiedenen Stellen des Körpers gerötet. Dann bildeten sich silberfarbige Schuppen. Wenn er sie abkratzte, sah man überall kleine Blutströpfchen. Die Mitbürger machten einen Bogen um ihn. Der Dorfälteste besuchte ihn daheim:

»Du hast doch wohl einen Aussatz. Geh, laß dich vom Priester untersuchen.«

Jael wanderte von Salim zur Hauptstadt. Der Priester behielt ihn für eine Woche in der Absonderung und beobachtete, wie sich die Krankheit entwickelte. Dann bestätigte er, was alle vermutet hatten. Jael kehrte nur bis vor die Tür seines Hauses zurück. Die Frau packte ihm das Bündel. Beim Abschied durfte er sie und die Kinder nicht berühren. Er riß sich los und suchte die einsamen Hütten auf, die man einst für die Aussätzigen gebaut hatte. Dort traf er neun andere, die jetzt seine Schicksalsgenossen waren. An den ekelerregenden Anblick ihrer Krankheiten konnte er sich nicht so schnell gewöhnen.

148

Da war der Alte aus Rimmon. Ein Geschwür mit wildem Fleisch wuchs rings um seinen Mund. Dann der aus Hepher, dessen Haut ganz mit eitrigen Pickeln überdeckt war. Einer aus Gabara hatte dunkelviolette Flechten im Gesicht und an den Händen, und der aus Sebaste litt unter dem gleichen Ausschlag wie Jael. Sebaste liegt in Samaria. Er war also ein Fremder. Die Juden damals waren den Samaritern feind, weil sie Gott nicht auf dem heiligen Berg Zion im Tempel verehrten. Aber unter den Aussätzigen zählten solche Unterschiede nicht.

Der Samaritaner war fromm. Er betete täglich und fragte sich, warum Gott ihn mit einem Aussatz geschlagen habe. »Ist es eine Strafe für meine Sünden? Oder will er mich damit prüfen?« Den andern kam diese Frage so unnütz vor wie die Frage, warum der Mond nicht immer rund und voll ist.

Sie lebten von dem, was sie erbettelten und was einige Angehörige regelmäßig an den Straßenrand hinlegten. So gut es ging, pflegte jeder sein Leiden, goß Öl über die Geschwüre und legte Verbandszeug auf den Ausschlag. Wenn einer von einem alten Freund eine neue Kräutersalbe geschenkt bekam, mußte jeder sie an sich ausprobieren. Keiner hatte die Hoffnung, noch einmal gesund zu werden, ganz begraben. Einmal erhielt einer ein wundertätiges Säcklein mit Raubtierzähnen, vermischt mit Holzkohlestückchen vom Altar des Tempels. Jeder probierte es aus und band es nach Vorschrift einen ganzen Tag lang um den Hals, aber bei keinem nützte es.

Jael traf sich ab und zu heimlich in der Nacht mit seiner Frau. Einmal erzählte sie ihm vom Rabbi Jesus von Nazaret:

»Nur durch ein Machtwort hat er in Kapernaum einen Aussätzigen geheilt. Morgen soll er bei Salim durchkommen und nach Pella weiterwandern.«

Als Jael am nächsten Morgen den anderen davon erzählte, waren alle sofort einig: Sie wollten an der Straße nach Pella auf den Gottesmann warten. Vielleicht konnte der mehr, als was die Salben und das wundertätige Säcklein vermochten.

Nach langem Warten kam eine Schar von Menschen. Nach der Beschreibung mußte das der Rabbi mit seinen Jüngern sein. Sie riefen alle durcheinander, aber man verstand, was gemeint war:

»Rabbi Jesus, erbarme dich über uns und heile uns.«

Es wird erzählt, daß Jesus nur geantwortet habe: »Geht, zeigt euch dem Priester.« Und während sie zur Hauptstadt wanderten, seien sie alle gesund geworden.

Der Priester wunderte sich wohl, daß so viele auf einmal kamen. Er untersuchte jeden einzelnen täglich, eine Woche lang. Ich denke mir, diese sieben Tage geduldig zu warten, fiel den Geheilten schwerer als einen Monat in den Hütten der Aussätzigen zu leben. Am Ende schrieb der Priester für jeden einen Brief an den Dorfältesten, daß er gesund sei und frei leben dürfe. Dann durften sie heimgehen, außer sich vor Jubel und Triumph. Neuer Lebensmut erfüllte sie. Sie machten Pläne, wie sie ihr Leben jetzt gestalten würden, und es war ihnen ganz und gar wohl in ihrer Haut.

Jael konnte es kaum erwarten, seine Frau und die Kinder zu umarmen. Ja, umarmen, denn jetzt war es gefahrlos, seinen Leib zu berühren. Auch der Samaritaner freute sich über die Maßen. Er sprach zu Jael:

»Jetzt weiß ich, warum Gott mich mit dem Aussatz geschlagen hat. Darum muß ich den Rabbi Jesus suchen und ihm danken. Ich kann mir meine Zukunft nicht vorstellen, ohne seine Nähe erfahren zu haben.«

Jael konnte das nicht verstehen:

»Dazu ist später immer noch Zeit. Jetzt sind mir meine Lieben daheim wichtiger.«

Er ging auf dem schnellsten Weg heim, und das Wiedersehen mit seiner Frau und den Kindern wurde zu einem großen Fest.

Der Samaritaner aber fragte sich durch, bis er Jesus fand. Dann pries er Gott mit lauter Stimme, kniete vor Jesus nieder und dankte ihm. Jesus segnete ihn und sprach:

»Steh auf und geh heim. Dein Glaube hat dir geholfen.«

Dann blickte er in die Runde:

»Es sind doch zehn Aussätzige gesund geworden. Wo sind die übrigen neun?«

Ja, wo sind die neun? Ich meine, daß sie jetzt die Gesundheit genießen, die ihnen Gott in seiner Güte durch den Rabbi Jesus geschenkt hat.

Einige Gleichnisse –
für Gleichniskenner erzählt

Die Gleichnisse und Parabeln sind ein wichtiger Teil der Lehre Jesu. Von Gleichnissen reden wir, wenn ein typischer Vorgang (z. B. das Wachstum eines Senfkorns) erzählt und für einen tieferen, auf Gott bezogenen Sinn transparent gemacht wird. Parabel ist eine frei erfundene Geschichte (der jüngere Sohn verlangt sein Erbe und verläßt das Vaterhaus), mit der ebenfalls etwas über eine Wirklichkeit jenseits oder hinter der sichtbaren Welt ausgesagt wird.

Die neutestamentliche Forschung beschäftigt sich intensiv mit diesen Texten. Jährlich erscheint mindestens eine neue wissenschaftliche Untersuchung über Gleichnisse und Parabeln. Trotz dieser gewaltigen wissenschaftlichen Anstrengung sind die Forscher bis heute nicht zu einheitlichen und allgemein anerkannten Ergebnissen über Sinn und Bedeutung dieser neutestamentlichen Texte gekommen.

Dabei ist anzunehmen, daß die Zeitgenossen Jesu ein Gleichnis ohne weitere Erklärungen verstanden haben. Denn es bezog sich so klar auf eine bestimmte Situation, in der sie lebten, oder auf ein Problem, das ihnen zu schaffen machte, daß seine Bedeutung unmittelbar einleuchtete. Es ist möglich, daß manche Zeitgenossen ihre Situation nur durch das Hören des Gleichnisses in einem andern Licht sehen und darum ihr Problem auf eine neue Weise anpacken konnten. Durch das Gleichnis war für sie ein Stück Welt, in der sie lebten, transparent für Gott und sein kommendes Reich geworden. Dadurch konnten auch sie als Menschen sich verändern.

Die Wirkung der Gleichnisse Jesu auf seine Hörer stelle ich mir freilich nicht wie eine Zauberei oder wie die Wirkung einer starken chemischen Substanz auf den menschlichen Körper. Was E. Drewermann (Tiefenpsychologie und Exegese II,731) über eine geglückte Gleichnis-Erzählung schreibt, ereignete sich bei den Zeitgenossen Jesu wahrscheinlich nur ausnahmsweise: »Psychologisch gesehen muß es einer geglückten Gleichnis-Erzählung gelingen, den Hörer im wörtlichen Sinn derart zu ›verzaubern‹, daß er aus der Welt seiner bisherigen Erfahrung in eine andere Welt versetzt wird, die seiner eigenen zwar vollkommen *wider*spricht, aber dennoch seinen recht verstandenen Wünschen auf das sehnlichste *ent*spricht. Widerspruch und Entsprechung, Einspruch und Zuspruch kommen im Gleichnis auf eine Weise zur Sprache, die den ›Kunstgriff‹ dieser Redeform als eine Art existentieller Magie verstehen läßt.«

Auch gegenüber dem Gleichnis-Erzähler Jesus verfügte der damalige Mensch über raffinierte Möglichkeiten des Widerstands. Der neuen Sicht, die ihm das Gleichnis anbot, konnte er sich mit plumpen Ausreden oder mit eleganten Gründen entziehen.

Das ist erst recht der Fall, wenn wir die Gleichnisse Jesu heutigen Menschen erzählen. Sie leben in einer anderen Situation als die damaligen Hörer und haben mit grundlegend anderen Problemen zu tun. Durch das Lesen und Hören eines Gleichnisses wird nicht dasselbe Aha-Erlebnis wie bei den ersten Hörern ausgelöst. In Predigten und Unterrichtsstunden versuchen wir, durch

Erklärungen den Sinn der Gleichnisse zu erschließen. Doch Erklärungen bewegen sich im kognitiven Bereich und berühren die Emotionen der Adressaten nie so, wie das vermutlich bei den ersten Hörern der Fall war.

Beim heutigen Hörer kommt noch eine weitere Schwierigkeit hinzu: Er kennt die meisten Gleichnisse schon von Kindheit an. Ihre Pointe wirkt nicht mehr wie beim ersten Hörer als Überraschung. Er weiß, daß der verlorene Sohn von seinem Vater wieder aufgenommen und daß sein älterer Bruder dagegen protestieren wird. Die Pointe ist für uns heutige Menschen nicht mehr Anstoß und Herausforderung zum neuen Überdenken der Situation. Bei den Gleichnissen geht es uns ähnlich wie bei einem Witz, den man uns schon damals in der Schule erzählt hat und den wir seither immer wieder gehört haben. Erzählt man heute den Witz noch einmal, so löst die Pointe kein Lachen aus. Der Witz ist flach geworden. Die Spannung, die ihn bis zur Pointe zusammenhält, fehlt. Ein wissenschaftlicher Vortrag über den Humor im allgemeinen und über den besonders geistreichen Charakter gerade dieses Witzes würde uns auch nicht zum Lachen reizen und uns nicht in die Situation dessen versetzen, der die Pointe nicht kennt.

Um von den Gleichnissen Jesu emotional berührt zu werden, brauchen wir nicht-traditionelle Methoden der Arbeit an Texten, zum Beispiel Formen des spielerischen Umgangs mit ihnen. Eine Möglichkeit (neben anderen), dem Hörer den Zugang zu einer emotionalen Auseinandersetzung mit einem Gleichnis anzubieten, ist die Rahmengeschichte. Sie ist zugleich ein Versuch, die garstige Differenz zwischen den Situationen damals und heute zu überspielen. Sie erzählt von einer Person, die an einem bestimmten Punkt ihres Lebens dem Gleichnis begegnet und dadurch irgendwie verändert wird. Wenn die phantasierende Fiktion der Rahmengeschichte geglückt ist, dann ist das ein Mensch, der uns interessiert, uns sympathisch ist oder unser Mitleid erregt. Die Anteilnahme an seinem Erleben bei der Begegnung mit dem Gleichnis ermöglicht vielleicht, daß auch wir uns emotional auf das Gleichnis einlassen. Zudem hat die gut erfundene Rahmengeschichte eine neue Pointe, die sie spannend macht und für den heutigen Hörer, der die Pointe des biblischen Gleichnisses kennt, eine Überraschung bildet.

Die Rahmengeschichten, die ich erzähle, spielen alle nicht in der Gegenwart, sondern in der Zeit Jesu oder der Apostel, obwohl ich beabsichtige, mit ihnen ein Gespräch zwischen dem biblischen Text und dem heutigen Hörer in Gang zu bringen. Doch ich weiß, wie leicht es uns Menschen fällt, uns dem Anspruch, der von solchen Texten ausgeht, zu entziehen. Wenn meine Rahmengeschichten von heutigen Menschen, ihren Situationen und ihren Erfahrungen mit Gleichnissen handelten, würde ich dem Hörer viel zu massiv auf den Leib rücken und dadurch bei ihm oft Angst und Widerstand mobilisieren. Spielt die Rahmengeschichte jedoch in der Vergangenheit, so lasse ich ihm die Freiheit, sie beiseite zu schieben oder sich ohne Angst auf sie einzulassen. Indem ich den Personen der Rahmengeschichte Züge verleihe, die ich an mir oder an meinen Mitmenschen wahrnehme, deute ich an, daß sie auch von meinen heutigen Erfahrungen handelt.

Das Gleichnis von den Arbeitern im Weinberg (Mt 20,1–16)

Welcher gute Christ weiß nicht, daß dieses Gleichnis die Pharisäer und ihr Verständnis von Gottes Gerechtigkeit kritisiert? Welcher Protestant, der etwas von Luther gehört hat, lehnt nicht die Meinung ab, daß ein besonders frommer Christ für seine guten Werke im Himmel besonders belohnt werde? Welcher evangelische Predigthörer findet es nicht selbstverständlich, daß den Taglöhnern, die bloß eine Stunde gearbeitet haben, der volle Taglohn ausbezahlt wird? Welcher Gleichniskenner weiß nicht, daß die murrenden Erntearbeiter, die besser bezahlt werden wollen als die Kurzarbeiter, vom Weinbergbesitzer sanft, aber bestimmt zurückgewiesen und ins Unrecht gesetzt werden? Welcher heutige Mensch, der das Gleichnis zum x-ten Mal hört, nimmt gefühlsmäßig Partei *für* diese Murrenden? Wer ärgert sich mit ihnen über die Lohnpraxis des Arbeitgebers? Wer empfindet die Gleichstellung als ungerecht?

Dabei können wir vermutlich das Gleichnis mit unseren Gefühlen überhaupt nur verstehen, wenn wir in unserem Leben eine Situation entdeckt haben, in der wir eine ähnliche Rolle spielen wie die Taglöhner nach zwölf Stunden harter Arbeit und nach einer brüskierenden Geringschätzung ihrer Arbeitsleistung. Wann reagieren wir Kirchenchristen ähnlich wie sie? Wann murren wir gegen die Barmherzigkeit Gottes?

Wenn man ein Gleichnis das zweite Mal hört …

Die Evangelisten haben verschwiegen, daß Petrus eine Schwester hatte. Sie hieß Hanna. Doch was will man von ihr schon erzählen? Sie war mit einem reichen Kaufmann in Sephoris verheiratet. Er handelte mit Perlen und anderem Schmuck. Sie half ihm, führte gewissenhaft die Buchhaltung, prüfte mit scharfen Augen die Angebote der Perlenfischer und verhandelte mit Kunden. Sie hatte keine Kinder und widmete sich ganz dem Geschäft. Dem Glauben der Väter war sie nicht untreu geworden. Am Sabbat war das Geschäft geschlossen. Aber eifrig war sie nicht in der Befolgung der Gebote, und das große Schma Jisrael betete sie nur einmal am Tag.

Daß ihre Brüder Simon Petrus und Andreas Schüler des Rabbi aus Nazaret wurden, interessierte sie nicht. Als man ihr erzählte, Simon Petrus sei der tüchtigste unter den Jüngern dieser Schule, fand sie, dieser Erfolg sei ihm zu gönnen. Doch als Jesus einmal in der Nähe von Sephoris vorbeikommen sollte, stach sie die Neugierde. Sie zog unauffällige Kleider an und begab sich in das Dorf, in das Jesus kommen sollte.

Richtig, dort waren schon gut 200 Menschen versammelt und warteten auf den berühmten Rabbi. Aber was war das für eine Gesellschaft! Schon aus den Gerüchen von Fisch, Stallmist und Schweiß wußte sie, woher diese Menschen kamen. Und so waren sie gekleidet! Von den Geschäftsfreunden ihres Mannes war niemand da. Sie drückte sich in einen Hauseingang, damit sie mit ihrem Gewand nicht auffiel.

Der Rabbi kam, wurde mit Beifall empfangen und redete lange zur Menge. Er redete vom Reich Gottes, das gekommen sei, vom himmlischen Vater und seiner Barmherzigkeit, von den Armen, die bald reich würden, und von den Sorgen der Welt, die die Menschen nicht mehr bedrücken sollten. Hanna wurde es ganz wehmütig ums Herz. Es war ihr, als ob sie den schillernden Glanz einer Perle erblickt hätte, einer Perle, die schöner war als alles, was sie je mit Augen gesehen und mit Händen berührt hatte.

Nachdem Jesus den Segen gesprochen hatte, strömte das Volk auseinander. Hanna begab sich auf den Heimweg. An der Quelle am Dorfausgang saß ein Krüppel, ein Mann, der so klein war wie ein achtjähriges Kind. Er war bucklig und hatte einen großen Kopf mit einem Greisengesicht. Der bettelte sie an und hielt ihr einen Teller entgegen. Sie hatte nur wenig Geld bei sich. Aber weil ihr Herz so weich war und sie den Glanz der Perle vor sich sah und spürte, daß auch dieser Bettler ein Kind des himmlischen Vaters war, streifte sie ihren goldenen Armreif ab, löste die Perlenkette vom Hals und legte beides auf den Teller. Der Krüppel schaute sie erschrocken an, packte die beiden Schmuckstücke mit der Hand, ließ sie verschwinden und humpelte wortlos davon. Sie ging heim, erzählte dem Mann kein Wort, verheimlichte auch, was mit dem Schmuck geschehen war. Sie mühte sich erst recht, eine tüchtige Geschäftsfrau zu sein und aus dem Handel mit Perlen und Gold Gewinn zu schlagen. Nur – den Rabbi Jesus konnte sie nicht vergessen. Sein Reden vom Reich der Barmherzigkeit war für sie wie der matte Glanz einer unerreichbaren Perle.

Was aber hatte der Krüppel mit den Schmuckstücken angefangen? Es hieß, er sei zum Schankwirt des Dorfes gegangen und am Abend habe dort ein großes Fest stattgefunden. Wein wurde frei ausgeschenkt. Alle waren lustig, bis am Morgen die Vögel zu pfeifen begannen. Und am Ende bezahlte der Krüppel mit einem goldenen Armreif. Simon Petrus hatte seine Schwester am Nachmittag vorher im Hauseingang wohl bemerkt. Aber er hatte keine Gelegenheit gefunden sie zu begrüßen. Als er am anderen Tag von dem Fest in der Schenke erfuhr und die Leute darüber rätseln hörte, wo der Krüppel wohl den goldenen Armreif hergehabt hätte, da dämmerte ihm allerdings einiges. Er erinnerte sich daran, wie spontan seine Schwester handeln konnte. Irgendwie ärgerte er sich, daß sie sich mit ihrem Reichtum großtat. Aber das Strohfeuer ihrer Wohltätigkeit hatte doch nichts zu tun mit der ernsthaften Umkehr, die Jesus von seinen Jüngern forderte. Weil Hanna sich in den nächsten Tagen nicht bei Jesus sehen ließ, wußte Simon Petrus: Er hatte recht. Es war wieder einmal nur ein Strohfeuer gewesen.

Nach einiger Zeit erzählte Jesus das Gleichnis von den Arbeitern im Weinberg. Vielleicht waren Pharisäer unter den Zuhörern, vielleicht Taglöhner, die wußten, wie bitter es schmeckt, wenn man am Abend ohne Lohn nach Hause kommt.

Jesus hatte das Gleichnis schon einmal bei anderer Gelegenheit erzählt. Alles kam Petrus bekannt vor. Auch die Antwort des Arbeitgebers auf das Murren der Unzufriedenen hatte er im Ohr. Nur ganz am Schluß stutzte er:

»Ist dein Auge böse, weil ich gütig bin?«

Hatte das Gleichnis das letzte Mal auch mit dieser Frage geendet? Oder hatte Jesus sie heute zugefügt? Und war vielleicht er, Petrus, damit angesprochen? Das Gefühl, daß der Rabbi ihn besonders im Auge habe, verstärkte sich, als Jesus an das Gleichnis noch ein bekanntes Sprichwort anhängte:

»So werden die Letzten die Ersten sein, und die Ersten die Letzten.«

Hatte dieses Wort von den Letzten und den Ersten vielleicht etwas mit dem wohltätigen Seitensprung Hannas zu tun, und mit seinem Ärger, daß sie seine Schwester war?

Das Gleichnis von den zehn Jungfrauen (Mt 25, 1–12)

Ich saß im Gottesdienst in einer reformierten Kirche, deren Mittelachse auf das farbige Glasfenster im Chor ausgerichtet war: eine Darstellung des Letzten Gerichts. Oben in der Mitte der wiederkommende Christus, umgeben von Engeln mit Posaunen. Der untere Teil wurde durch den senkrechten Balken des Kreuzes halbiert. Auf der linken Seite stürzten die Verdammten in den Abgrund der Hölle hinunter. Auf einem Spruchband las ich die Worte: »Wehe Welt!« Rechts wurden die Seligen nach oben gerufen mit dem Spruchband: »Freuet euch!«

Die Predigt, die ich bei diesem unwillkürlichen Betrachten des Glasfensters hörte, handelte von der Verantwortung der Christen für Frieden und Gerechtigkeit in dieser Welt und für die Bewahrung der Schöpfung, von Gottes Liebe zu allen Menschen und seinem Retterwillen für die ganze Welt. Ich fragte mich: Wie bringe ich diese Predigt mit der Botschaft des Glasfensters im Chor zusammen? Das Bild verkündigte die endgültige Scheidung der Menschheit in Selige und Verdammte. Die Predigt machte Hoffnung, daß Gott allen Menschen helfen und sie zur Erkenntnis der Wahrheit führen will. Nach dem Bild war für die Welt nichts mehr zu hoffen. Das Kreuz hat die Menschheit definitiv geteilt, mindestens die Hälfte der Menschen gehört auf die linke Seite. Die Predigt wies die Hörer an, mit allen Menschen solidarisch zu werden und entsprechend zu handeln. Das Bild appellierte an den einzelnen, sich um sein individuelles Heil zu kümmern und dafür zu sorgen, daß er auf die rechte Seite komme.

In diesem Gottesdienst wurde wieder einmal ein Dilemma im heutigen Gottesverständnis offenkundig. Was hat mehr Gewicht: Die universale Heilserwartung, die auch noch für die Welt eine Hoffnung läßt – oder die Erwartung des Gerichts, das die böse Welt treffen wird? Für das zweite kann man sich auf viele Texte des Neuen Testaments und auf die kirchliche Tradition berufen. Jahrhundertelang hatten die Christen keine Schwierigkeiten mit der Vorstellung, daß alle Menschen, die nicht glauben und nicht getauft sind und die sterben, ohne ihre Sünden bereut zu haben, in die Hölle kommen. Daß die böse Welt zugrunde gehen wird, daß die Gottlosen eine gerechte, ewige Strafe erleiden werden, war für sie selbstverständlich.

So lehrt es auch das Gleichnis von den zehn Jungfrauen. Die klugen und die törichten mit ihren Lampen lassen sich gut aus Stein über Kirchenportalen und auf Kapitellen darstellen. Das erinnert die Gläubigen an das kommende Gericht und an die bevorstehende Scheidung der Menschen in zwei Gruppen. Ist es nicht tröstlich, durch den Blick auf solche Bilder in der Gewißheit bestärkt zu werden, nicht den törichten Jungfrauen zu gleichen?

Wer einmal gemerkt hat, wie ähnlich sich die sogenannten Gläubigen und die sogenannten Ungläubigen als Menschen sind, hat Schwierigkeiten mit der Zweiteilung der Menschheit, die für dieses Gleichnis selbstverständlich ist. Wem klar geworden ist, daß Gläubige und Ungläubige heute im gleichen bedrohten Rettungsboot sitzen, kann die Grenze zwischen den angeblichen Klugen und Törichten nicht mehr so leicht ziehen. Wie gehe ich mit einem Text um, der diese Grenze noch genau zu kennen meint?

Was hat ein Gläubiger mit einem Ungläubigen gemeinsam?

Im Dorf Posidium, nicht weit von der Stadt Antiochien, gab es seit einiger Zeit eine Gemeinde von Christen. Sie versammelten sich im Haus des Presbyters Ariston. Der besaß eine Abschrift des eben erst geschriebenen Evangeliums nach Mattäus. Er las daraus der Gemeinde an jedem Sonntag einen Abschnitt vor.

Die Christen in Posidium hatten es nicht leicht, den Glauben zu bekennen und ihm treu zu bleiben. Denn die Bewohner des Dorfs waren leichtlebig und hatten keinen Sinn für Fragen der Religion. Wohl hatte jeder in seinem Haus ein Götzenbild aufgestellt. Aber kaum einer kümmerte sich darum. Geldverdienen war wichtiger. Die Reichen von Antiochien kamen gern nach Posidium, um ihre Feste zu feiern, runde Geburtstage, Erfolge im Geschäftsleben, Hochzeiten, die eine ganze Woche dauerten. In Posidium gab es Wirte, die für ihre Kochkunst und ihre auserlesenen Weine berühmt waren. Hier fand man Musikanten und lose Mädchen, die gegen Geld Tag und Nacht die Feste verschönerten. Suchte man Helfer für ein dunkles Geschäft in der Stadt, für einen gerissenen Betrug oder für die Beseitigung eines Konkurrenten, so fand man in Posidium sicher einen, der bereit war mitzumachen.

Für den Glauben der Christen hatten die Bewohner von Posidium jedoch nichts übrig. Wenn die Christen von Jesus, ihrem auferstandenen Herrn, sprachen, spotteten sie. Wenn sie ihre Hoffnungen bezeugten, daß Jesus bald als Richter aller Menschen erscheinen würde, machten sie Witze:

»Das sind Honigplätzchen für die Dummen, die sich die wahren Freuden dieser Welt nicht zu verschaffen wissen.«

Als die Jahre vergingen und der Gerichtstag, auf den die Christen hofften, immer noch nicht gekommen war, meinten die Dorfbewohner:

»Wann merkt ihr endlich, daß ihr einer Wahnidee nachlauft? Kennt ihr den Unterschied zwischen einem Wasserkrug und einem Toren? – Es gibt keinen, beide sind innen hohl. So wenig der Krug lernt, allein zum Brunnen zu gehen und Wasser zu bringen, so wenig wird der Tor aus seiner Erfahrung klug.«

Solche Spottworte schmerzten. Es tat den Christen wohl, wenn in der Lesung des Evangeliums das Gleichnis von den zehn Jungfrauen an der Reihe war. Das machte sie wieder sicher, daß es sich lohne, auf das Kommen des Herrn zu warten, auch wenn es sich hinauszögerte. Und sie freuten sich, daß sie den Klugen glichen, die für ihre Lampen einen Vorrat an Öl mitgenommen hatten. Die Ungläubigen im Dorf verhielten sich wie die Dummen.

In Posidium holte man das Wasser an dem Brunnen, den die Vorfahren einst gegraben hatten, einem mannstiefen Schacht. In der Tiefe sprudelte frisches Quellwasser und floß unterirdisch weiter. Man ließ den Krug am Seil hinunter, füllte ihn und trug ihn nach Hause. Da geschah es eines Tages, daß das Wasser stinkend und ungenießbar wurde. Wer davon trank, bekam gefährliche Bauchkrämpfe. Hatte jemand einen Tierkadaver in den Schacht geworfen? Das hatten schon die Vorfahren im Dorf streng verboten! Hatten Feinde des Dorfes den Brunnen vergiftet? War ein Dämon am Werk? Niemand wußte es. Niemand konnte den Schaden beheben. Die nächste gute Quelle lag eine Wegstunde weit weg. Jeden Tag dort das Wasser für Menschen und Tiere zu holen, das machte das Leben zur Mühsal.

Einige christliche Familienväter meinten: »So beginnt Gottes Gericht an den Spöttern und Ungläubigen.« Sie packten ihre Habseligkeiten und zogen mit ihren Familien in die nahe Stadt. Auch heidnische Familien entschlossen sich, aus dem Dorf auszuwandern.

Die übrigen Dorfbewohner wollten die Heimat ihrer Väter noch nicht verlassen. In der Nähe des Dorfes nach einer neuen Quelle zu graben war möglich, aber mit ganz unsicherem Erfolg. Die Römer, die seit 100 Jahren neue Landesherren waren, verstanden sich auf den Bau von Wasserleitungen über weite Strecken hinweg. Sie setzten dafür in großer Zahl Sklaven und Zwangsarbeiter ein. Warum sollten die Bewohner von Posidium, wenn sie zusammenhielten, so etwas nicht auch fertig bringen?

So beschlossen sie dieses gewaltige Gemeinschaftswerk. Auch der Presbyter Ariston setzte sich mit ganzer Kraft für dieses Vorhaben ein und konnte seine Mitchristen, Männer und Frauen, dafür gewinnen. Die hatten zuerst Bedenken, ob es gut sei, sich mit den Spöttern zusammenzutun. Aber der Presbyter meinte: »Wenn das Evangelium uns anweist, die Feinde zu lieben und für die zu beten, die uns hassen, ist darin eingeschlossen, daß wir ihnen beim Bau der Wasserleitung helfen, zumal wir nachher den neuen Brunnen auch benützen werden.«

Es war eine mühsame Arbeit. An einer Stelle mußten sie einen Tunnel durch einen Hügel bohren und die Tunnelwände mit einer Mauer aus Bruchsteinen abdichten. An einer anderen war eine Brücke über einen Graben zu bauen, damit der Wasserlauf ungestört und gleichmäßig bis zum Dorf fließen konnte. Nach drei Monaten war das Werk vollendet. Während der ganzen Bauzeit hörten die Christen von den Ungläubigen kaum ein Spottwort über ihren Glauben. Zur Einweihung der Wasserleitung gab es ein großes Fest im Dorf.

Als im Gottesdienst das nächste Mal bei der Lesung des Evangeliums das Gleichnis von den Jungfrauen an der Reihe war, verstummte der Presbyter nach der Lesung. Er hatte das Gefühl, es stimme etwas nicht mehr. Er setzte noch einmal an und sagte:

»Vielleicht müssen wir das Gleichnis heute ein wenig anders erzählen. Es ist mit dem Himmelreich wie mit zehn Jungfrauen. Einige von ihnen waren töricht und einige klug. Die Törichten nahmen ihre Lampen, aber kein Öl. Die Klugen nahmen die Lampen und dazu noch einen Vorrat an Öl. Denn sie dachten, der Bräutigam könnte sich verspäten.

Doch der Bräutigam kam die ganze Nacht nicht und war auch am andern Morgen noch nicht da. Denn es hatte ein gewaltiger Gewitterregen eingesetzt. Das Bachbett auf dem Weg zum Dorf, das man während des ganzen Jahres trockenen Fußes überquerte, war ein reißender Fluß geworden. Im Dorf hieß es: Der Bräutigam steht mit seinen Freunden auf dem anderen Ufer und kann nicht herüber.

Da taten sich die klugen und die törichten Jungfrauen zusammen und flochten gemeinsam aus starken Schlingpflanzen geschwind eine Hängebrücke. Sie banden ein Seil an das eine Ende der Brücke, warfen das Seil zum anderen Ufer hinüber, die Brücke wurde nachgezogen und auf beiden Ufern an einem Baum befestigt. Der Bräutigam und seine Freunde schritten über die Brücke, und sie gingen in den Saal und feierten miteinander ein fröhliches Fest.

Das Gleichnis von den anvertrauten Geldern (Mt 25,14–30)

Ich gebe zu, daß ich dieses Gleichnis nicht mag. Je länger ich darüber nachdenke, desto klarer wird mir, daß ich es so, wie ich es bei Mattäus lese, nicht weitergeben möchte. Es ist mir zu kapitalistisch und erwartet zu viel gute Wirkungen vom Angstmachen vor der Strafe. Das Material zur Parabel stammt aus der Welt der Kapitalbesitzer, nicht aus dem Lebensbereich, aus dem Jesus sonst Vorstellungen und Personen für Gleichnisse nimmt. »Ihr sollt euch nicht Schätze hier auf Erden sammeln«, so lehrt er in der Bergpredigt (Mt 6,19). Hier erzählt er von einem Reichen, der seine Knechte nur nach dem Gesichtspunkt beurteilt, ob sie sein Kapital vermehrt haben. »Ihr könnt nicht Gott dienen und dem Mammon«, so heißt es in der Bergpredigt weiter (Mt 6,24). Hier aber wird der erste Knecht gelobt, weil er das Geld des Herrn verdoppelt hat.

In anderen Gleichnissen hören wir von Personen, für die das Wachstum des eigenen Vermögens nicht oberster Wert ist. Ein König stellt bei der Abrechnung fest, daß ihm ein Chefbeamter eine Millionensumme schuldig ist (Mt 18,23–35). Als der Beamte sich aufs Bitten verlegt und Rückzahlung verspricht, ist der König großzügig und streicht die Schuld durch. Erst als der

Beamte einen Kollegen wegen eines lächerlichen kleinen Betrags ins Gefängnis bringt und der König dies erfährt, macht er den Schuldenerlaß rückgängig. Bei diesem König scheint also ein beträchtlicher Kapitalverlust gleichgültig zu sein. Doch für den Reichen in unserem Gleichnis ist das anders. Ein Zinsverlust ist durch das Fehlverhalten des dritten Knechts entstanden. Das ist für den Reichen unerträglich. Für ihn gilt offenbar das Prinzip des Kapitalismus, daß das Kapital immer arbeiten und Werte schaffen und wachsen müsse.

Noch eine andere Parabel erzählt von einem großzügigeren Verhalten gegenüber dem Geld (Mt 20,1–16): Ein Weinbauer stellt Tagelöhner für die Ernte ein. Dabei setzt er die einen schon früh am Morgen, andere erst im Lauf des Vormittags, einige erst gegen Abend ein. Allen bezahlt er den vollen Taglohn. Ihm kommt es offenbar nicht auf Profitmaximierung an. Der Reiche in unserm Gleichnis aber hat kein Erbarmen mit dem dritten Knecht. Er straft ihn hart. Warum? Wegen des Vermögensverlustes, an dem dieser schuld ist? Oder weil der Knecht faul war oder weil er Angst vor dem Risiko hatte? Gibt es für diesen Herrn nichts Schlimmeres als einen Teil des Vermögens dem Kreislauf des Geldes zu entziehen und damit den Mehrwert zu verlieren? Oder ist er einfach ein autoritärer Boß, der nicht duldet, wenn ein Untergebener mit ihm ein offenes Wort redet? Wäre dieser Knecht glimpflicher davon gekommen, wenn er geschwiegen oder dem Herrn geschmeichelt hätte?

In der Schlußszene kommen die Grundsätze des Kapitalismus besonders brutal zur Anwendung. Die Bestrafung des dritten Knechts begründet der Herr mit dem Satz:»Denn wer hat, dem wird gegeben, und er wird im Überfluß leben; wer aber nicht hat, dem wird auch noch weggenommen, was er hat« (Vers 29). Das ist eines der Prinzipien der freien Marktwirtschaft bei uneingeschränktem Wettbewerb. So verläuft der Handel der reichen Industrienationen mit den Ländern der Dritten Welt: die Reichen werden noch reicher, die Armen ärmer. Auf diesen Satz des Evangeliums können sich die Banken berufen, wenn sie die Schulden der Entwicklungsländer unverkürzt einfordern und dadurch deren Bevölkerung auspowern. Dieser Satz, so könnte man zwar einwenden, formuliere nicht die Lehre Jesu, sondern der Gleichnis-Erzähler habe ihn dem Reichen in den Mund gelegt. Doch der Schluß der Parabel verläuft genau nach diesem Satz. Die Summe, die der dritte Knecht zurückgebracht hat, wird dem ersten übergeben, damit dieser noch reicher wird. Und der dritte Knecht wird hart bestraft, indem er in die äußerste Finsternis hinausgeworfen wird.

Wie soll eine Geschichte, in der es genau so ungerecht zugeht wie in der kapitalistischen Wirtschaft, zu einem Gleichnis für das Reich Gottes werden? Die Tricks mancher Ausleger, mit denen sie diesen Widerspruch beseitigen, sind mir bekannt. Sie leuchten mir nicht ein und verändern mein Verhältnis zu diesem Text nicht. Am liebsten möchte ich das Gleichnis in einer anderen Version erzählen, etwa so:

Mit dem Reich Gottes ist es wie bei einem Mann, der auf Reisen ging. Er rief seine Diener und vertraute ihnen sein Vermögen an. Dem einen gab er fünf Minen Silbergeld, einem andern zwei, wiederum einem andern eine Mine, jedem nach seinen Fähigkeiten. Dann reiste er ab. Sofort begann der Diener, der fünf Minen erhalten hatte, mit ihnen zu wirtschaften und gewann noch fünf dazu. Ebenso gewann der, der zwei erhalten hatte, noch zwei dazu. Der aber, der eine Mine erhalten hatte, sprach in seinem Herzen: Der Herr denkt gering von meiner Fähigkeit, mit Geld umzugehen. Er hat wohl recht. Wenn ich etwas unternehme, mache ich es falsch oder habe Unglück. Soll ich meine Mine zu einem Geldverleiher bringen, damit ich sie mit Zinsen zurückbekomme? Aber woher weiß ich, daß ich nicht einem Betrüger in die Hände falle? Darum will ich das Geld meines Herrn in die Erde vergraben. – Er ging und grub ein Loch in die Erde und versteckte das Geld seines Herrn. Nach langer Zeit kehrte der Herr zurück, um von seinen Dienern Rechenschaft zu verlangen. Da kam der, der die fünf Minen erhalten hatte, brachte fünf weitere und sagte: Herr, fünf Minen hast du mir gegeben, siehe, ich habe noch fünf dazu gewonnen. Sein Herr sagte zu ihm: Sehr gut, du bist ein tüchtiger Diener. Du bist im Kleinen treu gewesen, ich will dir eine große Aufgabe übertragen. Komm, nimm teil an der Freude deines Herrn. Dann kam der Diener, der zwei Minen erhalten hatte, und sagte: Herr, du hast mir zwei Minen gegeben: siehe, ich habe noch zwei dazu gewonnen. Sein Herr sagte zu ihm: Sehr gut, du bist ein tüchtiger Diener. Du bist im Kleinen treu gewesen, ich will dir eine große Aufgabe übertragen. Komm, nimm teil an der Freude deines Herrn. Zuletzt kam auch der Diener, der die eine Mine erhalten hatte, und sagte: Herr, ich wußte, daß ich nicht geschickt bin im Umgang mit Geld und eine unglückliche Hand habe. Weil ich Angst hatte, es zu verlieren, habe ich dein Geld in der Erde versteckt. Hier hast du es wieder. Und der Herr sprach zu ihm: Ich wußte, daß du nicht so geschickt bist wie die andern. Darum habe ich dir weniger anvertraut als den andern. Das war ein Fehler. Damit habe ich dich mutlos gemacht und dir schlechte Bedingungen für deine Arbeit geschaffen. Ich will dir noch einmal ein Jahr Zeit geben, dich zu bewähren und das zu leisten, was du kannst. Nimm die Mine Silber, die du mir gebracht hast, und empfange eine zweite dazu, und wage es mit dem Geld zu arbeiten, damit es sich vermehre. Der dritte Knecht ging hin mit Freude, mietete sich einen Stand auf dem Markt, kaufte auf den Dörfern Feigen, Oliven und Weinbeeren und handelte mit den Früchten. Nach einem Jahr rechnete er ab und hatte zu dem, was ihm anvertraut war, noch eine halbe Mine dazu gewonnen.

In dieser Form hat Jesus das Gleichnis sicher nicht erzählt. Das weiß ich. Indem ich es so tiefgreifend verändere, verdeutliche ich mir, was mir an der Version von Mattäus gegen den Strich geht. Das könnte auch einem Leser, der ähnliche Schwierigkeiten mit dem Text hat, helfen, klarer zu sehen. Doch die Phantasie, mit der ich der biblischen eine eigene, mir einleuchtende Version gegenüberstelle, hat nichts mit dem Versuch einer historischen Rekonstruktion zu tun. Sie ist wohl eher Ausfluß meines Wunschdenkens. Ich möchte gern, daß Jesus die für mich wichtige pädagogische Einsicht gekannt und praktiziert hat, daß ein schwach begabter Mensch gelähmt und in allen seinen Möglichkeiten, etwas zu leisten, blockiert wird, wenn man ihn mutlos macht und ihn der Konkurrenz mit Tüchtigeren und Begabteren aussetzt. Doch die historischen Quellen über Jesus bieten wenig Material zur Erfüllung dieses Wunsches. Für meine phantasierte Form des Gleichnisses erhebe ich keinen Wahrheitsanspruch. Dennoch ist die Frage berechtigt, ja nötig, welche Version des Gleichnisses die für mich wahre ist. Vergleiche ich den Wortlaut des Gleichnisses bei Mattäus und bei Lukas (19,11–27), so stelle ich erhebliche Unterschiede fest. Bei Lukas sind es nicht drei, sondern zehn Knechte, und jeder erhält dieselbe Geldsumme, mit der er in der Abwesenheit seines Herrn etwas unternehmen soll. Das Gleichnis erhält dadurch einen anderen Sinn. Es geht bei Lukas um Konkurrenz zwischen solchen, die die gleichen Startbedingungen hatten, während bei Mattäus die Parabel die Pointe hat, daß jedem, je nach seinen Fähigkeiten, eine verschieden hohe Summe anvertraut wird. – Bei Lukas ist der Reiche ferner ein Adliger. Er unternimmt seine Reise mit dem Ziel, sein Königreich in Empfang zu nehmen. »Die Einwohner des Landes haßten ihn und schickten eine Gesandtschaft hinter ihm her und ließen sagen: Wir wollen nicht, daß dieser Mann unser König ist« (Lk 19,14). Diesen Faden des Geschehens nimmt Lukas am Schluß noch einmal auf: Nach seiner Rückkehr und der Abrechnung mit den Knechten ordnet der Reiche an: »Doch meine Feinde, die nicht wollten, daß ich ihr König werde, bringt her und macht sie vor meinen Augen nieder« (Vers 27).

Die Differenzen zwischen den beiden Versionen sind so auffällig, daß die Frage nicht zu umgehen ist: Wie hat Jesus das Gleichnis erzählt, nach Mattäus oder nach Lukas? Oder sind beide Versionen schon durch die mündliche Weitergabe des Gleichnisses umgeformt, so daß wir hinter den Texten die ursprüngliche Fassung suchen müssen? Die Gleichnisausleger suchen Antwort auf diese Fragen und benötigen dafür auch Phantasie, freilich eine Phantasie, die sich in die historischen Quellen hineindenkt und sich bemüht, ihnen allen möglichst gerecht zu werden. Auch wer kein wissenschaftliches Buch über Gleichnisse schreibt, sondern nur dieses Gleichnis einer Schulklasse erzählen will, muß sich überlegen, welche Version er seiner Geschichte zugrunde legen will.

Ich selber halte es für wahrscheinlich, daß keine der beiden Versionen das Gleichnis so wiedergibt, wie Jesus es erzählt hat. Ich frage also nach seiner ursprünglichen Form. Sie war vermutlich einfacher als die beiden vorliegenden. Was Lukas über den politischen Zweck der Reise des reichen Mannes und über seinen Konflikt mit den Einwohnern seines Landes erzählt, hat mit der Handlung der Parabel nichts zu tun. Dieser Faden der Erzählung läßt sich einleuchtend als spätere Erweiterung verstehen. Ein Nacherzähler wollte damit auf ein bestimmtes politisches Ereignis seiner Zeit Bezug nehmen. Der Befehl der Hinrichtung der Feinde des reichen Mannes (Vers 27) spielt vermutlich auf das Schicksal der Einwohner von Jerusalem nach der Eroberung der Stadt durch die Römer im Jahr 70 an.

Bei vielen Gleichnissen zeigt der Vergleich verschiedener Versionen, daß im Lauf der mündlichen Überlieferung der Faden der Handlung oft weitergesponnen, oft auch gekürzt wurde. Der Parabel wurde eine neue Szene hinzugefügt, oder ein Nacherzähler ließ eine Szene weg, weil er sie vergessen hatte oder unpassend fand. Wenn ich diesen Sachverhalt an vielen Texten festgestellt habe, stellt sich mir unausweichlich die Frage, ob der Schluß der Mattäus-Version erst später hinzugefügt wurde. »Werft den nichtsnutzigen Knecht hinaus in die äußerste Finsternis! Dort wird er heulen und mit den Zähnen knirschen« (Vers 30). Wurde dieser Satz, der bei Lukas fehlt, später hinzugefügt? Mit diesem Satz fällt der Reiche, der mit seinen Knechten abrechnet, nämlich aus der Rolle, die ihm die Parabel bisher zugewiesen hat und wird zum göttlichen Richter, der einen Angeklagten der ewigen Verdammnis überantwortet. Ich vermute, daß ein Nacherzähler der apostolischen Zeit den Text auf diese Weise ergänzt hat, um sein Verständnis des Gleichnisses zu unterstreichen: daß es nämlich von Gott, dem Richter, handelt und von der Rechenschaft, die wir vor ihm für unsere Werke ablegen müssen. Wenn aber an dieser Stelle der Text durch einen Hinweis auf das Gericht ergänzt wurde, ist es möglich, daß der Gerichtsgedanke auch noch an anderer Stelle eingefügt wurde.

Mit solchen Überlegungen versuche ich, mich der ursprünglichen Form des Gleichnisses anzunähern. Ich frage, für welche Menschen Jesus in welcher Situation die Parabel erzählt hat, wie er für sie ein Stück ihrer Welt so durchsichtig gemacht hat, daß es zum Gleichnis für das Kommen Gottes wurde. Dabei bedenke ich noch einmal den Sachverhalt, daß es von einem Kapitalisten, von der Vermehrung des Vermögens, vom Zinsnehmen handelt, also von Personen und Themen, die der Lebenswelt Jesu fern waren und mit denen er sich sonst kritisch beschäftigt hat. Wenn von Kritik am Mammonsdienst in dieser Parabel nichts zu spüren ist, richtete sich das Gleichnis vielleicht an eine Menschengruppe oder an einen einzelnen, der in dieser Welt daheim war. Ihm wollte Jesus (so beginne ich jetzt zu phantasieren) vielleicht an den ihm vertrauten Dingen und Personen seines Alltags klar machen, wer Gott für ihn ist und was das nahegekommene Reich Gottes für ihn bedeutet. Warum sollte nicht auch ein Ausschnitt aus der Lebenswelt eines Bankiers zum Gleichnis für Gott werden?

Vielleicht gab es zudem schon damals, als der erste Adressat das Gleichnis hörte und sich damit auseinandersetzte, nicht bloß eine einzige Version, sondern es wurde von denen, die auch noch dabei waren, in verschiedener Weise aufgenommen. Denn bei allem, was wir hören und zur Kenntnis nehmen, spielt ein subjektiver Faktor mit. Eine Instanz in unserm Innern wählt beim Zuhören aus und läßt weg, was für sie keine Bedeutung hat, und hebt hervor und verdeutlicht, was ihr wichtig erscheint. Das erzählte Gleichnis und das vom Zuhörer aufgenommene Gleichnis, das sind schon zwei verschiedene Versionen.

I. Ein von Grund auf ängstlicher Mensch

Wer sein Vermögen dem Bankier Rasi übergab, hatte es sicher angelegt. Pünktlich bekam er den vereinbarten Zins. Wenn er eine Summe abheben wollte, war Rasi immer zahlungsfähig. Rasi machte als Geldverleiher nur Geschäfte mit vertrauenswürdigen Kunden. Denn er war gewissenhaft und hatte Angst vor Gott und dem kommenden Gericht. Er wollte so leben, daß man ihm an jenem schrecklichen Tag keine Vorwürfe machen könne.

Als der Oberzöllner Zachäus bei ihm Geld anlegen wollte, war das für ihn eine Gewissensfrage. Durfte er mit dem Römerfreund eine

Geschäftsverbindung eingehen? Machte er sich dadurch mitschuldig an unrecht erworbenem Gut? Rasi entschied, Zachäus als Kunden anzunehmen und so korrekt wie die andern zu behandeln. Es war nicht seine Aufgabe, die Kunden moralisch zu beurteilen. Er war Bankier. Seine Pflicht war, dafür zu sorgen, daß die Gelder sicher angelegt wurden und sich durch Zinsen vermehrten.

Doch er fühlte sich unsicher. Woher wußte er, daß Gott nicht noch etwas anderes von ihm forderte? Die Schriftgelehrten konnten ihm den Willen Gottes nicht mit letzter Sicherheit auslegen. Zudem verstanden sie vom Bankgeschäft und seinen eigenen Gesetzen zu wenig. So bemühte sich Rasi eben mit ganzer Kraft, den Zehn Geboten gehorsam zu sein. Von ihnen wußte er, daß Mose sie direkt von Gott empfangen hatte. Er nahm nie den Namen Gottes für Unnützes in den Mund. Er ehrte seine betagten Eltern. Er schaute nie fremden Frauen nach. Das Gebot »Du sollst nicht stehlen« leitete ihn an, keinen unrechtmäßigen Gewinn aus dem bei ihm angelegten Geld zu ziehen. Die Kunden waren zufrieden mit ihm. Das gab ihm, wenn er wieder Angst vor dem Gericht hatte, ein wenig Hoffnung, daß auch Gott mit ihm zufrieden sein werde. Doch sicher war er nicht.

Rasi kannte Jakobus, den Sohn des Zebedäus. Der erzählte ihm, daß er jetzt Jünger Jesu sei. Er wurde mit andern Jüngern bekannt. Sie machten ihm Eindruck. Mattäus hatte den einträglichen Beruf als Zöllner aufgegeben und wanderte jetzt arm und besitzlos mit Jesus durch Galiläa und war glücklich dabei. Der ehemalige Fischer Simon war ein gelehriger Schüler Jesu geworden und zog jetzt selber als Lehrer durch die Dörfer und verkündete, daß das Reich der Liebe Gottes und des Friedens anbreche. Die Jünger waren andere Menschen geworden. Sie waren von der Liebe Gottes erfaßt und strahlten selber Liebe zu den Menschen aus. Rasi fragte sich, ob nicht auch sein Leben sich in ähnlicher Weise ändern müßte. Was verlangte Gott von ihm? Daß er wie bisher gewissenhaft seine Geschäfte betätigte oder daß er Jünger Jesu werde? Aber konnte er wie diese Jünger seinen Beruf aufgeben? Für einige Kunden hatte er Verpflichtungen übernommen, die ihn noch für Jahre beanspruchten.

Aus seiner Beunruhigung wurde Angst, als eines Tages sein Kunde Zachäus zu ihm kam und die Hälfte seines Vermögens abhob. Warum? Er war Jünger Jesu geworden und wollte die Hälfte seiner Guthaben an die Armen verteilen. Der Boden unter den Füßen Rasis wankte. Mußte auch er in die Nachfolge Jesu treten und sein Geld verschenken? Wurde von ihm gar verlangt, Gelder zu spenden, die er erst in den nächsten Jahren als Zinsen einnehmen wird? War es ihm dann noch möglich, sich gewissenhaft an das Gebot »Du sollst nicht stehlen« zu halten? Rasi war ein ängstlicher Mensch. Er wollte nichts riskieren, was zu einem Fehler führen könnte.

In diesem Dilemma fragte er Jakobus um Rat. Der verstand nicht recht, was für Rasi eigentlich so schwierig sei. Aber er versprach, mit Jesus darüber zu reden.

In den nächsten Tagen saß Rasi wieder unter der Volksmenge, als Jesus lehrte. Und Rasi hörte, wie Jesus ein Gleichnis erzählte, das nicht zu den Gleichnissen paßte, die er schon kannte. Schon bei den ersten Sätzen hatte Rasi das Gefühl, daß es um seine Sache ging. Das Gleichnis lautete:

Ein Reicher mußte für längere Zeit ins Ausland verreisen und rief seine Knechte und übergab jedem von ihnen eine Mine Silbergeld. Nach einigen Jahren kam er zurück und rechnete mit ihnen ab. Der erste kam und sagte: Herr, deine Mine hat zehn Minen erbracht. Und der Herr sagte: Gut, du bist ein guter Knecht. Über weniges warst du treu, also will ich dich über vieles setzen. Und der zweite kam und sagte: Herr, deine Mine hat fünf Minen erbracht. Und der Herr sagte zu ihm: Gut, du bist ein guter Knecht. Über weniges warst du treu, also will ich dich über vieles setzen. Und der dritte kam und sagte: Herr, ich hatte Angst, daß ich etwas von dem mir anvertrauten Geld verlieren könnte. Darum habe ich dein Geld in der Erde vergraben. Hier gebe ich es dir auf den letzten Pfennig zurück. Da sprach der Herr zu ihm: Warum hast du denn das Geld, das ich dir anvertraut habe, nicht wenigstens bei einem Geldverleiher angelegt, dann hätte ich es bei meiner Rückkehr mit Zinsen wieder erhalten?

Ja, warum hatte dieser Knecht nicht das getan, was für Rasi in seinem Beruf selbstverständlich war? Hatte er Angst, er könne an einen unseriösen Bankier geraten und durch ihn die Summe verlieren? Wollte dieser Knecht ganz sicher sein, daß er keinen Fehler begehe, und handelte er gerade dadurch verkehrt? Da merkte Rasi, wie er diesem Knecht glich, wie auch er ganz perfekt sein und nichts wagen wollte. Warum hast du das Geld, das ich dir anvertraut habe, nicht wenigstens bei einer Bank angelegt? Die Frage richtete sich an ihn. Von ihm war wohl nicht so viel gefordert wie vom ersten

Knecht, der durch ein höchst gewagtes Geschäft das ihm anvertraute Geld verzehnfacht hatte. Aber wenigstens das kleine Wagnis, das dem dritten Knecht zugemutet war, konnte auch er auf sich nehmen. In ihm begann der Entschluß, Jünger Jesu zu werden, zu wachsen. Das war gewiß im Blick auf die Zukunft seines Geschäfts ein Wagnis, und vielleicht beging er damit einen Fehler, aber versprach ihm nicht das Gleichnis, daß von ihm nichts gefordert sei, was über seine Kräfte ging?

Am andern Tag sah er Jakobus. Der begann gleich, vom Gleichnis mit den Knechten zu sprechen. »Hast du gemerkt, was Jesus dir in diesem Gleichnis sagen wollte?« Und dann erzählte er ihm die ganze Geschichte noch einmal, vom Reichen, der ins Ausland reisen mußte, und von den Knechten, die je eine Mine Silber bekamen. Als Jakobus von der Rückkehr des Reichen und von der Abrechnung mit den Knechten erzählte, hatte das Gleichnis eine Fortsetzung, die für Rasi neu war. Rasi fragte sich, ob er am gestrigen Tag in Gedanken abgeschweift und diesen Schluß des Gleichnisses überhört hatte oder ob vielleicht Jakobus die Fortsetzung hinzugefügt habe, um den Sinn des Gleichnisses zu verdeutlichen.

Beim Gespräch zwischen dem Reichen und dem dritten Knecht war eine kühne und trotzige Begründung zugefügt, die der Knecht für sein Verhalten gab: »Herr, ich wußte, daß du ein strenger Mann bist. Du erntest, wo du nicht gesät hast, und sammelst, wo du nicht ausgestreut hast. Weil ich Angst hatte, habe ich das Geld in der Erde versteckt.« Bei seiner Antwort stellte der Herr dem Knecht nicht die Frage, an die sich Rasi erinnerte, sondern tadelte ihn scharf: »Du böser und fauler Knecht. Wußtest du, daß ich ernte, was ich nicht gesät habe, und sammle, wo ich nicht ausgestreut habe, dann hättest du mein Geld dem Geldverleiher bringen können, und ich hätte das Meinige bei meiner Rückkehr mit Zinsen erhalten.«

Rasi fand, diese Zufügung passe nicht zu seiner Person. Denn er war ja so ängstlich und würde es nie wagen, vor dem himmlischen Richter mit einer frechen Rede aufzutreten. Aber er wollte mit Jakobus nicht streiten, wie das Gleichnis aus dem Munde Jesu ursprünglich gelautet habe. Vielleicht hatte er eben nur das aus ihm gehört, was für ihn wichtig war. Oder war auch dieser Schluß des Gleichnisses für ihn ein wenig wahr? Wenn er so ängstlich bemüht war, perfekt zu sein und nie einen Fehler zu begehen, machte er dann nicht in seiner Vorstellung Gott zu einem fürchterlichen Tyrannen, der uns für jeden Fehler bestraft und viel mehr von uns ver-

langt, als wir leisten können? Wollte ihm Jakobus mit diesem Schluß des Gleichnisses das falsche Gottesbild zeigen, das er sich in seiner Angst gemacht hatte?
Der Entschluß Rasis, ein Jünger Jesu zu werden, wurde durch das Gespräch mit Jakobus nur gefestigt.

II. Nur ein unscheinbares Charisma

Vom Brunnen im Hof drei Krüge Wasser in die Küche zu schleppen, Holz zu holen, das Feuer auf dem Herd anzufachen, den gefüllten Wasserkessel darüberzuhängen, die Latrine zu reinigen, das Badezimmer für die Herrschaft zu fegen und den Ofen für das Badewasser zu heizen, das waren die ersten Arbeiten, die der Sklave Secundus jeden Morgen in der Frühe verrichten mußte. Dann stand er den ganzen Tag über dem Koch Onesimus für die schmutzigen und anstrengenden Arbeiten zur Verfügung. Onesimus war auch Sklave, aber Secundus war ihm unterstellt. Doch Onesimus war wie ein älterer Freund zu ihm. Secundus hatte nicht zu leiden wie andere Sklaven unter ihrem Aufseher. Onesimus war Christ.
Bald nachdem Secundus als Küchenbursche in dieses Herrschaftshaus gekommen war, hatte Onesimus ihn zu den Versammlungen der Christen mitgenommen. Secundus war zum Glauben an Christus gekommen und hatte sich taufen lassen. Die ersten Monate nach der Taufe war der Besuch des Gottesdienstes für ihn ein Fest. Er fühlte sich selig in der Gemeinschaft der Gläubigen. Wenn sie am Sonntag vor Tagesanbruch zum Gebet zusammen waren und Christus, dem Herrn, Loblieder sangen und von ihm eine Geschichte hörten, war ihm zumute wie einem Jünger, der am Ostermorgen dem auferstandenen Herrn begegnet ist. Und wenn sie sich am Sonntag nach Feierabend versammelten und das Brot brachen und den Kelch des Herrn herumreichten, glaubte er oft, er sitze unter der Schar der zwölf Jünger und empfange vom Herrn selber das Brot. Sie gehörten wie eine große Familie zusammen, und ihn behandelten sie wie einen jüngeren Bruder.
Aber dann kam eine Zeit, da er sich unter ihnen nicht mehr wohl fühlte. Nicht weil er nun die Lieder und die Geschichten alle kannte, nicht weil der Brauch des Brotbrechens immer auf dieselbe Weise vor sich ging, nicht weil alles ihm zur Gewohnheit geworden war, verlor er die Freude an den Zusammenkünften und war ein

Fremder unter ihnen. Schuld war, daß er zum Lobe Christi und zur Erbauung der Mitchristen nichts beitragen konnte. Ihre Gottesdienste wurden ja nicht durch den Gemeindeleiter Gajus allein gestaltet. Dieser begann zwar das Zusammensein mit einem Gebet. Aber dann beteiligten sich nacheinander viele: der eine mit einer Prophetenrede, der andere mit einem Glaubenszeugnis. Einer trug eine Ermahnung vor, ein anderer ein Fürbittegebet. Einer hatte ein neues Lied zur Ehre Gottes gedichtet. Er sang es vor und lehrte es die Gemeinde. Einige sprachen Gebete in der Sprache der Engel mit Wörtern, wie sie noch nie über die Lippen eines Menschen gekommen waren. Sprachengebete, so nannte man diese Rede vor Gläubigen, die sich ganz dem Strom des Heiligen Geistes anvertraut hatten. Man sagte, daß auch die andern, die sich im Gottesdienst äußerten, dazu vom Heiligen Geist ausgerüstet und durch eine Gnadengabe befähigt waren. Einer hatte sogar das Charisma der Heilung erhalten. Wenn er einem Kranken die Hand auflegte und mit ihm betete, wichen die Schmerzen, und oft wurde der Kranke gesund. Zu manchen Gottesdiensten trug man Kranke herbei, damit sie durch dieses Charisma der Heilung genesen sollten.

Wenn Secundus sich umsah, wer an diesem und an den letzten Sonntagen den Gottesdienst durch ein Gebet oder ein Lied oder eine Ansprache mitgestaltet hatte, so war er fast der einzige, der immer stumm geblieben war. Selbst Alexamenos, der wie er ein niedriger Sklave war und nur Latrinen putzte, hatte ein langes Gebet mit vielen für Secundus ganz fremd klingenden Wörtern vorgetragen.

Mehrmals hatte Secundus in diesen Gottesdiensten einen Anlauf genommen, selber auch etwas zu sagen. Doch im Augenblick, da die andern schwiegen und auf ihn blickten und hören wollten, was er zu sagen hatte, waren seine Gedanken weggeblasen und ihn würgte etwas im Hals. Dann schwieg er, und ein anderer ergriff das Wort. Das ärgerte Secundus. Er fand, daß er eigentlich trotz seiner Taufe nicht zur Gemeinde gehöre. Denn der Heilige Geist hatte ihm nicht wie den andern ein Charisma verliehen.

Auf dem Heimweg mit Onesimus klagte Secundus über sein Los: »Schon unter Sklaven in unserem Haus stehe ich zuunterst auf der Rangstufe, und jetzt bin ich auch noch in der Gemeinde Christi ein Ausgestoßener, weil der Heilige Geist mir ein Charisma versagt.« Er wollte sich nicht trösten lassen und zählte Onesimus mit allen Einzelheiten auf, was jedes Gemeindeglied in der vergangenen Stunde im Gottesdienst gesprochen, gebetet oder vorgesungen hatte.

168

Onesimus wunderte sich, wie genau das Gedächtnis von Secundus alle diese Worte behalten hatte. Secundus schloß seine Klage: »Und ich wollte auch ein Gebet sprechen, aber der Heilige Geist hat mich im Augenblick, als ich an der Reihe war, im Stich gelassen. Darum komme ich nicht mehr zu den Versammlungen, ich gehöre nicht zu euch.«

Dabei blieb es. An den nächsten Sonntagen fehlte Secundus bei den Zusammenkünften der Christen. Der Gemeindeleiter Gajus ließ sich von Onesimus alles über Secundus erzählen.

Bald darauf suchte Gajus nach Feierabend den Sklaven Secundus auf und sprach lange mit ihm. Onesimus saß dabei.

Secundus beharrte darauf: »Ich habe kein Charisma erhalten. Darum bin ich kein rechter Christ. Der Heilige Geist hat mich aus der Gemeinde ausgeschlossen.«

Da kam Gajus das Gleichnis von den anvertrauten Geldern in den Sinn: »Unser Herr hat einmal ein Gleichnis erzählt. Hör zu: Ein Reicher mußte ins Ausland verreisen und verteilte vorher seinen Knechten das Vermögen, damit sie mit dem Geld arbeiteten. Er gab jedem nach seiner Fähigkeit, dem einen fünf Minen Silber, dem andern zwei und dem dritten eine Mine. Als er nach langen Jahren zurückkehrte, traten die Knechte bei ihm zur Abrechnung an. Der erste hatte als tüchtiger Geschäftsmann zu seinen fünf Minen ebenso viele dazu gewonnen. Der Reiche lobte ihn und freute sich darüber.

Auch der zweite war nicht untätig geblieben. Zu den zwei Minen Silber hatte er zwei hinzuverdient. Er empfing ebenfalls Lob und Anerkennung von seinem Herrn. Da kam auch der dritte und legte genau die Mine Silber, die der Herr ihm anvertraut hatte, auf den Tisch. Er hatte sie, um nichts durch Diebstahl zu verlieren, in der Erde vergraben. Der Herr war nicht zufrieden und tadelte ihn: »Warum hast du das Geld nicht wenigstens auf eine Bank gebracht? Dann hätte ich es heute mit Zinsen zurückbekommen.«

Da unterbrach Secundus die Erzählung des Gemeindeleiters: »Du meinst, daß ich dem dritten Knecht gleiche. Das stimmt nicht. Ich bin einer, der von seinem Herrn nichts erhalten hat und darum bei der Abrechnung nichts auf den Tisch legen kann.«

»Doch, du hast auch ein Charisma erhalten, ein unscheinbares zwar, aber ein wichtiges. Du kannst aufmerksam zuhören und schnell verstehen. Was hätten die Charismen der andern Christen für einen Wert, wenn es nicht auch solche gäbe, die gut zuhören und verstehen können? Überlege dir, ob du nicht dem gleichst, der sein Vermögen in der Erde vergräbt?«

Damit verabschiedete sich Gajus von Secundus. Onesimus begleitete ihn noch ein Stück weit auf dem Heimweg. Er bemerkte: »Ich habe das Gleichnis auch schon gehört. Aber es hatte einen Schluß, den du nicht erzählt hast.«

»Ich meine, daß es ohne diesen Schluß Secundus eher helfen wird. Wenn er einmal gemerkt hat, wie wertvoll sein Charisma ist, kann er auch über den Schluß des Gleichnisses nachdenken.«

Die Frage der Fragen

Vor dem Ende sprach Rabbi Sussja: »In der kommenden Welt wird man mich nicht fragen: ›Warum bist du nicht Mose gewesen?‹ Man wird mich fragen: »Warum bist du nicht Sussja gewesen?‹«

Martin Buber (Die Erzählungen der Chassidim)

Das Gleichnis vom verlorenen Sohn (Lk 15,11–32)

Wer dieses Gleichnis schon als Kind gehört hat und sich im Religionsunterricht mehrmals damit beschäftigen mußte, hat, wenn er ihm wieder einmal begegnet, nicht das Gefühl, daß es ihm sensationell Neues zu sagen hat. Er wird durch die Parabel von den beiden Söhnen kaum veranlaßt, über sich selbst nachzudenken. Ergänzt man den Gleichnistext durch theologische Ausführungen über seine Bedeutung, so findet er vermutlich, das alles wisse er bereits. Und wer als regelmäßiger Predigthörer mehrmals im Lauf der Jahre Predigten über diesen Text gehört hat, der hat sich selbst in den Bezugsrahmen, den das Gleichnis anbietet, eingeordnet. Man könnte auch sagen: Er hat das Gleichnis in das System seiner Daseinsdeutung einbezogen. Er sieht entweder in der Geschichte des jüngeren Sohns ein Abbild seines eigenen Lebensweges. (Das ist der Fall, wenn er nach einem längeren Irrweg eine Wendung zu Gott erlebt hat oder wenn ihm im Blick auf die eigene Schuld die ohne Verdienst gewährte Vergebung durch Gott wichtig geworden ist.) Oder er versteht das Bild des älteren Sohns als abschreckendes Beispiel für das eigene Verhalten als Gläubiger und hört aus dem Gleichnis den Aufruf, Kontakt und Gemeinschaft aufzunehmen mit jedem bekehrten Sünder, der in die Gemeinde kommt, sei es mit einem Atheisten, der den Glauben an Gott gefunden hat, einem Drogenabhängigen, der von seiner Sucht frei geworden ist, oder irgendeinem andern, der aus der Fremde zu Gott heimgekehrt ist.

Diese Zuordnung der eigenen Person zum Bild des jüngeren oder des älteren Sohns, evt. auch zu beiden, ist meistens so eingeschliffen, daß eine Neubegegnung mit dem Gleichnis diese nur bestätigen, nicht verändern kann. Das Gleichnis sagt dem Hörer nur, was er schon weiß.

Ist es möglich, diesem Gleichniskenner das Gleichnis so zu vermitteln, daß er veranlaßt wird, neu darüber nachzudenken und dabei, wenn möglich, auch die eigene Person mit einzubeziehen und in Frage zu stellen? Ich versuche, dies mit einer Rahmengeschichte zu erreichen.

Der ältere Sohn in christlichem Gewand

Als noch nicht getaufter Heide hätte Theophilos im Gottesdienst hinten sitzen und schweigen müssen. Doch seit ihm sein Freund Lukas die Buchrolle mit den Jesus-Geschichten geschickt und sie ihm gewidmet hatte, war er fast die wichtigste Person in der Versammlung. Er mußte vorlesen. Denn der Presbyter konnte nur gut lesen, was ihm schon vertraut war. Und wer sonst hätte so verständnisvoll vorlesen können wie Theophilos? Vieles aus dem Buch war für die Christen neu und beeindruckte sie über die Maßen.

An den Sonntagen, an denen aus dem neuen Buch gelesen wurde, saß eine Fremde in der hintersten Reihe. Sie hatte nur ihren Namen genannt, Philone. Einer aus der Gemeinde wußte, daß sie von vielen in der Stadt als weise Frau geschätzt wurde. Man suchte sie auf, wenn man im Rücken wie von einem schmerzhaft bohrenden Pfeil getroffen war oder wenn eine eiternde Wunde nicht heilen wollte. Sie hatte wirksame Salben und einen hilfreichen Spruch. Oder sie legte die Hand auf die schmerzende Stelle und streichelte sie, und es trat Linderung ein. Man holte sie auch zu einer Gebärenden, wenn das Kind den Weg aus dem Becken nicht fand. Sie wußte Rat, wenn ein Verstorbener die Hinterbliebenen in der Nacht heimsuchte.

Auch Philone interessierte sich für das neue Buch. Die Geschichte vom barmherzigen Samariter leuchtete ihr ein. So wie der Mann aus Samaria wollte sie einem Kranken oder einem Verunglückten beistehen, auch wenn er arm war und nicht bezahlen konnte. Mit der Geschichte von Maria und Marta war sie ganz einverstanden. Auch sie diskutierte gern mit Weisheitslehrern und fand, dies sei das Recht jeder Frau. Was sie aus dem Buch des Lukas über die Heilung der Frau mit dem verkrümmten Rücken hörte, gab ihr viel zu denken. Jesus mußte ein begnadeter Heiler gewesen sein. Als am andern Tag ein Kranker mit einem Rückenleiden sie aufsuchte, legte sie ihm die Hände auf und betete zu Jesus, daß seine Kraft sie erfülle, – und der Schmerz ließ nach.

Dann kam der Sonntag, an dem die drei Geschichten vom verlorenen Schaf, vom verlorenen Groschen und von den beiden Söhnen verlesen wurden. Nachdem sie das gehört hatte, war es für sie klar: Sie wollte sich taufen lassen. Wenn es darum ging, das Verlorene, Zurückgebliebene, Verirrte zur Herde zurückzuführen ... Wenn es darum ging, ins Elend geratene Menschen zu suchen und zu heilen, dann war sie dabei. Von ihrer Aufnahme in die Gemeinde hoffte sie, daß das, was sie bisher für Menschen getan hatte, verstärkt und vertieft würde.

Nach dem Gottesdienst ging sie auf den Presbyter zu. Einige Christen standen bei ihm und sprachen über das, was sie aus dem Buch gehört hatten.

»Die letzte Geschichte, das ist mein Leben. Ich ging auf falschen Wegen und tat, was Gott verboten hat. Aber ich bin umgekehrt und habe meine Sünden bereut. Und Gott hat mir vergeben und mich als sein Kind aufgenommen.« So sprach ein Christ. Man wußte, warum er das Gleichnis auf sich bezog. Vor seiner Bekehrung hatte er nur von Diebereien gelebt. Jetzt verdiente er sein Brot ehrlich als Flachmaler.

Dem Presbyter war der Schluß des Gleichnisses wichtig. In seinem Leben gab es nämlich keinen Abschnitt, in dem er in offenkundiger Sünde verharrt war. Er war von Kind an Christ. Schon sein Vater war durch die Predigt von Paulus gläubig geworden. Er sagte: »In unserer Gemeinde soll niemand so selbstgerecht urteilen wie der ältere Bruder. Wir wollen uns über jeden Menschen freuen, der sich aus der bösen Welt aufmacht und zu Gott heimkehrt. Wir alle, die groben und die feinen Sünder, sind ja auf die Barmherzigkeit Gottes angewiesen.«

Da brachte Philone ihren Wunsch vor: »Die Geschichten aus dem neuen Buch leuchten mir ein. Ich möchte eine der Euren werden und mich taufen lassen.«

Der Presbyter freute sich, daß ein Mensch durch das Wort von Christus zum Glauben gekommen war. Aber er fand, daß er noch prüfen müsse, ob sie die Bedingungen erfülle:

»Hast du denn deine Sünden erkannt? Bereust du sie? Bist du bereit, dich von deinen Götzen zu lösen, die Werke des Teufels abzulegen und ein neues Leben mit Christus zu beginnen?«

Philone fand diese Fragen merkwürdig:

»Ich habe mich bisher bemüht, Gutes zu tun und Menschen in ihrer Not zu helfen. Daß es mir nicht immer gelungen ist und daß ich meine Fehler habe, das weiß ich. Ich glaube an den mächtigen Himmelsherrn und Vater, der alle Lebewesen erschaffen und den Pflanzen Heilkräfte gegeben hat. Aus dem Buch, das bei euch vorgelesen wird, weiß ich, daß er seinen Sohn gesandt hat. Ich habe bei euch das Vaterunser gelernt, und das bete ich jeden Tag. Was braucht ihr noch mehr?«

Da mischte sich der Flachmaler ins Gespräch: »Daß du einsiehst, wie verkehrt dein bisheriges Leben ist. Wenn du das nicht erkennst, dann lebst du noch bei den Säuen, auch wenn du das gar nicht wahrhaben willst, und dann will dich Gott nicht in seine Gemeinde aufnehmen.«

Der Presbyter fand, dies sei etwas grob geredet, aber irgend etwas sei bei dieser Taufbewerberin nicht in Ordnung. Er schüttelte den Kopf. Philone gab nicht nach:

»Aus der Geschichte der beiden Söhne macht ihr ein Mittel, um alle Menschen in zwei Gruppen einzuteilen, die guten und die bösen. Die dem Jüngeren gleichen, sind die guten, alle übrigen sind schlecht. Vielleicht hatte aber der Vater, von dem in diesem Gleichnis erzählt wird, noch andere Söhne und Töchter. Wollt ihr diese alle aus dem Vaterhaus verjagen, weil von ihnen nichts erzählt wird?«

Das Gleichnis vom unnützen Sklaven (Lk 17,7–10)

Das Ideal des Menschen, der mit Selbstaufopferung viel Gutes tut, aber dafür weder Dank noch Anerkennung bei Menschen und bei Gott ernten will, ist vielen durch die christliche Erziehung eingeprägt worden. Man begegnet im christlichen Milieu auch tatsächlich solchen absolut bescheidenen, auf jedes Selbstlob verzichtenden Christen. Drückt man ihnen Freude aus an dem, was sie Gutes geleistet haben, so wehren sie ab. Sie haben nur getan »was sie zu tun schuldig waren«, obwohl faktisch das, was sie tun, unter Menschen durchaus nicht selbstverständlich ist. Sie sind unfähig, sich an der Anerkennung durch andere zu freuen. Ihre Bescheidenheit ist oft so penetrant, daß es unangenehm wird. Man fragt sich, ob hier ein Wettkampf um den ersten Preis in Demut ausgefochten werde. Das menschliche Rekordstreben kann merkwürdige Formen annehmen und sich auch im Bedürfnis äußern, die andern durch die eigene Demut zu übertreffen. Dabei zitiert man gern das Gleichnis vom unnützen Sklaven.

Ich nehme an, daß dieses Gleichnis sich ursprünglich an Adressaten richtete, die auf der theologischen Ebene ihre Gottesbeziehung als die eines Sklaven zu ihrem Herrn beschrieben, aber auf der Ebene der Praxis gingen sie mit Gott um wie mit einem Geschäftskunden, mit dem man jede Dienstleistung auf Mark und Pfennig abrechnet und der einem nichts schuldig bleiben darf. Menschen mit einer solchen Gottesbeziehung werden durch das Gleichnis in fruchtbarer Weise in Frage gestellt und herausgefordert, über ihre Stellung vor Gott nachzudenken. Menschen, deren Gottesbeziehung mit andern Bildern zu umschreiben ist, werden hingegen durch dieses Gleichnis kaum beunruhigt, vielleicht nicht einmal berührt. Gerade dieser Text spricht verschieden, je nachdem, auf welchen Adressaten wir ihn beziehen. Anders ausgedrückt: Die Lebensgeschichte eines Adressaten spielt für das Verständnis des Gleichnisses eine Rolle. Man darf darum nicht meinen, dieses Gleichnis enthielte alles, was über die Gottesbeziehung eines jeden Menschen zu sagen wäre.

Zwei ungleiche Witwen im Dienst der Gemeinde

Bevor Stachys Christ wurde, betätigte er sich auf verschiedenen Plätzen Roms als beliebter Märchenerzähler. Seine Geschichten handelten von Seefahrern, Räubern, Kriegshelden und Halbgöttern. Nachdem er den Glauben an Christus angenommen hatte, war er auch in der Gemeinde der Mann, dem man gern zuhörte, wenn er erzählte. Er berichtete, was Paulus im Sturm auf dem Meer von Malta erlebt hatte, wie Epaphroditus todkrank war und durch die Kraft Christi geheilt wurde, wie es Phoebe bei ihrer Begegnung mit dem Polizeihauptmann ergangen war. Auch Geschichten von Jesus wußte er viele. Stachys hatte seine eigene Art, die Leute so lange beharrlich auszufragen, bis er ihre denkwürdigen Erlebnisse erfahren hatte. Daraus machte er dann eine spannende Geschichte.

Inzwischen war er alt und gebrechlich geworden. Als er das dritte mal gestürzt war, wurde er bettlägrig. Er hatte keine Verwandten, die ihn pflegten. Eine Familie, die ihn aufnehmen konnte, war nicht vorhanden. Doch die Gemeinde hatte zwei Frauen, die das Witwenamt ausübten. Sie kümmerten sich um bedürftige Gemeindemitglieder und pflegten Kranke. So kamen sie denn zu ihm. Maria und Tryphosa, oft beide zusammen, oft die eine oder die andere, wie sie gerade Zeit hatten. Sie betteten ihn um, wuschen ihn und versorgten ihn mit Speise und Trank.

Er interessierte sich als Geschichtenerzähler auch für den Lebensweg der beiden Frauen, die ihm täglich so nahe kamen. Bei Maria war es nicht schwer, ihre Vergangenheit zu erforschen. Sie erzählte gern aus ihrem Leben. Sie war eine Matrone mit vornehmen Umgangsformen, stammte aus einer reichen jüdischen Familie und hatte früher mit ihrem Ehemann einen Gutshof bewirtschaftet, eine Wegstunde von der Stadt entfernt. Sie hatte keine Kinder. Sie bemühte sich, ihren acht Sklaven eine gütige Herrin zu sein. Sie erhielten das gleiche Essen wie die Herrschaft, bekamen täglich beizeiten Feierabend, und am Sabbat war ohnehin für alle Ruhetag. Wurde einer krank, so pflegte sie ihn wie ein eigenes Kind, und wenn einer alt und arbeitsunfähig wurde, verkaufte man ihn nicht, sondern er blieb wie ein Familienmitglied auf dem Hof.

Maria war eine fromme Frau. Sie las viel in der heiligen Schrift. Im Buch der Preisungen war ein Lied, das es ihr besonders angetan hatte. Es drückte aus, wie sie sich vor Gott fühlte: ganz angewiesen auf seine Güte, ganz abhängig von ihm. Das Lied lautete:

> Zu dir, der du im Himmel thronst, erhebe ich meine Augen.
> Siehe, wie Knechte ihre Augen erheben
> zu der Hand ihres Herrn;
> ja, wie die Augen der Magd auf die Hand der Gebieterin,
> so blicken unsere Augen auf den Herrn, unsern Gott,
> bis er uns gnädig ist.   (Ps 123)

Reichlich hatte der Herr sie mit Segen überschüttet. Was sie von ihm erfahren hatte, wollte sie an ihre Knechte und Mägde weitergeben.

Dann war das Unheil über sie hereingebrochen. Ein Unwetter, wie seit Menschengedenken nicht mehr, ließ die Flüsse anschwellen. Der Bach in der Nähe des Hauses durchbrach den Damm. Felder und Äcker wurden überschwemmt und mit Schlamm und Steinen bedeckt. Im Haus stand das Wasser knietief. Ihr Mann wollte mit den Knechten den Damm flicken. Die Fluten rissen ihn und zwei Knechte mit. Das Haus war unbewohnbar geworden. Ihr einziger Besitz waren einige Schmuckstücke und die sechs Sklaven. Sie zog in die Stadt. So sehr es sie schmerzte, sie mußte die Sklaven verkaufen.

In der Stadt lernte Maria Christen kennen. Sie wurden für sie Brüder und Schwestern und nahmen sie in ihre Gemeinde auf. Hier fand sie den Herrn Jesus Christus. Er, als der Leidende und Gekreuzigte, gab ihr Mut, den erlittenen Verlust anzunehmen und ein neues Leben zu beginnen. Ihm übergab sie sich zum Eigentum mit Leib und Seele. Treu nahm sie an den Versammlungen der Gemeinde teil, bekannte sich vor den Nachbarinnen zum Glauben und nahm in ihrer kleinen Wohnung durchreisende Glaubensboten gastfreundlich auf.

So vertraute ihr die Gemeinde das Witwenamt an, obwohl sie keine eigenen Kinder aufgezogen hatte. Maria freute sich, daß sie mit ihrer Fürsorglichkeit wieder Menschen betreuen durfte.

Das war es, was Stachys über die Vergangenheit Marias herausbekam. Gern hätte er ihre Geschichte jemandem erzählt, der sie nicht kannte.

Die andere Witwe, Tryphosa, war gesprächig, aber sie redete nicht gern von sich selber. Auf seine direkten Fragen antwortete sie ausweichend. Ihre Lebensgeschichte blieb ihm zunächst verborgen. Doch auf die Länge war sie der List seiner Fragen nicht gewachsen. Er mußte ihr nur zuerst eine interessante Geschichte von einer Frau erzählen, vielleicht von der Tuchhändlerin Lydia oder von Junia, die das Apostelamt ausübte. War Tryphosa dann beim Zuhören warm geworden, so brauchte Stachys ihr nur noch einen kleinen Anstoß zu geben, so etwa wie: »Vielleicht hast du schon Ähnliches erlebt«, dann kam jedesmal ein Bruchstück aus ihrem Leben zum Vorschein, und Stachys setzte diese Bruchstücke wie Mosaiksteinchen zusammen. Mit der Zeit sah er ihren ganzen Lebenslauf vor sich:

Sie stammte aus einem heidnischen Dorf in den apulischen Bergen. Nach der Geburt ihres dritten Kindes starb ihr Mann an einem Unfall. Sie mußte ihre Kinder als Wäscherin durchbringen. Auf dem Waschplatz am Dorfbach war sie nie allein. Andere, die wie sie im Taglohn arbeiteten, waren dabei, Hausfrauen, die ihre Wäsche selber besorgten, und Sklavinnen.

Während sie die Wäschestücke einseiften, zwischen den Händen rieben und auf das Waschbrett klopften, berichteten sie einander, was sie bewegte. Die eine erwartete ihr siebtes Kind, der andern war der Mann untreu geworden. Die Sklavin Silva klagte, daß ihre Herrin nie zufrieden sei mit ihr:

»Ich schufte jeden Tag bis in die tiefe Nacht hinein und höre nie ein Wort, daß ich es recht mache.«

Die Sklavin Nigra erzählte, wie sie von ihrem Herrn wieder einmal grün und blau geschlagen und mißbraucht wurde.

Tryphosa hatte Mitgefühl für diese Schwestern und fand, die Welt sei nicht gut eingerichtet, daß es Sklaven und Herren darin gäbe.

Alle Menschen hätten das gleiche Recht auf Leben und Freiheit. Es sei ein himmelschreiendes Unrecht, daß einige sich's wohl sein lassen konnten und die übrigen für sie die Dreckarbeit machen mußten. Empörend fand sie, wenn ein alter Knecht oder eine Magd, nachdem sie das ganze Leben ihrem Herrn gedient hatten, verkauft wurden, weil sie nicht mehr voll arbeiten konnten, oder wenn sie von Haus und Hof verjagt wurden und sich vom Betteln ernähren mußten. Aber die Witwe Tryphosa konnte die Welt nicht ändern. Als ihre Kinder erwachsen waren und eigene Familien hatten, zog sie mit ihrem Ältesten in die Stadt. Dort lernte sie die Gemeinde der Christen kennen. Ihr machte Eindruck, daß hier Sklaven und Herren, Frauen und Männer miteinander umgingen, als ob es keine Rangunterschiede gäbe. Sie beteten miteinander und saßen alle am gleichen Tisch und aßen zusammen und schienen sich nicht um die Ordnung in dieser Welt zu kümmern.

In einer Versammlung las eine Frau aus dem Brief eines Apostels vor. Ein Satz, den Tryphosa hörte, war für sie aufregend: »Hier gibt es nicht Sklaven und Herren, nicht Frau und Mann. Denn ihr seid alle einer in Jesus Christus.« War in dieser Versammlung denn die neue Ordnung schon da?

Aus dem gleichen Brief hörte sie später noch ein anderes Wort: »Einst waren wir Sklaven, aber dann sandte Gott seinen Sohn und kaufte uns frei. Jetzt sind wir Söhne.« Da eine Frau diesen Satz vorlas, wußte sie, daß das auch für sie galt. Sie war Tochter Gottes, nicht Sklavin.

Das war der Grund, warum sie die Taufe begehrte. Sie wollte ganz zu dieser Gemeinschaft gehören, in der alle einander Brüder und Schwestern waren. Sie wollte Tochter Gottes sein. Weil sie sich mit den Jahren als Christin bewährt hatte, wurde ihr das Witwenamt in der Gemeinde anvertraut.

Das war die Geschichte der andern Frau, die Stachys umsorgte. Er schätzte beide Pflegerinnen. Maria war tüchtig, umsichtig, und während sie die Wohnung tadellos in Ordnung brachte, hatte Stachys interessante Gespräche mit ihr. Tryphosa hatte starke Arme und zarte Hände. Er fühlte sich bei ihr wie bei einer Mutter gut aufgehoben. In einem aber waren die beiden Witwen ganz verschieden: Maria wollte nicht, daß Stachys ihr dankte. Sie wies unwirsch jedes lobende Wort über ihren Dienst zurück. Tryphosa hingegen hatte es gern, wenn er ihr dankte. Sie freute sich, wenn er ihr sagte, wie unentbehrlich sie für ihn sei.

Stachys fragte Maria nach dem Grund ihrer Zurückweisung jeder Bezeugung von Dankbarkeit. Sie antwortete:
»Das hat der Herr selber uns in einem Gleichnis so gelehrt. Er sprach: Wenn einer von euch einen Sklaven hat, der pflügt oder das Vieh hütet, wird er etwa zu ihm, wenn er vom Feld kommt, sagen: Nimm gleich Platz zum Essen? Wird er nicht vielmehr zu ihm sagen: Mach mir etwas zu essen, gürte dich und bediene mich; wenn ich gegessen und getrunken habe, kannst auch du essen und trinken. Bedankt er sich etwa bei dem Sklaven, weil er getan hat, was ihm befohlen wurde? So soll es auch bei euch sein: Wenn ihr alles getan habt, was euch befohlen wurde, sollt ihr sagen: Wir sind unnütze Sklaven; wir haben nur unsere Schuldigkeit getan.«
Stachys wollte wissen, wie Tryphosa über dieses Gleichnis dachte. Als sie allein bei ihm war, erzählte er ihr von der Antwort Marias. Sie schüttelte den Kopf:
»Ich glaube nicht, daß Gott ein solcher Sklavenhalter ist. Aus den Schriften des Apostels habe ich gelernt, daß wir Gottes Mitarbeiter sind. Ich bin überzeugt: Gott freut sich, wenn ich zu dir komme und dich umbette. Er findet nicht, ich sei eine unnütze Magd.«

Geschichten
aus dem Johannes-Evangelium

Nach der altkirchlichen Tradition soll Johannes, der eine der beiden Zebe-
däus-Söhne (Mk 1,19; Joh 21,2), das vierte Evangelium geschrieben haben,
also ein Augenzeuge des irdischen Wirkens Jesu, nicht bloß ein Sammler von
Geschichten über Jesus wie Markus und Lukas. Beim Nacherzählen eines
Augenzeugenberichts muß ich anders vorgehen als bei Geschichten, die
während längerer Zeit durch das Weitererzählen von Mund zu Mund geformt
wurden. Beim Augenzeugenbericht gehe ich davon aus, daß der Verfasser
vieles, was er schreibt, selber genau so gesehen und gehört hat, wie es da
steht. Er ist zwar auch als Augenzeuge bei seinen Wahrnehmungen von Vorurteilen und Grundüberzeugungen beeinflußt. Er läßt beim Niederschreiben
des Ereignisses manches weg, was er gesehen und gehört hat, weil es nach
seiner Meinung ohne Bedeutung ist, und betont anderes, weil es ihm wichtig
erscheint. Auch ein Augenzeugenbericht ist also subjektiv.
Doch immerhin, wenn der vierte Evangelist Augenzeuge war, hat das für das
Nacherzählen seiner Geschichten Konsequenzen! Dann muß ich, wenn ich
vom Weinwunder von Kana erzähle, die schöpferische Allmacht, mit der Gott
seinen Sohn ausgerüstet hat, zum Leuchten bringen – oder ich muß behaupten, daß der Augenzeuge Johannes bei jener Hochzeit geschlafen und geträumt habe. Wenn die Auferweckung des Lazarus, dessen Leichnam schon
drei Tage im Grabe lag, ein Augenzeugenbericht ist, muß meine Nacherzählung beim Hörer ein Staunen auslösen über die Wunderkraft, über die Jesus,
der Herr und Bringer des Lebens, verfügt, – oder ich muß Gründe vorbringen
für den Verdacht, daß der Augenzeuge hier nicht zuverlässig berichtet habe.
Aber war der vierte Evangelist wirklich Augenzeuge? Der biblische Text behauptet nirgends, daß der Zebedäus-Sohn Johannes das Evangelium geschrieben habe. Diese Nachricht taucht bei den Kirchenvätern erst 100 Jahre
später auf. In dem von anderer Hand zugefügten Anhang des Evangeliums
wird zwar angedeutet, der Lieblingsjünger sei der Verfasser des Buches (Joh
21,24). In den Gemeinden, in denen dieses Evangelium in den Gottesdiensten gelesen wurde, führte man es also auf diese geheimnisvolle Person zurück, doch diese wird in neutestamentlicher Zeit nicht mit Johannes gleich-
gesetzt, auch das ist spätere Kombination.
Nun stellt aber der vierte Evangelist das Wirken Jesu vor seinem Tod so anders dar als die ersten drei Evangelien (die sog. Synoptiker), daß man als Leser oder Nacherzähler vor der Alternativfrage steht, sich das Wirken Jesu
entweder so vorzustellen, wie es die Synoptiker erzählen, oder nach der Darstellung des Johannes. Unwahrscheinlich ist, daß der irdische Jesus sowohl
dem Bild der Synoptiker, als auch dem des Johannes ähnlich war oder daß
er, je nach Ort und Zeit, bald diesem, bald jenem Bild geglichen habe.
Schon der Ablauf der Ereignisse ist ganz anders: Hat Jesus kurz vor seiner
Verhaftung die Händler aus dem Tempelvorhof in Jerusalem vertrieben (so
erzählen es die Synoptiker)? Oder hat er mit dieser Tat in prophetischer Vollmacht sein öffentliches Wirken begonnen (so berichtet es Johannes)? Daß er
dieselbe Tat zweimal vollbracht hat, kommt doch wohl nicht in Frage.

Wie muß ich mir das Lehren des irdischen Jesus vorstellen? Daß er in Gleichnissen die Nähe des Gottesreiches verkündet und so das Kommen Gottes nur indirekt zur Sprache gebracht hat, wie es die Synoptiker berichten? Oder daß die Nähe des Gottesreichs, dieses wichtigste Thema seiner Predigt bei den Synoptikern, in seiner Lehre gar nicht vorkam, sondern daß er die Heilsbedeutung seiner Person in Bildreden verkündet hat, wie Johannes schreibt? Nach welchem Muster waren seine Predigten gebaut? »Mit dem Himmelreich ist es gleich wie mit einem Schatz im Acker ...« oder »Ich bin das Brot des Lebens. Ich bin das Licht der Welt. Ich bin die Auferstehung und das Leben«? Wie hat Jesus in der Öffentlichkeit über seine Person gesprochen? Hat er, wie es die Synoptiker darstellen, das Bewußtsein einer besonderen Beauftragung durch Gott zwar angedeutet, aber seine Zeitgenossen nicht direkt vor die Entscheidung für oder gegen seine Person, für oder gegen seine göttliche Sendung gestellt? Konnten sie in ihm also mit einem gewissen Recht einen Propheten oder den von den Toten auferstandenen Täufer Johannes sehen (Mk 8,28)? Oder hat er sie, wie es Johannes sieht, ständig herausgefordert, ihn als den einzigen Sohn Gottes, der vom Himmel herabgekommen ist, zu erkennen und zu ehren? Der johanneische Christus wirkt auf die Juden so, daß sie ihm vorwerfen »er mache sich Gott gleich« (Joh 5,18). Der synoptische Jesus macht sich Gott nicht gleich, sondern erinnert immer einmal wieder an den Unterschied zwischen Gott und ihm. Über das Wissen, wann das Weltgericht anbricht, sagt er zum Beispiel: »Doch jenen Tag und jene Stunde kennt niemand, auch nicht die Engel im Himmel, nicht einmal der Sohn, sondern nur der Vater« (Mk 13,32).

Der johanneische Jesus spricht oft nicht wie ein Mensch, sondern wie Gott selbst. »Ich bin der Weg und die Wahrheit und das Leben« (Joh 14,6). Dieses Wort ist für mich verständlich als Selbstaussage eines göttlichen Wesens, für das die Menschengestalt nur das äußere Kleid seiner Offenbarung ist. So kann ein wirklicher Mensch nicht von sich selber reden, wenn nicht drei Wesensmerkmale jedes Menschen – seine Sterblichkeit, seine geschichtliche Begrenztheit und die Relativität seiner Erkenntnis – für ihn außer Kraft gesetzt sind. In der Einleitung des Evangeliums steht zwar der berühmte Satz: »Und das Wort ist Fleisch geworden und hat unter uns gewohnt, und wir haben seine Herrlichkeit gesehen, die Herrlichkeit des einzigen Sohnes vom Vater, voll Gnade und Wahrheit« (Joh 1,14). Fleisch bedeutet hier das Menschsein in seiner Vergänglichkeit und Schwachheit. Ist er also nicht auch für Johannes ein wirklicher Mensch und nicht ein göttliches Wesen, das in Menschengestalt auf Erden wandelt? Doch der Evangelist nimmt nirgends in seinem Buch auf diese Aussage in der Einleitung Bezug. Ich nehme mit dem Neutestamentler Jürgen Becker (Das Evangelium des Johannes, 1979) an, daß er den Satz aus der Glaubenstradition seiner Gemeinde zitiert, aber daß er in seinem Denken über Christus keine Rolle gespielt hat. Für ihn ist das Fleisch nur der Ort, an dem die Herrlichkeit des von Gott gesandten Sohnes aufleuchtet.

Ob ich mir den Menschen Jesus und sein Wirken eher nach den Synoptikern oder nach Johannes vorstelle, diese Alternative muß ich entscheiden, bevor ich Geschichten aus dem Johannes-Evangelium erzähle. Für mich sprechen historische Gründe dafür, das synoptische Jesus-Verständnis als historische Quelle zu bevorzugen. Das vierte Evangelium, so meine ich mit J. Becker, ist das Werk eines Kreises von Christen, die gegen Ende des 1. Jahrhunderts ihren Glauben an Christus in Abgrenzung zur jüdischen Tradition und zur Weltanschauung frühgnostischer Gruppen artikuliert haben. Die Geschichten in diesem Buch sind keine Augenzeugenberichte, sondern wurden erst nach längerer mündlicher Tradition aufgezeichnet.

Meine Entscheidung, den Zugang zu Jesus von den Synoptikern aus zu suchen, ist aber nicht nur durch objektive, sondern auch durch subjektive Gründe bedingt. Bei dieser Bevorzugung spielen meine Frömmigkeit und mein jetziges Verhältnis zu Christus eine Rolle. Wer den Alltag seines Glaubens als intensives und persönliches Verhältnis zum himmlischen Christus erlebt, zieht das johanneische Christusbild vor, weil es das Wirken des irdischen Jesus ganz im Licht des Erhöhten und des dem Gläubigen täglich Gegenwärtigen darstellt. Wer das Wort des johanneischen Christus »Ihr seid meine Freunde« (Joh 15,14) als genaue Umschreibung seiner Christus-Beziehung erlebt, wer täglich mit seinem himmlischen Freund und Herrn Zwiesprache hält, hält sich beim Nacherzählen von Geschichten aus Johannes besser an dessen Christus-Verständnis, weil es dem eigenen Glauben und seiner Praxis entspricht. Doch das ist bei mir nicht der Fall. Mit meinem kritischen und distanzierten Verhältnis zu dem »zur Rechten Gottes sitzenden Christus« würde ich bei einem unveränderten Nacherzählen des johanneischen Stoffes ein Christus-Verständnis darbieten, zu dem ich mit meinem Glauben nicht stehen kann. Ich forme die Texte darum so um, daß sie diesem entsprechen, und sorge dafür, daß die Hörer sie vor oder im Anschluß an die Nacherzählung im biblischen Wortlaut hören oder lesen. Sie sollen verschiedene Möglichkeiten, mit Christus in Beziehung zu treten, kennenlernen und dadurch eingeladen werden, ihre eigene, für sie subjektiv wahre Beziehung zu ihm zu suchen. Auch diese Nacherzählungen zu Johannes sind nicht als historische Rekonstruktionen gemeint, sondern als Versuche, mit Elementen aus der johanneischen Überlieferung ein anderes Christus-Verständnis als das des johanneischen Kreises auszudrücken.

Diese Versuche wurden für mich auch nötig, weil ich bei Johannes eine gewisse Gleichgültigkeit gegenüber den Menschen, mit denen Jesus zu tun hatte, zu bemerken meine. Diese Mitmenschen Jesu sind mit ihren besonderen Lebensschicksalen auch für die Synoptiker nicht sonderlich wichtig. Diese halten es zum Beispiel nicht für interessant, mitzuteilen, welchen Beruf der Gelähmte, der von Jesus geheilt wurde (Mk 2,1–12), vor seiner Krankheit ausübte. Sie schreiben nichts darüber, ob Zachäus, der die Hälfte seines Vermögens an die Armen verteilt, Frau und Kinder hatte (Lk 19,1–10). Aber im Schlußsatz ihrerGeschichten steht doch manchmal eine Notiz, die unserer Phantasie erlaubt, am weiteren Ergehen dieses Menschen ein wenig Anteil zu nehmen: Der Besessene von Gerasa erhält nach der Heilung den Auftrag: »Gehe nach Hause und berichte deiner Familie alles, was der Herr für dich getan hat« (Mk 5,19). Über den geheilten Bartimäus lesen wir »Und er folgte Jesus auf seinem Weg« (Mk 10,52). Solche Einzelheiten sind meiner Meinung nach wichtig, weil sie uns helfen, über die Frage nachzudenken, wie sich die Begegnung mit Jesus in unserm eigenen Lebenslauf auswirkt.

Bei Johannes fehlen solche Einzelheiten. Für ihn sind die Menschen, denen Jesus begegnet, bloße Statisten. Sie sind ihm als Menschen mit ihren besonderen Lebensschicksalen gleichgültig. Er läßt sie in seinen Geschichten etwas sagen oder fragen, aber Jesus geht dann in seinen Antworten gar nicht auf sie ein, sondern redet von sich selbst oder stellt fest, daß sie ihn mißverstanden haben. Auch bei den Krankenheilungen deutet Johannes nirgends die eigene Freude und Dankbarkeit darüber an, daß ein Mitmensch von Schmerzen und Mühsal erlöst und daß die beschädigte Schöpfung wieder heil wurde. Für ihn sind Heilungen nur interessant als Demonstrationen der Macht des Gottessohnes. Für ihn wird die Existenz eines von Kindheit an blinden Menschen dadurch sinnvoll, daß Jesus ihn heilt und daß auf diese Weise »an ihm das Wirken Gottes offenbar wird« (Joh 9,3). Daß das Wirken des liebenden Gottes offenbar wird, indem Gefangene befreit werden und menschliches Elend überwunden wird, darüber steht bei Johannes kein Wort. Mit diesem Gedanken aus den andern Evangelien (z.B. Lk 4,18 f.) können wir das Verständnis für Heilungen bei Johannes ergänzen, aber er selber interessiert sich für den Kranken als Menschen und für dessen Heilung als Erfahrung innerhalb eines irdischen Lebenslaufs nicht.

Seine Gleichgültigkeit gegenüber dem Menschlichen grenzt nach meinem Dafürhalten manchmal an Menschenverachtung. Das ist offenkundig bei dem, was er über die Juden als den Feinden Jesu schreibt. Seine Urteile über sie als Lügner, als Mörder und Kinder Satans sind von Vorurteilen und falschen Verallgemeinerungen geprägt, und er hat damit nicht wenig zur theologischen Begründung des Antisemitismus beigetragen.

In den Schriften aus dem Johannes-Kreis stehen zwar die gewaltigsten Aussagen des Neuen Testaments über den Gott, der die Liebe ist (1 Joh 4,10) und über den unlöslichen Zusammenhang zwischen Gottes- und Nächstenliebe. »Wenn jemand sagt: Ich liebe Gott, aber seinen Bruder haßt, ist er ein Lügner. Denn wer seinen Bruder nicht liebt, den er sieht, kann Gott nicht lieben, den er nicht sieht. Und dies Gebot haben wir von ihm: Wer Gott liebt, soll auch seinen Bruder lieben« (1 Joh 4,21 f.). Doch wenn der Evangelist von Menschen erzählt, ist von Menschenliebe in seiner Darstellung nichts zu spüren. Es ist, als ob die Christus-Liebe bei ihm alles Interesse für Menschen und damit auch die Liebe zu ihnen aufgesogen hätte. Möglicherweise war für ihn das Gebot der Bruderliebe auf die Glaubensgenossen im eigenen Kreis begrenzt und galt nicht für Außenstehende, auch nicht für Menschen in der Vergangenheit wie die Samariterin und den Blindgeborenen zur Zeit Jesu oder gar wie Nikodemus und die Juden.

Nicht nur bei Johannes meine ich diese durch Glauben oder durch Theologie bedingte Gleichgültigkeit gegenüber konkreten Mitmenschen zu beobachten. Sie fällt mir auch bei heutigen Mitchristen auf: bei leidenschaftlichen Christus-Liebhabern, die kein Herz für menschliche Not haben, bei theologischen Eiferern, die das, was ihre Nächsten erleben und erleiden, belanglos finden, weil ihnen nur ihre Theologie wichtig ist, bei Seelsorgern, die den Mühseligen den Trost des Evangeliums verkünden wollen, aber es nicht für nötig finden, an deren Leiden mitfühlend Anteil zu nehmen. Macht man sie auf den Widerspruch zwischen der Menschenliebe Gottes, die sie verkünden, und ihrem Mangel an Verständnisbereitschaft aufmerksam, so kommt es vor, daß sie sich auf das Vorbild des johanneischen Christus berufen und sich damit rechtfertigen. Dieser habe die Menschen, denen er begegnete, vor die Entscheidungsfrage nach ihrem Glauben gestellt und sich nicht um ihre lächerlichen Alltagssorgen gekümmert. Im Gespräch mit Nikodemus zum

Beispiel habe er rücksichtslos auf der Forderung nach der Wiedergeburt beharrt und sich nicht durch falsches Mitgefühl von seinem Auftrag ablenken lassen. Das sei das Modell für wahre Seelsorge.

Solche Vorbildwirkungen des johanneischen Christus haben mich veranlaßt, über Geschichten aus diesem Evangelium nachzudenken mit der Frage nach den Menschen, denen Jesus begegnet, und nach ihrem Erleben. Die Klischees, die Johannes für sie benützt, sind keine historisch verwertbaren Nachrichten über sie. Aber ich kann meine Phantasie ausschicken, ob ich anhand dieser Klischees vielleicht wirkliche Menschen, wie ich sie mir vorstelle, finde. Und ich kann etwas über deren Christus-Erfahrung erzählen. Das ist dann freilich eine andere Christus-Erfahrung als die, welche Johannes bezeugt.

Meine Absicht bei Geschichten mit Material aus Johannes wird vermutlich am deutlichsten bei meiner Version der Nikodemus-Geschichte.

Das Gespräch mit Nikodemus (Joh 3,1–13)

Stellen wir uns ein seelsorgerliches Gespräch am späten Abend in einem Pfarrhaus vor: Ein Gemeindeglied hat den Pfarrer aufgesucht, um von ihm einen seelsorgerlichen Rat zu bekommen. Es hat sein Anliegen vorgebracht, aber dann hat der Pfarrer das Wort ergriffen, und jetzt redet er und redet von dem, was ihm im Glauben wichtig erscheint. Sein Besucher versteht nicht mehr, was alle diese geistlichen Worte und Gedanken mit seinem Problem zu tun haben. Weil der Redestrom des Pfarrers immer noch fließt, steht der Besucher schließlich auf, um sich zu verabschieden. Der Pfarrer scheint dies in seinem Eifer nicht zu bemerken. So verläßt der Besucher schließlich diskret das Zimmer und das Haus. Dann bemerkt auch der Pfarrer, daß er allein im Zimmer ist. Vielleicht beklagt er sich dann noch über Menschen, die für das Wort Gottes verstockt sind und nicht hören wollen, was Gott ihnen zu sagen hat.

Was ich hier beschreibe, ist eine Karikatur. So sind doch die Seelsorger in Wirklichkeit nicht! Doch was Johannes über das Gespräch Jesu mit Nikodemus erzählt, verläuft nach dem Muster eines solchen Gesprächs, in welchem der Lehrer gar nicht auf die Fragen seines nächtlichen Besuchers eingeht und das in einem Monolog des Lehrers endet. »Nikodemus darf einmal einen substantiellen Gesprächsbeitrag leisten (Vers 2), zweimal sein Mißverständnis äußern (Vers 4 u. 9), um dann ganz, mitsamt der Szene, ausgeblendet zu werden« (J. Becker). Der Evangelist schreibt nichts darüber, ob Nikodemus schließlich den Sinn der Worte Jesu begriffen habe oder ob er von seinem Mißverständnis nicht losgekommen sei. Man kann aus Stellen, in denen Johannes Nikodemus wieder erwähnt, schließen, daß das Gespräch mit Jesus nicht wirkungslos war und daß Johannes sogar etwas darüber wußte (Joh 7,50; 19,39). Aber das interessiert ihn nicht. Der Evangelist sagt nicht einmal ein Wort darüber, wie und wann Nikodemus von Jesus weggegangen ist. Irgendwann geht im Bericht des Evangelisten die Rede Jesu in Gemeindepredigt über (schon Vers 14? oder Vers 17? oder erst Vers 21?).

Wenn der Evangelist sich so wenig für den Menschen Nikodemus interessiert, wundert es nicht, daß die Nacherzähler dieses Textes auch nicht liebevoll mit ihm umgegangen sind. Er wurde zum abschreckenden Beispiel für solche, die ganz gern Jesu Jünger werden möchten, aber zu feige sind, dies öffentlich zu bekennen, und darum auch nicht wahre Nachfolger Christi sein können. Man hat ihn auch als Ventil zum Ablassen der Ressentiments benutzt, die bei uns Christen fast unvermeidlich auftauchen, wenn ein Jude auftritt, der zur Partei der Pharisäer gehört und erst noch Schriftgelehrter ist. Im Gegensatz zu den einmütig negativen Urteilen über Nikodemus reizt es mich, phantasierend den Gedanken auszuspinnen, daß sich hinter diesem Namen ein Jünger Jesu verbergen könnte, der schon früh die drohende Feindschaft zwischen Juden und Christen erkannt und zudem gewußt hat, daß Jesus selber den tödlichen Bruderkrieg zwischen den beiden Glaubensweisen nicht gewollt hat, daß dieser Krieg vielmehr der Glaubwürdigkeit des Evangeliums einen schweren Schaden zufügt.

Weil Nikodemus einen griechisch klingenden Namen hat, habe ich ihm als Freund Timon, einen aus dem Kreis der Sieben (Apg 6,5), an die Seite gestellt.

Ein früher Vertreter des jüdisch-christlichen Gesprächs

Nikodemus erzählt:

Für Menschen des Friedens sind heute schlechte Zeiten. Menschen des Streits zerreißen das Volk Gottes und trennen, was zusammengehört. Sie bauen Mauern um die eigene Gruppe und richten über die andern, die draußen sind. Als ich gestern an der Versammlung der Jesus-Jünger teilnehmen wollte, wiesen sie mich ab. Sie sagten, daß ich nicht zu ihnen gehöre. Dennoch bin ich ein Jünger Jesu. Niemand kann mir das absprechen.

Doch ich gehöre ebenso zum Kreis der Pharisäer. Ich bin ein Vorsteher der Juden. Auch dort hassen sie mich wegen meiner Einstellung. Mein Name Nikodemus wird verflucht, weil ich Jünger Jesu bin. Sie halten mir noch immer vor, daß ich damals, vor 20 Jahren, an jenem schwarzen Freitag vor dem Passahfest, zusammen mit dem Ratsherrn Joseph gegen das Todesurteil gestimmt habe. Wir waren die einzigen, die sagten, daß Jesus unschuldig sei. Das Gericht hat damals einen schweren Irrtum begangen. Das weiß ich heute gewiß. Rabbi Jesus war der Gesandte Gottes. Der Ewige, gepriesen sei er, hat Großes an uns getan durch ihn. Ich sage es offen, daß ich nachher am Grabe bei seiner Einbalsamierung dabei war. Ich hatte das Bedürfnis, ihm die letzte Ehre zu erweisen.

Was später an diesem Grabe geschehen ist, weiß ich nicht. Einige Jünger bezeugen, Rabbi Jesus sei ihnen als Lebendiger erschienen.

Das Grab sei leer gewesen. Ich kann mir denken, daß sie es so erlebt haben. Doch ich selber habe nichts dergleichen gesehen. Rabbi Jesus lebt in mir, wie ich ihn vor seinem Tode erfahren habe. Er ist für mich der ganz und gar Lebendige.

Über meinen Besuch bei ihm gehen viele Gerüchte um. Sie wollen mich schlecht machen. Sie sagen, daß ich mich vor meinen Mitbürgern gefürchtet habe und darum in der Nacht zu Jesus gekommen sei. So erzählt nur, wer nicht weiß, daß wir Schriftgelehrten in der Nacht zusammensitzen, um über den Ewigen und seine Weisungen nachzudenken und zu reden.

Als ich damals zu Jesus kam, hatte ich bereits zwei Leben hinter mir. In meinem ersten Leben als Jüngling wohnte ich im Hause der Torheit. Zusammen mit meinem Freund Timon verbrachte ich meine Tage mit Prassen und Spielen. Ich verzehrte das Gut meiner Väter für die Lüste der Welt. Um die Armen und Elenden im Volk kümmerte ich mich nicht. Ich tat Unrecht, und nach dem Herrn fragte ich nicht. Dann begegnete ich Rabbi Schammai. Von ihm lernte ich die Weisung Gottes. Ich wurde ein anderer Mensch. Ich schloß mich dem Kreis der Pharisäer an und mühte mich eifrig, der Weisung Gottes gehorsam zu werden. Ich fastete zweimal in der Woche, gab von allem, was ich einnahm, den Zehnten. Ich war mildtätig mit Witwen und Waisen, kümmerte mich um Fremdlinge und sann über die Gebote Gottes nach. Aber der Friede Gottes war nicht in mir. Ich fühlte, wie ich dem Ewigen fern war. Vertrocknet war mein Lebenssaft wie durch Gluten des Sommers.

In der Not meines Herzens suchte ich Rabbi Jesus auf und sagte zu ihm: »Rabbi, wir wissen, daß du als Lehrer von Gott gekommen bist, denn niemand kann die Zeichen tun, die du tust, es sei denn Gott mit ihm.« Jesus antwortete und sprach zu mir: »Wahrlich, wahrlich ich sage dir: Wenn jemand nicht von oben her geboren wird, kann er das Reich Gottes nicht sehen.« Und wir sprachen die ganze Nacht hindurch, wie der Mensch von neuem geboren wird durch Wasser und Geist. Und er lehrte mich, wie Gottes Geist bisher an mir gewirkt und mich auf seinen Wegen geführt hat. Da wurde es hell in mir, und ich erkannte, daß ich nicht verloren bin, weil der Ewige mich liebt und mich rettet. Ich spürte, daß die Liebe Gottes mich durch die Person des Rabbi berührt hatte. So wurde ich in dieser Nacht noch einmal ein anderer Mensch. Seither weiß ich, daß ich nicht verloren gehe. Durch den Rabbi Jesus hoffe ich, daß auch die Welt nicht verloren geht.

Timon erzählt:

Ich bin Nikodemus' Freund Timon und bezeuge, daß er es ernst meint mit der Nachfolge Jesu. Wir kennen uns von Jugend an. Wir gingen zusammen in dieselbe Griechisch-Schule. Dort freundeten wir uns an. Wir waren auch nachher viel zusammen und verbrachten unsere Tage beim Weintrinken und Spielen. Dann schloß er sich Rabbi Schammai an. Er wurde ein anderer Mensch, strenggläubig, mildtätig und fromm. Wenn wir uns auf der Straße sahen, grüßten wir uns kaum. Denn ich blieb weiter im Haus der Torheit sitzen, bis ich endlich nach Jahren auf der Straße den Apostel Johannes bei einer Predigt hörte. Er redete vom Volk Israel in der Wüste, wie es auf dem Weg der Torheit und des Unglaubens ging, und von der Schlangenplage, mit der es bestraft wurde. Und Johannes sprach: »Wie Mose in der Wüste die Schlange erhöhte, so mußte der Menschensohn erhöht werden, damit jeder, der glaubt, in ihm ewiges Leben habe. Denn also hat Gott die Welt geliebt, daß er seinen einzigen Sohn gab, damit alle, die an ihn glauben, nicht verloren gehen, sondern das ewige Leben haben.« Und dann erzählte er von Rabbi Jesus, dem Sohn Gottes, wie unsere Oberen ihn zum Tod verurteilt haben und wie er als das Lamm Gottes geschlachtet wurde und unsere Sünden durch ihn getilgt sind. Diese Worte gingen mir ins Herz. Ich sah ein, daß ich auf verkehrtem Wege war. Meine Sünden schmerzten mich wie Schlangenbisse. Aber ich konnte aufblikken auf Jesus, den erhöhten Sohn Gottes. Ich erkannte, daß Gott ihn für mich in den Tod gegeben hat, damit ich nicht verloren bin. So wurde ich ein anderer Mensch und durch Wasser und Geist von neuem geboren. Durch die Taufe wurde ich in die Gemeinde des Herrn eingegliedert. Weil ich der griechischen Sprache mächtig bin, übergab man mir zusammen mit sechs anderen die Fürsorge für die hellenistischen Witwen.

In der Gemeinde traf ich meinen alten Freund Nikodemus wieder. Wir freuten uns, daß wir jetzt in der Liebe zu Jesus einig sind. Er gehört zu uns, auch wenn einige der Unseren ihn aus der Gemeinde ausstoßen wollen. Wenn er über den Glauben lehrt, redet er anders als der Apostel Johannes. Doch der Herr selber hat gesagt: »Wer nicht wider uns ist, der ist für uns.« Der Apostel Johannes meint, daß Nikodemus in jener Nacht den Herrn nicht verstanden habe. Doch er war damals nicht anwesend. Wie Johannes hat auch Nikodemus Jesus lieb. Warum sollte Nikodemus nicht eine Lehre des Herrn verstanden haben, die Johannes verschlossen blieb?

Der Evangelist Johannes lehrt:
Das Licht scheint in die Finsternis, und die Finsternis hat's nicht begriffen. Nikodemus zählt sich zu den Unsern. Er hat das Zeichen
des Wassers empfangen. Aber sein Herz ist voll Finsternis. Denn er
will das Licht und die Finsternis miteinander versöhnen. Aber es
gibt keine Gemeinschaft zwischen Licht und Finsternis. Er geht
noch immer zu den Juden und betet mit ihnen. Aber sie folgen Mose
nach. Mose hat ihnen nur das Gesetz gegeben. Gnade und Wahrheit
aber ist allein durch den eingeborenen Sohn des Vaters zu uns gekommen. Diesen kennen die Juden nicht. Sie sind Söhne Satans. Satan ist von Anfang an ein Menschenmörder. Die Juden haben die
Werke Satans vollbracht. Sie haben den eingeborenen Sohn getötet.
Nikodemus hält sich zu den Juden. Auch er ist ein Sohn Satans. Das
wollen einige Brüder nicht wahr haben.
Der Geist hat mich gelehrt, was Jesus in jener Nacht mit Nikodemus geredet hat. Das steht in meinem Buch, im dritten Kapitel, in
den Versen 3−21.

Gebet

Herr, du kennst die Deinen. Du weißt, wer zu dir gehört.
Du hast noch andere Schafe, die nicht in diesem Stall sind.
Du wirst sie herführen. Sie hören schon jetzt auf deine Stimme.
Wir aber sind eng in unserm Urteil über Menschen.
Wir errichten Zäune und Grenzen
und zerstören die Einheit deiner Herde.

Gib uns doch ein weites Herz,
daß wir dein Wirken in allen Kirchen und Religionen erkennen.
Überbrücke die Kluft zwischen den Juden und uns Christen,
und reinige unsere Herzen vom Haß gegen die Juden
und allen Vorurteilen.
Schütte zu die Gräben zwischen Konfessionen
und kirchlichen Parteien.
Gib uns Liebe zu Andersdenkenden
und Weisheit, sie zu verstehen,
auch wenn die Gegensätze groß sind.
Hilf uns, daß wir die Einheit deines vielgestaltigen Volkes fördern,
und führe du selber als der gute Hirte zusammen,
was sich getrennt hat.

Die Hochzeit zu Kana (Joh 2,1–11)

Ich habe im ersten Band des Erzählbuchs zwei Rahmengeschichten zu diesem Text vorgeschlagen (S. 241 ff.). Sie sollen dem Hörer helfen, nicht an der unfruchtbaren Frage nach der Historizität des Wunders hängenzubleiben, sondern über die aktuelle Bedeutung der Geschichte nachzudenken. Ich habe nicht angenommen, daß damit das letzte Wort über Möglichkeiten, diesen Text nachzuerzählen, gesagt wäre.

Auch für den Evangelisten hat er eine Bedeutung, die über das Faktische hinausgeht: »So tat Jesus sein erstes Zeichen, in Kana in Galiläa, und offenbarte seine Herrlichkeit, und seine Jünger glaubten an ihn« (Vers 11). Wofür ist ihm dieses Wunder ein Zeichen? Zeigt es an, daß der von Gott Gesandte über die schöpferische Allmacht zu einem Geschenkwunder von gewaltigem Ausmaß verfügt? Besteht das Zeichen also darin, daß Jesus seine bisher verborgene Macht den Jüngern offenbart und daß sie dadurch zum Glauben kommen? (Doch davon, daß die Jünger das Wunder der Wandlung wahrgenommen hätten, steht nichts im Text.) Oder ist die Verwandlung das, was mit dem Zeichen gemeint ist? Weist die Geschichte auf die den Menschen verwandelnde Kraft des Heiligen Geistes hin? (So habe ich die Geschichte in den beiden Rahmengeschichten gedeutet.) Oder finden wir die Deutung des Zeichens, indem wir über den Wein nachdenken? Andere Wunder-Geschichten hat Johannes durch eine Jesus-Rede erweitert, die das vom Zeichen Gemeinte auf eine Formel bringen: Das Brotwunder wird durch das Christus-Wort »Ich bin das Brot des Lebens« (Joh 6,35) gedeutet, die Heilung des Blindgeborenen (Joh 9) durch das Wort »Ich bin das Licht der Welt« (Joh 8,12), die Auferweckung des Lazarus durch das Wort: »Ich bin die Auferstehung und das Leben« (Joh 11,25). Müßten wir, um das Zeichen der Hochzeit zu Kana zu verstehen, wie E. Schlink einmal in einer Predigt über diesen Text ausgeführt hat, uns eine Jesus-Rede vorstellen, die in das Bekenntnis mündet: »Ich bin der Wein des Lebens, wer an mich glaubt, den wird niemals dürsten, er wird ewig fröhlich sein.«

Führt uns die Frage nach dem mit dem Zeichen Gemeinten schließlich zum Abendmahl? Der johanneische Christus spricht das Wort (Joh 6,54): Wer mein Fleisch ißt und mein Blut trinkt, hat das ewige Leben, und ich werde ihn auferwecken am letzten Tage.« Essen und Trinken – manche Ausleger denken bei diesem Begriffspaar an die Eucharistie. Diese war für die Christen damals ein Freudenmahl, die Vorwegnahme des Hochzeitsfestes im Reiche Gottes. Weil nach den Einsetzungsworten das Blut Christi durch den Wein abgebildet ist, könnte das Zeichen unserer Geschichte auf den hinweisen, welcher der Wein des Lebens ist, weil er sein Blut zur Vergebung unserer Sünden vergossen hat.

Das ist nur ein Ausschnitt der Deutungsmöglichkeiten, die für diese Geschichte vorgeschlagen werden. Weil sie so knapp erzählt ist und in ihr Personen auftreten, die sonst nirgends vorkommen, und weil der Evangelist keine Erklärungen bietet, ruft sie nach immer neuen Deutungen. Auch ich bin damit noch nicht zu einem Ende gekommen. In manchen Erzählseminaren habe ich gemeinsam mit andern an diesem Text gearbeitet.

Ein Teilnehmer an einem solchen Seminar, Pfarrer Clemens Frey, hat eine

Nacherzählung geschrieben, die mich wegen der von ihr ausgelösten Stimmung und wegen der vornehmen Zurückhaltung, mit der die Aktualisierung des biblischen Wunders angedeutet wird, beeindruckt. Ich danke Cl. Frey für die Erlaubnis, sie hier abzudrucken.

Nach dem johanneischen Bericht geschieht das Wunder in Kana nicht vor aller Augen. Nur die Diener kennen den Spender des Weins. Der Speisemeister und der Bräutigam wissen nichts von dem, was geschehen ist. Die Geschichte endet nicht damit, daß die Hochzeitsgäste erkennen, von wem der Wein stammt und daß sie den Wundertäter jubelnd verehren. Es steht nicht einmal etwas darüber, wie die Jünger erfahren haben, was Jesus getan hat. Der Nacherzähler hat diese Verborgenheit des Wundergeschehens neu gestaltet, indem er einleitend von seinem Besuch auf einem Friedhof erzählt und sich dann selber hinter einem unbekannten Erzähler versteckt. Er sieht in der Verwandlung das Zeichenhafte der Geschichte und aktualisiert es dann mit Hilfe eines Erzählmotivs aus einem chinesischen Märchen.

Das Geheimnis mit dem Hochzeitswein

Als ich vor einigen Jahren den seltsamen Friedhof von St. Peter in Salzburg besuchte, fiel mir ein Grabmal besonders auf. Der Stein trug die Namen eines achtzehnjährigen Jünglings und einer zwei Jahre jüngeren Frau. Ihre Nachnamen deuteten darauf hin, daß die beiden Verstorbenen aus verschiedenen Familien stammten. Unwillkürlich kam mir jene Begebenheit zu Verona in den Sinn, wo zwei verfeindete Familien ihre sich liebenden Kinder aus friedlosem Starrsinn in den Tod getrieben haben.

Während ich in Gedanken versunken vor dem Grabstein stand und mich fragte, ob es denn keine andere Lösung gegeben hätte für diese Liebenden, trat ein älterer, vornehm gekleideter Herr neben mich. Er sah mich einen Moment ruhig an. Dann begann er eine Geschichte zu erzählen, als hätte er meine Gedanken gelesen.

»Es gibt sie«, sagte er, »es gibt sie tatsächlich, die andere Möglichkeit. In meinem Dorf fand, als ich zehn Jahre alt war, eine Hochzeit zwischen den beiden reichsten Familien statt. Zwar standen sich beide erzfeindselig gegenüber, aber ihre Kinder, ein Sohn und eine Tochter, liebten einander. Die Väter hätten niemals in die Heirat eingewilligt, wäre die junge Frau nicht schwanger gewesen. Das Mahl zur Hochzeit glich dem nach einer Bestattungsfeier. Wo sonst sich Freude und Gemeinsamkeit ausbreiten, empfanden die Gäste eine starre, trockene Stille. Die Familien saßen getrennt, jede für sich. Sie hatten ihre eigenen Knechte mitgebracht, von denen sie bedient wurden.

Nun war es Brauch in meinem Dorf, daß die beiden Hochzeitsfamilien Wein mitbrachten, der dann zusammengeschüttet wurde, ehe man ihn ausschenkte. Der Geistliche, der das Paar getraut hatte, nahm, wie es ihm zustand, den ersten Becher. Doch erschrak er zutiefst, als ein Diener ihm den Becher reichte, denn er war nur mit Wasser gefüllt. Beide Familien hatten statt Wein gewöhnliches Wasser mitgebracht. Es hatte sie gereut, das wertvolle Getränk für die anderen mitzunehmen. Und beide dachten, wenn die andere Familie den Wein bringe, werde die Mischung noch rot genug sein. Als der Geistliche sich erhob, wuchs die Spannung aufs äußerste. Die Knechte hatten sich verzogen, denn sie waren auf eine gewaltsame Auseinandersetzung gefaßt, sobald der Betrug herauskäme. Der Geistliche hob den Becher — und dankte den Familien für den ausgezeichneten Wein, den sie mitgebracht hätten. Der vermischte Wein sei das Zeichen der Verbindung und der Freundschaft, ja des Einsseins der Familien. Dies möge auch für die Zukunft des Hochzeitspaares gelten.

Beinahe atmeten die Hochzeitsfamilien auf und waren zugleich sehr erstaunt darüber, daß die andere Seite offensichtlich soviel und so guten Wein mitgebracht hatte, daß niemand den eigenen Wasseranteil bemerkte. War dies ein Zeichen der Versöhnung? Hatten die andern die alten Auseinandersetzungen, die gegenseitigen Beschimpfungen und Drohungen überwunden und als Anfang den besten Wein mitgebracht? Wie anders konnte man diese Tatsache deuten? Wer gibt schon den teuersten Wein für seinen Feind her? Die Familienoberhäupter schämten sich wegen ihrer Vertrauenslosigkeit den andern gegenüber. Warum war man nicht schon lange auf die Möglichkeit gestoßen, endlich über die Zwistigkeiten hinwegzusehen? Mit einem Mal spürten sie, wie ein ermüdender Druck, der seit langer Zeit auf ihnen gelastet hatte, wie aufgehoben war. Sie konnten freier atmen und fühlten sich erleichtert. Auf einen Wink hin traten ihre Knechte zu ihnen und empfingen den Auftrag: sie sollten sofort die Krüge nehmen und sie zu Hause mit dem allerbesten Wein füllen.

Während sich im Saal die Atmosphäre zu erwärmen begann und man sich gegenseitig mit andern Augen anzublicken versuchte, führten die Knechte in aller Eile den Wunsch der Herren aus. Wenig später konnte tatsächlich der gemischte Wein ausgeschenkt werden. Allerseits lobte man die Qualität des Getränks. Jetzt konnte die Hoch-Zeit richtig beginnen.«

Wie gebannt stand ich auf dem Friedhof vor dem Grabmal. Während ich mich wieder entsann, wo ich eigentlich war, mußte der Erzähler weitergegangen sein. Ich sah ihn die Pforte zum Eingang passieren. Ich habe mich, wieder auf den Stein blickend, gefragt, ob biblische Geschichten doch so wahr sind, daß ihnen die Zeit nichts anhaben kann.

Clemens Frey

Wie müßte man die »Hochzeit zu Kana« erzählen, wenn man von der (historisch zweifelhaften) Annahme ausginge, daß sich die Ereignisse genau so abgespielt haben, wie der Evangelist sie erzählt? Könnten wir uns nicht mit der Phantasie in einige Personen, die damals dabei waren, einfühlen und an ihrem Erleben Anteil bekommen? Ließe sich auf diese Weise zeigen, wie verschieden Menschen das gleiche Ereignis wahrnehmen und wie verschieden sie es deuten?

Drei Augenzeugen der Hochzeit zu Kana

Der Hausbursche erzählt:
Wir mußten irrsinnig schuften damals, ich und mein Kollege. Fünfunddreißig Leute waren zum Fest eingeladen. Wir begannen schon drei Tage vorher mit der Arbeit. Wir haben die Schafe und das Rind geschlachtet und das Fleisch zerlegt. Wir haben die Tische im Hof aufgestellt und geputzt und gedeckt. Wir haben das Gemüse geputzt und die Brötchen gebacken. Wir haben den Mais zerstampft und die Früchte gewaschen. Der Chef half auch noch, und die Mutter des Bräutigams. Aber am Morgen des Festtags mußte der Chef die Gäste begrüßen, und die Mutter des Bräutigams hatte schon das schöne Gewand an. Ich und mein Kollege waren allein am Herd, und wir haben noch die Fische für die Vorspeise gebacken.
Nach der Segnung im Bethaus kamen die Gäste alle zu uns in den Hof. Es waren jetzt einundvierzig. Der Gottesmann aus Nazaret war da, weil seine Mutter eine Tante des Bräutigams ist. So haben sie auch ihren Sohn eingeladen. Aber wir wußten damals noch nicht, daß er ein Gottesmann war. Er sah nicht anders aus als gewöhnliche Leute. Er brachte sechs Freunde mit. Für die mußten wir noch einen neuen Tisch decken.
Die Gäste aßen und tranken. Was wir gekocht haben, schmeckte ihnen. Der Gottesmann hielt eine lange Rede. Aber ich konnte nichts verstehen. Ich stand am Feuer und drehte die Bratspieße.

191

Beim Anbruch der Nacht mußte mein Kollege noch einmal einen Krug Wein im Keller holen. Er sagte zum Chef: »Das ist der letzte Krug, der unten steht. Das reicht nicht für die ganze Nacht.« Der Chef eilte in den Keller und kam mit verstörtem Gesicht zurück. »Es stimmt. Es ist der letzte Krug. Was sollen wir tun?« Wir waren ärgerlich und dachten: »Jetzt ist das Fest im Eimer. Die Leute wollen doch nicht zum Rindsbraten Wasser trinken.«
Da kam die Mutter des Gottesmannes von draußen zu uns an den Herd. Sie fragte: »Was habt ihr? Ist etwas nicht in Ordnung?«
Mein Kollege sagte: »Der Chef hat zu wenig Wein eingekauft, das Fest ist im Eimer.«
Die Frau sagte: »Kümmert euch nicht darum. Mein Sohn wird euch helfen.« Dann ging sie wieder hinaus und flüsterte mit ihrem Sohn. Dann kam der Gottesmann zu uns und sagte:
»Füllt diese Krüge mit Wasser.«
Es standen nämlich sechs leere Krüge am Boden. Wir trugen sie zur Quelle ins Unterdorf und füllten sie. Zurück schleppten wir immer nur einen. Sie waren schwer. Als wir mit dem Wasserholen fertig waren, kam der Gottesmann wieder und sagte: »Nehmt eine Probe von dem Wasser und bringt sie dem Chef.« Der wunderte sich und sagte: »Das ist der beste Wein, den ich je getrunken habe. Wo habt ihr den nur gefunden?«
Wir aber sagten ihm nichts von dem Gottesmann. Und die Gäste tranken alle von dem Wein und waren fröhlich. Und das Fest war der Hammer.
Von da an wußte ich, daß der Sohn der Maria ein Gottesmann ist. So etwas bringt nur ein Gottesmann fertig. Das habe ich von meinem Großvater gelernt. Dem wurde einmal auf dem Rückweg vom Markt in Sidon ein Geldbeutel mit zwanzig Silberstücken gestohlen. Der Großvater wußte, wer der Dieb war, nämlich der Nachbar, der mit ihm die ganze Strecke gewandert war. Der Großvater entdeckte den Geldbeutel im Gepäck des Nachbarn. Doch der bestritt alles und sagte: »Das ist mein Geldbeutel. Du hast deinen verloren.« Da ging der Großvater zu einem Gottesmann und erzählte ihm die Geschichte. Der sprach ein Fluchwort aus, und alsbald verwandelten sich die zwanzig Silberstücke im Geldbeutel des Nachbarn in Steine. So etwas bringt nur ein Gottesmann fertig. Wenn er ein Fluchwort spricht, verwandeln sich Silberstücke in Steine, und wenn er ein Segenswort spricht, verwandelt sich Wasser in Wein.
So erzählt der Hausbursche.

Philippus erzählt:

Wir waren erst einige Wochen als Jünger mit Jesus zusammen. Da wurden er und seine Mutter zu einer Hochzeit nach Kana eingeladen. Er nahm uns mit, meinen Freund Nathanael und mich und die andern vier. Nathanael sagte zu mir: »Es ist nicht gut, zu einer Hochzeit zu gehen. Besser wäre es, Kranke zu pflegen und Nahrung für Hungrige zu besorgen.« Das fand ich auch. Ich war Jesu Jünger geworden, um mehr über die Gebote Gottes zu lernen. Mit unbekannten Leuten Hochzeit zu feiern war jetzt verlorene Zeit.

Doch wir gingen mit. Der Vater des Bräutigams war gastfreundlich. Sie deckten auch für uns sechs den Tisch. Die Diener brachten, was sie zubereitet hatten. Wir aßen und tranken und wurden fröhlich. Danach standen wir auf, gaben uns die Hände und tanzten den Reigentanz.

Als wir wieder saßen, erzählte Jesus eine Geschichte. Alle hörten zu. Er hat uns später noch viele Geschichten erzählt. Wenn er Geschichten erzählte, ging es mir oft wie einem Wanderer, der in der stockfinsteren Nacht den Weg sucht. Dann kommt plötzlich der Mond hinter einer Wolke hervor, und der Wanderer sieht, wo der Weg ist.

Damals in Kana war es das erste Mal, daß ich von ihm eine Geschichte hörte. Sie handelte von einem König, der ein herrliches Fest veranstaltete und viele Gäste dazu einlud. Ich merkte, daß Jesus eigentlich nicht von einem König redete, sondern von Gott. Und wir waren die Gäste Gottes, wir, die Jünger und die Leute der Hochzeitsgesellschaft. Die Geschichte erfüllte uns alle mit großer Freude. Nachdem sie zu Ende war, klatschten wir lange Beifall. Dann sangen wir Lieder zum Lobe Gottes. Wir schlossen uns wieder zum Kreis zusammen und tanzten den Reigentanz. Ich spürte, wie die Liebe Gottes durch unsere Arme und Hände floß und unsere Leiber durchströmte.

Inzwischen war es Abend geworden. Jesus ging zu den Dienern am Herd, sprach mit ihnen und wies auf die Wasserkrüge, die dort standen. Es waren sechs Krüge. Die Diener nahmen sie, holten Wasser vom Brunnen im Unterdorf und stellten die gefüllten Krüge wieder hin. Jesus sagte: »Schöpft daraus und gebt den Gästen zu trinken.«

Wir hatten alle Durst bekommen. Sie füllten unsere Becher, und wir tranken. Und das Wasser löschte meinen Durst, so wie mir noch nie ein Getränk den Durst gelöscht hat. Es schmeckte köstlicher als der beste Wein. Alle tranken es wie ein Himmelsgetränk und wurden von Freude und Jubel und von Dankbarkeit gegen Gott erfüllt.

In der Nacht auf dem Heimweg sagte Nathanael zu mir: »Ich habe noch nie eine solche Freude erlebt wie heute. Es war eine heilige Freude. Ich bin durch diese Freude ein anderer Mensch geworden.« Ich gab ihm recht. So hatte ich es auch erlebt.

So könnte Philippus erzählen.

Wie Maria diesen Tag erlebt hat:

Das möchte ich lieber nicht sie selber erzählen lassen, damit niemand meint, mir stünden intime Nachrichten über sie zur Verfügung. Sie hatte bekanntlich schon am Anfang der Schwangerschaft Träume und Gesichte. Dann kam die denkwürdige Nacht der Geburt mit den seltsamen Begegnungen. Einige sagten es ihr offen, daß ihr Sohn die große Wende herbeiführen werde. »Er wird den Frieden bringen und die Welt von allen Übeln erlösen.« Andere meinten, er müsse dabei viel leiden. Auch für sie, die Mutter, werde es nicht leicht sein.

Doch als der kleine Jesus laufen lernte, war er ein Kind wie andere. Manchmal dachte Maria, was sich am Anfang seines Lebens ereignet hatte, sei bloß der Verliebtheit einer Mutter in ihren Erstgeborenen zuzuschreiben.

So stelle ich mir ihre Gedanken vor.

Vielleicht hatte sie manchmal Angst vor der hohen Würde, die auf sie zukam, und wäre lieber in die Haut einer ganz gewöhnlichen Mutter geschlüpft.

Als Jesus zwölf Jahre alt war, kam er ihnen auf einer Reise nach Jerusalem abhanden. Aber nach drei Tagen fand er sich wieder. Nachher war er völlig unauffällig.

Inzwischen war er ein Mann geworden. Johannes der Täufer predigte am Jordan. Viele gingen zu ihm und ließen sich taufen. Auch Jesus wollte Johannes hören und verabschiedete sich von Maria. Er kehrte aber nicht zurück. Man suchte vergebens nach ihm. Sie machte sich Sorgen und wußte zugleich, daß jetzt in Erfüllung ging, was sie damals in der Zeit seiner Geburt gesehen und gehört hatte.

Nach mehr als einem Monat kehrte er zurück und brachte sechs Genossen mit. Waren es Freunde? Sie merkte, daß das Wort Freund nicht das wiedergab, was zwischen ihnen war.

In diesen Tagen war sie mit ihm zur Hochzeit eines Brudersohns eingeladen. Sie gingen nach Kana. Er nahm seine sechs Genossen mit. Ihr Bruder hieß auch sie als Gäste willkommen. Sie begrüßte den Bräutigam und die Braut und sprach die Segensworte.

Im Haus standen sechs Krüge. Aus ihnen wurde Wasser geschöpft zur Reinigung der Füße und Hände, nach der Vorschrift des Gesetzes. Dann wurde im Hof des Gehöfts gegessen, getrunken und getanzt.

Gegen Abend bemerkte sie, daß der Speisemeister besorgt mit den Dienern flüsterte. »Da ist etwas nicht in Ordnung«, dachte sie, ging zu ihnen und erfuhr, daß sie keinen Wein mehr hatten. War das nicht eine Fügung von oben? Hier ein Mangel und eine Sorge, und da ihr Sohn, der allem Mangel auf Erden abhelfen würde? War von ihm nicht gesagt worden, daß er die Hungrigen mit Gütern füllen und die Niedrigen erhöhen würde? Gewiß, der Mangel hier war klein wie ein Korn im Vergleich zum Sandmeer der Wüste. Aber auch ein Sandkorn kann, wenn es im Auge sitzt, schmerzen. Und jetzt war beides da, das Sandkorn und ihr Sohn, der die Not auf Erden wenden sollte. Und *sie* brachte beides zusammen. Sie sprach zu den Dienern: »Was euch mein Sohn sagt, das tut.« Und zu ihrem Sohn sprach sie: »Sie haben keinen Wein.«

Sie erschrak über die Antwort des Sohnes, die hart und abweisend war: »Frau, was ist zwischen dir und mir? Meine Stunde ist noch nicht gekommen.« Zerschnitt er mit diesem Wort jedes Band zwischen ihm und ihr? Wartete er auf einen ganz andern Mangel, um sein Lebenswerk zu beginnen?

Ihr Sohn stand auf, ging zu den Dienern und befahl, die sechs großen Wasserkrüge zu füllen. Die führten es aus und kamen einzeln mit den vollen Krügen zurück. Ob sie vielleicht mit den Krügen beim Winzer im Unterdorf waren und dort Wein gekauft haben? So habe ich mich als Erzähler dieser Geschichte schon gefragt. Für Maria war das keine Frage. In den Krügen war Wasser, und nachher, als davon den Gästen ausgeteilt wurde, war's köstlicher Wein. Das schmeckte sie und alle, die davon tranken, und sie wurden von Freude und Jubel erfüllt. Aber es war nicht die Stimmung, die der Wein sonst gibt, sondern es war eine heilige Freude, und sie lobten Gott und spürten, daß er in ihrer Mitte war.

Noch nach vielen Jahren erinnerten sie sich an dieses Hochzeitsfest, wenn sie zusammensaßen und das Brot des Herrn brachen und aus dem Kelch des Heils tranken, Maria und die Jünger, die jetzt Apostel genannt wurden.

Johannes sprach dann: »Dies war das erste Zeichen, das Jesus tat, um seine Herrlichkeit zu offenbaren.«

Philippus stimmte zu: »Er wollte zeigen, daß er die Quelle aller Freuden ist. Weil er für uns in den Tod gegangen ist, wird uns Freude zuteil.«

Nathanael meinte: »Das Zeichen zeigt, daß wir durch ihn von Sünden rein werden, und nicht, indem wir die Vorschriften des Gesetzes erfüllen.«

»Das Zeichen bedeutet«, so fand Andreas, »daß die Herrlichkeit der Schöpfung in ihm erneuert wird.«

Maria aber dachte: »Es war das Zeichen, daß er sich von mir getrennt hatte und doch mein Sohn blieb. Die Stunde seines Leidens war noch nicht gekommen, und sie war doch schon nahe.«

Die Samaritanerin am Brunnen (Joh 4,1–42)

Wer war diese namenlose Frau aus Sychar, die jeden Tag in der Mittagszeit am Brunnen vor dem Dorf ihren Wasserkrug gefüllt hat? Erzählte die Geschichte ursprünglich von einer Frau, die durch Christus als erste mit der Samaritaner-Mission beauftragt wurde? Hat der Evangelist, um die Vorherrschaft der Männer in der Kirche zu wahren, aus ihr, einer geistlich potenten Gründerfigur, eine unbedeutende Statistin gemacht?

Das ist sie in seiner Darstellung: Sie muß Jesus eine Frage stellen (Vers 9), auf die er gar nicht eingeht, sondern er antwortet mit dem Angebot vom Lebenswasser, das durch ihn empfangen wird. Sie bleibt am irdischen Sinn des Begriffs Wasser hängen und meint, Jesus rede vom Schlaraffenland, in dem sie von der Mühsal des täglichen Wasserholens befreit sei. Er aber meint mit dem Bild vom Lebenswasser das ewige Leben, das er denen gibt, die an ihn glauben. Dann zeigt er ihr, daß er über göttliche Allwissenheit verfügt, indem er ihr verworrenes Eheleben aufdeckt (Vers 17–18). Das ist für sie der Beweis, daß sie den Messias vor sich hat. Sie geht ins Dorf, erzählt den Mitbürgern von ihrer Begegnung. Die lernen Jesus selber kennen und kommen zum Glauben. Sie betonen aber, daß dies auf Grund ihrer eigenen Erfahrung geschehen sei, nicht wegen des Zeugnisses dieser vielleicht etwas zweifelhaften Frau. »Nicht mehr aufgrund deiner Aussage glauben wir, sondern weil wir ihn selbst gehört haben und nun wissen: Er ist wirklich der Retter der Welt« (Vers 42). Soll dieser Schluß der Geschichte vielleicht die umlaufende Meinung korrigieren, diese Frau habe in der christlichen Mission unter den Samaritanern eine wichtige Rolle gespielt?

Beim Nachdenken über den Text bin ich an der Angabe über ihr Eheleben hängen geblieben. »Fünf Männer hast du gehabt, und der, den du jetzt hast, ist nicht dein Mann« (Vers 18). Sind diese fünf Männer sinnbildlich zu verstehen? Bilden sie eine bestimmte Seite des Menschseins ab? Oder ist die Frau eine verdichtende Personifikation des samaritanischen Volkes? Sind die fünf Männer eine Anspielung auf die fünf Fremdvölker, die durch den Assyrerkönig nach 2. Könige 17,24–34 nach Samaria verpflanzt wurden und die mit ihrem Götzendienst das Land verunreinigt haben? Oder ist diese Frau nur ein Typus aus den Brunnengeschichten, in denen ein Fremder durch ein Gespräch mit einer Frau am Brunnen in Kontakt mit der ortsansässigen Bevölkerung kommt (z. B. Gen 24,11–21)?

Doch wie wäre es, wenn diese Angabe eine historische Nachricht über einen bestimmten Menschen aus Fleisch und Blut wäre? Ist es für mich als Mann überhaupt möglich, mir die Lebensgeschichte einer Frau vorzustellen, die hintereinander fünf Männer gehabt hat und mit dem sechsten in einer nicht legalisierten Verbindung lebt? Oder wird meine Phantasie durch meine sexistischen Vorurteile zu stark beeinflußt, so daß das Bild der Frau unrealistisch wird? Soviel scheint mir gewiß zu sein: Wenn eine Frau tatsächlich fünfmal in der Ehe gescheitert ist, hat sie unter dem Patriarchat gelitten.

Eine Frau – unter Männern

Sie erzählt:

Es ist jetzt zwanzig Jahre her, daß ich ihm begegnet bin. Aber es ist für mich, als ob es gestern gewesen wäre. Es war draußen vor dem Dorf. Ich ging an jenem Tag wie gewohnt um die Mittagszeit zur Zisterne hinaus. Die andern Frauen holen das Wasser frühmorgens und am Abend. Doch ich mache noch heute den Weg lieber allein. Ich mag ihre bösen Zungen nicht hören.

Ich muß wohl zuerst erzählen, warum sie mich nicht mögen: Ich hatte in der Jugend viel Unglück mit Männern. Das ist für sie Grund genug, schlecht über mich zu reden. Ich weiß nicht, ob ich schuld bin oder ob mir das einfach auferlegt wurde. Vielleicht bin ich mit Männern zu gutgläubig.

Mein erster Mann war Weintrinker. Ich wußte das schon vor der Heirat, aber ich hoffte, daß es besser werde mit ihm, wenn er ein rechtes Zuhause hätte. Doch es wurde nur schlimmer. Als er einmal besonders viel getrunken hatte, fiel er auf der Dorfstraße über einen Stein und brach sich das Genick. Für mich war es eine Befreiung.

Dann lernte ich meinen zweiten Mann kennen. Er war ein Dieb. Wenn die Bauern auf dem Felde waren, schlich er in die Häuser und stahl dort, was wertvoll und schön war: Halsketten, Armspangen, Ringe, Messer mit eingelegtem Griff. Er versteckte seine Beute. Aber die andern kannten ihn. Wenn ihnen etwas fehlte, suchten sie es bei uns, bis sie es gefunden hatten. Dann verprügelten sie ihn und oft auch mich. Ich wußte schon vor der Heirat, daß er ein Dieb war, und hoffte, daß es besser würde mit ihm, wenn ich gut und lieb zu ihm wäre. Aber es wurde noch schlimmer. Eines Tages, als er wieder einmal gestohlen hatte und die Bauern kamen, war er schon geflohen. Er blieb verschwunden, und nach einigen Jahren erklärten die Ältesten, daß unsere Ehe geschieden sei.

Mein dritter Mann lief den Frauen nach. Er konnte keine Jungfrau sehen, keine Witwe, keine Geschiedene, keine Ehefrau, ohne daß er ihr schöne Augen machte und ihr Kußhände zuwarf. Manche ließen es sich gern gefallen, blinzelten zurück und plauderten mit ihm. Sie trafen sich im geheimen und trieben dort, was Mann und Frau treiben. Ich wußte das schon vor der Heirat. Ich hoffte, daß es besser würde, wenn ich ihm ganz zu Wunsch und Willen wäre. Doch es wurde schlimmer. Es gefiel ihm nicht mehr bei mir, und er ließ sich scheiden.

Mein vierter Mann war Schuhmacher und hatte ein Geschäft. Ich wußte schon vor der Heirat, daß er nicht gern arbeitete, und hoffte, daß es besser würde, wenn ich ihm die Sorgen des Haushalts und des Geschäfts abnähme, aber es wurde nur schlimmer mit ihm. Er faulenzte tagelang, saß vor der Werkstatt, schwatzte mit andern Tagedieben, ließ die Schuhe, die man ihm zum Flicken gebracht hatte, wochenlang liegen. Da brachten ihm die Leute keine Arbeit mehr. Wir mußten Mangel leiden. Schließlich lief ich ihm davon. Er klagte mich nicht ein, sondern ließ sich von mir scheiden.

Mein fünfter Mann war ein Schläger und Raufbold. Ihm war nur wohl, wenn er Streit hatte. Zufrieden machte ihn, wenn er einen Mann mit Fäusten zu Kleinholz geschlagen hatte. Ich wußte das schon vor der Heirat. Ich hoffte, daß es besser werde mit ihm, wenn ich lieb und zärtlich mit ihm wäre. Aber er schlug auch mich wegen läppischer Dinge, und ich lief ihm davon. Er ist inzwischen bei einer Schlägerei umgekommen.

Damals, vor gut zwanzig Jahren, als ich *ihn* am Brunnen sah, war ich nicht verheiratet. Ich lebte mit meinem Freund zusammen. Er war gut zu mir. Doch er wollte frei bleiben und nicht heiraten.

Eben davon wollte ich erzählen, wie ich *ihn* am Brunnen sah. An seinem Gewand merkte ich, daß er ein Jude war. Er redete mich an und bat mich, ihm zu trinken zu geben. Ich wunderte mich darüber, daß ein Jude mit mir redete. Er sagte etwas von einer Quelle mit lebendigem Wasser, das den Durst für immer löscht. Ich wollte dieses Wasser von ihm haben. Da sprach er von meinen Geschichten mit den Männern und sagte mir alles, was ich bisher erlebt hatte. Da merkte ich, daß er ein Gottesmann war. Ich schämte mich vor ihm und war doch auch glücklich. Denn ich fühlte, daß er mich nicht verurteilte. Er war so voll Erbarmen zu mir, wie ich es gern mit den Männern gewesen wäre.

Ich fragte ihn gleich, wo es besser wäre, Gott anzubeten, auf dem heiligen Berg Garizim oder, wie die Juden glauben, in Jerusalem. Er antwortete etwas sehr Schönes, aber ich habe es nicht recht verstanden. Da ließ ich den Krug am Brunnen stehen, lief ins Dorf zurück, trommelte alle Frauen zusammen und erzählte ihnen, daß ich am Brunnen draußen einen Gottesmann gesehen hätte. Ich sagte: »Er hat mir alles gesagt, was ich mit meinen Männern erlebt habe. Sollte er nicht der Retter der Welt sein?«

Da machten sich die Frauen des Dorfes und einige Männer auf den Weg und gingen zu ihm hinaus. Auch sie kamen zum Glauben an Jesus. Seither sind wir Christen. Und wir opfern nicht mehr auf dem heiligen Berg Garizim, sondern wir glauben, daß Christus das Lamm Gottes ist, das unsere Sünden hinwegträgt.

Der Ortspresbyter von Sychar erzählt:
Sie ist ein treues Gemeindeglied und fehlt bei uns an keinem Gottesdienst. Aber sie ist eine einfache Seele und zudem geschwätzig. Sie hat das Begehren nach der Lust des Fleisches in sich noch nicht ganz gekreuzigt. Sie lebt zwar nicht mehr mit einem Mann zusammen, aber dafür erzählt sie die Geschichte von ihren fünf Männern jedem, der sie hören will, und möchte, daß man sie bemitleidet. Gewiß, sie ist als erste von uns allen Jesus begegnet, aber das Gespräch mit ihm draußen am Brunnen hat sie nicht verstanden. Was er mit ihr sprach, haben wir erst herausgefunden, als wir sie nachher mit großer Mühe darüber ausfragten. Er sprach von dem Wasser, das er gibt und das unsern Durst in Ewigkeit löscht. Das war ein Gleichnis für die Sündenvergebung und das ewige Leben, für die beiden Gaben, die wir von ihm empfangen. Und er sprach davon, daß wir Christen den Vater im Geist und in der Wahrheit anbeten sollen. Das tun wir auch in allen Gemeinden am ersten Tag der Woche. Wir versammeln uns in der Gegenwart des Vaters und des Sohnes und des Heiligen Geistes. Aber ich weiß nicht, ob diese Frau viel vom Geheimnis Gottes versteht. Einer unserer Lehrer aus Jerusalem sagte auch, daß ihre fünf Männer nur ein Gleichnis seien. Sie bedeuten die fünf Götzen, denen das Volk von Samaria nachgelaufen ist und mit denen wir uns versündigt haben. Wahrlich, wir in Sychar

glauben nicht an Jesus, den Messias der Welt, um dieser Frau willen, sondern weil wir ihn selbst gehört haben, und wir wissen, daß er in Wahrheit der Retter ist.

Gebet einer Gruppe von Pfarrern nach Anhören dieser Nacherzählung:

Unser Gott,
Es ist unsere Freude und unser Elend,
daß wir es in unserem Beruf mit dir zu tun haben.
Wir verdienen unser Brot damit,
daß wir andere über dich lehren.
Wir danken dir für alle Freude an unserm Beruf.
Wir danken dir für die Zeit, die wir haben,
um über dich nachzudenken
und zu lesen, was andere mit dir erfahren haben.
Wir klagen dir das Elend unseres Berufs und unsere Schuld.
Wie oft machen wir kompliziert,
was für andere Menschen einfach ist.
Wie oft bringen wir Verwirrung an einen Ort,
wo für viele Klarheit und Ordnung war.
Wie oft widerlegen wir mit unserm Verhalten,
was wir von dir reden.
Wie oft gleichen wir den Hunden,
die rings um die Tränkrinne liegen.
Sie selber trinken nicht aus dem Wasser,
und sie hindern die Schafe, daraus zu trinken.
Vergib uns unsere Schuld.
Gib uns Weisheit für unsern Beruf,
Klarheit für unser Denken über dich,
Bescheidenheit für unser Reden.
Schaff in uns den Ernst,
mit dem wir unablässig um die Einheit von Reden und Tun ringen,
und verleih uns Humor,
damit wir über uns auch lachen oder wenigstens lächeln können.

Heilung des Gelähmten am Teich Bethesda (Joh 5,1-18)

Es gibt Kranke, deren Heilung durch den unbewußten Wunsch, krank zu bleiben, blockiert wird. Sie haben sich an die Krankheit gewöhnt und genießen das Umsorgt- und Gepflegtwerden. Oder sie schrecken vor den Aufgaben zurück, die sie nach einer Genesung zu bewältigen hätten. Vielleicht klagen sie laut über ihre Krankheit und beteuern ihren heißen Wunsch, gesund zu werden. Doch dies trifft nur für die Oberfläche ihres Bewußtseins zu. Tief unten in ihrer Seele wirkt stärker der entgegengesetzte Wunsch: das Bedürfnis, ein Leidender und ein von andern Bemitleideter zu bleiben oder die Scheu davor, als Gesunder wieder Verantwortung auf sich nehmen und etwas leisten zu müssen.

Psychotherapeuten und Seelsorger, die sich mit solchen Kranken abmühen, machen darauf aufmerksam, daß Jesus den Gelähmten am Teich Bethesda vor der Heilung fragt:»Willst du gesund werden« (Vers 6)? Sie sehen darin eine vorbildliche Verhaltensweise des Heilers. Jesus habe hier die Erkenntnis der modernen Psychotherapie vorweggenommen, daß die Heilung solcher Kranker nur möglich ist, wenn ihr unbewußter Wunsch, krank zu bleiben, korrigiert und durch einen unbegrenzten Heilungswillen ersetzt wird.

Dieses Lob Jesu als therapeutisches Vorbild setzt voraus, daß der Bericht ein wörtliches Protokoll eines Heilungsvorgangs sei. Das ist nach meiner Meinung nicht der Fall. Diese Heilungsgeschichte wurde wie andere zuerst von Mund zu Mund weitererzählt. Wie sich die Geschichte dabei verändert, zeigt die Zufügung von Vers 3 b–4 in einigen jüngeren Handschriften:»... und Verkrüppelte, die auf die Bewegung des Wassers warteten. Denn der Engel des Herrn stieg von Zeit zu Zeit herab und wühlte das Wasser auf. Wer nun nach der Bewegung der Wasser zuerst herabstieg, gesundete, an welcher Krankheit er auch litt.« Mit dieser Bemerkung deutete ein Abschreiber theologisch das intermittierende Hervorsprudeln der Heilquelle.

Schon bevor der Evangelist die Geschichte übernahm, wurde sie wie J. Bekker vermutet, durch Vers 9c–18 erweitert und zu einer Sabbatheilung gemacht. Der Evangelist hat sie in dieser Gestalt in sein Buch eingefügt, aber ihn interessierte das Thema Sabbat nicht. Die Streitrede Vers 19–47 hat nämlich ein anderes Thema: Wie der Sohn in Einheit mit dem Vater handelt und das Gericht auf Erden vollzieht. Der Sabbatkonflikt wird in dieser Rede nicht erwähnt.

Nach Ansicht von J. Becker ist die Frage»Willst du gesund werden?« (Vers 6) rein rhetorisch. Der Gelähmte soll mit seiner Antwort zeigen, wie hoffnungslos seine Situation ist.

Wäre das Verhalten des Heilers, wie Johannes es darstellt, für den heutigen Seelsorger vorbildlich, so müßte er auch aus Vers 14 die Lehre ziehen, daß jede Krankheit eine Strafe Gottes für die individuelle Sünde des Kranken sei. »Jetzt bist du gesund; sündige hinfort nicht mehr, damit dir nicht noch Schlimmeres zustößt.« Man male sich aus, was noch schlimmer wäre als diese so lange dauernde Krankheit und das damit verbundene Verlassensein von allen Mitmenschen! Hinter Vers 14 steht das Gottesbild eines grausamen und streng strafenden Richters, der nur durch unbedingten Gehorsam des

Menschen davon abzuhalten ist, uns mit schrecklichen Leiden zu schlagen. Ich nehme nicht an, daß heute viele christliche Seelsorger auf Grund eines solchen Gottesbildes einem Kranken Trost zusprechen wollen. Wir werden wohl das Jesus-Wort von Vers 14 einem Nacherzähler dieser Geschichte zuschreiben dürfen, der hier sein eigenes Gottesbild, das Bild eines moralischen Richters, Jesus in den Mund legt. Wir können darum auch aus der Frage »Willst du gesund werden?« keine Anweisung für den heutigen Seelsorger ableiten. Warum sollte es übrigens für den Wunderheiler Jesus ausgeschlossen sein, einen Kranken nicht nur von seiner körperlichen Lähmung zu heilen, sondern ihn auch von seinem unbewußten Wunsch, krank zu bleiben, zu befreien?

Mich beschäftigt an diesem Text wieder der Mitmensch mit seinem Schicksal, der hinter den Angaben über den Kranken steht oder stehen könnte: 38 Jahre seines Lebens gelähmt, und niemand, wirklich niemand, der sich um ihn kümmert.

Was geht in einer Seele vor, die so lange dem Leiden und der Einsamkeit ausgesetzt ist? Das menschliche Elend, das hier sichtbar wird, veranlaßt mich, anzuhalten und nachzudenken. Ich möchte nicht so schnell wie der Evangelist davon loskommen und zum christologischen Thema übergehen. Der Christus, so wie ich ihn verstehe, leitet mich vielmehr dazu an, bei diesem Unbekannten stehenzubleiben und an seinem Unglück Anteil zu nehmen. Ich wehre mich gegen die Tendenz von Kirchenleuten und Seelsorgern, einen solchen Mitmenschen bloß als Fall zu behandeln, ihn als Aufhänger für das eigene Glaubenszeugnis zu benützen oder eine Hypothese über seinen Fall zu beweisen. Selbst wenn dieser Fall nur dazu diente, Christus zu verherrlichen, so meine ich, daß der Christus, in welchem uns die Liebe Gottes begegnet, besser verherrlicht wird, indem wir uns endlich um diesen so lange Zeit völlig einsamen Mitmenschen kümmern.

Mein ehemaliger Leidensgenosse

Er hat es uns nicht leicht gemacht, ihm zu helfen. Er redete kaum ein Wort und danke sagen konnte er nicht. So mochte ihn niemand recht. Auch ich habe mich nur um ihn gekümmert, weil er mir leid tat. Er gehörte zu uns, zu den Jüngern Jesu. Doch unseren Versammlungen blieb er oft fern. Ich weiß nicht, warum. War er menschenscheu? Waren wir ihm zu wenig herzlich? Oder war er enttäuscht über uns? Oft vergaß er den Tag des Herrn. Denn er zählte die Wochentage nicht und machte keinen Unterschied zwischen ihnen. Täglich ging er für einige Stunden auf die Straße, um zu betteln. Mit dem, was er erhielt, kaufte er sich Brot, Fisch und Most. So lebte er jahraus, jahrein.

Jetzt ist er entschlafen. Die Jünglinge aus unserer Mitte trugen ihn zum Begräbnisplatz. Außer ihnen waren nur noch Hanna und ich dabei, um das Totengebet zu sprechen. Hanna geht immer mit, wenn einer der Unsrigen zur Grabeshöhle hinausgetragen wird. Ich war dabei, weil ich ihn am längsten von uns allen gekannt habe. Mir kam wieder alles in den Sinn, was ich mit ihm erlebt habe, auch was er damals dem Herrn gesagt hat: »Herr, ich habe keinen Menschen, der mich in den Teich bringt, wenn das Wasser bewegt wird.« Das stimmte wirklich. Ich weiß es. Denn ich lag schon ein Jahr krank auf dem Lager neben ihm in der ersten Halle, die bei der Bethesda-Quelle gebaut war. Mich plagte die Gicht. Mit uns warteten viele auf Heilung. Wir aßen die Speisen, die uns barmherzige Frauen brachten, und warteten, bis das Wasser sich bewegte und aufstrudelte und heiß wurde. Dann eilte jeder Kranke, so schnell er konnte, ins Wasser. Sie sagten, daß ein Engel des Herrn von Zeit zu Zeit das Wasser bewege. Oft warteten wir wochenlang, bis dies geschah. Von denen, die zuerst ins strudelnde Wasser stiegen, wurden etliche gesund. Die andern kamen zu spät. Das Wasser war wieder lau und ruhig und kraftlos.

Mein Nachbar hatte niemand, der ihn zum Wasser brachte. Ich konnte ihm nicht helfen. Ich bewegte mich mit Schmerzen an meinen Krücken und war selber oft zu spät. Er und ich, wir lagen nebeneinander. Er sprach wenig. Ich erzählte viel. Ich weiß nicht, ob er es gern hatte, wenn ich erzählte. Mit der Zeit brachte ich heraus, daß er wohl 50 Jahre alt war und seit seiner Jugend lahme Beine hatte. Niemand besuchte ihn. Er klagte nicht. Die Krankheit hatte ihn stumm gemacht. Ich denke, er hoffte auch nicht mehr auf eine Heilung. Er zählte die Tage nicht, und der Sabbat war für ihn so grau wie die andern Tage. Er lebte mehr tot als lebendig.

So war es bis zu jenem Sabbat, als der Mann aus Galiläa zu ihm trat und ihn fragte: »Willst du gesund werden?« Und er antwortete ihm: »Herr, ich habe keinen Menschen, der mich in den Teich bringt, wenn das Wasser bewegt wird.« Und der Unbekannte sprach zu ihm: »Steh auf und nimm dein Bett.« Da sah ich das erste Mal, daß sein Gesicht strahlte wie ein Kind, das ein Geschenk bekommen hat. Er richtete sich auf, stellte sich auf die Beine, rollte seine Liegematte zusammen, als ob er das jeden Tag so gemacht hätte, und ging wortlos davon.

Sein strahlendes Gesicht und seine sicheren Schritte machten mich elend und unglücklich. Ich fühlte meine Krankheit und fragte: Warum wurde nur er geheilt und ich nicht und nicht die vielen andern in den Hallen? Aber Gott hat mich wegen meiner Klage nicht verstoßen, sondern hat sich meiner erbarmt. Am andern Tag sprudelte die Quelle wieder auf. Ich humpelte, so schnell es ging, zum Wasser und spürte gleich, wie es besser mit mir wurde. Ich blieb noch in der Halle, bis der Sprudel das nächste Mal kam. Nachdem ich wieder im heißen Wasser gebadet hatte, konnte ich mich ohne Schmerzen bewegen. Dem Ewigen sei Lob und Dank.

Was mit meinem Leidensgenossen gleich nach der Heilung geschah, weiß ich aus dem, was andere erzählten. Sie sagten, daß die Gesetzeslehrer Anstoß nahmen, weil er seine Liegematte herumtrug. Das war gegen das Sabbatgebot. Aber mein Genosse wußte nicht, daß Sabbat war, und wußte nicht, daß man am Sabbat keine Last tragen darf. Er wußte nicht einmal den Namen des Mannes, der ihm befohlen hatte: Steh auf und nimm dein Bett.

Später hat er dann den Herrn selber angetroffen. Und der Herr gab ihm ein Trostwort auf den Weg mit. Was Jesus ihm gesagt hat, weiß ich nicht. Wenn ich ihn später darüber fragte, antwortete er nur: »Er hat mir ein Geheimnis gesagt.« Und dann leuchtete sein Gesicht wie damals, als er von seinem Krankenlager zum ersten Mal aufstand.

Wir beide trafen uns wieder in der Gemeinde der Jünger Jesu. Er war dabei, weil die Jünger sich um ihn seit dem Tag der Heilung gekümmert haben. Ich kam dazu, weil ich die Predigt von Petrus nach der Heilung des Lahmen an der Tempeltür gehört habe. Damals habe ich erkannt, daß auch ich durch die Kraft Jesu geheilt worden bin und nicht durch das Wasser der Bethesda-Quelle. Ich freute mich, meinen ehemaligen Leidensgenossen in der Gemeinde wiederzusehen. Ob er sich darüber gefreut hat, weiß ich nicht. Er war auch in der Gemeinde ein Einsamer. Er verstand kein Handwerk. Arbeiten hatte er nicht gelernt. So ging er betteln. Das sahen die Apostel nicht gern.

Als sie in die Städte Judäas auszogen, um das Wort des Lebens zu verkünden, nahmen sie ihn einige Male zu den Versammlungen mit und forderten ihn auf, vom Wunder zu erzählen, das der Herr an ihm getan hatte. Er stand auf, wollte erzählen, aber brachte kein Wort über die Lippen und lachte nur, wie einer lacht, der nichts versteht. Dann spotteten die Zuhörer über ihn und redeten verächtlich über die Krafttaten des Herrn, von denen die Apostel erzählten. Und die Apostel nahmen meinen Genossen auf ihren Reisen nicht mehr mit.

Die Geschichte seiner Heilung hat Johannes selber erzählt, so wie es ihm gut erschien. Er redet darin nur vom Herrn und von dem, was er Wunderbares getan hat. Ich aber bin sicher, daß der Herr meinen Genossen geliebt hat, mehr als ich ihn lieben konnte. So meine ich, daß es im Sinne des Herrn ist, wenn ich erzählt habe, was er für ein Mensch war und wie er mit seinen Leiden und Freuden gelebt hat.

Gebet

Du Gott, wir gedenken vor dir derer, die niemanden haben,
der sie zum helfenden Quell bringt.
Wir sind geneigt, sie zu übersehen
und ihre Einsamkeit nicht zu beachten.
Gib uns Augen für sie
und Geduld und Phantasie, ihnen zu helfen.
Du Gott, wir gedenken vor dir derer,
die keine Worte haben, um von dir zu reden,
die vielleicht dein Wirken auch nicht verstehen.
Wir sind geneigt, sie geringzuschätzen
und aus ihrer Armut an Worten zu schließen,
daß sie dir fern ständen.
Gib uns Verständnis für sie
und laß uns merken, wie nahe du ihnen bist.
Du, Gott, wir gedenken vor dir derer, die unheilbar krank sind.
Vergeblich haben sie auf das Wunder der Genesung gehofft.
Jetzt liegen sie auf ihrer Matratzengruft,
mit gebrochener Hoffnung.
Wir sind geneigt, uns an ihr Elend zu gewöhnen
und einen Bogen um ihre stumpfe Verzweiflung zu machen.
Gib uns ein Herz für sie, das bereit ist,
sich immer neu verwunden zu lassen.
Laß uns Brüder und Schwestern für sie finden, die sie begleiten.
Und sei du selbst ihr Tröster und Erlöser,
nachdem du sie so lange hast darben lassen.

Jesus und die Ehebrecherin (Joh 7,53–8,11)

Diese Geschichte fehlt in den besten Handschriften des Johannes-Evangeliums. Gelegentlich steht sie an anderer Stelle oder findet sich nach Lukas 21,38. Sie wurde also erst nachträglich in das schon fertige Evangelium eingefügt. Sie erinnert mit der Formel »die Schriftgelehrten und Pharisäer« (Vers 3) und mit ihrem novellistischen Stil an Geschichten der Synoptiker zum Thema Jesus und die Sünder und an die Streitgespräche, in denen die Gegner jeweils Jesus eine Fangfrage stellen und von ihm dann mit einer souveränen Antwort heimgeschickt werden.

Die Aufforderung »Wer ohne Sünde ist, werfe den ersten Stein« (Vers 7) gibt Anlaß, über unseren Anteil an Schuld am Bösen in dieser Welt nachzudenken und im Sinn von Mattäus 7,1–5 unser Recht zu moralischen Verurteilungen anderer in Frage zu stellen. Nach heutigen psychologischen Erkenntnissen über die Zweierbeziehung und die in ihr ablaufenden Interaktionen kann zudem ein ehebrecherischer Akt nicht mehr isoliert betrachtet und beurteilt werden. Er ist nur ein Abschnitt in einer langen Geschichte, an der mindestens drei Personen aktiv und verursachend beteiligt sind. Wer die Schuldfrage unter diesen Umständen überhaupt noch stellen will, muß auch nach der Schuld der andern Beteiligten fragen. Der novellistische Charakter der Geschichte reizt mich, sie zu erweitern, indem ich mir eine mögliche Vorgeschichte dieses Ehebruchs vorstelle. Ich erzähle also, was bei den vielen Nacherzählungen dieses Textes in der Regel nicht geschieht, auch von den an diesem Ehebruch beteiligten Männern. Vielleicht läßt sich auf diese Weise die Tendenz der Geschichte, die nach dem Schuldanteil der scheinbar Unschuldigen fragt, verstärken.

Die historische Frage, ob ein jüdisches Gericht zur Zeit Jesu noch das Recht hatte, ein Todesurteil zu vollziehen und vollstrecken zu lassen, ist vermutlich negativ zu beantworten. Das hindert aber mein Unternehmen nicht. Selbst wenn die römische Justiz in Palästina damals beanspruchte, für Kapitalverbrechen allein zuständig zu sein, kann man sich denken, daß eine Frau, die von Männern wegen dieses Verbrechens angeklagt wurde, vor der Lynchjustiz der Gasse Angst haben mußte.

Zu einem Ehebruch braucht's immer drei

Der Offizier Sak fühlte sich an der Sache nicht ganz unschuldig. Aber eigentlich war nicht er verantwortlich dafür. Die Einladung war von seinem Geschäftsfreund Tamim ausgegangen. Tamim war spezialisiert auf kunstvoll geschmiedete Waffen. Sak hatte schon manches schöne Stück bei ihm gekauft. Einmal endete ein solcher Kauf mit einer Einladung zum Essen. Geschäftsherr und Kunde saßen auf den Polstern und ließen sich von der Ehefrau Nogchat bedienen. Sie unterhielten sich mit Sachkenntnis über die Kunst der Waffenschmiede in Parthien und Baktrien. Dann wurde Tamim von einem andern Kunden in den Laden gerufen und blieb längere Zeit draußen. Sak plauderte mit der hübschen Nogchat. Daraus entstand eine harmlose Freundschaft.

Bald darauf brach Tamim für eine lange Geschäftsreise nach Nubien auf. Er verabschiedete sich sachlich von seiner Frau und bemerkte mit Genugtuung, daß Nogchat ebenfalls beherrscht blieb. Das war ein Erfolg seiner Erziehung. In der ersten Zeit der Ehe hatte sie ihm bei jedem Abschied ein Theater mit Tränen gemacht. Jetzt war er stolz auf sie. Sie ließ sich nicht mehr von ihren Gefühlen überschwemmen. Gewissenhaft besorgte sie während seiner Abwesenheit das Geschäft.

Der Offizier kannte die Reisepläne des Waffenhändlers, aber es war seines Wissens nur Zufall, daß er in diesen Wochen oft auf dem Bazar zu tun hatte und jedesmal in den Laden Tamims hineinschaute und Nogchat begrüßte. Das Begrüßen wurde zum Plaudern, das Plaudern zum Austauschen. Sie klagte ihm, wie unglücklich sie mit ihrem Mann sei. Er strich ihr übers Haar. Sie fiel ihm um den Hals. Ich weiß nicht, wer wen zuerst geküßt hat. Ich weiß nur, daß die Besuche Saks häufiger wurden und daß sie miteinander ins Bett gingen. Ich weiß ferner, daß, wie überall, Nachbarn die Besuche bemerkten und darüber schwatzten.

Als Tamim drei Monate später in die Stadt zurückkehrte, setzte er sich zuerst in die Trinkstube der Händler und erfuhr dort bald, wie es seine Ehefrau inzwischen getrieben hatte. Er wartete den Abend ab, nahm zwei Kollegen als Zeugen mit, öffnete leise die Haustüre und betrat das Schlafzimmer. Der Offizier konnte durchs Fenster entfliehen. Die Ehefrau brachte Tamim sogleich zur Stadtwache. Sie blieb über Nacht im Gefängnis. Man erzählte ihm nachher, daß die Richter am anderen Morgen die Frau dem Rabbi aus Nazaret vorgeführt und daß sie dann alle weiche Knie bekommen hatten. Nach seiner, Tamims, Meinung hätte sie den Tod verdient. Er ließ ihr sofort den Scheidebrief zustellen und verbot ihr das Haus. Als sie ihn durch ihren Bruder ersuchte, die Kleider und den persönlichen Besitz herauszugeben, weigerte er sich.

Einen Vorteil hatte für ihn die Sympathie des Rabbi für diese Frau: In den vielen Predigten, die über deren Fall − meistens von Männern − in den christlichen Kirchen gehalten wurden, kam er, Tamim, der Ehemann, nie vor.

Sak war froh, daß die Sache glimpflich ausgegangen war. Er hatte zuerst überlegt, ob er sich nicht den Richtern stellen müßte. Nach dem Gesetz war auch er des Todes schuldig. Doch er hatte diesen Gedanken schnell verworfen. Das Gesetz gegen den Ehebruch war überholt und inhuman, und er hatte noch eine Lebensaufgabe vor sich, für die er sich verantwortlich fühlte.

Als er dann hörte, wie der Rabbi von Nazaret den Fall behandelt hatte, fühlte er sich bestätigt. Wer hat denn schließlich auf dieser Welt keinen Dreck am Stecken! Im übrigen rechnete er damit, daß für die Männer, die diese Geschichte weitererzählen, die Ehebrecherin so interessant sei, daß man *seinen* Anteil an diesem Fall vergessen würde.

In jener Nacht kauerte Nogchat schlaflos in der Ecke der Gefängniszelle. Schreckliche Bilder jagten durch ihre Seele: am Boden der Leib einer Frau, blutbesudelt, mit Steinen bedeckt. Männer stehen darum und spotten. Römische Soldaten marschieren heran. Die Männer rennen davon. Sie wußte, daß das Gesetz den Ehebruch verbietet. Wer dabei ergriffen wird, soll gesteinigt werden, so hieß es. Seit die Römer im Land regierten, war es den jüdischen Richtern verboten, die Todesstrafe zu verhängen. Doch würden sich die Richter, vor denen sie am andern Tag stehen würde, an dieses Gesetz halten? Man hörte immer wieder, daß trotz Römerherrschaft ein Gesetzesbrecher von seinen Anklägern zu Tode gesteinigt wurde.

Ein anderes Bild, das sie ängstigte: die lodernden Flammen der Gehenna. Sie sah die Engel Gottes. Erbarmungslos stießen sie die von Gott Verurteilten in das Feuer. Sie wußte, daß sie das Gebot des Herrn übertreten hatte. Aber es fiel ihr schwer, Reue zu empfinden. War sie nicht Jahre lang von ihrem Mann wie eine rechtlose Sklavin behandelt worden? Hatte sie nicht in den Stunden mit Sak zum ersten Mal das Glück erlebt, von jemandem begehrt und gestreichelt zu werden? War das denn etwas Böses? Auf den Freund war freilich kein Verlaß. Sie hatte ihn durchschaut: Wenn es darauf ankam, dachte er nur an sich selber. Ihre Lage war aussichtslos. Auch wenn es ihr gelang, die schrecklichen Bilder der Steinigung und der höllischen Flamme zu verscheuchen: vor ihr lag eine Nacht ohne Ende. Selbst wenn die Richter mit ihr milde sein sollten, war es ausgeschlossen, daß ihr Mann sie je wieder aufnehmen würde. Und sie selbst wollte das auch nicht. Er würde ihr also den Scheidebrief schicken. Als geschiedene Frau mußte sie bei ihrem Bruder leben und dessen Dienstmagd sein. Ihr Leben war unheilbar verpfuscht.

Als der Tag anbrach, vergingen noch Stunden, bis die Zellentür geöffnet wurde. Ein Wächter führte sie heraus. Die Angst vor den Richtern preßte von neuem ihr Herz zusammen. Die Knie wankten beim Gehen. Der Weg führte am Gerichtsgebäude vorüber zum Tempel, dort in die weite Vorhalle, wo Schriftgelehrte zusammen mit ihren Schülern über das Gesetz Gottes nachdachten und redeten. Eine Gruppe Männer hatte sich dem Wächter und der Gefangenen angeschlossen, unter ihnen die beiden, die am Vorabend, zusammen mit dem Ehemann, ins Schlafzimmer eingedrungen waren. Die mußten wohl vor Gericht als Zeugen gegen sie auftreten. Und die anderen? Waren das die Richter, von deren Entscheidung ihr Schicksal abhing?

Der Zug wandte sich einer Gruppe in einer Ecke der Halle zu. Dort saß ein Lehrer mit seinen Jüngern, Männer und Frauen. »Rabbi von Nazaret, wir möchten von dir ein Urteil in einem Rechtsfall hören«, sprach einer, der vermutlich Richter war. Der Angesprochene stand auf und trat aus dem Kreis. »Diese Frau ist auf frischer Tat beim Ehebruch ergriffen worden. Du weißt, in unserm Gesetz steht, man soll Ehebrecher steinigen. Wie urteilst du?«

Jesus sagte kein Wort. Er kauerte nur nieder und zeichnete etwas mit dem Finger in den Staub auf dem Fußboden. Die Frau hatte Zeit, über ihre Lage nachzudenken. Den Rabbi von Nazaret hatte sie bisher nie gesehen, nur über ihn gehört. Auf dem Markt erzählte man Geschichten, die angeblich von ihm stammten. Die Lehrer in Jerusalem lehnten ihn ab, so sagte man, weil es unter seinen Jüngern Männer und Frauen von zweifelhaftem Ruf gäbe. Nogchat merkte gleich, was mit ihr gespielt wurde: Ihre Sache diente dazu, Jesus eine Falle zu stellen. Wenn er im Sinne des Gesetzes die Todesstrafe empfahl, war sie verloren. Zudem konnten sie ihn bei den Römern beschuldigen. Wenn er hingegen für Milde für sie eintrat, machten sie daraus eine Anklage gegen ihn, daß er das Mose-Gesetz nicht ernstnehme. Es ging also nicht mehr nur um ihr Schicksal, sondern um das des Rabbi, den sie zum ersten Mal vor sich sah. Es war ihr, als stände sie, zusammen mit ihm, auf einem Holzbrett, das als brüchige Brücke über einen tiefen Graben gelegt ist.

Sie bemerkte, daß er Buchstaben in den Staub schrieb. Die Zeichen waren undeutlich. Sie entzifferte das Wort Schuld. Schuld? Wegen ihrer Beziehung zu Sak hatte sie sich nichts vorzuwerfen, so hatte sie in der vergangenen Nacht gemeint. Oder doch? Ihr fiel die Geschichte von einem Schmuckhändler ein, die Jesus erzählt haben sollte. Der habe alle seine Waren verkauft, um den Preis für eine einzige kostbare Perle aufzubringen. Die habe er dann gekauft und sei glücklich gewesen. Es hieß, mit dieser Geschichte seien die paar spleenigen Reichen gemeint, die ihren Besitz zugunsten der Armen verkauft und Jünger Jesu geworden sind. Sie fragte sich, ob die Geschichte für sie einen andern Sinn habe: Wurde ihr darin ein Bild von dem gezeigt, dem sie bisher ausgewichen war? Mit ihrem Fleiß für das Geschäft ihres Mannes glich sie einem Kaufmann, der achtlos an der wertvollsten Perle, die ihm angeboten wird, vorübergeht. Sie hatte bisher kaum nach Gott gefragt. Ihre Geschäftstüchtigkeit war der einzige Inhalt ihres Lebens gewesen. Sie merkte, daß dies nicht genügte, wenn man vor dem Tod stand. Hatte sie bisher das Kostbarste verpaßt? War das ihre Schuld?

Der Wortführer der Richter unterbrach das Schweigen Jesu. »Wenn du Lehrer sein willst, fordern wir dich auf, dein Urteil in diesem Fall von Ehebruch bekanntzugeben.«

Jesus erhob sich, blickte in der Runde der Männer umher und sprach leise: »Wer von euch ohne Schuld ist, werfe den ersten Stein.«

Dann kauerte er wieder nieder und schrieb weiter Zeichen in den Sand. Die Frau war erschrocken. Es war vom Werfen von Steinen gegen sie die Rede. Sollte die Hinrichtung gleich beginnen? Doch von den Männern rührte sich niemand. Sie sah nur, wie einer in der hinteren Reihe sich umdrehte und wegging. Ihm folgten einige andere. Nogchat wunderte sich. Die Männer waren sonst nicht so zimperlich, wenn es um Schuld ging. Hinderte sie die Gegenwart des Rabbi, mit einem billigen Männerwitz die Schuldfrage zu erledigen? Nach einiger Zeit hatten sich alle unsichtbar gemacht, sogar ihr Wächter. Jetzt stand Jesus wieder auf und sah sie an. Es war ihr, als ob er alles wüßte, was in ihr war. Aber das schmerzte nicht. Sie hatte nicht das Gefühl, sich vor ihm schämen zu müssen.

»Wo sind die, die dich verurteilen wollten? Ist keiner mehr geblieben? – Ich spreche dich frei und sage dir: Gott hat dich angenommen. Gehe hin in Frieden. Lerne aus dem, was dir widerfahren ist.«

Dann drehte er sich um und ging zur Gruppe seiner Jünger.

Nogchat konnte noch nicht fassen, was geschehen war. Ihr Herz, eben noch von Ängsten zusammengeschnürt, wollte vor Jubel zerspringen. Sie – frei von der drohenden Hinrichtung, freigesprochen auch vom andern Gericht, das sie gefürchtet hatte. Auf dem Weg

vor ihr wurde es heller. Ihr Los als geschiedene Frau, auf das Wohl-
wollen ihres Bruders angewiesen, erschien ihr nicht mehr so unerträglich. Ihr ging die Frage durch den Kopf, ob sie jetzt vielleicht die
kostbare Perle gefunden hatte, von der in jener Geschichte die Rede
war.

Gebet

Du, Gott, du bist mit deiner Vergebung immer schon da,
wenn wir beginnen, über unsere Schuld nachzudenken.
Du sprichst uns in Christus frei und machst uns Mut,
das Böse in uns zu erkennen.
So befreie uns denn von unserm Hang,
die Schuld beim andern zu suchen.
Wenn irgendwo eine Ehe scheitert,
hilf, daß wir die Schwierigkeiten dieser Menschen verstehen,
anstatt zu fragen, wer schuld sei.
Wenn irgendwo ein Konflikt aufbricht,
hilf, daß wir lieben und zur Versöhnung beitragen,
anstatt Steine auf den Sündenbock zu werfen.
Gib uns die Einsicht, daß wir alle in Schuld verstrickt sind
und daß der Schuldanteil des andern
immer mit dem unsrigen zusammenhängt.
Wir bitten dich für Eheleute,
deren Beziehung in eine Krise geraten ist,
daß sie aufhören, sich zu beschuldigen,
daß sie den Weg des Ausgleichs suchen.
Wir bitten dich für Partner,
die ihren Streit vor dem Richter austragen,
daß sie sich nicht immer neue Wunden schlagen,
daß sie für die Kinder eine gute Lösung finden.
Wir bitten dich für Frauen und Männer, die geschieden sind,
daß sie Haß und Bitterkeit überwinden,
daß sie in ihrer Einsamkeit getröstet werden.
Wir bitten dich für Kinder aus Familien, in denen Streit herrscht,
daß ihre Seelen nicht vergiftet werden,
daß sie Freunde finden und Geborgenheit in einer Gemeinschaft.
Erbarme dich, du Gott, über Strafgefangene
und über die Opfer der Kriminalität.
Erbarme dich über uns alle und gib uns deinen Frieden.

211

Die Heilung des Blindgeborenen (Joh 9,1–41)

Die Heilung wird in dieser Geschichte nicht durch die Bitte des Blindgeborenen eingeleitet. Es steht auch kein Wort davon, daß er den Willen zur Heilung hatte, daß er an Jesus, seinen Heiler, glaubte oder daß Jesus aus Erbarmen mit ihm heilte. Der Grund zur Heilung ist vielmehr, »damit die Werke Gottes an ihm offenbar werden« (Vers 3). Jesus sieht den Blinden im Vorübergehen (Vers 1), spricht dann mit den Jüngern über den Fall (Vers 2–5) und macht den therapeutischen Teig aus Speichel (Vers 6). Er verhält sich gegenüber dem Blinden eher wie ein Chefarzt, der sich nur für die Krankheit des Patienten und für dessen Heilung, nicht für dessen Person interessiert. Für den Evangelisten ist der Blinde als Mensch nur wichtig, sofern an ihm gezeigt wird, wie er durch eigene Erfahrungen Schritt für Schritt zum vollen Glauben komme. »Glaubst du an den Menschensohn?« – »Ich glaube, Herr« (Vers 35.38). Aus einem Ungläubigen, also einem »Gottesblinden«, ist er zu einem Glaubenden geworden, zu einem, der »seine Herrlichkeit gesehen hat, die Herrlichkeit des einzigen Sohnes vom Vater, voll Gnade und Wahrheit« (Joh 1,14).

Der Evangelist erzählt die Geschichte auf dem Hintergrund der für ihn und seine Gemeinde bitteren Erfahrung, daß sie als Christen aus der jüdischen Gemeinde exkommuniziert worden sind. Was dem Blinden widerfahren ist (»sie warfen ihn hinaus«, Vers 34), das hatten sie selbst erlebt. Die Angst der Eltern des Blinden vor den Pharisäern wird mit dem Satz begründet: »Denn die Juden hatten schon beschlossen: jeder, der ihn als Christus bekennt, soll aus der Synagoge ausgeschlossen werden« (Vers 22). In der Zeit vor der Kreuzigung Jesu ist der Ausschluß der Jünger Jesu aus der Synagoge nicht denkbar (dagegen sprechen viele Texte aus den Evangelien), wohl aber in der Zeit, in der dieses Evangelium geschrieben wurde.

Der Evangelist benützt diese Heilungsgeschichte nun dazu, auch seinerseits das offizielle Judentum anzuklagen: Die Pharisäer haben sich dem Beweis seiner göttlichen Kraft, den Jesus ihnen durch die Heilung geliefert hat, verweigert. Den Glauben an die Geltung des Sabbatgebots hielten sie für höher als die Erkenntnis, daß Gott am Sabbat durch Jesus eine Heilung bewirkt hat. Sie haben abgelehnt, an Jesus zu glauben, dadurch sind sie schon gerichtet. »Zum Gericht bin ich in die Welt gekommen, damit die, die nicht sehen, sehen, die Sehenden aber blind werden« (Vers 39). Und der Evangelist wiederholt es: Die Juden verharren in der Finsternis. Gerade weil sie sich etwas auf ihre Gotteserkenntnis einbilden, sind sie gottesblind. »Wäret ihr blind, hättet ihr keine Sünde. Nun aber sagt ihr: wir sehen. Darum bleibt eure Sünde« (Vers 41).

Von der antijüdischen Polemik dieser Geschichte läßt sich der Nacherzähler gern anstecken. Er macht dann aus der eindeutig negativen Rolle der Pharisäer ein Beispiel für die in Christus erfolgte Umkehrung aller Werte und Beurteilungen. Die in ihren eigenen Augen gerechten Frommen werden verworfen und als Gottesfeinde entlarvt, und der in ihren Augen als Sünder disqualifizierte Blindgeborene wird zum Exempel für die Rechtfertigung des Sünders und die Erwählung der Niedrigen und Geringen durch Gott. Von diesem Schwarz-weiß-Bild aus der Zeit Jesu ist es dann nur ein kleiner Schritt bis zur

212

Aussage, daß die Erben der Pharisäer, die heutigen Juden, ebenfalls vom Licht der Wahrheit ausgeschlossen sind. Doch daß die Juden als solche, nur weil sie in Jesus nicht ihren Messias erkennen, für Gott blind sind, dürfen wir als Christen nach allem, was wir heute über den Glauben und das Beten von Juden in Vergangenheit und Gegenwart wissen sollten, nicht mehr behaupten, sonst stellen wir nur unsere eigene Zugehörigkeit zum Juden Jesus in Frage.

Um der antijüdischen Polemik dieser Geschichte entgegenzuwirken, erzähle ich sie aus der Sicht zweier Pharisäer, die dabei waren. Was ich vom zweiten berichte, ist wohl etwas anachronistisch und durch Quellen meines Wissens nicht zu belegen. Begründen kann ich es nur mit meiner Überzeugung, daß es zu allen Zeiten und in allen Kulturen einzelne Weise gab, die voll menschlicher Güte waren und für Toleranz gegenüber Andersdenkenden eintraten.

Diese Nacherzählung läßt sich nur verwenden, wenn dem Hörer der johanneische Bericht bekannt ist.

Und es war eine Spaltung unter ihnen (Joh 9, 16)

Ich bin Eleasar, und ich bekenne, daß ich ein Pharisäer war. Das war zur Zeit meiner Blindheit. Ich eiferte für Gott, aber ohne die richtige Erkenntnis. Ich glaubte mit Ernst, daß Gott die Söhne Israels als sein heiliges Volk erwählt hat. Darum heiligte ich mich täglich nach der Vorschrift seiner Gebote. Ich glaubte an die Gerechtigkeit Gottes. Darum mühte ich mich, gerecht zu sein. Aber ich dachte nach Menschenweise über seine Gerechtigkeit. Ich meinte, er sei gerecht wie ein Arbeitgeber, der einen hohen Lohn bezahlt, wenn der Taglöhner viel gearbeitet hat, und der den Lohn verweigert, wenn der Taglöhner krank war und nicht arbeiten konnte. Doch heute habe ich meinen Irrtum eingesehen.

Johannes hat die Geschichte von der Heilung des Blindgeborenen erzählt. Es ist auch die Geschichte meiner Blindenheilung. Ich kannte den blinden Bettler von seiner Kindheit an. Ich kannte seine Mutter, seinen Ziehvater und seinen richtigen Vater. Ich wußte, daß er im Ehebruch gezeugt war. Weil ich an den gerechten Gott nach Menschenweise glaubte, meinte ich, die Blindheit des Kindes sei die Strafe des Himmels für die ehebrecherische Verbindung seiner Eltern. So dachten auch die Nachbarn des Blinden, so dachten wir alle im Kreis der Pharisäer.

Eines Tages kamen die Nachbarn zu mir und erzählten von der Heilung des Blinden. Ich wurde zornig, weil der Tag der Heilung ein Sabbat war. Ich verlangte eine Untersuchung der Sache durch den

213

Rat der Schriftgelehrten, in dem ich damals Einsitz hatte. Ich verhörte den Mann, und er berichtete den Hergang der Heilung.

»Der Mensch, der Jesus heißt, machte einen Teig, bestrich mir damit die Augen und sprach zu mir: Geh an den Teich Siloah und wasche dich. Als ich nun hinging und mich wusch, wurde ich sehend.« Ich kam zum Urteil: »Dieser Mensch ist nicht von Gott her, weil er den Sabbat nicht hält. Darum kann die Heilung nicht von Gott kommen. Sie ist ein Werk des Teufels.«

Wir befragten die Eltern, ob dieser wirklich ihr Sohn wäre und ob er blind geboren sei. Sie bestätigten das, aber beteuerten, daß sie nichts über den Vorgang der Heilung wüßten.

Wir verhörten den Geheilten ein zweites Mal. Er versteifte sich und behauptete: »Wenn dieser nicht von Gott wäre, vermöchte er nichts zu tun.« Da wies ich ihn zurecht: »Du bist ganz und gar in Sünde geboren, und du willst uns lehren.«

Doch mein Wüten war nur ein Schein. In meinem Herzen war ich unsicher geworden. Ich war gleich den Verteidigern einer Stadt, die einen Ausfall gegen die Feinde unternehmen, nachdem diese schon eine Bresche in die Stadtmauer geschlagen haben. Ich spürte, daß Jesus von Gott gesandt war.

Später begegnete ich Johannes. Er sprach mit mir. Da fiel es mir wie Schuppen von den Augen. Ich erkannte, daß Gottes Gerechtigkeit wie die eines Königs ist, der sich der Armen und Schwachen in seinem Reich erbarmt und ihnen seine Güter schenkt. Indem ich mit Johannes redete, erkannte ich, daß Jesus das Licht meines Lebens und das Licht der Welt ist. Meine Genossen im Kreis der Pharisäer sind noch immer blind. Ich bin ein Kind des Lichts geworden. Ich bete für sie alle Tage, daß ihre Blindheit geheilt werde und daß auch sie das Licht der Welt sehen, das in Christus aufgegangen ist.

Ich bin Nechonja und bekenne, daß ich ein Pharisäer bin. Ich meine nicht, daß nur die Gemeinschaft der Pharisäer das heilige Volk Gottes sei. Aber sie hat eine Aufgabe am Volk Gottes, und dazu stehe ich. Johannes hat die Geschichte von der Heilung des Blindgeborenen erzählt. Ich verwahre mich dagegen. Er will mir durch sie weismachen, daß ich dem Blindgeborenen gleiche, weil ich nicht glaube, daß Jesus der Messias und das Licht der Welt sei.

Ich will erzählen, warum ich nicht glaube: Eine Gemeinschaft, die von sich sagt, sie besitze das Licht der Welt, ist mir zuwider. Ich weiß, wie sich ein solcher Glaube auswirkt. Das habe ich erfahren, als mein Vetter Aboth starb. Er hinterließ fünf unmündige Kinder und eine kranke Frau. Er hatte einen Bruder, Sallum mit Namen. Der gehörte der Gemeinschaft der Essener an. Ich suchte ihn auf, um ihn an seine Pflicht als Vaterbruder der fünf armen Waisen zu erinnern. Aber er verschloß sein Herz. Er verfluchte mich und seinen Bruder und dessen Familie und sagte: »Ihr seid alle Kinder der Finsternis. Nur wir, die Essenergemeinde, sind Kinder des Lichts. Uns ist befohlen, die Söhne der Finsternis zu hassen. Ich will den strafenden Arm Gottes nicht hindern, an den Söhnen der Finsternis zu tun, was sie verdient haben.« So hart und überheblich sind die Glieder einer Gemeinschaft, die von sich sagt, sie besitze das Licht der Welt. Ich fürchte, daß dies bei der Gemeinschaft, für die Johannes wirbt, nicht anders ist.

Ich gebe zu, die Geschichte, die er erzählt, hat einen guten Grund. Der Blindgeborene, den Jesus geheilt hat, war mir von Angesicht bekannt. Er saß täglich am Quelltor und bettelte. Man sagte von ihm, er sei von Geburt an blind und sei ein Kind des Ehebruchs. Ich war dabei, als er uns Schriftgelehrten zum Verhör vorgeführt wurde. Sein Bericht über die Heilung war glaubhaft. Ich war überzeugt, daß der Ewige dem Mann aus Nazaret die Kraft zum Heilen gegeben hatte. Er war kein anerkannter Lehrer, und die Heilung war am Sabbat geschehen. Aber für den Geheilten war sie eine Wohltat, und ich erkannte in ihr ein Werk des Schöpfers, der uns gute Gaben gibt. Ich trat unter den Schriftgelehrten dafür ein, dies anzunehmen. Einige widersprachen heftig. Sie meinten, Gott könne nicht sein Sabbatgebot aufheben. Der Blindgeborene sei durch die Kraft der Dämonen sehend geworden.

Ich wollte die Sache von Grund auf erforschen und sprach mit dem anderen Bettler, der täglich am Quelltor saß und den Vorübergehenden die leere Hand hinstreckte. Er war an beiden Beinen verkrüppelt und konnte sich nur mit Händen und Armen vorwärts bewegen. Er bestätigte den Bericht des geheilten Blinden. Jesus war vorbeigekommen, hatte mit Speichel und Erde einen Teig gemacht, ihm diesen auf die Augen gelegt und befohlen: Gehe hin, wasche dich im Teiche Siloah. Dann wurde der Blinde sehend.

Sein Genosse, der Lahme, aber war unzufrieden, weil Jesus ihn nicht ebenso geheilt hatte. So redeten auch die andern Bettler, die wegen eines Gebrechens auf milde Gaben der Vorübergehenden angewiesen sind. Weil *sie* nicht geheilt wurden, kann Jesus nicht der verheißene Messias, der Bringer des Gottesreichs, sein. Wenn Gottes Reich anbricht, werden die Augen aller Blinden aufgeschlossen, die Ohren aller Tauben werden aufgetan. Jeder Lahme wird springen wie ein Hirsch, die Zunge jedes Stummen wird jauchzen. So spricht der Herr durch den Propheten Jesaja.

Darum will ich lieber nach der Meinung des Johannes blind sein, als mich zu den Söhnen des Lichtes zählen. Und ich bin blind, weil ich den Weg des Herrn mit den Blinden und den Verkrüppelten und den Lahmen in diesem irdischen Jammertal nicht verstehe. Doch ich bin sehend, weil ich auf das Heil des Herrn hoffe und auf das Licht warte, das über uns aufgehen wird.

Die Auferweckung des Lazarus (Joh 11,1–44)

Diese Geschichte ist mir fremd. Schon was sie über das Verhalten Jesu gegenüber seinen Freunden berichtet, stößt mich ab. Obwohl er die drei Geschwister in Betanien liebt, verzögert er absichtlich den Aufbruch zu ihnen und wartet, bis Lazarus gestorben ist, damit er einen Toten auferwecken und nicht bloß einen Kranken heilen kann. Ja, er freut sich sogar, daß Lazarus gestorben ist (Vers 15) und mutet den Schwestern Schmerz und Trauer zu, weil er nachher an der Leiche ihres Bruders seine göttliche Vollmacht demonstrieren will. So geht nach meinem Empfinden ein machtbesessener Tyrann mit Sklaven um, nicht ein Freund mit Freunden. Wenn ich Jesus-Geschichten erzähle, möchte ich von ihm ein Bild zeichnen, das bei den Hörern den Wunsch weckt, ihn zum Freund zu haben.

Dann macht mir die historische Frage Schwierigkeiten. Hat Jesus tatsächlich einen Leichnam, bei dem die Verwesung schon im Gang war, auferweckt? Hat er die chemischen Prozesse, die nach dem Tod im menschlichen Leib einsetzen, rückgängig gemacht? Ist für seine göttliche Allmacht der eingetretene Tod nichts Endgültiges?

Mit diesen historischen Schwierigkeiten könnte ich noch fertig werden. Wenn ich mir die weitgehende Skepsis vergegenwärtige, die ich mir im Lauf meines Lebens gegenüber den angeblich so sicheren Erkenntnissen der Wissenschaften (auch der historischen) angeeignet habe, ist es für mich nicht mehr nötig, auf die Barrikaden der Aufklärung zu steigen und mit den Waffen der Vernunft gegen die Auffassung zu kämpfen, daß dieses Wunder so, wie es berichtet wird, geschehen sei. Warum sollte nicht einmal in der fernen Vergangenheit etwas passiert sein, was dem modernen Verstand, dessen Erkenntnisvermögen begrenzt ist, unmöglich erscheint?

Schwieriger ist für mich die Frage, was diese Wundergeschichte, ob sie passiert ist oder nicht, für unser heutiges Christsein bedeutet. Wird mein Christus-Verständnis bereichert, wenn ich annehme, daß der Mensch Jesus, mit göttlicher Allmacht ausgestattet, ein so sensationelles Wunder vollbracht hat, daß es heute an erster Stelle in den Schlagzeilen der Boulevard-Blätter ge-

216

meldet würde? Oder verliert dadurch mein Christus-Verständnis das, was man nach Paulus die Knechtsgestalt Christi nennt? Fehlt ihm dann die Wahrheit, daß sich Gottes Sohn aller seiner göttlichen Macht entäußert hat (Phil 2,7 ff.)? Ist es für mich wichtig zu bejahen, daß Jesus damals in Betanien etwas Einmaliges vollbracht hat, daß damals ausnahmsweise an einem Toten etwas geschehen ist, das sich vielleicht in der Apostelzeit noch einmal ereignet hat, aber sich heute nie mehr wiederholen wird?

Oder bekommt die Lazarus-Geschichte ihren Sinn, wenn ich ihre Bezüge zum Sterben Jesu erkenne? Ist das Sterben des Freundes Jesu, das sich als etwas nicht Endgültiges entpuppt, ein Hinweis auf das Sterben Jesu, das nach Johannes nicht sein Ende, sondern seinen Heimgang zum Vater und seine Erhöhung bedeutet? Ist die Auferweckung des Lazarus die Vorwegnahme der Auferstehung Jesu?

Die Frage nach der Bedeutung der Geschichte für uns wird vom Text einerseits mit dem Bekenntnis von Marta beantwortet: »Ich weiß, daß er auferstehen wird bei der Auferstehung am letzten Tag« (Vers 24), andererseits durch das Ich-bin-Wort Jesu: »Ich bin die Auferstehung und das Leben. Wer an mich glaubt, wird leben, auch wenn er stirbt; und jeder, der lebt und an mich glaubt, wird in Ewigkeit nicht sterben« (Vers 25 f.). Manche Ausleger meinen, daß sich hier zwei verschiedene Weisen der Hoffnung auf eine Überwindung des Todes durch Christus ausdrücken: die kirchlich-orthodoxe Auffassung, daß die im Glauben Verstorbenen am Weltende auferstehen und in das ewige Leben eingehen werden, und die typisch johanneische Überzeugung, daß das ewige Heil für den Glaubenden schon gegenwärtig sei, daß er das ewige Leben bereits habe (Joh 5,24) und daß der Tod für ihn wesenlos geworden sei. Wenn ihm ein Mitmensch stirbt, berührt ihn das nicht. Wenn es um das eigene Sterben geht, hat das für ihn keine Bedeutung. Er kann von sich sogar sagen, daß er nicht sterben werde. Denn er ist im Glauben mit dem Christus, der selber die Auferstehung und das Leben ist, so innig verbunden, daß sein eigenes Sterben nur das Hinüberschreiten in das ewige Leben ist.

Ich verstehe, daß für Christen die eine oder die andere Weise, sich vom Glauben her mit dem Sterben auseinanderzusetzen, hilfreich ist. Doch ich selber kann keine der beiden Weisen der Hoffnung direkt übernehmen. Für den Glauben an die Auferstehung meines Leibes am jüngsten Tag fehlt mir das intensive Bedürfnis nach einer persönlichen Weiterexistenz als Individuum in einer fernen Zukunft. Und für die Überzeugung, daß der Gläubige schon jetzt das ewige Leben genieße und vom Sterben innerlich nicht mehr berührt werde, fehlen mir die mystischen Erfahrungen des Einsseins mit Christus und das Verlangen, den irdischen Dingen völlig enthoben zu sein. Den Schmerz und die Trauer beim endgültigen Abschied von einem geliebten Mitmenschen muß ich und möchte ich fühlen. Mein eigenes Sterben steht noch vor mir, nicht als Nebensache, sondern als etwas Dunkles, Unbekanntes, vielleicht Angst Erregendes.

Wenn ich also weder einen Zugang zur Auferweckung des Lazarus habe, noch zu den in diesem Kapitel vertretenen Antworten auf die Frage nach dem Sterben, wäre es dann nicht besser, wenn ich meine Finger von dieser Geschichte ließe, anstatt mich an ihr zu vergreifen? Sollte ich dieses Kapitel der Bibel nicht, wie ich es mit andern tue, überschlagen?

Dagegen spricht, daß der Text mich nicht losläßt. Wie der biblische Erzähler erwarte auch ich durch den Glauben an Christus Hilfe, wenn ich eine Zeit des Trauerns durchstehen und wenn ich mich auf mein eigenes Sterben vorbereiten muß. Kann ich das Ich-bin-Wort in diesem Kapitel nicht so offen verstehen, daß es eine auch für mich unverzichtbare Verheißung ausspricht, die Verheißung, daß der Tod nicht die letzte Macht über uns Menschen ist, sondern daß das von Gott erschaffene Leben den Sieg behält? Und kann ich mir eine Marta vorstellen, die in der Begegnung mit Jesus die Erfahrung macht, die ihr das Leben trotz Trauer und eigenem Sterben ermöglicht? Diese Marta meiner Phantasie hat dann freilich mit der historischen Marta nicht viel Gemeinsames, aber wenn durch sie Worte und Bilder dieses Kapitels für mich zu reden beginnen, ist der phantasierende Umgang mit der Person Martas vielleicht verantwortbar.

Elisabeth Moltmann-Wendel (Ein eigener Mensch werden, Gütersloh 1980) hat entdeckt, daß Marta in dieser Geschichte eine Rolle spielt, die dem, was man üblicherweise von einer Frau erwartet, widerspricht. »Sie überfällt Jesus mit dem Satz, der allen Schmerz, allen Zorn und alle Enttäuschung der letzten Tage enthält: ›Herr, wenn du bei uns gewesen wärst, hätte mein Bruder nicht sterben müssen.‹ ... Für Marta ist dieser Satz ein Sprungbrett, Einleitung zu einem leidenschaftlichen Glaubensgespräch. Marta ist nicht ein ›Weib, das in der Gemeinde schweigt‹. Sie überläßt nicht die Theologie den Theologen. Sie debattiert heftig. Sie weint nicht. Sie wirft sich Jesus nicht zu Füßen, sie ergibt sich nicht. Sie rechtet mit Gott wie Hiob. Sie wirft Jesus Versagen vor. Sie gibt nicht auf wie Jakob am Jabbok, als er mit Gott ringt. Vorlaut, zäh, leidenschaftlich, weiß sie alles besser. Unweiblich würden viele es nennen ...« Auf das Ich-bin-Wort Jesu antwortet sie dann »mit einem Christusbekenntnis, das auf einsamer Höhe im Neuen Testament steht: ›Du bist Christus, der Sohn Gottes, der in die Welt gekommen ist‹. Dies kann höchstens noch mit dem Christusbekenntnis des Petrus Mattäus 16,16 verglichen werden.«

Die Feststellungen dieser Exegetin leuchten mir ein, nur kann ich ihre Bewertung des Sachverhalts nicht mit dem Desinteresse des Evangelisten für die Menschen, mit denen es Jesus zu tun hat, zusammenbringen. Vielleicht deutet der Satz »Herr, wärst du hier gewesen ...« tatsächlich einen leisen Vorwurf an. Aber wenn Marta die selbständig denkende Frau gewesen wäre, wie die Exegetin sie sich vorstellt, hätte sie gegen das Verhalten Jesu protestieren und sich nicht bloß in Andeutungen dagegen verwahren müssen. Ich finde im johanneischen Schrifttum nicht die geringste Spur der Hochschätzung der Frau, die Elisabeth Moltmann-Wendel aus den Aussagen dieses Kapitels über Marta herausliest. Auch an *ihrem* Bild von Marta ist die Phantasie der Auslegerin beteiligt. Das spricht allerdings nicht gegen, sondern für den Versuch, mit der Phantasie zu einem für uns fremden Text einen neuen Zugang zu suchen.

Mit meiner zweiten Geschichte von Marta möchte ich diejenigen ansprechen, bei denen der johanneische Bericht Zweifel und Unglauben auslöst und die darauf mit dem Urteil reagieren: Das kann doch nicht passiert sein.

I. Marta mit dem angepaßten Gedächtnis

Sie freute sich jedesmal, wenn in der Versammlung ihre Geschichte gelesen wurde. Das Erzählte lag schon vier Jahrzehnte zurück. Aber sie erinnerte sich noch gut. Hatte sie es früher nicht oft selber erzählt? Jetzt war das nicht mehr nötig, seit Johannes die Geschichte so schön aufgeschrieben hatte.

Es war damals ein schwüler Tag, kurz vor dem Passahfest. Ihr Bruder wurde plötzlich von Atemnot befallen und hatte unerträgliche Schmerzen in der Brust und am Arm. Die Salbe aus Großmutters Zeiten brachte keine Linderung. Sie holten den Dorfheiler, seine Hände wirkten nicht. Maria betete inbrünstig und meinte: »Wenn Jesus hier wäre, er würde helfen.« Und sie, Marta: »Wir schicken einen Boten, um ihn herzurufen. Er ist nicht weit von hier.«

Ein Nachbar übernahm den Botendienst und kehrte am Abend ohne Jesus zurück. Der sei stumm geblieben, als ob er den Hilferuf nicht vernommen hätte. Beim Anbruch der Nacht hörten die Lebenszeichen bei Lazarus auf. Der Dorfheiler stellte den Tod fest. Marta konnte es nicht fassen. Wie im Halbschlaf wusch sie mit ihrer Schwester den Leichnam, behandelte ihn mit Balsam, wickelte ihn in Binden und Tücher ein. Man trug ihn hinaus vors Dorf, in eine Nische der Familiengruft, und schloß die Höhle mit dem Rollstein. Marta war wie betäubt. Ihre Tränen waren vertrocknet. Sie empfing die Besucher, die ihr das Beileid wünschten, und redete, aber wußte nicht, was. In ihrem Innern drehte sich alles um die Frage: Warum ist Jesus nicht gekommen und hat den Bruder geheilt?

Später erfuhr sie von Johannes, warum Jesus sich dem Hilferuf verschlossen hatte: Er wollte nicht bloß einen Kranken heilen, sondern einen Toten auferwecken, einen Leichnam, bei dem schon die Verwesung begonnen hatte. Durch einen solchen Machtbeweis sollten die Jünger endgültig zum Glauben kommen. Als Marta das hörte, spürte sie in ihrem Hals ein Würgen. Es war ihr, als ob man sie mit ihrem Leid zum Narren hielte. Doch schnell überwand sie den rebellischen Gedanken. Wer von Jesus geliebt wird, muß auf eigene Wünsche und Gefühle verzichten. Wer das Vorrecht hat, zu den Freunden Jesu zu gehören, muß sein wie Ton in der Hand des Töpfers. Dem Klumpen mag's weh tun, wenn der Meister ihn knetet und Stücke davon entfernt, aber nur so entsteht das Kunstwerk, das den Meister ehrt. Mit der Zeit hatte Marta gelernt, nichts anderes sein zu wollen als Ton in der Hand ihres Meisters.

Und so fühlte sie sich, wenn sie wieder und wieder ihre Geschichte in der Versammlung hörte: Wie Jesus endlich nach vier Tagen gekommen war, wie ihr dann der Vorwurf entschlüpfte: »Herr, wärest du hier gewesen, mein Bruder wäre nicht gestorben.«

Doch nun war er, der Herr, da. Sie spürte, wie Macht von ihm ausging. Darum flackerte in ihr die leise Hoffnung auf, daß ihm sogar jetzt ein Wunder möglich sei. »Was du von Gott erbitten wirst, wird Gott dir gewähren.« Doch das Fünklein erlosch gleich wieder. Als Jesus ihr zusagte: »Dein Bruder *wird* auferstehen«, wehrte sie ab: »Ich weiß, daß er auferstehen wird bei der Auferstehung am letzten Tag.«

Darauf sprach der Herr jenes große Wort von der Auferstehung und vom Leben und von seiner Person, die beides umfaßt. Sie antwortete darauf mit dem Bekenntnis: »Ich bin zum Glauben gekommen, daß du bist Christus, der Sohn Gottes, der in die Welt gekommen ist.« Jedesmal, wenn sie beim Vorlesen der Geschichte dies hörte, wunderte sie sich. Es waren dieselben Worte, die in der Versammlung gesprochen wurden, wenn der Glaube feierlich bekannt wurde. Sie hatte die Worte zum ersten Mal so gesagt, aber niemand in der Gemeinde dachte daran, daß dies zuerst ihr persönliches Bekenntnis war.

Damals, als sie so mit Jesus geredet hatte, löste sich die Starre in ihr. Eine Woge der Traurigkeit überschwemmte sie. Sie begann zu weinen. Sie eilte, ihre Schwester herbeizuholen. Auch Maria weinte. Als Jesus sie beide in Tränen sah, überkam ihn ein heiliger Zorn gegen die Macht des Todes und der Trauer. Er verlangte, daß man ihn zum Grabe führe.

Was draußen geschah, an das konnte Marta nur in tiefer Ehrfurcht denken. Es war das Herrlichste und Heiligste, was je einem Menschen zuteil wurde. Jesus befahl, den Stein wegzuwälzen. Marta widersprach: »Herr, er stinkt schon. Denn vier Tage ist er tot.« Doch Jesus herrschte sie an: »Hab ich dir nicht gesagt, wenn du glaubst, wirst du Gottes Herrlichkeit sehen?« Der Stein wurde weggewälzt, und Jesus sprach das Allmachtswort des Schöpfers: »Lazarus, komm heraus!« Und siehe da, der Verstorbene kam heraus, an Füßen und Händen mit Binden umwickelt. Marta sah den Sohn Gottes an der Höhle stehen, und im Sohn war der Vater selbst gegenwärtig. Das wahre, ewige Leben hatte begonnen. Das Reich der Finsternis war zu Ende.

Marta lebte fortan nur aus der Erinnerung an diese Stunde. Was einige Tage später den Jüngern und ihrer Schwester am Grabe Jesu widerfuhr, das bestätigte ihr nur, was sie bereits glaubte und wußte, weil sie es mit eigenen Augen an ihrem Bruder gesehen hatte. Als Lazarus dann nach einigen Jahren zum zweiten Mal starb, blieb sie unberührt. Sie fühlte sich ganz und gar getragen vom Wort Jesu: »Wer an mich glaubt, wird leben, auch wenn er stirbt.« Lazarus war gewiß gläubig gewesen. So lebte sie in Christus zusammen mit ihm, auch nachdem er leiblich nicht mehr neben ihr war.

II. Marta mit dem widerspenstigen Gedächtnis

Sie ärgerte sich jedesmal, wenn in der Versammlung ihre Geschichte gelesen wurde. Sie konnte sich darin nicht wiederfinden. Doch wenn sie widersprach, sagte man ihr: »Du bist alt. Dein Gedächtnis ist getrübt. Johannes hat alles schön aufgeschrieben.« So schwieg sie. Etwas an der Geschichte blieb auch so, wie sie gelesen wurde, für sie wahr.

Ihre Trauer damals konnte nur verstehen, wer wußte, was Lazarus ihr bedeutete. Sie war buchstäblich die rechte Hand ihres Bruders gewesen. Lazarus sammelte nämlich bei den Alten in den Dörfern die Sprüche der Väter und brachte auf Papyrus-Blättern heim, was er gehört hatte. Marta schrieb es in heiliger Schrift auf Pergament. Vom Verkauf der Buchrollen lebten die Geschwister. Lazarus war froh, daß er Marta hatte. Seine Hand war für das Malen der Buchstaben nicht geschickt. Auch für ihren Rat war er dankbar, wenn es galt, bei zwei ähnlichen Sprüchen die alte, wahre Fassung zu finden. Durch die Arbeit mit Lazarus war Martas Leben reich und anders als das der übrigen Frauen, die keinen Teil am Buch und an der Weisheit der Väter hatten.

Das gute Leben zu zweit brach plötzlich ab. Nur einige Stunden dauerte es, bis das Herz des Lazarus stillstand. Sie hatten noch nach Jesus geschickt. Aber der war für den Hilferuf taub geblieben. Marta hatte Unersetzliches verloren. Sie war verstummt und wie versteinert. Zu den Besuchern, die ihr das Beileid bezeugten, redete sie kein Wort.

Als nach vier Tagen Jesus doch noch kam, brach es aus ihr heraus wie ein gestauter Bach. Sie überschüttete ihn mit Vorwürfen. »Herr, wärest du hier gewesen, mein Bruder wäre nicht gestorben. Du hast deine Ohren vor unserem Hilferuf verschlossen. Du hast gewollt, daß Lazarus sterbe. Warum hast du mir mein Liebstes entrissen? Warum bist du überhaupt in mein Leben getreten? Nur damit Gott auf meine Sünden aufmerkt! Du hast mich ins Unglück gestürzt. Du hast mich in die Finsternis verstoßen. Verflucht sei der Tag meiner Geburt.«

Als sie sich so sprechen hörte, stiegen Zweifel in ihr hoch. Sie fragte sich, ob sie nicht selber an diesem Tod schuld sei. Ihr Bruder fühlte sich manchmal so müde, wenn er von den Dörfern zurückkam. Sie hätte merken müssen, daß er schon lange krank war. Hätte sie doch besser um einen Raum von Ruhe und Erholung für ihn gesorgt. Oder war es gar nicht das? Hatte sie ein Vorrecht genossen, das einer Frau nicht zusteht? Mußte sie jetzt büßen, weil ihr vorher gegen jede Ordnung die Gemeinschaft mit Lazarus zuteil geworden war? Mußte ihr dieser Teil ihres Lebens entrissen werden, weil sie ihn gar nicht besitzen durfte?

Jesus schwieg zu diesen Vorwürfen. Oder hatte er geredet, und der Sturm ihrer Anklage hatte seine Worte übertönt? Wenn sie später an jene bittere Stunde zurückdachte, fielen ihr Worte ein, mit denen er damals vielleicht geantwortet hatte. »Selig sind die Leidtragenden, denn sie sollen getröstet werden.« Oder hatte sie dieses Wort von ihm bei einer andern Gelegenheit gehört? Jener Tag war so finster, daß er durch nichts erhellt wurde, auch nicht durch ein Trostwort.

Gegen Abend ging sie zur Grabstätte hinaus und sah Jesus trauernd dort stehen. Auch das ärgerte sie. Wieder schoß ihr der Gedanke durch den Kopf: »Wenn er auf den Hilferuf gleich herbeigeeilt wäre, hätte er den Bruder gesund gemacht. Warum hat er das nicht getan?«

Eine Krankheit zum Tode hatte nach Marta gegriffen. Sie wünschte, selber nicht mehr leben zu müssen. Sie hoffte, bald neben ihrem Bruder in der Familiengruft zu liegen. Ihre Krankheit hielt an, als man ihr nach wenigen Tagen erzählte, Jesus sei verhaftet, in einem Schnellverfahren zum Tode verurteilt und hingerichtet worden. Sie hörte das wie durch einen Nebel, erschrak ein wenig und fragte sich, ob sie auch daran schuld sei, weil sie Jesus den Tod gewünscht habe.

Ähnlich ging es ihr mit dem, was sie über die Ereignisse am Grabe Jesu hörte. Was ihre Schwester Maria davon erzählte, kam ihr wie ein Märchen vor.

Doch die Jünger Jesu gingen täglich in ihrem Hause aus und ein und

waren voll Freude. Sie sagten: »Der Herr lebt, er ist auferstanden.«
Ihre Schwester Maria war immer bei ihr. Sie blieb guten Muts und
sprach oft: »Der Herr ist auch für dich auferstanden. Du wirst mit
ihm leben.«
Einmal, als der Sommer vorüber war und der Herbstregen auf die
dürren Felder fiel, redeten die beiden Schwestern wieder von jenem
Tag des bitteren Verlustes. »Erinnerst du dich denn nicht mehr, wie
der Herr zu dir sagte: Wer an mich glaubt, wird leben, ob er gleich
stürbe?« fragte Maria. Da war es für Marta, als ob sie aus einem
langen Todesschlaf erwacht wäre. Sie hatte die Stimme ihres Schöpfers vernommen. Sie trat aus der dunklen Grabeshöhle heraus, und
das Licht blendete sie. Für sie begann das Leben, ein anderes als das
mit Lazarus, ein neues Leben in der Gemeinschaft mit dem Auferstandenen und seinen Jüngern.

Gebet

O Gott, Du hast verheißen,
daß wir im Glauben an Christus leben, auch wenn wir sterben.
Mach uns diese Verheißung groß, laß uns mit ihr leben.
Wenn wir Abschied nehmen, wenn wir loslassen müssen,
ist der Tod uns nahe.
Hilf uns den Schmerz des Abschieds zu tragen,
im Glauben an den Auferstandenen.
Wenn wir um einen geliebten Menschen trauern,
wenn wir an seinem Grab stehen und weinen,
ist der Tod uns nahe.
Erwecke uns aus der tödlichen Krankheit der Trauer.
Gib unserem einsam gewordenen Leben neuen Sinn.
Laß uns durch den lebendigen Christus
mit dem Verstorbenen verbunden sein.

Nacherzählungen von Texten aus der Apostelgeschichte

Der Titel des Buches »Apostelgeschichte« stammt nicht von seinem Verfasser Lukas. Er entspricht nicht seinen Absichten und dem Inhalt des Buchs. Nach der Auffassung von Lukas sind Apostel diejenigen Jünger, die in der Zeit vor dem Tode Jesu mit ihm zusammengelebt haben und denen er als der Auferstandene erschienen ist. »Es muß also einer von den Männern, die mit uns gekommen sind während der ganzen Zeit, als der Herr Jesus bei uns ein- und ausging, angefangen von der Johannestaufe bis zu dem Tage, da er weggenommen wurde von uns, Zeuge seiner Auferstehung zusammen mit uns werden, einer von diesen muß es sein« (Petrus bei der Nachwahl in den Zwölferkreis, Apg. 1,21 f.). Lukas nennt Paulus, dessen Wirken er im zweiten Teil dieses Buchs darstellt, nie Apostel.

Die Abschreiber der griechischen Handschriften setzten im 2. Jahrhundert über dieses Buch den Titel »Taten der Apostel«. So lautete damals der Titel für eine Gattung von Büchern, in denen Wundertaten und Leistungen einzelner Apostel und Gottesmänner erzählt wurden. Was diese in göttlicher Kraft an Heldentaten vollbracht hatten, erregte Staunen und mußte der Nachwelt bekanntgegeben werden. Indem man davon erzählte, vermehrte man ihren Ruhm, steigerte die Wunder, die sie vollbracht hatten, und genoß als Nacherzähler das Staunen, das man bei den Hörern oder Lesern hervorrief. Daß man über das Buch des Lukas diesen Titel setzte, zeigt, daß man es im 2. Jahrhundert als Sammlung solcher christlicher Heldengeschichten verstanden hat. Man meinte, es gehe darin besonders um den Ruhm der beiden »Apostelfürsten« Petrus und Paulus.

Als sich in den letzten beiden Jahrhunderten der Religionsunterricht immer mehr auf die Vermittlung von biblischen Geschichten an Kinder konzentrierte, wurde die Apostelgeschichte zu einem wichtigen Stofflieferanten für dieses Fach. Der Religionslehrer schätzte an diesem Buch einen gewissen Realismus der Darstellung. Zudem ermöglichte es, biblische Themen mit Geschichte und Geographie der Antike zu verbinden und mit den Schülern Realienkunde zu betreiben. Hier fand der protestantische Lehrer, der nicht auf Biographien von Heiligen zurückgreifen konnte, auch würdige Vorbilder, für die er die Schüler begeistern konnte: Apostel und andere Zeugen, die vor dem Richter, auch wenn ihnen die Todesstrafe drohte, mutig den Glauben an Christus bekennen, ferner Christen, die dem Befehl des Heiligen Geistes zur Mission gehorsam waren, und christliche Gemeinden, in denen Eintracht und Opferbereitschaft herrschten und die damit ein Vorbild für heutige Gemeinden sein konnten. Vieles, was überzeugte Christen an der heutigen Kirche kritisieren oder was für sie Grund zum Leiden an der Kirche ist, hängt mit dem lukanischen Bild der Urkirche zusammen, das sie einmal, vielleicht schon im Religionsunterricht, in sich aufgenommen haben.

Die Zeit, in der die Apostelgeschichte unbedenklich als Stoffreservoir für den Religionsunterricht benutzt wurde, ist vorbei. Aus der theologischen Arbeit an Lukas wissen wir, daß es ihm nicht um ein christliches Heldenepos ging. Er wollte zeigen, wie die Geschichte Jesu, deren ersten Teil er im Evangelium dargestellt hatte, nach der Himmelfahrt als Geschichte des erhöhten Christus und als das Wirken des Geistes Christi weitergeht. Der Aufbau seines Buches zeigt seine schriftstellerische Absicht: Er berichtet, wie die Jünger Christus zuerst in Jerusalem bezeugen, dann in Samaria, Judäa, in Antiochien und in der heutigen Türkei, wie dieses Zeugnis dann nach Griechenland getragen und schließlich durch den gefangenen Paulus in die damalige Hauptstadt der Welt, nach Rom, gebracht wurde (Apg 1,8).

Die historische Arbeit an diesem Buch hat zudem wahrscheinlich gemacht, daß es nicht der Bericht eines Zeitgenossen der Apostel ist. Die altchristliche Tradition setzte den Verfasser mit dem in den Paulusbriefen erwähnten Arzt Lukas gleich (Kol 4,14; Phlm 24; 2 Tim 4,11). Doch die schwerwiegenden Differenzen, die man bei einem Vergleich zwischen den Paulusbriefen und der lukanischen Darstellung feststellt, schließen es meiner Meinung nach aus, daß ein Begleiter und Freund von Paulus dieses Buch verfaßt hat. Es wurde 20–30 Jahre nach dem Tod des Paulus geschrieben, von einem Verfasser, der diesen persönlich nicht gekannt und wichtige Anliegen der paulinischen Theologie nicht verstanden hat. Beim Rückblick auf die Anfangszeit der Kirche (von ihm aus gesehen gut fünfzig Jahre vorher) hat er die Zustände in der Urgemeinde idealisiert und die unter den ersten Christen vorhandenen Gegensätze ausgeglichen und harmonisiert.

Solche theologischen und historisch-kritischen Einsichten hemmen die Tendenz des Religionslehrers, das Buch unreflektiert als Sammlung von Vorbildgeschichten zu benützen und diese den Schülern, wo möglich gehäuft, zu verabreichen. Wenn zudem bedacht wird, daß die ersten Kapitel der Apostelgeschichte keine historisch gesicherte Beschreibung der Urgemeinde bieten, sondern das Wunschbild von Kirche bei einem Christen der dritten Generation nach der Auferstehung, dann führt auch der Vergleich zwischen dem lukanischen Bericht über die Urgemeinde und einer heutigen volkskirchlich strukturierten Gemeinde zu einem anderen Ergebnis. Der biblische Text ist dann nicht mehr verpflichtendes Vorbild für die heutige Kirchengemeinde und direkt zu realisierendes Programm für eine Gemeinde-Erneuerung, sondern er rückt in die Nähe unserer Kirchenträume und Wunschvorstellungen, die für unser Verhalten in der Kirche nützlich sind, aber immer an der Frage ihrer Realisierbarkeit geprüft werden müssen.

Was ebenfalls dazu führen muß, den Schülern nicht jede Geschichte aus diesem Buch zu erzählen, sondern jede sorgfältig auf ihre Eignung zu prüfen, ist der psychologische Sachverhalt, daß viele dieser Geschichten beim Hörer ein differenziertes Verständnis der religiösen Verhältnisse im damaligen Judentum und im Römerreich voraussetzen. Die Kornelius-Geschichte (Apg 10,1–11,18) zum Beispiel scheint auf den ersten Blick einfach zu sein und lockt mit ihren bildhaften Elementen zum farbigen Nacherzählen. Beim genauen Hinsehen merkt der Nacherzähler (hoffentlich), daß die Hörer zum Aufnehmen der Geschichte verstehen müßten, wie und warum sich damals Juden, Judenchristen, Heidenchristen und Heiden in ihrem Verhalten, ihren Kontakten zueinander und in ihren religiösen Überzeugungen unterschieden haben. Die Hörer müßten auch wissen, wie sie sich visionäres Erleben und Glossolalie vorzustellen haben.

Solche Schwierigkeiten auf Seiten der Hörer lassen sich immer beseitigen, indem der Nacherzähler die Geschichte entsprechend vereinfacht. Wenn wir die für Erwachsene formulierten Geschichten der Bibel den Kindern weitergeben sollen, sind Vereinfachungen nicht zu umgehen. Doch manche Geschichten der Bibel können durch zu starke Vereinfachungen in ihrem Gehalt beschädigt oder zerstört werden. Das scheint mir bei den Geschichten dieses Buchs oft der Fall zu sein. Wenn es Lukas bei einer Geschichte gerade auf solche schwer zu verstehenden Nuancen ankommt, dann wird sie flach und langweilig, wenn man die Nuancen simplifizierend wegläßt oder sie, damit auch der primitive Hörer mitkommt, vergröbert und übertreibt. Und das ist oft die Wirkung von Vereinfachungen: Um die Unterschiede zwischen Heiden, Juden, Heidenchristen und Judenchristen einem heutigen Kind, das aus seiner Alltagswelt diese Gruppen mit ihren Unterschieden nicht kennt, verständlich zu machen, benützt der Nacherzähler Schwarzweiß-Farben und teilt die Menschen, von denen die Rede ist, nach dem Freund-Feind-Schema oder dem Gut-böse-Raster ein. Die auf diese Weise simplifizierten Petrus- und Paulus-Geschichten fördern bei den Kindern nur den christlichen Antijudaismus und die Verachtung der Heiden.

Man mache sich klar, daß man einem Menschen den Zugang zu biblischen Geschichten für lange Zeit oder endgültig verbauen kann, wenn man sie zu oft durch Vereinfachungen infantilisiert! Darum trete ich dafür ein, mit den Stoffen aus der Apostelgeschichte zu warten, bis der Schüler eine gewisse Differenziertheit des Denkens erreicht hat. Ich halte es für sinnlos, wenn nicht für kontraproduktiv, sie Kindern in den ersten drei Schuljahren darzubieten. Ich weiß nicht, was Kinder an für sie wichtigen Inhalten des Evangeliums verlieren, wenn sie nie eine Geschichte aus diesem Buch hören. Auch für Schüler der Mittelstufe sind diese Stoffe oft noch recht anspruchsvoll. Und sie wirken in diesem Alter intensiver, wenn sie nicht beim Hören der ersten Sätze der Nacherzählung die Reaktion auslösen: »Das kennen wir schon«.

Das historische Hintergrundwissen, über das der Hörer bei einzelnen Geschichten verfügen sollte, kann oft vermittelt werden, indem der Nacherzähler die nötigen historischen Informationen in die Vorgeschichte einbaut. Die folgenden Nacherzählungen sind Versuche in dieser Richtung. Kulturgeschichtliche Sachverhalte, die mir zum Verständnis eines Textes wichtig erschienen, habe ich so umgeformt, daß die in der Geschichte handelnden Personen jeweils damit zu tun bekommen. Dabei habe ich, so weit wie möglich, historische Quellen direkt benützt. Zudem habe ich mir bei jeder Nacherzählung klargemacht, daß mein Gewährsmann Lukas das Geschehen aus seiner Sicht darstellt und beurteilt, und mich gefragt, inwiefern ich von meinem Glaubensverständnis her diese Sicht übernehmen kann und wo ich sie korrigieren muß. Als Hörer dieser Nacherzählungen habe ich mir immer Erwachsene vorgestellt.

Die Himmelfahrt Jesu (Apg 1,6-12)

Bei den historisch-kritischen Auslegern lese ich, daß die ältesten Berichte über Erscheinungen des Auferstandenen in Galiläa zu lokalisieren sind. Dorthin seien die Jünger nach dem Tode Jesu geflohen. Dort hätten sie ihn als Auferstandenen gesehen, zuerst Petrus (Mk 16,7), dann die anderen. Als sie nach einiger Zeit wieder nach Jerusalem kamen und die Gemeinde durch sie zum Zentrum der urchristlichen Bewegung wurde, seien auch Geschichten von der Auffindung des leeren Grabes und von Erscheinungen des Auferstandenen in Jerusalem und Umgebung aufgekommen.

Erst ganz spät sei die Geschichte von der Himmelfahrt Jesu, wie sie Lukas als einziger erzählt (Lk 24,50-52; Apg 1,6-12), entstanden, vielleicht erst durch Lukas selber in den achtziger Jahren. Er habe die schon vor ihm übliche Deutung der Auferstehung Jesu als Erhöhung oder als Einsetzung in sein Amt als Sohn Gottes und Christus (Röm 1,4) mit der in der hellenistischen Kultur verbreiteten Vorstellung einer Entrückung verbunden. Was in der jüdischen Tradition von der Entrückung Henochs und Elisas und in der griechisch-römischen von der Himmelfahrt von Romulus, Herakles, Apollonius von Tyana und andern erzählt wurde, habe Lukas auf Jesus übertragen.

Wer die Denkvoraussetzungen der historisch-kritischen Auslegung bejaht, dem leuchten diese Hypothesen über die Himmelfahrtsgeschichte wahrscheinlich ein. Doch einem theologisch nicht geschulten Zeitgenossen liegt diese Art von Denken fern. Die komplizierte historische Rekonstruktion eines Textes interessiert ihn nicht. Versuche ich, ihm zu erklären, wie ein solcher Text in einem langen Prozeß des Weitererzählens immer wieder umgeformt wurde und wie schließlich Lukas selber das Motiv des Auffahrens aus ganz andern Zusammenhängen auf den auferstandenen Jesus übertragen hat, so schöpft er Verdacht, daß meine Darlegungen bloße Ausflüchte seien. Um nicht zuzugeben, daß dieser Text für uns keine Wahrheit enthalte, böte ich einen ganzen Wust von Wissenschaft auf. Ganz und gar falsch ist der Verdacht des theologisch unbelasteten Zeitgenossen nicht, denn die historisch-kritische Auslegung läßt uns nicht nur unsere Distanz zu den biblischen Texten spüren und macht uns diese verständlich, sondern wird von uns auch dazu benützt, allzu direkte Konsequenzen aus Sätzen der Bibel, die einige ziehen möchten, zu mildern und zu relativieren. Die Frage, wie ich dem theologisch nicht geschulten und an der Analyse von Texten nicht interessierten Zeitgenossen von der Himmelfahrt Christi erzählen soll, ist für mich noch offen. Ich weiß nur, daß ich ihn nicht für den Schriftsteller Lukas und seinen genialen Einfall begeistern kann, den Heidenchristen die Gestalt Christi näher zu bringen, indem das bekannte Motiv der Himmelfahrt auch von Jesus erzählt wird.

Die Frage, wie diese Geschichte heute erzählt werden kann, wird verschärft, weil viele Zeitgenossen heute eine neue Vorliebe für Mythen haben und überzeugt sind, in ihnen Wahrheit zu finden. Die Wiederentdeckung des Mythos als mögliches Gefäß für Wahrheit macht es meiner Meinung nach nötig, die Denkvoraussetzungen der historisch-kritischen Auslegung zu überprüfen. Diese Aufgabe haben einige Forscher schon kräftig in Angriff genommen. Es geht ihnen nicht darum, den Mythos als Bericht über äußere Fakten zu verstehen, wohl aber um die Erkenntnis, daß der Mythos die Sprache für eine Wahrheit ist, die wir mit der Sprache unseres bildlos-abstrakten und zergliedernden Denkens nicht erfassen. Die Sprache des Mythos ist mit derjenigen des visionären Erlebens und des Traums verwandt. Könnte der Himmelfahrtsbericht auf ein visionäres Erleben der Jünger zurückgehen? Wie müßte man sich ein solches Erleben vorstellen? Durch welche Erfahrungen wurde es vorbereitet? Wie wirkte es sich nachher aus? Nicht jedermann kann eine Vision erleben. Dazu sind bestimmte seelische Eigenschaften nötig, die nur bei einigen Menschen vorhanden sind. Der Visionär muß ferner in einem Milieu leben, in welchem die visionären Bilder, die er schauen wird, zum Teil schon präsent sind, zum Beispiel in der Gestalt von biblischen Darstellungen an Kultstätten und in Geschichten von andern Visionären. Vermute ich als Kern der Himmelfahrtsgeschichte ein visionäres Erleben, kann ich mir das entsprechende Milieu vorstellen, in welchem die Jünger auf die besondere Weise des Wahrnehmens in einer Vision vorbereitet wurden.

Doch was bringt es ein, bei diesem Text eine historisch weniger wahrscheinliche Hypothese vorzuziehen und in ihm ein visionäres Erleben zu suchen? Wird die Himmelfahrtsgeschichte dadurch für den nicht-theologischen Zeitgenossen glaubhafter? Das nehme ich nicht an. Wenn ich meine Nacherzählung nicht auf die historisch wahrscheinlichere Hypothese stütze, die in der Übertragung des Himmelfahrtsmotiv einen literarischen Akt von Lukas sieht, beseitige ich bei diesem Zeitgenossen höchstens den Verdacht, daß es in dieser Geschichte um einen schriftstellerischen Trick, wenn nicht um einen frommen Betrug gehe, aber einleuchtender wird sie deswegen für ihn nicht. Wir, die wir noch nie eine Vision erlebt haben, bekommen dadurch noch keinen besseren Zugang zur Wahrheit dieses Textes. Wenn ich nicht selber Visionär bin oder in einem Milieu lebe, in dem Visionen hoch geschätzt werden, macht mich die Geschichte von einer Vision, die jemand erlebt hat, nicht besonders betroffen, nicht anders betroffen als eine andere Geschichte aus fernerer Vergangenheit. Geschichten von Visionen können schließlich auch von mehr oder weniger interessanten Phantasien erzählen, die für die Umwelt des Visionärs belanglos sind. Ob an der Geschichte über eine Vision etwas für mich wahr ist, muß sich erst zeigen.

Wenn es mir aber gelingt, mich ganz und gar in einen Jünger Jesu hineinzuversetzen, der in der Vision geschaut hat, wie Jesus emporgehoben wurde, wenn ich mitfühlen kann, warum diese Schauung im damaligen Zeitpunkt seines Lebens für ihn so bedeutsam war, wird der Bericht über das Ereignis für mich eher zur Frage. Ich überlege mir dann vielleicht, wie ich mich in einer ähnlichen Situation verhalten und wo ich dann den für mich richtigen Weg finden würde. Vielleicht erkenne ich dann im visionären Bild, das dieser Jünger damals geschaut hat, auch etwas, das mir hilft.

Vom Verstorbenen endgültig Abschied nehmen

Jakobus mußte Schweres erlebt haben. Seit er in ihrem Hause war, lag er auf dem Bett, mit dem Gesicht zur Wand, redete nichts, aß nichts. Maria schaute immer wieder nach ihrem Bruder, sprach ihm ein gutes Wort zu, aber er blieb stumm.

Als er vor einer Woche vor der Türe ihres Hauses stand, bleich, mit leeren Augen, Asche auf dem Haupt, die Kleider zerrissen, hatte sie ihn hereingenommen und mit ihrer Fürsorge umgeben. Er schien davon nicht berührt zu sein. Maria gab die Hoffnung nicht auf, daß der Ewige sich seiner erbarme und ihn aus seiner Verwirrung befreie. Was ihm wohl widerfahren war? Seit sie nach Jerusalem geheiratet hatte, waren sie einander fremd geworden. Er betrieb die Gerberei ihres Vaters Alphäus in Betsaida und hatte Frau und Kinder. Sie hatte keinen Grund, nach Galiläa zu reisen. Ihm war das Wallfahren nach Jerusalem zuwider.

Nach einer Woche blickte er ab und zu auf und nahm einen Bissen aus dem Teller, den sie brachte. Es kamen Wörter und Sätze über seine Lippen. Von Mördern, von einem Brand sprach er. Endlich löste sich der Krampf. Die ganze Geschichte brach aus ihm hervor: Er hatte sich den Zeloten angeschlossen und war beteiligt, als eine Gruppe Legionäre überfallen und niedergemacht wurde. Einer aus dem Dorf mußte ihn verraten haben. In der andern Nacht drangen Legionäre in sein Haus, um ihn gefangenzunehmen. Aber er war mit Kampfgenossen unterwegs. Die Römer töteten Frau und Kinder und zündeten das Haus an. Als er in der Morgenfrühe zurückkam, fand er nur rauchende Trümmer und die verkohlten Leichen seiner Frau und der drei Kinder. Tagelang war er umhergeirrt, bis er vor der Haustür seiner Schwester stand. Sein Zorn kannte keine Grenzen. Siebenfach wollte er sich an den Römern rächen. Zugleich klagte er sich selber an. Um seinetwillen war die Familie umgebracht worden. Er war an ihrem Tode schuld. Er drohte, daß die eigene Brust das nächste Ziel seines Langdolchs sein werde.

Maria war erschüttert. Worte, um das Mitgefühl auszudrücken, fehlten ihr. Das Erzählen hatte Jakobus gut getan. Er nahm wieder Speise zu sich und begann, die Dinge im Hause Marias wahrzunehmen. Er hatte es nicht mehr betreten, seit ihr Ehemann, ein Gelehrter und Sammler von Buchrollen, gestorben war.

Im Hause des Gerbers Jakobus hatte es nicht ein einziges Buch gegeben. So machte er sich begierig ans Lesen und vertiefte sich in die erste Rolle, die er herausgegriffen hatte. Das Buch mußte aus uralter Zeit stammen: Sein Verfasser war Henoch. Über ihn wußte Jakobus aus der Schule, daß er, ein Vorfahre Noahs, lange vor der großen Flut gelebt hatte und daß er nicht wie die übrigen Menschen gestorben, sondern in den Himmel aufgenommen worden war. In diesem Buch erzählte Henoch nun selber sein Leben: Wie er unter Führung eines Engels eine weite Himmelsreise unternahm und dort vorbeikam, wo Wolken und Regen gemacht und wo Schnee und Eis aufbewahrt werden. Er gelangte schließlich bis ins Paradies, vernahm dort himmlische Geheimnisse und erhielt den Auftrag, auf die Erde zurückzukehren und seinen Söhnen alles zu erzählen, was er auf der Reise gesehen und gehört hatte. Auch was Henoch die Söhne gelehrt hat, stand in diesem Buch. Manches gab Jakobus zu denken: So las er, welche Menschen selig gepriesen werden, weil sie auf dem guten Weg wandeln: »Selig ist, wer gerecht richtet und Waisen und Witwen, überhaupt jedem Unterdrückten, hilft, wer Nackte bekleidet und Hungrigen Brot gibt. Selig ist, in dessen Mund Erbarmen und Sanftmut ist.« Gehörte er, Jakobus, zu denen, die hier selig gepriesen werden?

Noch eine Stelle machte ihn nachdenklich. Sie widersprach seinen Rachewünschen gegen die Römer: »Jeder Schlag, jede Wunde, Hitze und böses Wort, das euch trifft, ertragt um des Herrn willen. Könnt ihr auch Vergeltung üben, so vergeltet doch nicht dem Nächsten. Denn sonst vergilt euch der Herr und ist am großen Gerichtstag der Rächer.« Ging es gegen den Willen Gottes, wenn er sich in Zukunft ganz dem blutigen Kampf gegen die Römer hingeben würde?

Auch das letzte Kapitel des Buchs ließ Jakobus nicht los. Da wurde die Himmelfahrt Henochs beschrieben:

»Da sandte der Herr Dunkel auf die Erde, und es ward eine Finsternis. Sie hüllte alle Männer bei Henoch ein. Da nahmen die Engel eilends Henoch und trugen ihn in den obersten Himmel. Und ER nahm ihn auf und stellte ihn vor Sein Angesicht in Ewigkeit. Da wich die Finsternis von der Erde, und es ward Licht. Und alles Volk sah, wußte aber nicht, wie Henoch hinweggenommen ward, und pries Gott. Sie gingen heim, sie, die solches gesehen hatten.«

Wenn Henoch jetzt einen so hohen Platz im Himmel einnahm, hatten seine Lehren gewiß ein besonderes Gewicht.

Jakobus sprach mit Maria darüber. Sie kannte das Buch, war aber nicht so beeindruckt:

»Es kann nicht vom biblischen Henoch geschrieben sein. Die früheren Schriftsteller wissen davon nichts, und in den alten Bibliotheken findet man das Buch auch nicht. Ein Unbekannter muß es vor noch nicht langer Zeit geschrieben haben. Er hat sich die Geschichte von der Himmelsreise ausgedacht und sie so erzählt, als ob er selbst sie als Henoch erlebt hätte.«

Jakobus fand es schade, daß das Buch nicht vom biblischen Henoch stammen sollte. Aber was er gelesen hatte, bewegte ihn dennoch und ließ ihn nicht in Ruhe. Wollte ihm Gott ein Leben, das ganz der Rache an den Römern geweiht war, verwehren? Ob es Sätze und Gedanken aus diesem Buch waren oder ob es an der Pflege seiner Schwester lag, er sah wieder Zukunft vor sich. Er konnte Abschied nehmen von dem, was gewesen war, ja sagen zu einem Leben ohne seine Frau und die Kinder.

Er brach nach Galiläa auf, aber wußte nicht, was er dort tun würde: Mit seinem Handwerk neu beginnen? Das Haus wiederaufbauen oder irgend etwas anderes unternehmen? Maria hätte gern Anteil genommen an seinem Ergehen. Aber nach seiner Abreise hörte sie nichts mehr von ihm. Es vergingen Monate, vielleicht Jahre, bis er wieder vor ihrer Haustüre stand und um Gastfreundschaft bat, für sich und seinen Freund Mattäus. Sie waren beide Schüler eines Rabbi aus Nazaret und wollten während der angebrochenen Passahwoche die Nacht in ihrem Hause verbringen. Maria freute sich über den Besuch. Sie erfuhr, daß ihr Bruder nach seiner Rückkehr nach Galiläa diesem Rabbi begegnet sei und von ihm ganz begeistert war. Seine Lehre erinnerte ihn an das, was er im Buch Henoch gelesen hatte, ja, sie ging weit über das hinaus.

»Selig sind die Sanftmütigen, denn sie werden das Erdreich besitzen ... Selig sind die Frieden Schaffenden, denn sie werden Söhne Gottes heißen.«

»Ihr habt gehört, daß zu den Alten gesagt wurde: ›Auge um Auge, Zahn um Zahn‹. Ich aber sage euch: Leistet dem, der euch etwas Böses antut, keinen Widerstand, sondern wenn dich einer auf die rechte Wange schlägt, dann halte ihm auch die andere hin.«

So lehrte dieser Rabbi. Solche Worte waren für Jakobus wie eine direkte Weisung Gottes. Den bewaffneten Kampf gegen die Römer wieder aufzunehmen, kam nicht mehr in Frage. Jakobus schloß sich dem Rabbi an, wanderte mit ihm durch die Dörfer, sah, wie er Kranke heilte, hörte, wie er vor vielen Zuhörern das Kommen Gottes in dieser Welt ansagte und erklärte. Ans Arbeiten und Geldverdienen dachte Jakobus vorläufig nicht. Er lebte wie die andern Schüler des Rabbi von dem, was die Anhänger der Bewegung für ihren Unterhalt aufbrachten. Auch der andere Gast Marias hatte seinen Beruf als Zolleinnehmer aufgegeben und war froh, nichts mehr mit diesem schmutzigen Geschäft zu tun zu haben.

Maria war am andern Tag dabei, als der Rabbi Jesus in einer Seitenhalle des Tempels lehrte und mit Pharisäern diskutierte. Sie konnte verstehen, warum ihr Bruder ihm als Schüler anhing.

In dieser Woche geschah das Schreckliche, von dem Jesus andeutend gesprochen hatte, ohne daß sie es fassen konnten. Die Tempelpolizei verhaftete ihn und übergab ihn dem römischen Gericht. Dieses verurteilte ihn als angeblichen Aufrührer zum Tod und vollzog die Hinrichtung.

Die Schüler blieben bei diesem Verfahren unbehelligt, aber Jesu Tod war für sie der Zusammenbruch ihrer Welt. Was sie in der Gemeinschaft mit ihm an Glauben, Hoffnung und Liebe empfangen und gelernt hatten, wurde alles weggeschwemmt. Jakobus lag wieder da, unansprechbar, als ob er mit dem Leben abgeschlossen hätte. Von neuem erfüllten ihn Zorn und Haß gegen die Römer, die dieses empörende Fehlurteil gefällt und ausgeführt hatten. Auch Mattäus saß stumpf im Hause Marias, gleichgültig für die tröstenden Worte, mit denen sie Licht in die Nacht seiner Trauer bringen wollte.

Beide gingen manchmal zu Zusammenkünften mit den andern Jüngern. Dort geschah Merkwürdiges, ja Unglaubliches: Einige von den Jüngern sahen den hingerichteten Lehrer lebendig, von den Toten auferstanden, vor sich und redeten mit ihm. Bei denen, welche die Erscheinung sahen, verwandelte sich die dumpfe Trauer für eine Stunde in unfaßbare Freude. Die andern, die nichts sahen, fühlten sich erst recht ausgestoßen und ohne Hoffnung. Auch die, die ihn mit eigenen Augen gesehen hatten, waren nachher wieder leer und verzweifelt und konnten es nicht fassen, daß die alte Welt noch bestehe, daß ihr bisheriges Leben weitergehen müsse. Mit den Erscheinungen des Auferstandenen hätte doch die neue Welt Gottes anbrechen müssen, mit dem Sieg über den Tod und das Böse. Nach jeder Erscheinung warteten sie sehnsüchtig auf die nächste. In der Zeit dazwischen waren sie nicht fähig, irgend etwas anzufangen.

Dieser Zustand dauerte einige Wochen. Mit der Zeit sprachen Mattäus und Jakobus mit Maria über das, was sie erlebten. Ihr wurde klar, was in ihnen vorging. Es fiel ihnen schwer, ohne die leibliche Nähe ihres Lehrers überhaupt weiterzuleben.

In diesen Tagen kamen sie einmal am Ölberg zusammen, nicht weit von dem Ort, da der Rabbi Jesus in der Nacht vor seinem Tod sich zum Beten zurückgezogen hatte. Wieder erschien er einigen und redete mit ihnen. Auch Mattäus und Jakobus sahen die Erscheinung. Mattäus war ganz erfüllt von dem, was er gesehen hatte, als er am Abend Maria erzählte: »Wir redeten mit ihm über die kommende Gotteswelt. Wir sollen nicht wissen, wann sie anbricht, sagte er uns.

Aber wir sollen seine Zeugen sein unter allen Völkern. Ich weiß nicht, wie ich mir das vorstellen soll.«

Jakobus hatte noch anderes gesehen und gehört:

»Es war ganz ähnlich, wie ich es im Henochbuch gelesen habe. Als Jesus fertig geredet hatte, wurde er vor unseren Augen von den Engeln emporgehoben, und dann kam eine dunkle Wolke und entzog ihn unseren Augen. Und dann stand ein Mann in weißem Gewand vor uns und sagte: Was schaut ihr in den Himmel hinauf? Dieser Jesus ist von euch weggenommen und steht jetzt vor dem Angesicht des Höchsten. Von dort wird er einst als Richter aller Menschen wiederkommen.«

Beim Wort »weggenommen« hatte Maria aufgehorcht: »Mit dieser Erscheinung wollte euer Rabbi Jesus gewiß Abschied nehmen von euch. Jetzt könnt ihr bereit werden für das, was er Neues mit euch vorhat. Ihr müßt nicht ständig nach neuen Erscheinungen hungern.«

Das war wie eine Erleuchtung für Jakobus. Jetzt hatte er die Erscheinung verstanden: Abschied nehmen! Zum zweiten Mal mußte er lernen, sich zu trennen von dem, was ihm teuer war, zum zweiten Mal sich losreißen vom Vergangenen und einer unbekannten Zukunft entgegengehen. Zugleich war er gewiß, daß Jesus jetzt vor dem Angesicht Gottes stand. Seine Gebote zeigten den Weg, den er gehen mußte, und von ihm kam die Hilfe, um das Gute auch zu tun. Er konnte die ohnmächtige Wut gegen die Römer ablegen und auf seine Rachepläne verzichten.

Am nächsten Tag erzählte Jakobus im Kreis der Jünger, wie er die Erscheinung auf dem Ölberg erlebt hatte und was sie ihm bedeutete. Das leuchtete den anderen ein. So wurde sein Bericht zum Kern für die Geschichte der Himmelfahrt Jesu, wie Lukas sie aufgeschrieben hat.

Die Geschichte von Pfingsten (Apg 2, 1–42)

Wer die Geschichte von der Ausgießung des Heiligen Geistes auf die Jünger nacherzählen will, steht vor zahlreichen Fragen bezüglich des Textverständnisses. Was ist das für ein Sturm, von dem am Anfang erzählt wird (Vers 2)? Sein Brausen erfüllt das ganze Haus. Man hört ihn in der Stadt. Weil die Leute etwas hören, laufen sie zusammen. Ist das eine meteorologische Erscheinung? Handelt es sich um die Bewegung von Luft, um einen Wind, der den Staub auf den Gassen wegfegt und die Bäume biegt und schüttelt? Oder muß ich bei diesem Wind bedenken, daß die griechische und die hebräische Sprache dasselbe Wort Wind auch für das benützen, was wir im Deutschen Geist nennen (»pneuma«)? Hat der Sturm in der Pfingstgeschichte mit dem geheimnisvollen Satz am Anfang der Bibel zu tun?»»Der Geist Gottes schwebte über den Wassern«, hat Luther übersetzt. In einer neueren Übersetzung heißt es:»»Der Gottessturm bewegte sich über der Wasseroberfläche.«

Die gleiche Frage stellt sich bei den »Zungen wie von Feuer, die sich verteilen und sich auf einen jeden von ihnen niederlassen« (Vers 3). Ist das ein Feuer im physikalischen Sinn, ein Verbrennungsvorgang, bei dem Wärme entsteht? Oder verstehe ich besser, was gemeint ist, wenn ich an den brennenden Dornbusch in der Berufungsgeschichte von Mose (Ex 3,2) denke oder an die brennende Liebe, an das Feuer der Begeisterung, an das Licht, das die Seele erleuchtet?

Auffällig ist, daß von Feuer*zungen* die Rede ist. Hat das damit zu tun, daß das griechische Wort Zunge (»glossa«) noch eine andere Bedeutung hat: Gleich wie das englische Wort »the tongue« bedeutet es auch Sprache. Denkt Lukas daran, daß die Jünger durch den Geist befähigt wurden, in fremden Sprachen zu reden? Daß bei ihm das Sprachenproblem eine Rolle spielt, sieht man aus dem, wie er über die Reaktionen der ausländischen Pilger erzählt. Das Ereignis findet ja an einem jüdischen Feiertag statt. Es sind Juden aus dem Ausland in Jerusalem, die nicht aramäisch, sondern die Sprache ihres Wohnorts sprechen. Von ihnen heißt es:»»Sie gerieten außer sich vor Staunen und sagten: Sind das nicht alles Galiläer, die hier reden? Wieso kann sie jeder von uns in seiner Muttersprache hören? Parther, Meder, Elamiter ...« (Vers 7 f.), und dann folgt eine Liste mit 17 Namen, teils Völker, teils Landschaften, teils römische Provinzen. Zur Erklärung dieser Liste haben die Gelehrten Material aus der antiken Geographie zusammengetragen und verschiedene Hypothesen aufgestellt. Sicher ist, was für Lukas daran wichtig ist: Er will zeigen, daß das Evangelium unter allen Völkern verkündigt werden soll und daß der Heilige Geist den Jüngern Kraft gibt, die Sprachgrenzen zu überwinden. Wie Lukas sich das sogenannte Sprachenwunder genau vorgestellt hat, läßt sich dem Bericht nicht entnehmen. Ist es ein Wunder des Sprechens oder ein Wunder des Hörens? Haben die Jünger selber die fremden Sprachen gesprochen, vielleicht jeder eine bestimmte oder mehrere nacheinander? Oder haben die Hörer das, was die Jünger auf aramäisch verkündigten, so gehört, als ob es in ihrer Muttersprache gesprochen wäre? Der Erzähler Lukas war damals in Jerusalem sicher nicht dabei. Damals um das Jahr 30 war er vielleicht noch nicht einmal geboren. Er schrieb das Buch, in dem die Pfingstgeschichte steht, wahrscheinlich erst 50 Jahre nach der Auferstehung Christi. Er schrieb darin auf, was ihm Augenzeugen oder Zeitgenossen von Augenzeugen erzählt haben, oder was in christlichen Gemeinden immer wieder erzählt und nacherzählt wurde. Er wollte seinem Freund Theophilus, dem er das Buch widmete, und andern griechischen Lesern erläutern, was der Geist Gottes für Christen bedeutete: Er war die Kraft, die sie erleuchtete, so daß sie das Evangelium verstanden und daran glaubten, obwohl es aus einem fremden Sprachgebiet stammte.

In der Geschichte der Mission von ihren Anfängen bis heute hören wir nirgends von einem ähnlichen Sprachenwunder. Die Missionare mußten sich mit Übersetzern verständigen, oder sie haben mit viel Mühe die fremde Sprache gelernt. Ist das Sprachenwunder ein einmaliges Ereignis am Anfang dieser Geschichte, wie ein Startschuß? Hat sich Ähnliches nachher nie mehr wiederholt? Oder haben die Vorstellungen über den Anfang der Geschichte sich durch das Weitererzählen verändert? Ist aus der Darstellung des Lukas nur ersichtlich, wie er sich, ein halbes Jahrhundert später, das Ereignis vorgestellt hat? In seinem Bericht paßt *ein* Satz nicht zu seiner Deutung des Ereignisses als Sprachenwunder: Neben denen, die erstaunt und ergriffen sind, weil die Jünger in allen möglichen Sprachen reden, gibt es andere, die spotten. Sie sagen:»Sie sind vom süßen Wein betrunken« (Vers 13). Petrus nimmt in seiner Rede ausdrücklich Bezug auf diese Behauptung und weist sie zurück (Vers 15). Wäre jemand auf die Idee gekommen, die Jünger seien betrunken, wenn sie bloß in griechischer und in koptischer Sprache das Evangelium verkündigt hätten? Hängt die Behauptung von Außenstehenden, daß Alkohol im Spiel sei, mit einer anderen Geisterfahrung zusammen, wie sie später bei den Christen in Korinth beliebt war? Paulus nennt sie Glossolalie. Luther hat dieses Wort mißverständlich mit Zungenrede übersetzt, aber bei dieser Art Rede spielt die Zunge keine andere Rolle als bei jeder Sprache. Glossolalie ist ein ekstatisches Reden, bei dem religiöse Gefühle, Dankbarkeit, Freude, Anbetung, Vertrauen, unmittelbar, ohne das Medium von Grammatik, Wörtern und Sätzen, in Lauten oder singend ausgedrückt werden. Heutige Christen, die diese Geisterfahrung machen, nennen sie »Sprachenbeten«, »Sprachensingen«.

Wenn damals in Korinth ein Heide die christliche Versammlung besuchte und die Äußerungen von Glossolalie hörte, dann war, wie Paulus schreibt (1 Kor 14,23), seine Reaktion:»Sie sind verrückt.« Das klingt ähnlich wie »Sie sind betrunken« in der Pfingstgeschichte. Das führt zur Frage: Hatten die Jünger in Jerusalem bald nach der Auferstehung vielleicht eine ähnliche Geisterfahrung wie später die Christen in Korinth? Erzählte die Pfingstgeschichte ursprünglich von einem Ereignis, das wir mit Glossolalie bezeichnen würden? Wurde daraus erst durch das Weitererzählen ein Sprachenwunder?

Das sind Fragen, die ich mir überlege, bevor ich die Geschichte nacherzähle. Sie lassen sich freilich auf Grund des Berichts von Lukas nicht mit historischer Sicherheit beantworten. Das ist für das Nacherzählen auch nicht so wichtig. Wichtiger ist mir, auch Erfahrungen heutiger Christen mit dem Geist miteinzubeziehen. »Unendlich reichst du Gaben dar, du Gottes Finger wunderbar. Durch dich lebt nun des Herren Wort in allen Zungen ewig fort.« So singen wir vom Pfingstgeist. Weil es so viele verschiedene Geistesgaben gibt und verschiedene Weisen, den Geist zu erfahren, darf ich nicht meinen, alle hätten bei der ersten Ausgießung des Geistes das Ereignis gleich erlebt. Sie haben vielmehr dasselbe Ereignis als Individuen je wieder in ihrer besonderen Art erfahren. Um das anzudeuten, erzähle ich die Pfingstgeschichte, wie sie drei verschiedene Personen erlebt haben könnten.

Die drei Geschichten sind nicht für Kinder, sondern für Erwachsene erzählt. Ich meine, wir müßten zuerst als Erwachsene die Geschichte vom Kommen des Geistes miterleben, bevor wir sie den Kindern erzählen. Wenn wir als Erwachsene von ihr berührt wurden, können wir sie auch richtig für eine Kindergruppe umformen.

Unendlich reichst du Gaben dar

I. Chama — Von ganzer Seele

Mit Reisen zwischen Alexandrien und Rom hatte der jüdische
Kaufmann Chama sein Vermögen verdient. Rechtschaffen, nach
den Weisungen Gottes, hatte er gelebt, wie sein Vater es ihn gelehrt
hatte. Jeden Tag betete er das »Höre, Israel, der Herr, dein Gott ist
ein einziger Gott. Und du sollst Gott lieben von ganzem Herzen,
von ganzer Seele und mit allen deinen Kräften.« Manchmal ging
ihm die Frage durch den Kopf, ob er eigentlich Gott von ganzer Seele liebe. Doch er wehrte die Zweifel ab: Wer von seinen jüdischen
Glaubensgenossen liebte Gott schon in anderer Weise als er? Sie
wandelten alle nicht wie die Gottlosen. Aber sie freuten sich auch,
wenn ihr Vermögen Jahr für Jahr zunahm.
Für seine alten Tage war er ins Land der Väter zurückgekehrt und
wohnte in Jerusalem. In heiliger Erde wollte er einmal begraben
sein. Er kannte viele Sprachen der Welt, nur die Muttersprache, das
Aramäische, hatte er fast vergessen. Doch mit der Zeit tauchten die
Wörter der Kindheit aus dem Gedächtnis wieder auf.
Als er in diesem Frühjahr einmal nach Betanien hinaus spazierte, erlebte er gerade, wie der Rabbi Jesus von Nazaret nach Jerusalem ritt
und vom Volk als der kommende König gefeiert wurde. Chama
kannte Natanael, einen der Jünger Jesu. Von dem wußte er, daß der
Rabbi das Herz auf dem rechten Fleck hatte und nur den Frieden
wollte. Sollte er die Römer vertreiben und die Regierung in Jerusalem übernehmen, so hätte Chama nichts dagegen gehabt.
Doch es kam anders. Einige Tage später wurde der Rabbi von den
Römern verhaftet und gefoltert. Chama kam dazu, als die Menge
vor dem Haus des Prokurators zusammenlief. Es hieß, das Volk
dürfe entscheiden, welchem von zwei Gefangenen die Amnestie zuteil werde — dem Rabbi Jesus oder einem Mörder namens Barabbas. Für die Bürger von Jerusalem war klar, welcher freikommen
sollte: Barabbas, denn seine militärischen Heldentaten im Kampf
gegen die verhaßten Römer fanden Bewunderung.
Auf die Frage des Prokurators skandierte die Menge einstimmig
und lange: »Barabbas, Barabbas!« Das war eine Demonstration gegen die Römer vor den Augen des Statthalters.
Chama erschrak, als er merkte, daß er mitschrie. Hatte er sich vom
Zorn der andern anstecken lassen? Hatte er Angst, anders zu urtei-

236

len als die Masse? Oder war ihm einer, der das Kriegshandwerk gegen die Römer verstand, doch lieber als ein friedlicher Eselreiter? Als die Menge das »Kreuzige ihn, kreuzige ihn!« gegen Jesus skandierte, bewegte er stimmlos die Lippen. Aber er war mitten unter ihnen, als dieses Todesurteil gefällt wurde. In Jerusalem gab es so viele Hinrichtungen, daß man sich um eine einzelne nicht kümmerte. Chama dachte schon nicht mehr an die Szene, als er bald darauf erfuhr, der Rabbi aus Nazaret sei am Kreuz gestorben.

Er hatte Natanael in diesen Wochen nicht gesehen, bis er ihn an jenem Festtag im Tempel in der Halle Salomos von fern erblickte. Es war der feierliche Gottesdienst, in dem man für den guten Abschluß der Getreideernte in diesem Jahr dankte. Und da die Juden in ihren Gottesdiensten nicht wie wir Protestanten stumm zuhören, wenn ein anderer für sie betet, so war die Halle voll von Gebetsworten, die jeder Gläubige laut oder leise vor sich her sprach. Nur aus der Ecke, in der Natanael stand, hörte man auf einmal mehr als das Murmeln von Gebeten: Die Gläubigen in seiner Nähe begannen zu singen und zu jubilieren, aber es war nicht die bekannte Melodie eines Psalms, sondern es klang, als ob jeder sein eigenes Lied sänge, und doch paßte alles so zusammen, als ob sie eine geheimnisvolle, mitreißende Harmonie angestimmt hätten. Das Singen und Jubilieren brauste empor wie eine mächtige Woge und ebbte wieder ab, und dies mehrmals hintereinander. Es war offenkundig, daß sie alle von einer ganz großen Freude erfüllt waren. Das müssen die Jünger Jesu sein, dachte Chama, und ihm kam das »Höre, Israel« in den Sinn: Waren das vielleicht Menschen, die Gott von ganzer Seele liebten?

Nach einiger Zeit wurde es leiser, und jeder in der Gruppe sprach vor sich hin. Redeten sie mit Gott? Oder sprachen sie miteinander? Oder teilten sie den übrigen in der Tempelhalle etwas mit? Chama drängte sich hinzu, verstand aber nicht, was sie redeten. Er hörte den Namen Jesus und vernahm einige Sätze in ägyptischer Sprache. Aber das mußte eine Täuschung sein. Denn er wußte, daß die Freunde Natanaels Galiläer waren und aramäisch sprachen. Später hieß es, daß noch andere Ausländer in dieser Halle die Jünger Jesu in ihrer Muttersprache von Gottes Taten hatten reden hören.

Von einem Augenblick zum andern verstummte die ganze Schar. Einer von ihnen stand auf dem Sockel einer Säule und begann eine Rede. Chama verstand zunächst nicht, worüber er sprach. Er redete von einem Wind, der über alles Volk und über Söhne und Töchter wehen werde. Chama jedoch verspürte keinen Wind. Aber auf einmal horchte er auf. Der Redner sprach von Jesus, der vor einigen Wochen verhaftet und hingerichtet worden war, und erzählte, wie er und andere Jünger ihn nachher als Lebendigen gesehen hätten. Er sei überzeugt, daß Gott diesen Jesus zum Herrn der Welt und zum Richter der Menschen eingesetzt habe. Dann redete er den anwesenden Bürgern von Jerusalem ins Gewissen: »Ihr habt ihn den Heiden ausgeliefert, und sie haben ihn umgebracht. Ihr seid mitschuldig an seinem Tod.«

Chama fühlte sich getroffen. Auch er hatte vor dem Palast des Prokurators mitgeschrien.

Die Rede schloß nicht anklagend, sondern mit einer Einladung: »Wer seine Schuld erkennt und Reue empfindet, der soll herzutreten. Dann wird Gott ihm vergeben, und er wird das Zeichen der Rettung empfangen.«

Um den Redner herum entstand ein Gedränge. Viele begehrten Befreiung von ihrer Schuld. Später erzählte man, es seien einige Hunderte gewesen. Chama war auch unter ihnen.

Der Redner schien von diesem Echo bei seinen Hörern überrascht zu sein. Er besprach sich mit den anderen Jüngern und ordnete an, daß alle sich in Gruppen sammeln sollten. Zu jeder Gruppe trat einer der Jünger. Chama schloß sich der Gruppe mit Natanael an. Sie verließen den Tempel und gingen zum Stadttor hinaus. Draußen suchte jede Gruppe einen schattigen Platz und ließ sich nieder. Ich denke mir, daß sie sich zunächst viel zu erzählen hatten. Natanael berichtete, was er mit Jesus erlebt hatte, seit er Jünger wurde, wie sie auf ihn hofften, daß er Israel erlösen werde und wie alle ihre Hoffnungen zerbrachen, als er gekreuzigt wurde.

»Doch was wir jetzt im Tempel erlebt haben, das hat die Hoffnung wieder erweckt und stark gemacht. Wir sind gewiß, daß er lebt und unsichtbar unter uns ist. Darum hat uns die Freude vorhin so völlig überschwemmt, daß wir gar keine Worte dafür fanden.«

Die andern erzählten, wie sie noch vor Wochen die Lehre Jesu im Tempel gehört hatten und beeindruckt gewesen seien, und wie ihnen nach seiner Verhaftung der Mut gefehlt habe, für ihn zu demonstrieren. Chama sprach davon, daß er sich schäme, damals mitgeschrien zu haben.

»Vielleicht hat das damit zu tun, daß ich Gott bisher nie von ganzer Seele geliebt habe.«

Natanael führte seine Gruppe dann zur Gihon-Quelle hinunter und erklärte: »Wie einst der Täufer Johannes die, welche vor ihm ihre Sünden bekannt haben, getauft hat zum Zeichen der Vergebung, so sollt ihr jetzt getauft werden auf den Namen Jesus Christus. Von nun an seid ihr Jünger.«

Als Chama aus dem Wasser stieg, legte Natanael ihm die Hände auf den Kopf und segnete ihn. Da fühlte Chama, daß er in dieser Stunde ganz und ungeteilt offen war für Gott. Aber nicht, weil er selber es fertig gebracht hatte, Gott mit ganzer Seele zu lieben, sondern weil der Gotteswind alles, was ihn bisher an der Gottesliebe hinderte, weggefegt hatte.

II. Simon, der Zelot – Ein Feuer anzünden

Simon, der Zelot, war ein Mann des Feuers. Einst hatte er von einem Adler geträumt. Der warf ein brennendes Feuerscheit auf die Römerburg Antonia und setzte sie in Flammen. Der Traum führte dazu, daß Simon Zelot wurde. Als Widerstandskämpfer erdolchte er in der Nacht einen Soldaten, der vor einem Schuppen mit Kriegsmaterial Wache stand, und zündete den Schuppen an. Die Römer sollten mit Feuer und Schwert aus dem Land vertrieben werden.

Ein anderer Traum war schuld, daß er sich von den Zeloten löste: Er sah, wie ein Brand, den er gelegt hatte, sich über das ganze Land ausbreitete, bis nur eine Aschenwüste übrigblieb.

Simon wurde ein Jünger von Jesus, nachdem er wie zufällig bei einer Predigt Jesu am See dabei war. Es gab heftige Diskussionen am Ende der Predigt, und Jesus bemerkte: »Ich bin gekommen, um Feuer auf die Erde zu werfen. Wie froh wäre ich, es würde schon brennen.« Dieses Wort schlug bei Simon ein. Er begriff, daß Jesus ein anderes Feuer meinte, ein Feuer in den Herzen der Menschen. Und er wollte mithelfen, ein solches Feuer anzuzünden, das nicht zerstörerisch war.

Als Jesus verhaftet und hingerichtet wurde, brach für Simon eine Welt zusammen. Das Leben hatte keinen Sinn mehr. Alles in ihm war wie ausgebrannt. Aber einige Tage, nachdem sie den Leichnam Jesu begraben hatten, sahen ihn einige Jünger wieder lebendig. Auch Simon, der Zelot, war einmal dabei, als die anderen ihn sahen. Er meinte, ebenfalls eine Gestalt wahrgenommen zu haben. Doch danach war alles wieder grau und traurig wie vorher. Von einem Feuer war in seinem Herzen nichts mehr zu spüren.

Die Jünger blieben in diesen Wochen zusammen und beteten viel, damit der Herr sie erleuchte und ihnen einen neuen Weg zeige. So hatten sie sich auch am Wochenfest in der Halle Salomos versammelt und dankten Gott wie die andern Juden für die Getreideernte dieses Jahres. Da erschien es Simon auf einmal, als ob um den Kopf der anderen Jünger so etwas wie ein Feuerschein zu sehen wäre. Über jedem leuchtete es. Simon spürte auch in sich ein Brennen und Lodern. Eine glühende Liebe war in ihm erwacht. Es war die Liebe des Rabbi Jesus, die er auf Erden anzünden wollte. Simon hätte gern die anderen Jünger alle umarmt und ans Herz gedrückt und ihnen erzählt, welche Freude sein Herz erfüllte. Da begannen einige von ihnen zu singen und zu jubilieren. Das war das erlösende Zeichen für Simon. Auch aus ihm brach wie ein Sturzbach nach der Stauung ein fröhliches Loblied hervor, nicht ein Lied nach einer Melodie, die jemand schon einmal gesungen hatte. Es war sein eigenes, neues Lied für das, was er jetzt erfahren hatte.
Genauso war es auch mit dem Singen der andern. Eigentlich hätte es wie ein lärmendes Durcheinander klingen müssen, doch wer gut hinhörte, vernahm einen gemeinsamen Rhythmus und eine Harmonie, die sie alle miteinander verbanden. Das Jubilieren wurde lauter und wilder und beinahe stürmisch, dann wieder sanfter und leiser. Schließlich hörte man nur das Murmeln von Gebetsworten. Es waren nicht Worte der Alltagssprache. Simon wunderte sich wieder. Aus seinem Munde kamen Gebetsworte, die er noch nie gehört hatte. Es mußte die Sprache seines Herzens sein. Er fühlte sich glücklich, daß sein Herz sich jetzt so direkt aussprechen konnte.
Doch sein Reden in der Herzenssprache brach jäh ab, als Gelächter und Spottworte von Umstehenden an seine Ohren drangen:
»Schaut doch die an, die sind wahrhaftig betrunken!«
Es war ihm peinlich, daß er mit seinem seltsamen Singen und Sprechen bei andern den Eindruck eines Weinsäufers gemacht hatte. Auch die übrigen Jünger waren verstummt.
Doch der andere Simon, der auch Petrus heißt, stieg geistesgegenwärtig auf den Sockel einer Säule und wehrte sich gegen diese Verdächtigung:
»Ihr Männer von Jerusalem! Keiner von uns ist betrunken, wie ihr meint. Es ist ja noch mitten am Vormittag. Und da sind wir genau so nüchtern wie ihr alle. Ich will euch erklären, was mit uns geschehen ist: Uns ist widerfahren, was der Prophet Joel für die Endzeit vorausgesagt hat. In seinem Buch steht bekanntlich geschrieben,

daß Gott seinen Geist ausgießen wird auf alles Volk. Söhne und Töchter werden wie Propheten reden. Junge Männer werden Visionen haben, und die Alten werden heilige Träume bekommen. Von diesem Geist haben wir etwas gespürt. Das hat uns bewegt und erfüllt. Schuld daran ist der Rabbi Jesus von Nazaret. Ihr wißt, von wem ich rede. Noch vor wenigen Wochen habt ihr ihn gehört, wie er hier gelehrt hat. Dann wurde er verhaftet. Ihr habt vor dem Statthalter seine Kreuzigung verlangt. Aber er ist nicht im Tod geblieben. Wir haben ihn als Lebendigen gesehen und wissen, daß Gott ihn zum König der Welt und zum Richter der Menschen eingesetzt hat.«

Simon, der Zelot, wunderte sich über diese Ansprache. Sie war voll Feuer. Wo hatte Petrus nur gelernt, solche Reden zu halten? Die Hörer in der Halle Salomos waren betroffen. Keiner spottete mehr. Petrus forderte sie auf, umzukehren, ihre Schuld zu erkennen und zu bereuen und ein neues Leben als Jünger Jesu zu beginnen. Viele, die diese Worte hörten, waren bereit dazu. Petrus führte sie mit den andern Jüngern vor die Stadt hinaus. Wenn sie mit Ernst Jünger Jesu werden wollten, hatten sie noch viel zu lernen. Dazu mußten sie unter sich sein.

Ich stelle mir vor, daß jeder Jünger eine Gruppe der Neuhinzugekommenen um sich hatte und daß er ihnen erzählte, was es für ihn bedeutete, Jünger Jesu zu sein. Auch Simon, der Zelot, war mit einigen, die von der Predigt des Petrus berührt waren, zusammen. Sie hatten ein gutes Gespräch und waren einander zugetan wie vertraute Freunde. Am Abend des Tages führte er sie zur Quelle Gihon. Dort wurden sie auf den Namen Jesu Christi getauft. Sie waren Jünger Jesu geworden.

Für Simon war der Tag noch nicht zu Ende. In ihm war ein Feuer angezündet, das ihm keine Ruhe ließ. Er dachte an seine Vergangenheit bei den Zeloten, als er noch mit Morden und Brennen das Reich Gottes auf die Erde bringen wollte. Heute war ihm klar geworden, warum dieser Weg eine Sackgasse war. Nur die Kraft von oben, die ihn überflutet hatte, konnte die Welt verändern. Das mußte er seinen früheren Kampfgenossen erzählen.

Als es dunkel wurde, ging er zum ersten Mal, seit er sich von ihnen gelöst hatte, wieder in die Taberne »Zum Stern Jakobs«. Dort war seinerzeit der Treffpunkt der Verschwörer. Die Gaststube war gut besetzt. Beim trüben Licht der Öllampen spähte Simon nach den Gesichtern der Gäste. Keiner kam ihm bekannt vor. Hatten die Widerstandskämpfer unterdessen einen anderen Ort der Zusammenkunft gewählt? Waren sie vorsichtiger als früher?

Doch, dort drüben saß einer, der ihm bekannt vorkam. War das nicht der Kamerad Nearja, mit dem er einmal eine ganze Nacht lang einem Warentransport der Römer nachschleichen mußte? Simon näherte sich ihm, wollte ihn ansprechen, ihm von seinen Erfahrungen mit Christus erzählen, vom Feuer der Liebe, das in ihm brannte, von der Hoffnung, daß diese Kraft der Gottesliebe den Frieden über die Völker bringen werde. Als der andere Simon kommen sah, stand er auf, warf dem Wirt ein Geldstück zu und ging hinaus.

Simon war wie vor den Kopf geschlagen. Sein Herz war erfüllt von der Freude, mit der Christus ihn berührt hatte. Er hätte gern etwas davon anderen weitergegeben. Doch die Männer in der Trinkstube waren laut und hatten heiße Köpfe vom Wein. Er spürte, daß es nicht gut wäre, mit ihnen über seine Erfahrungen zu reden. So behielt er die Botschaft für sich und ging nach Hause. Das Schweigen fiel ihm schwerer als das Danken und Jubilieren, das am Morgen dieses Tages über ihn gekommen war.

III. Thomas – geöffnete Grenzen

Wer meint, das Lebensproblem von Thomas sei mit jener Erscheinung des Herrn nach Ostern erledigt gewesen, der weiß nicht, wie hartnäckig die Zweifel sind. Der Auferstandene hatte Thomas angeboten, er dürfe mit den Fingern seinen Leib und die Wundmale berühren. Und Thomas war von diesem Entgegenkommen so überwältigt gewesen, daß er vor ihm in die Knie fiel und ihn anbetete: »Mein Herr und mein Gott!«

Zwei Tage später waren die Zweifel wie lästige Fliegen wieder da. Ist er wirklich auferstanden? Oder war alles nur ein Wunschtraum? Eine Täuschung der Sinne? Thomas war unzufrieden mit sich selber: Warum habe ich nicht den Mut gehabt, ihn zu berühren? Hätte ich es getan, wäre ich meine Zweifel los. Zugleich wußte er: Auch wenn ich ihn berührt hätte, würde ich jetzt zweifeln. Die Zweifel sind durch Gegenbeweise nicht zu beseitigen. Sind sie mir als Strafe geschickt, weil ich Jesus Bedingungen gestellt habe? Bin ich von Gott verworfen, weil ich meinen Verstand nicht opfern will?

So war Thomas in diesen Wochen hin- und hergerissen zwischen dem Verlangen nach Glauben und der Unfähigkeit dazu. Er war dabei, als die Jünger in dieser Zeit immer wieder zusammen beteten, daß Gott ihnen den Weg zeige, den sie gehen sollten. Er war dabei, als sie in der Halle Salomos versammelt waren, um mit den anderen Juden Gott für den Abschluß der Getreideernte zu danken.

Als die Stimmung der Jünger sich in dieser Stunde zusehends veränderte, hat das Thomas auch gespürt? Als sie mehr und mehr von der Gewißheit erfaßt wurden, daß der Herr lebt, hat ihn das auch angerührt? Oder war er wieder einmal abseits von den anderen? Ich weiß es nicht. Aber ich meine, daß er in jedem Fall mitjubelte: »Gelobt seist du, Herr, daß du lebst und daß du da bist!«

Vielleicht ließ er sich zuerst nur von der Freudenwelle der anderen mittragen, und jubelte erst nach einer Weile selber aus vollem Herzen mit. Oder hat er gleichzeitig mit ihnen in seinem Innern diese Erleuchtung erlebt? Auch in ihm brach jedenfalls die neue Einsicht durch, die ihn mitriß und begeisterte, die Einsicht, daß der Herr in einer neuen Gestalt unsichtbar unter ihnen anwesend war.

Er sang mit den andern, und er sang wie die andern seine eigene Melodie. Er sang, weil er gewiß war, daß der Herr ihn angenommen hatte, trotz seiner Zweifel. Er jubelte, weil er merkte, wie die Zweifel in ihm zur Nebensache geworden waren. Sie waren nicht verschwunden, aber sie hatten keine Kraft mehr. Und wer weiß, in dieser Form konnten die Zweifel für den Glauben noch nützlich werden, so dachte er.

Das Singen und Jubilieren der Jünger erregte die Aufmerksamkeit der Leute in der Halle. Sie drängten hinzu, wollten wissen, was mit diesen Menschen los war. Einige spotteten:

»Die haben zu viel Wein getrunken!«

Die Jünger verstummten. Daß sie von allen Seiten angestarrt wurden, war ihnen unangenehm. Thomas wunderte sich nicht über den Spott. Sie waren in der Tat außer sich vor Freude über die neue Zuwendung des Herrn, fast wie betrunken, nur nicht vom Wein, sondern vom beseligenden Gefühl der Nähe des Herrn.

Petrus hatte die eintretende Stille geistesgegenwärtig benützt, um eine Rede an die Anwesenden zu beginnen. Er wies zunächst entschieden den Verdacht zurück, daß sie betrunken seien. Thomas staunte über die Rede, über den Mut, mit dem Petrus da stand und der großen Menge die Stirn bot, über die Kraft, die aus seinen Worten strömte, über die Klarheit seiner Botschaft. Wo hatte Petrus nur so reden gelernt? Er redete wie ein Studierter. Mit einem Prophetentext aus Joel erklärte er den Leuten, was ihm und den andern Jüngern widerfahren war: Gott hat seinen Prophetengeist in ihre Herzen ausgegossen. Dann bewies er ihnen mit Stellen aus den Psalmen, daß ihr Herr, der von den Römern hingerichtet worden war, nicht im Tode bleiben konnte. Nach Gottes Ratschluß war er auferweckt worden. – Wie war Petrus nur zur Kenntnis dieser Stellen aus der heiligen Schrift gekommen?

Die Wirkung der Rede war gewaltig. Viele der Hörer waren damals dabei gewesen, als Jesus verurteilt wurde. Jetzt fühlten sie sich schuldig und fragten, was sie tun sollten. Petrus wies sie an, umzukehren und ihre Sünden zu bereuen. Dann würden auch sie Vergebung erlangen und Jünger Jesu werden. Er führte die vielen, die noch mehr über das Jüngersein hören wollten, vor die Stadt hinaus. Weil es jetzt wichtig war, daß jeder Fragen stellen konnte und Antworten bekam, die für ihn hilfreich waren, teilten sie sich in Gruppen auf. Jeder Jünger übernahm eine Gruppe.

Das Gespräch in der Gruppe, die Thomas betreute, ging hin und her. Es war nicht zu vermeiden, daß er auch von seinen Zweifeln erzählte. Einige konnten nicht verstehen, daß man gegenüber der Erscheinung des Auferstandenen so mißtrauisch sein konnte. Sie fanden, daß Zweifeln eine Sünde gegen Gott sei. Ein Mann, er hieß Agur, nahm Partei für Thomas. Er meinte, daß wir Menschen überhaupt nicht die Wahrheit über Gott erkennen könnten:

»Gott ist im Himmel, der Mensch auf Erden. Gleich wie wir nicht wissen, woher der Wind kommt und wohin er weht, so verstehen wir auch das Tun Gottes nicht, durch das er alle Dinge bewirkt. Darum weiß auch niemand, ob Jesus auferstanden ist oder nicht.«

Das ging Thomas zu weit. Daß Jesus lebt, davon war er nach dem, was ihn am Vormittag im Tempel so bewegt hatte, überzeugt.

Am Abend des Tages ging die Gruppe zur Gihon-Quelle hinunter. Dort sollten die getauft werden, die Jünger Jesu werden wollten. Thomas fragte sich, ob er verhindern müsse, daß Agur getauft werde. Durfte ein Mensch mit dieser Auffassung von Gott ein Jünger Jesu werden? Doch Thomas schob die Bedenken auf die Seite. Wenn Gott *ihn* mit seinen Zweifeln angenommen hatte, verstand Er doch auch diesen Agur, der Ihn bisher nur als den Verborgenen erfahren hatte. Der Geist hatte für Thomas die Grenzen geöffnet. Durfte Thomas sie vor Agur verschließen?

So wurde Agur getauft und in die Schar der Jünger Jesu aufgenommen.

Die Heilung des Lahmen an der Tempeltür (Apg 3)

Ob es spontane, für die Schulmedizin vorläufig nicht erklärbare Heilungen gibt, ist keine Glaubensfrage. Auch naturwissenschaftlich denkende Mediziner nehmen heute an, daß einzelne wenige Menschen mit außerordentlichen Heilkräften erfüllt sind und daß durch sie bei Kranken Heilungsprozesse ausgelöst werden können. Bedenken hat hier nur, wer im Vorurteil befangen ist, daß sich nichts ereignen könne, was sich nicht dem bisher von ihm benützten Paradigma zur Welterklärung zuordnen lasse. Wenn ich die Möglichkeit von Wunderheilungen betone, will ich damit nicht die Faktizität aller Geschichten von Wunderheilungen behaupten. Ich behaupte nur, daß solche Geschichten möglicherweise von Fakten berichten.

Die Frage, ob eine Wunderheilung durch den nicht-medizinischen Heiler willentlich und zur Demonstration seiner Vollmacht ausgelöst werden könne, ist schwieriger zu beantworten. Verfügt der Heiler über sein außerordentliches Fluidum so sicher wie über einen Apparat oder eine physikalische Kraft? Sind für das Eintreten einer Heilung nicht immer subjektive Faktoren beim Kranken und in der Umwelt im Spiel, die der Heiler nicht in der Hand hat? Man kann sich jedoch vorstellen, daß ein Heiler, von dem schon zahlreiche Heilungen ausgegangen sind, ein entsprechendes Selbstbewußtsein hat, das ihm erlaubt, seine Heilkraft auch einmal ganz gezielt und willentlich einzusetzen, selbst wenn es ihm primär nur darum geht, Zweifler zu widerlegen und sich gegen Gegner zu behaupten. Auch sogenannte Demonstrationswunder sind also nicht von vornherein als unhistorisch zu beurteilen.

Die Heilung des Lahmen an der Tempeltür ist das erste Heilungswunder, das Lukas von Petrus erzählt. Folgt man diesem Bericht, so kann man sich vorstellen, daß Petrus erst im Moment, da der Lahme ihn anbettelt und damit ein helfendes Handeln erwartet, spürt, daß er mit einer besonderen Kraft zum Heilen ausgerüstet ist. Im Heilungswort »Im Namen Jesu Christi des Nazoräers, geh umher!« (Vers 6) kommt das Bewußtsein der in ihm schlummernden Kraft zum Ausdruck. Die Heilung geschieht vor Zeugen. Der Geheilte ist eine jedem Tempelbesucher bekannte Figur. Dadurch wird die Heilung zu einem Demonstrationswunder. Petrus erhält dadurch Gelegenheit, ein zweites Mal in der Öffentlichkeit die Auferstehung Christi und seine unter uns wirkende Kraft zu bezeugen. Diese Predigt von Petrus ist dann der äußere Grund für die Verhaftung der beiden Apostel und für die Gerichtsverhandlung gegen sie, bei der sie noch einmal Gelegenheit bekommen, sich zu Christus zu bekennen. Beim Nacherzählen eines Demonstrationswunders läßt man sich leicht verlocken, den Wundercharakter zu steigern und den Hörern das Staunen über das, was geschehen ist, beizubringen. Ich erinnere mich an meinen eigenen Umgang mit diesem Text, als ich ihn vor Religionsklassen zu erzählen hatte. Wie oft habe ich triumphierend von der Gotteskraft, die Petrus erfüllt, erzählt, wie oft habe ich sozusagen den Schülern das Wunder um die Ohren geschlagen, so daß ihnen nichts andres übrigblieb, als an die in Petrus wirkende Macht Christi zu glauben, wenn sie mich nicht für einen schlimmen Rattenfänger halten wollten.

Mein Vorschlag für eine Nacherzählung dieses Textes möchte hier eine Korrektur anmelden und den Hörer nicht vor die falsche Alternative stellen, entweder zu glauben oder den Nacherzähler zu desavouieren. Der demonstrative Charakter dieser Heilung soll nicht betont werden. Deshalb stelle ich nicht das Erleben von Petrus als Heiler in den Mittelpunkt, sondern das Erleben des Bettlers vor und nach der Heilung. Der Hörer soll Anteil nehmen am Leid eines Mitmenschen, der von Geburt an gelähmt ist, und an seinem Elend, Tag für Tag betteln zu müssen und von der Mildtätigkeit anderer abzuhängen. Der Hörer soll sich mit mir an der wunderbaren Heilung freuen, die dem Lahmen zuteil wird, und dabei merken, daß eine Wunderheilung noch nicht alle Probleme eines Menschen löst.

Weil der Hörer aber in seinem Erfahrungshorizont nie Gelegenheit haben wird, eine Wunderheilung oder gar ein Demonstrationswunder zu erleben, erzähle ich ihm als Kontrast von einem Menschen, der ohne Wunder auskommen muß.

Zwei Kontrastgeschichten

I. Eine Heilung zum Vorzeigen

Als ihr geliebtes Kind Jonatan drei Jahre alt war, konnte sie die Augen nicht mehr verschließen vor dem, was sie schon lange gesehen hatte, aber bisher nicht wahrhaben wollte: Der Junge setzte sich zwar auf, wenn man ihm die Hand hinhielt und ihn hochzog. Aber er konnte nicht auf den eigenen Beinen stehen und erst recht nicht gehen. Dazu waren seine Muskeln und Sehnen zu schwach. Bisher hatte sich die Mutter immer getröstet: »Er wächst eben langsamer als die Altersgenossen. Er wird noch alles nachholen.« Jetzt gab sie zu, daß ihre Nachbarinnen recht hatten. Jonatan war lahm. Er würde sein ganzes Leben lang auf die Fürsorge seiner Mutter angewiesen sein. Von nun an umgab sie ihn erst recht mit ihrer liebevollen Pflege und erfüllte ihm jeden Wunsch. Nur zu einem Arzt konnte sie mit ihm nicht gehen. Dazu fehlte ihr das Geld.

Als Jonatan zehn Jahre alt war, starb seine Mutter bei der Geburt des dritten Kindes. Der Vater löste den Haushalt auf und verkaufte die Kinder als Sklaven. Jonatan kam in den Besitz von Hylax, einem Mann, der das Betteln gewerbsmäßig betrieb. Er besaß schon vier Sklaven. Jeder mit einem auffälligen Gebrechen: einer mit einem amputierten Arm, der andere mit leeren Augenhöhlen, einer, das ganze Gesicht von Narben entstellt und einer, der zwergwüchsig war. Jonatan paßte zu ihnen. An seinen viel zu mageren Beinen merkte man auf den ersten Blick, daß sie den Leib eines kräftigen Zehnjährigen nicht tragen konnten. Hylax brachte mit Hilfe eines weiteren gesunden Sklaven die Invaliden auf belebte Plätze und an

Straßenecken der Stadt. Dort mußten sie den Tag über um Almosen betteln. Am Abend wurden sie zurückgeholt und lieferten ab, was sie bekommen hatten. War es wenig, gab es Schelte. Doch Nahrung und Unterkunft waren ihnen sicher. Denn Hylax brauchte sie für sein Geschäft.

Jonatan bekam seinen Platz am Tempel, neben dem Eingang zum Vorhof der Frauen, am Tor, das den Namen »die schöne Türe« hatte. Dort saßen schon andere Bettler. Aber plazierte man Jonatan so, daß seine entblößten Beine auf einer der Stufen zum Tor ausgestreckt waren, konnte kein Tempelbesucher, der vorbeikam, sein Gebrechen übersehen, und manche wurden vom Mitleid berührt. Besonders auf Frauen machte der Junge Eindruck, und sie legten etwas auf den Teller, den er hinstreckte. Mit der Zeit gehörte er mit seinen mageren, von der Sonne braun gebrannten Beinen zum gewohnten Bild des Tempeltors. Er fiel nicht mehr auf, und seine Tageseinnahmen gingen zurück.

Kann ich als Gesunder überhaupt verstehen, was Jonatan Tag für Tag, Jahr für Jahr erlebt hat? Kann ich mitfühlen, wie ihm zumute war, als er mit der Zeit erwachsen wurde? Seine Beine hatten sich ebenfalls gestreckt, aber waren immer noch so dünn, daß man sie mit der Spanne einer Hand umgreifen konnte. Für ihn gab es keine andere Aussicht für die Zukunft als das Leben eines bettelnden Sklaven. Weiß ich, was er empfunden hat, wenn an hohen Feiertagen die Tempelbesucher in Massen an ihm vorüberströmten? Ahne ich, wie er an einem gewöhnlichen Werktag dran war, wenn nach frommem Brauch nur eine bestimmte Gruppe von Einwohnern der Stadt am täglichen Opfer im Tempel teilnahm? Gab es für ihn überhaupt ein Bewußtsein von Vergangenheit und Gegenwart? Im Hause von Hylax hat man gewiß nie seinen Geburtstag gefeiert. Wußte er, daß er schon 40 Jahre alt war? Erinnerte sich bloß sein Besitzer daran, wann ungefähr er ihn als Zehnjährigen gekauft hatte?

Nahm Jonatan Anteil an Ereignissen, welche die Bewohner der Stadt in Aufregung versetzten? Hat ihm jemand vom Propheten aus Nazaret erzählt, daß er einen Lahmen geheilt, daß er einem Blinden das Augenlicht wieder geschenkt habe? Hat Jonatan an jenem Tag von seinem Bettelplatz aus etwas vom Tumult wahrgenommen, als Jesus die Viehhändler und Geldwechsler aus dem Vorhof des Tempels vertrieb? Hörte er ein paar Tage später das Geschrei der Volksmenge vor dem Palast des Pilatus »Kreuzige ihn! Kreuzige ihn!«? Ich weiß es nicht. Vielleicht war er so abgestumpft, daß er kein

Ohr hatte für das, was außerhalb seines Geschäfts als Bettler geschah. Vielleicht blickte er immer nur vor sich hin auf den Boden und sah die Füße der herankommenden Tempelbesucher und machte sich ein Spiel daraus, zu erraten, von wem er ein Almosen empfangen werde und von wem nicht. Und mit der Zeit meinte er, am Gang und an der Fußbekleidung im voraus geiziges oder mildtätiges Verhalten eines Vorübergehenden zu erkennen: Diese Füße in kostbaren Sandalen nach römischer Art gehören zu einem Mann, der nichts in den Teller legen wird. Jene zierlichen Schuhe aus persischem Leder umhüllen die Füße einer Dame, die spendefreudig ist.

Es war an einem Werktag, einige Wochen nach jenem Geschrei »Kreuzige ihn! Kreuzige ihn!«, das Jonatan vielleicht nicht einmal gehört hatte, zur Zeit des Nachmittagsopfers. Jonatan hatte schon einige Gaben erhalten und sie jeweils vom Teller schnell in seine Tasche gesteckt. Denn ein leerer Teller macht zum Spenden williger als ein gefüllter. Da kamen zwei Männer heran, die ihrem Schuhwerk nach nicht reich waren und ihm auch sonst nicht gerade einen spendefreudigen Eindruck machten. Dennoch hielt er ihnen den Teller hin: »Gebt doch einem lahmen Mann ein Almosen. Der Ewige wird's euch vergelten.«

Da sprach einer der beiden:

»Schau uns an.«

Jonatan blickte auf. Er sah zwei unbekannten Männern ins Gesicht und streckte ihnen jetzt, da er angeredet war, erst recht erwartungsvoll seinen Teller entgegen.

Doch keiner der beiden griff zum Geldbeutel, um ihm eine Münze zu geben. Der, der ihn angeredet hatte, sagte: »Gold und Silber habe ich nicht. Was ich aber habe, das gebe ich dir. Im Namen von Jesus, dem Christus, stehe auf und wandle.«

Wovon redete der Fremde? Jonatan sollte seine Füße brauchen und umhergehen? Das war doch ausgeschlossen.

Aber der andere faßte ihn an beiden Händen und zog ihn langsam hoch. Jonatan zitterte, hatte Angst, fühlte sich schwindlig. Zugleich durchströmte ihn eine Kraft, wie er sie noch nie gespürt hatte. Er fühlte sie im ganzen Körper, bis hinunter in Knöchel, Füße und Zehen. Ja, wirklich, er stand da, schwankend und unsicher. Er klammerte sich an den unbekannten Heiler und konnte es nicht fassen. Der Fremde nickt ihm mit strahlendem Gesicht zu und geht einen Schritt rückwärts. Das veranlaßt Jonatan zu einer Vorwärts-

248

bewegung, und da setzt er, wie er es seit Jahrzehnten an den Tempelbesuchern gesehen hat, den einen Fuß vor den andern. Und siehe, auch das geht, wacklig zwar und mit eckigen Bewegungen, doch er kann gehen. Krampfhaft hält er sich noch immer an dem Unbekannten fest, von dem er den Befehl im Namen Jesu Christi gehört hatte. Der führt ihn durch das Tempeltor, betritt den ersten Vorhof, durchquert ihn und geht in den zweiten. So betritt Jonatan zum ersten Mal in seinem Leben das Innere des Heiligtums, an dessen Tür er bisher gebettelt hat.

Mit seinen ungeschickten Gehbewegungen machte er bald Tempelbesucher auf sich aufmerksam. Einige meinten, er hüpfe und tanze, dabei hatte er nur noch nicht genügend Übung im Gebrauch seiner Beinmuskeln.

Sein Herz floß über vor Freude und Dankbarkeit. Immer wieder stammelte er vor sich hin: »Gott, ich danke dir, ich kann gehen, ich danke dir.«

Einige erkannten ihn: »Das ist der Bettler mit den mageren Beinen, der seit Jahren an der schönen Tür des Tempels sitzt.«

Andere zweifelten: »Das ist doch nicht möglich. Der ist lahm. Man trägt ihn jeden Morgen hin und holt ihn am Abend wieder.«

Dem wurde widersprochen: »Es ist derselbe. Ich habe gesehen, wie der Mann, an den er sich jetzt klammert, ihn auf die Beine gebracht hat.«

Andere meinten: »Dann ist er eben ein Schwindler. Er hat mit seinen mageren Beinen nur vorgetäuscht, daß er lahm sei. So wird man von Bettlern betrogen.«

Aus dem Streit der Meinungen entstand ein Auflauf von Menschen. Jeder wollte sehen und selber urteilen. Alle strömten in die Halle Salomos und blickten auf den Mann, an dem sich der Bettler hielt.

Dieser Mann, Petrus, fand, er müsse durch eine Rede die Dinge ins rechte Licht rücken.

»Ihr Israeliten, was wundert ihr euch darüber? Was starrt ihr *uns* an, als hätten *wir* in eigener Kraft oder Frömmigkeit bewirkt, daß dieser Lahme gehen kann? Nicht wir, sondern der Gott unserer Väter hat dies getan durch Jesus, seinen Gesandten. Ja, das ist dieser Jesus von Nazaret, der vor kurzem von unseren Priestern verhaftet und dem römischen Statthalter übergeben wurde. Und einige von euch waren vielleicht dabei, als geschrien wurde, daß er gekreuzigt werde. Man hat Jesus getötet. Aber Gott hat ihn auferweckt. Wir können das bezeugen. Denn wir waren vor seinem Tod seine Schüler und haben ihn seither mehrmals als den Lebendigen gesehen. Er hat diese Heilung durch uns bewirkt, so wie er vor seinem Tod manche Kranke geheilt hat.«

Jetzt griff die Tempelpolizei ein und verhaftete die drei. Denn die Priester, die die Aufsicht hatten, konnten nicht dulden, daß öffentlich im Tempel über Jesus geredet wurde. Schließlich war er vor kurzem im Namen des Gesetzes als Gotteslästerer zum Tode verurteilt worden.

In der Zelle hatten sich die drei die ganze Nacht hindurch viel zu erzählen. Jonatan lernte die beiden kennen, durch die Jesus ihn geheilt hatte: Simon Petrus, den Sprecher der Jüngerschar, und seinen Begleiter Johannes. Er hörte von Geschichten aus der Zeit, als sie mit Jesus vor seiner Hinrichtung zusammen waren. Jonatan begriff ein wenig, was seine Heilung zu bedeuten hatte, und begann, an Jesus als seinen Retter zu glauben. Petrus und Johannes erfuhren ihrerseits, wer Jonatan war und wie er bisher gelebt hatte, und sie fragten sich, was wohl Hylax zur Heilung seines Sklaven sagen werde.

Bei der Gerichtsverhandlung am andern Morgen war der geheilte Jonatan dabei, als Mitverhafteter und Entlastungszeuge für die Angeklagten. Vor den Richtern bezeugte Petrus, daß Christus, der Auferstandene, diese Heilung bewirkt habe, denn von ihm sei alles Heil zu erwarten.

Die Richter wunderten sich, wie klar und gewandt der Angeklagte seinen Standpunkt verteidigte, obwohl er nur ein ungebildeter Fischer aus Galiläa war. Daß der Lahme geheilt worden war, konnten sie nicht bestreiten. Sie fanden auch kein Vergehen der Angeklagten gegen ein Gesetz oder ein von den Behörden erlassenes Verbot. Sie ließen die Angeklagten ohne Strafe frei, verboten ihnen aber streng, in Zukunft öffentlich von Jesus zu reden. Petrus kündigte ihnen jedoch an, daß er sich nicht an dieses Verbot halten werde. Denn Gott hatte ihm befohlen, Jesus vor den Menschen zu bezeugen, und er war entschlossen, Gott mehr zu gehorchen als den Menschen.

So kehrten die Jünger mit Jonatan zurück in das Haus, wo die christliche Gemeinde zusammenkam. Dort wartete schon ein zorniger Hylax auf sie. Er hatte vernommen, was mit Jonatan geschehen war, und verlangte Schadenersatz. Jonatan war immer noch sein Sklave, aber jetzt, da er nicht mehr lahm war, hatte er für ihn seinen Wert verloren. Die Summe, die er seinerzeit für den zehnjährigen Jungen bezahlt hatte, wollte er von Petrus in jedem Fall bekommen.

Petrus suchte ihm klarzumachen, daß diese Forderung nicht berechtigt sei.

»Jonatan hat dir als seinem Besitzer diese Kaufsumme durch die Einnahmen als Bettler schon längst eingebracht.«

Hylax wollte von solchen Gründen nichts wissen und drohte mit einer Klage vor Gericht. Soweit wollte es Petrus in diesem Moment nicht kommen lassen. Er versprach Hylax die Summe zu bezahlen. Aber er mußte zuerst die Brüder und Schwestern dafür gewinnen, das Geld aus der neu gegründeten Gemeindekasse zu entnehmen. Die aber erhoben dagegen Bedenken:

»Damit werden die Mittel, die wir gesammelt haben, zweckentfremdet. Wir wollten damit hungrige Brüder und Schwestern speisen und nicht Sklavenhalter reich machen.«

»Jonatan muß zu seinem Herrn zurückkehren. Dagegen können wir nichts tun. Sonst kommen alle Sklaven aus der ganzen Stadt und wollen, daß wir ihre Freilassung bezahlen.«

Um solche Einwände zu widerlegen, brauchte Petrus mehr Worte und Weisheit als für die Heilung.

»Unser Herr hat an Jonatan gewirkt und ihn geheilt. Er gehört jetzt zu uns. Wir können ihn nicht zu seinem früheren Herrn zurückschicken. Das wäre nicht brüderlich.«

Schließlich wurden die Christen einig und bezahlten das Geld an Hylax. Jonatan blieb als der erste freigekaufte Sklave in der Gemeinde. Er mußte als Vierzigjähriger noch vieles hinzulernen, nicht nur die Bewegung seiner Beinmuskeln üben, um immer besser gehen zu können. Er mußte auch den Gebrauch seiner Hände lernen, um sich damit sein Brot zu verdienen, und mußte auf Brüder und Schwestern hören und mit ihnen sprechen lernen. Bis jetzt waren seine Beziehungen zu Menschen auf Betteln und Geldbekommen oder Nichtbekommen beschränkt gewesen. Es gab Brüder und Schwestern in der Gemeinde, die ihm bei diesem Lernen halfen.

II. Kein Kind zum Vorzeigen

Als Renate schwanger wurde, brach ihr Freund das Verhältnis ab. Sie freute sich dennoch, ein Kind zu bekommen. Nach der Geburt von Beat ging sie gerichtlich gegen den Freund vor. Der verschwand ins Ausland. An Alimenten erhielt sie von ihm nicht eine Mark. Zum Glück hatte sie eine gute Stelle. Nach dem Schwangerschaftsurlaub suchte sie für das Kind eine Tagesmutter und ging ihrer Arbeit nach. Am Feierabend galt ihm ihre ganze Liebe. Die Tagesmutter bemerkte bald, daß Beat sich nicht normal entwickelte. Anstatt wie andere Kinder beim Wickeln zu strampeln, streckte er die Beine oft steif und nach innen gedreht aus und behielt diese Stellung lange. Hielt man ihm eine Rassel hin, so griff er nach ihr, konnte sie aber mit den Fingern nicht festhalten. Renate wehrte sich lange gegen den Verdacht, Beat sei ein behindertes Kind. Doch im Alter, in dem andere Kinder herumspringen, brachte er mit seinen verkrampften Spitzfüßen kaum einen Schritt an der Hand der Mutter fertig. Der Kinderarzt sprach von zerebralen Lähmungen. Renate mußte die harte Wirklichkeit akzeptieren. Sie hatte kein Kind zum Vorzeigen.

Von da an wurde Beat dreimal in der Woche zur Physiotherapeutin gebracht. Bei ihr lernte er langsam, was bei anderen Kindern von selbst geschieht: Er lernte, mit den Händen nach einem Gegenstand zu greifen und ihn festzuhalten, sich langsam und zitterig von einem Stuhl zu erheben und sich krampfhaft an Krücken vorwärts zu bewegen.

Als Beat acht Jahre alt war, wurde Renate Abteilungsleiterin. Sie fuhr mit Beat im Wagen zum ersten Mal in den Urlaub. Sie hatte in einem Strandhotel im sonnigen Süden ein Zimmer gemietet.

Schon am zweiten Tag wurden Renate und ihr Sohn, als sie am Mittag den Speisesaal betreten wollten, in ein kleines Zimmer geführt. Dort war für sie separat der Tisch gedeckt. Der Hotelier erklärte:

»Einige Gäste haben sich beschwert. Der Anblick ihres Kindes in den Ferien sei für sie unzumutbar.«

Nun war es gewiß kein erhebender Anblick, wenn man sah, wie mühsam Beat den Löffel mit den Speisen, welche die Mutter vorher klein geschnitten hatte, zum Mund führte. Man wurde an die menschliche Hinfälligkeit erinnert, wenn man beobachtete, wie schwierig es für das Kind war, das Glas zu ergreifen und daraus zu trinken. Doch, daß die Gäste ihrem Kind nicht mehr Toleranz entgegenbrachten, verletzte Renate.

In den nächsten Tagen wurde es noch schlimmer. Als Beat am Strandplatz des Hotels im Sand spielte, konnte Renate die giftigen Bemerkungen von Nachbarn nicht überhören.

»Wir sind nicht in den Urlaub gefahren, um täglich einen mißgestalteten Kretin vor Augen zu haben.«

Dann trat auch noch der Hotelier an sie heran:

252

»Ich muß Sie bitten, mit Ihrem Kind den für unsere Gäste reservierten Strand zu meiden und anderswo einen Platz zu suchen. Mehrere Gäste haben mit sofortiger Abreise gedroht, wenn sie noch weiter den Anblick Ihres Kindes hinnehmen müßten.«

Jetzt hatte Renate genug. Sie packte zusammen und fuhr mit Beat nach Hause.

In der Schule hatte Beat das Glück, verständnisvolle Lehrer zu haben. Wer nur sein Gesicht ansah, den schrägen Mund, die ungleichen Augen, das eine immer etwas zugekniffen, das andere weit aufgerissen, wer nur beobachtete, wieviel es ihn kostete, auch nur ein einziges Wort auszusprechen, hielt ihn für lernunfähig. Seine Lehrer erkannten aber seine Fähigkeiten. Ließ man ihm Zeit, fühlte er sich nicht unter Druck, so wußte er ebensoviel wie die anderen Kinder. Von der dritten Klasse an durfte er in der Schule auf einer speziell für seine Hände konstruierten Schreibmaschine schreiben. Damit war die Schwierigkeit beseitigt, daß seine schriftlichen Arbeiten sich bisher nie den Regeln der Schönschrift fügen wollten. Auch die Mitschüler verhielten sich kameradschaftlich.

Ferien für Mutter und Kind gab es wieder, als Renate von einem Ferienlager für behinderte Kinder und deren Eltern in einer kirchlichen Heimstätte hörte. Dort lernte Beat Kameraden kennen, die stärker behindert waren als er. An den Ballspielen der Rollstuhlfahrer konnte er sich freilich nicht beteiligen. Seine Hände konnten keinen Ball schnell genug packen. Seine Arme konnten ihn nicht mit Kraft und zielgerichtet werfen. Aber er lernte Schach spielen und hatte Freude daran. Hier freundete er sich mit Martin an, der in einer Bürolehre war und als Hilfsleiter am Lager teilnahm.

Als Beat in das Konfirmandenalter kam, besuchte er mit den Gleichaltrigen in der Kirchengemeinde den Unterricht. Er ging nicht gern hin. Seine Mitkonfirmanden nahmen ihn nicht so an, wie er war. Wenn er bei einer Antwort nach einem Wort suchen mußte, lachten sie. Seine eckigen Bewegungen äfften sie nach.

Einmal forderte der Pfarrer die Konfirmanden auf, Fragen zu stellen. Beat wollte wissen:

»Warum hat Gott behinderte Menschen geschaffen?«

Was der Pfarrer antwortete, verstand er nicht. Dabei hatte ihn die Frage schon lange umgetrieben.

An der Konfirmationsfeier erhielt er den Spruch: »Kommet her, alle, die ihr mühselig und beladen seid. Ich will euch erquicken.« Das ärgerte ihn. Von allen Sprüchen, die an dieser Feier verlesen wurden, war dies der einzige, in dem von so etwas wie von Behinderung die Rede war. Warum mußte der Pfarrer mit diesem Spruch wieder betonen, daß er anders war als die andern? Das wußte er doch schon lange.

Im Winter nach der Konfirmation geschah das Schreckliche, das ihn völlig aus der Bahn warf. An einem eisigen Morgen stieß Renate auf der Fahrt zur Arbeit frontal mit einem entgegenkommenden Wagen, der ins Schleudern gekommen und auf die falsche Fahrbahn geraten war, zusammen. Sie starb auf dem Transport ins Spital. Der Verlust war für Beat unfaßbar. Er fiel in seiner Entwicklung auf die Zeit vor seinem Schuleintritt zurück, konnte sich kaum mehr an Krücken fortbewegen und hatte unsägliche Mühe bei jedem Wort, das er aussprechen wollte. Da keine Verwandten von ihm aufzutreiben waren, wurde er von der Fürsorgerin in ein Heim für Behinderte eingewiesen.

Dort betreute ihn der Pfleger John. Der war politisch tätig und setzte sich für eine Aufwertung der Arbeit in sozialen Berufen ein. Er achtete streng darauf, die vertraglich festgelegten Arbeitszeiten und Kaffeepausen auf die Minute genau einzuhalten. Nur wenn ein Sozialarbeiter sich auch um die eigenen Bedürfnisse kümmere und sich genügend Erholung gönne, sei er fähig, andern Menschen zu helfen, so meinte er. Wenn Beat am Abend Schwierigkeiten hatte beim Ausziehen, trieb er ihn an und machte den Jungen nervöser. Wenn er am Morgen dreimal vergeblich versuchte, in ein Hosenbein zu schlüpfen, wurde John ungeduldig, und die Muskeln Beats gehorchten dem, was ihnen befohlen wurde, überhaupt nicht mehr. Beat stotterte schließlich, er wolle lieber im Bett bleiben als sich anziehen zu müssen. Das war John auch recht. So galt Beat im Heim bald als schwer gestörter, beinahe gelähmter und an keiner Tätigkeit interessierter Patient und wurde dementsprechend behandelt.

Das wäre vielleicht noch Jahre so weitergegangen, wenn sich nicht Martin seiner erinnert hätte. Der hatte inzwischen die Lehre beendet und arbeitete bei der Stadtverwaltung. Er hatte sich schon lange gefragt, was inzwischen aus Beat geworden sei. So suchte und forschte er lange nach Beat und seiner Mutter, bis er schließlich herausbekam, was passiert war, und ihn im Heim fand. Er erschrak tief über dessen Zustand. Nach einigen beharrlichen Gesprächen bei den zuständigen Ämtern erreichte er, daß Beat in ein anderes Heim versetzt wurde. Dort lernte er schnell wieder, was er verlernt hatte: sich anzuziehen, vom Bett in den Rollstuhl hinüberzuwechseln, mit seiner Maschine zu schreiben, sich mit andern Menschen zu verständigen.

Martin setzte durch, daß Beat Kurse in einer Handelsschule besuchen konnte. Der Bus des Heims, der andere Behinderte zur Arbeit fuhr, nahm Beat in die Schule mit.

Als bei der Stadtverwaltung zusätzlich eine halbe Arbeitskraft gesucht wurde, trat Martin bei seinen Vorgesetzten dafür ein, diese mit einem Behinderten zu besetzen. So bekam Beat die Stelle. Er lernte, die laufenden Adreßänderungen dem Computer einzugeben, und das wurde seine tägliche Arbeit.

Jetzt, da Beat jeden Vormittag mit andern Menschen zusammenarbeitete, war er mit seinem Leben einigermaßen zufrieden, wenn er auch oft mit Trauer an seine Mutter dachte. Beim Aufräumen in alten Papieren stieß er auf seinen Konfirmationsspruch. Er las ihn und fand: »Jetzt paßt er eigentlich nicht mehr zu mir. Zu den Mühseligen und Beladenen gehöre ich nicht.«

Hananjas und Saphira (Apg 5,1-11)

An Hananjas und Saphira habe ich noch etwas gutzumachen. Wie oft habe ich als junger Religionslehrer ihre Geschichte erzählt und mich am Erschrekken der Schüler geweidet, wenn sie durch mein phantasierendes Erzählen miterlebten, wie die beiden hintereinander, durch die Kraft des Apostelwortes, wie durch einen Blitzschlag getötet und zum Begräbnis hinausgetragen wurden. Ich glaubte zwar auch damals an den barmherzigen Gott, der nicht den Tod des Sünders will, sondern daß er umkehre und lebe. Aber ich ließ mich durch Lukas verführen, diese Geschichte gnadenlos zu erzählen.

Später kamen mir Zweifel an der Eignung der Geschichte für den Religionsunterricht. Ich las, was gelehrte Ausleger über sie schrieben: Waren Hananjas und Saphira die ersten getauften Christen von Jerusalem, die starben, ohne die Wiederkunft Christi erlebt zu haben? Mußte die Geschichte das Rätsel dieser Todesfälle als göttliche Strafe verständlich machen? Oder enthält sie die Erinnerung an eine tatsächlich vollzogene Exkommunikation eines Ehepaars? Wurde dieser Fall nachher legendär ausgeschmückt und zu einem Gottesurteil mit Todesfolge gemacht? Oder berichtet die Geschichte von einem Sterben, das durch ein Fluchwort bewirkt wurde? Gab es in der Gemeinde Charismatiker, die über tödlich wirksame Fluchkräfte verfügten? Daß Todesfälle, die nur durch menschliche Fluchworte verursacht sind, vorkommen, ist nicht zu bezweifeln.

Der Psychiater J. D. Frank (Der Heiler, Stuttgart, 1981) schreibt:»Die anthrophologische Literatur enthält einige Anekdoten von Wilden, die erfahren, daß sie versehentlich ein Tabu gebrochen haben, und darauf in einen Zustand panischer Erregung geraten, die binnen weniger Stunden zum Tode führt. Leider können in keinem dieser Fälle gewöhnlichere Ursachen für einen raschen Tod, wie etwa eine starke Infektion, mit Sicherheit ausgeschlossen werden. Ausführlicher dokumentiert und überzeugender sind Berichte, daß Mitglieder bestimmter Stämme dahinsiechen und binnen kurzer Zeit sterben, nachdem sie erfahren haben, daß sie verflucht sind.«

Jedenfalls herrscht in dieser Geschichte (so J. Roloff, die Apostelgeschichte, Göttingen, 1981) ein »Rigorismus, der mit dem Geiste Jesu kaum vereinbar ist.« Es »fehlt die suchende Liebe gegenüber dem Verirrten«. Die Regel der urchristlichen Gemeindezucht, nach der ein Bruder, der sündigt, zunächst unter vier Augen zurechtzuweisen und dann durch ein Gespräch mit zwei oder drei Brüdern zu ermahnen ist (Mt 18,15 ff.), wird nicht beachtet. Die Erzählung zeigt ein »provozierendes Desinteresse am individuellen Schicksal der Betroffenen«. Sie verfolgt nur die Absicht, beim Leser den gleichen heiligen Schrecken auszulösen, der nach ihrer Darstellung die Gläubigen in Jerusalem bei diesen Todesfällen gepackt hat. Diesen Schrecken kann auch eine gute Nacherzählung vermitteln.

Wenn ich sie jetzt noch einmal, aber anders, phantasierend nacherzähle, dann zunächst um meinem eigenen Erschrecken darüber Ausdruck zu geben, daß ich sie naiv und ohne Erbarmen für das Ehepaar nacherzählt habe. Vielleicht leistet diese Nacherzählung noch etwas anderes: Heutige Christen machen sich oft auf Grund dessen, was Lukas über die Urgemeinde in Jerusalem schreibt, ein allzu ideales Bild von dem, wie es damals gewesen ist, und setzen sich mit Leidenschaft dafür ein, daß heutige Kirchengemeinden diesem Ideal näherkommen. Stellen wir uns das, was Lukas über den Fall Hananjas berichtet, mit der Phantasie vor, so wird klar, daß es im Bild dieser Gemeinde, das er von ihr zeichnet, Züge gibt, von denen wir nicht möchten, daß sie für eine heutige Gemeinde zum Vorbild werden.

Strafwort mit Todesfolgen

Sakkajs Pflegevater Hananjas hatte die 100 Denare Lehrgeld beim Goldschmied auf den Tisch gezählt und kein Wort gesagt, wie groß das Opfer für ihn war. Sakkaj wollte diesen Beruf lernen, der Meister verlangte die Summe. Hananjas hatte anstandslos bezahlt. So selbstlos und fürsorglich war der Pflegevater immer zu ihm gewesen, seit damals, als ihn das Ehepaar als Waisenkind bei sich aufgenommen hatte.

Dabei bemerkte Sakkaj täglich, wie sparsam die beiden lebten. Hananjas war nicht geizig, aber jede Drachme, die nicht für Lebensnotwendiges ausgegeben wurde, legte er in den Krug zu dem, was schon gespart war.

»Ich möchte nicht im Alter betteln müssen«, so sagte er, wenn er auf ein Vergnügen oder auf neue Schuhe verzichtete und das Geld dafür dem Krug übergab. War jeweils genügend Geld beisammen, trug er es nicht auf eine Bank, sondern kaufte sich irgendwo, draußen vor der Stadt, einen Acker.

»Das ist eine sichere Geldanlage für das Alter«, meinte er.

Er arbeitete als Tagelöhner bei einem Baumeister und schleppte Bruchsteine und Balken. Die Arbeit fiel ihm schwer. Wenn er am Abend nach Hause kam, seufzte er:

»Mein Herz macht das nicht mehr lange mit. Wenn ich dann einmal nicht mehr zur Arbeit gehen kann, verkaufen wir unsere Grundstücke, eines nach dem andern. Davon können wir lange leben.«

Sakkaj fragte sich manchmal, ob der kinderlose Hananjas ihn adoptiert habe, um im Alter einen Sohn zu haben, der für ihn sorge. Aber er wies diesen Gedanken von sich. Seine leiblichen Eltern hätten zu ihm nicht liebevoller sein können als Hananjas und Saphira. Daß er später von seinem Lohn als Goldschmied die Pflegeeltern unterstützen würde, war für ihn selbstverständlich.

Hananjas war dabei, als Petrus nach der Heilung des Lahmen an der Tempeltüre allem Volk verkündete, daß dieses Wunder durch die Kraft des auferstandenen Jesus bewirkt worden sei. Das leuchtete Hananjas ein. Er besuchte von da an die Versammlungen der Christen und kam bald zum Glauben, daß Jesus der Stein war, den die Bauleute verworfen haben. Aber Gott hat ihn zum Eckstein und Retter gemacht. Hananjas wurde getauft, zusammen mit seiner Frau und Sakkaj. Saphira freute sich, daß sie zu dieser Gemeinde gehörte, die *ein* Herz und *eine* Seele war, wie eine große Familie. Und für Sakkaj war die Taufe wichtig, weil er dadurch der Gnade Gottes und der Vergebung der Sünden gewiß wurde.

Es war damals die Zeit, da die Zahl der Gläubigen täglich zunahm. Die Apostel waren dankbar für das Wachstum der Gemeinde, auch wenn die Räume, in denen sie zusammenkamen, zu klein wurden.

Es kamen auch Alte und Gebrechliche zum Glauben, Bettler, Witwen mit kleinen Kindern, Schuldenbauern, die von Haus und Hof vertrieben waren und in der Stadt bisher vergebens nach Arbeit gesucht hatten.

Für sie alle wurde in der Gemeinde brüderlich und schwesterlich gesorgt. Sie bekamen täglich eine nahrhafte Mahlzeit. Wenn sie den Mantel verpfändet hatten oder wenn der Leibrock nicht mehr zu flicken war, gab man ihnen neue Kleider.

»Ob einige die Taufe nur wegen ihres hungrigen Bauchs begehren?«
fragten sich einige in der Gemeinde. Petrus wollte von solchen Be-
denken nichts wissen:
»Wenn der Heilige Geist Menschen durch den leiblichen Hunger
zum Glauben an den Messias Jesus führt, wer will ihm das wehren?
Daß die Gemeinde wächst, ist in jedem Fall sein Werk.«
Hananjas fand das gut, daß die Gemeinde sich um die bedürftigen
Glieder kümmerte. Alle gehörten wie in einer Familie zusammen.
Auf die Hilfsbereitschaft seiner christlichen Brüder konnte auch er
sich verlassen, wenn er einmal nicht mehr arbeitsfähig sein würde.
Seit er Christ war, bereitete ihm das Älterwerden nicht mehr so viel
Kummer.
Doch eine Frage beunruhigte ihn. Das Geld in der Kasse, aus der die
Bedürftigen unterstützt wurden, ging zur Neige. Was die Gläubigen
bei ihren Zusammenkünften an Almosen spendeten, reichte nicht
mehr. Petrus rief die Reichen in der Gemeinde zu einem besonderen
Opfer auf:
»Es genügt nicht, daß ihr bloß aus eurem Überfluß ein wenig spen-
det. Jetzt müßt ihr ein Stück aus eurem Besitz verkaufen und uns
den Erlös bringen. Wir sind eine Gemeinde von Brüdern und
Schwestern. Was jeder als Eigentum hat, gehört eigentlich uns allen.
Ihr könnt doch nicht eure eigenen Familienmitglieder hungrig las-
sen. Gebt ihnen Anteil an eurem Reichtum.«
Der Aufruf machte Eindruck. Einer verkaufte den Siegelring mit
einem Rubinstein. Eine Frau tat dasselbe mit ihrem kostbaren
Schmuckkästchen aus geschnitztem Elfenbein. Hananjas kam nicht
los von der Frage, ob auch er zu den Reichen gehöre, die mit dem
Aufruf von Petrus gemeint waren. Sein Eigentum bestand aus vier
Grundstücken draußen vor der Stadt.
»Brauchen wir eigentlich für unsere alten Tage alle vier? Sollten wir
nicht wenigstens eines verkaufen, damit die Hungrigen wieder satt
werden? Wenn wir dann einmal selber nichts mehr zu beißen haben, wird uns die Gemeinde nicht im Stich lassen.«
Saphira wollte ihm das ausreden:
»Die andern, die etwas verkauft haben, sind viel reicher als wir. Wir
besitzen keinen Schmuck, sondern nur das, was wir später für uns
nötig haben. Für die Gemeinde ist es ein Vorteil, wenn wir ihr dann
nicht auch zur Last fallen.«
Petrus wiederholte bei der nächsten Zusammenkunft den Aufruf
zum Opfern:

»Unser Herr hat einmal gesagt: Es ist leichter, daß ein Kamel durch ein Nadelöhr geht als ein Reicher ins Reich Gottes. Denkt an dieses Wort, ihr Reichen. Sorgt dafür, daß ihr nicht dem Kamel gleicht.«
Josef, der Levit aus Zypern, verkaufte seinen Acker und übergab das Geld den Aposteln. Und Josef gehörte nicht zu den Reichen. Der Acker aus dem väterlichen Erbe war sein einziger Besitz.
Das gab Hananjas zu denken. Immer dringlicher forderte sein Gewissen, auch einen Beitrag für die hungrigen Brüder zu leisten. Schließlich ging er zu dem Bauern, von dem er wußte, daß er gern eines seiner Grundstücke gekauft hätte. Der bot einen Preis, der 80 Denare über dem lag, was Hananjas seinerzeit für den Acker bezahlt hatte. So wurden sie schnell handelseinig.
Hananjas brachte das Geld nach Hause. Aber in der Nacht meldeten sich Zweifel. Er redete lange mit Saphira. War dieses Opfer überhaupt von ihm gefordert? Er lebte doch nicht im Überfluß. Wenn er im Alter nicht auf fremde Hilfe angewiesen sein wollte, mußte er vorsorgen. Die Stimmen in ihm gingen hin und her. Er wußte nicht mehr, was sein Gewissen von ihm verlangte.
Endlich beschlossen Hananjas und Saphira, daß sie den Aposteln nicht den ganzen Erlös bringen wollten, sondern nur das, was das Land damals beim Kauf gekostet hatte. Den Rest wollten sie zurücklegen, vielleicht als Grundstock zu einem neuen Kauf. Sakkaj hatte das nächtliche Gespräch seiner Pflegeeltern mitgehört.
Am Morgen nahm Hananjas das Geld und ging, zusammen mit Sakkaj, zur Versammlung der Gemeinde. Daß er Petrus von seiner Vorsorge für das Alter, von seinem günstigen Ackerverkauf und vom Hin und Her seiner Gedanken in der Nacht hätte erzählen müssen, kam ihm nicht in den Sinn. Es wäre auch schwierig gewesen, dem Apostel das alles verständlich zu machen.
Er betrat den Versammlungsraum, ging nach vorn und legte den Beutel vor Petrus hin:
»Wir haben einen Acker verkauft und wollen das Geld für die Gemeinde spenden.«
Petrus öffnete den Beutel, zählte die 200 Denare und fragte:
»Ist das die ganze Summe, die du für den Acker erhalten hast?«
Hananjas sah an Petrus vorbei und nickte.
Ich weiß nicht, ob Petrus am Gesicht oder am Auftreten von Hananjas merkte, daß etwas an der Sache faul war, oder ob er von irgendwoher über den Verkauf gehört hatte, oder ob eine plötzliche Eingebung ihm alles klarmachte. Jedenfalls herrschte er ihn an:

259

»Das ist eine Lüge. Warum hast du den Satan in dein Herz eingelassen und etwas vom Erlös für dich behalten? Du hättest den Acker nicht verkaufen müssen. Nach dem Verkauf warst du frei, das Geld zu behalten. Du wolltest ein Wohltäter sein und bist ein gewöhnlicher Geizhals und Heuchler. Du hast nicht Menschen angelogen, sondern den Heiligen Geist.«

Bei diesen Worten spürte Hananjas einen Stich, der sein Herz durchbohrte. Er griff an die Brust, rang nach Atem, wankte, fiel zu Boden. Brüder und Schwestern eilten herbei, um ihm zu helfen. Es war zu spät. Sein Herz schlug nicht mehr.

Ein heiliger Schrecken ergriff die Versammlung. Gott selber hatte eingegriffen und durch das Wort des Petrus einen Heuchler bestraft. Auch Petrus spürte den Gottesschrecken. Zugleich erfüllte ein Hochgefühl sein Herz. Er hatte dem strafenden Gott als Werkzeug gedient. Sein Wort hatte gewirkt. Schärfer als ein zweischneidiges Schwert war es durchgedrungen bis zur Scheidung von Gelenken und Mark in der Seele und im Geist dieses Menschen. Er hatte die Lüge bloßgelegt und den falschen Bruder entlarvt. Er forderte die jungen Männer der Gemeinde auf, den Leichnam einzuhüllen und zur Grabstätte vor der Stadt hinauszutragen.

Sakkaj war unter ihnen. Er konnte nicht fassen, was geschehen war. Daß der verhüllte Körper auf der Bahre, die auf seiner Schulter lastete, sein Pflegevater sein sollte, das konnte nicht wahr sein. Oder hatte wirklich Gott eingegriffen und das Vergehen Hananjas durch Petrus geahndet? War das nicht eine viel zu harte Strafe für einen Menschen, der bloß Angst hatte vor der Armut im Alter; für einen Menschen, der etwas ganz Gutes tun wollte, aber dazu nicht die ganze Kraft hatte?

Inzwischen hatte auch Saphira den Versammlungsraum der Gemeinde betreten, suchte nach ihrem Mann und wunderte sich, daß die Augen aller auf sie gerichtet waren wie auf ein Wesen aus einer andern Welt.

Petrus rief sie nach vorn und begann wie ein Untersuchungsrichter: »Hier liegen die 200 Denare, die dein Mann aus dem Ackerverkauf für die Gemeindekasse gespendet hat. Sag mir ehrlich, ist das die ganze Summe, die ihr bekommen habt?«

Saphira antwortete, vielleicht etwas lauter, als es nötig gewesen wäre: »Ja, natürlich!«

Jetzt wußte Petrus: Sie war mitschuldig. Sie hatte ebenfalls den Tod verdient. Und Petrus vertraute darauf: Das Wort, das aus seinem

Munde kam, würde sie töten. Sein Wort war ein Richter der Seelen. Es war ein Gotteswort. Er sprach:

»Warum habt ihr miteinander beschlossen, den Heiligen Geist zu belügen? Er duldet nicht, daß in der Gemeinde Lüge und Heuchelei herrschen. Er will eine reine, heilige Gemeinde haben. Siehe, die Füße derer, die deinen Mann begraben haben, stehen vor der Tür. Sie werden auch dich als Tote hinaustragen.«

Wie von einem Blitz getroffen, zuckte Saphira zusammen. Ihre Hände suchten nach Halt. Sie schwankte und schlug hart auf dem Boden auf. Alle wußten: Es war aus mit ihr. Das Unkraut auf dem Weizenfeld war ausgerottet.

Als Sakkaj den Saal betrat und erfuhr, was sich ereignet hatte, war er wie betäubt und unfähig, seine Pflegemutter hinauszutragen. Er verließ die Versammlung und ging nach Hause in die leere Wohnung und schloß sich dort tagelang ein. Er trauerte, und es war ihm, als ob aus seinem Leib ein Stück Fleisch herausgerissen worden wäre.

Von den Brüdern und Schwestern der Gemeinde, die kamen, um ihn zu trösten, wollte er nichts wissen.

Auch später, als die Wunde des Verlusts vernarbt war, besuchte er ihre Versammlungen nicht mehr. Mit ihrem Gott, der unbarmherzig ein Vergehen bestraft und dem Sünder keine Gelegenheit zur Umkehr und zur Reue gewährt, war er fertig. Er gehörte fortan zu den Menschen, die sagen: Es gibt keinen Gott.

Paulus in Philippi (Apg 16,11–40)

Mit diesem Text habe ich mich wieder einmal befaßt, als ich vor einiger Zeit für eine Konferenz von Religionslehrern einen Vortrag über phantasierendes Erzählen ausarbeiten mußte. Man hatte mir geschrieben, ich möge meine Ausführungen nicht an den heute überall verwendeten »biblischen Versatzstücken«, sondern an »sperrigen Stoffen« wie der Heilung des Lahmen an der Schönen Türe des Tempels oder der Bekehrung des Kerkermeisters in Philippi veranschaulichen.

Wie erzähle ich einer Klasse von Zwölfjährigen vom Wirken des Paulus in Philippi? Wie einer Konferenz von Religionslehrern? – Die Reise nach Philippi steht bei Lukas im Wir-Bericht. So nennen wir diejenigen Passagen der Apostelgeschichte, in denen in der ersten Person Plural erzählt wird. Was bedeutet die Wir-Form in diesen Abschnitten? Hat der Verfasser des Buches hier einen Augenzeugenbericht benützt? Stammt dieser Bericht vielleicht von dem Lukas, der in den Paulusbriefen mehrmals genannt wird? Oder kannte der Verfasser der Apostelgeschichte, wie manche Ausleger annehmen, eine Liste von Städten, in denen Paulus als Missionar gewirkt hat, und deutet er durch den Wechsel zwischen dritter und erster Person an, wann er diese benützt? Oder bedient er sich, wie andere Ausleger meinen, einer üblichen Stilform bei antiken Erzählern, die ihre Berichte aus Gründen der Abwechslung gern einmal durch Abschnitte in Wir-Form unterbrechen?

Daß ich aus dem Wir, mit dem der Abschnitt über Philippi beginnt, nicht schließen kann, der ganze Bericht stamme von einem Augenzeugen, merke ich daran, daß das Wir, das am Anfang noch benützt wird (Vers 15, 16, 17), später verschwindet und dort, wo ich es unbedingt erwarte (Vers 40), fehlt.

Die Gründung der Gemeinde von Philippi wird also nicht von einem erzählt, der damals dabei war. Dennoch stehen dem Verfasser gute Informationen darüber zur Verfügung. Philippi war damals eine Militärkolonie, in der neben der Zivilbevölkerung Soldaten, Offiziere und Kriegsveteranen wohnten. Sie wurde durch eine Militärbehörde regiert. Über diese politischen Verhältnisse weiß der Verfasser Bescheid. Er gebraucht für die Behörde die richtigen Titel.

Folge ich seinem Bericht mit der Phantasie, so frage ich zuerst, wie ich mir die wahrsagende Sklavin vorstellen soll. Das griechische Wort, mit dem in Vers 16 ihr besonderer Geist bezeichnet wird (»python«), war ursprünglich der Name der Schlange, das das delphische Orakel behütete, und wurde später zur Bezeichnung eines Bauchredners, der durch einen Trick oder, wie man früher wohl annahm, durch eine geheimnisvolle Kraft fremde Stimmen aus sich heraus ertönen lassen konnte. Ich denke mir also, diese Frau habe eine der üblichen Wahrsagemethoden benützt und ihren Auskünften durch Bauchreden einen besonderen Nimbus verliehen.

Was ich über die Verhaftung von Paulus und Silas und über ihre rasche Bestrafung ohne vorausgehende Gerichtsverhandlung lese, ist mit der Phantasie gut nachvollziehbar, wenn ich mir Militärpersonen in den zivilen Ämtern vorstelle. Was aber über die merkwürdigen Ereignisse um Mitternacht im Gefängnis berichtet wird (Verse 25–34), kann ich mir als Geschehen in dieser mir bekannten irdischen Wirklichkeit nicht recht vorstellen. Wem die Welt der Legenden vertraut ist, vermutet in diesem Befreiungswunder eine legendäre Erweiterung der ursprünglichen Erzählung.

Ein Erdbeben in Philippi, also am Rande der Ägäis, ist zwar nicht ungewöhnlich und macht noch nicht die Legende aus. Aber daß dadurch die Türen aufspringen, daß die Fesseln von den Gefangenen abfallen, das kommt in Befreiungslegenden häufig, in dieser irdischen Wirklichkeit wohl nur selten vor. Auffällig ist ferner, daß nicht nur Paulus und Silas, sondern auch die übrigen Gefangenen nicht fliehen, obwohl sie befreit sind (welchen Grund dazu hatten sie?), daß der Gefangenenwärter sein Schwert zieht und sich das Leben nehmen will, obwohl er gar nicht weiß, wie es um die Gefangenen steht, daß aber Paulus, ganz stockfinster ist, sehr wohl weiß, daß alle Gefangenen noch da sind, und weiß, daß der Wärter sich töten will. Das alles sind legendäre Elemente, wie man sie in vielen Geschichten, biblischen und nichtbiblischen, findet. Typisch für die Legende ist auch, daß das Erdbeben genau dosiert und lokalisiert ist: die beabsichtigte Wirkung tritt ein, aber die Kommandanten im Stadthaus nehmen davon nichts wahr. Die Handlung wird mit Vers

35 weitergeführt, als ob in dieser Nacht überhaupt nichts Außergewöhnliches geschehen wäre.

Wie gehe ich beim Nacherzählen mit solchen legendären Erweiterungen um? Ich möchte die Hörer nicht auf das Gottesverständnis festlegen, nach dem Gott vornehmlich in solchen äußeren Eingriffen in den Lauf der Dinge wirkt, indem er ein Erdbeben oder einen Gewittersturm schickt, einen Unfall geschehen läßt oder auch einmal, indem er Eisen in Holz verwandelt, wenn es dem Vorteil eines Frommen dient. Ich möchte den Hörern zu verstehen geben, daß für meinen Glauben solche Vorstellungen über Gott keine Rolle spielen. Einem Hörer, für dessen Glauben ein direktes, die irdische Wirklichkeit veränderndes Handeln wichtig ist, möchte ich freilich seine Weise des Glaubens auch nicht schlecht machen. Wie läßt sich dies alles in einer Nacherzählung miteinander vereinbaren? Könnte ich das, was ich als legendäre Erweiterung ansehe, auch mit einem Sachverhalt erläutern, den schon die am Geschehen in Philippi Beteiligten je wieder anders erlebt haben? Kann ich mir in der Geschichte handelnde Personen ausdenken, die den Ablauf der Ereignisse aus ihrer jeweils verschiedenen Sichtweise so oder so wahrgenommen und gedeutet haben? Läßt sich aus der Differenz der Deutungen verständlich machen, daß die uns umgebende Wirklichkeit nicht so eindeutig ist, wie wir oft meinen, sondern daß jeder sie nach seinem eigenen Wahrnehmungsraster verschieden deutet? Wird auf diese Weise auch erklärt, wie es zu solchen legendären Erweiterungen einer Geschichte kommen kann?

Ich suche also nach Personen in Philippi, die die Ereignisse je wieder anders erlebt haben. Bei jeder Nacherzählung ist die Vorentscheidung wichtig, von welchem Gesichtswinkel aus ich über das Geschehen berichte, mit welchem (oder welchen) Beteiligten ich mich identifiziere, in wessen Erleben ich mich einzufühlen versuche. Soll ich mich in die beiden Hauptpersonen, Paulus und Silas, einfühlen und von ihrem Erleben berichten? (Silas war auf dieser Reise nach Apostelgeschichte 15,40 von Anfang an dabei; Timotheus, den Paulus nach Apostelgeschichte 16,1 f. in Lystra hinzugewonnen hatte, wird in unserm Abschnitt nicht erwähnt und kann in der Nacherzählung fehlen): Wähle ich Paulus und Silas als Bezugspersonen, so muß ich das Befreiungswunder, weil sie selber es erlebt haben, als handgreifliches Faktum erzählen. Es bleibt kein Raum für Hörer, die auf diese legendären Züge mit Zweifel reagieren. Ich suche darum nach Bezugspersonen, die in jener Nacht nicht im Gefängnis dabei waren.

In meinen bisherigen Nacherzählungen hatte ich jeweils Lydia zur Bezugsperson gemacht. Sie kam aus Lydien in der heutigen Türkei. Ihr Name ist vielleicht Herkunftsbezeichnung, nicht Eigenname. Ihre Heimat, die Stadt Thyatira, war damals Zentrum der Purpurindustrie. Da nur Leute von vornehmem Stand Purpur tragen durften, verkaufte sie Luxusstoffe und hatte wohl zahlungsfähige Kunden. Aus der Lebensgeschichte dieser Frau kann man erzählen, wie sie am Gebetsplatz der Juden, vielleicht schon seit Jahren, nach Wahrheit über Gott gesucht hat und wie die Predigt des Paulus sie ergreift und zum Glauben an Christus führt. Man kann sich ihr gastfreundliches Haus vorstellen, in dem sie zwei Fremde beherbergt, vermutlich ohne daß es deswegen eng wird. Wenn der Text erwähnt, daß sie »und ihr Haus« getauft wurden, kann man sich fragen, wer diese Hausgenossen waren, die, mehr oder weniger freiwillig, ebenfalls Christen wurden. War sie Witwe und hatte Kinder? War sie eine ledige Geschäftsfrau mit einer persönlichen Dienerin, einem Koch, einem Verkäufer, einem Buchhalter und einem Wächter für das Haus? Und man kann sich ausdenken, was ihr über die Ereignisse im Gefängnis in jener Nacht, als ihre beiden Gäste verhaftet waren, von verschiedenen Seiten berichtet wurde.

Da ich diesmal die Geschichte Religionslehrern erzählen wollte und annahm, daß einige von ihnen sich auch schon eine Geschichte über Lydia ausgedacht hatten, suchte ich nach anderen möglichen Bezugspersonen. Einige Jahre nach der Gründung der Gemeinde von Philippi kam Paulus in Ephesus ins Gefängnis. Die Christen in Philippi hörten davon und schickten ihm ein Lebensmittelpaket. Der Philipperbrief ist der Dankbrief für diese Gabe. Paulus nennt darin einige Christen mit Namen: neben Epaphroditus, dem Überbringer der Gabe und »Helfer in meiner Not« (Phil 2,25), der mit dem Brief von Paulus nach Philippi zurückreist, noch zwei Frauen, Evodia und Syntyche, und einen Mann namens Klemens (Phil 4,2–3). Klemens, das heißt »der Milde« – wäre das ein Name für den Aufseher im Gefängnis? Wenn er wirklich mild und gütig war, hat er dann vielleicht, lange bevor Paulus in sein Leben trat, unter seinem Beruf gelitten? War es für ihn eine Last, daß er auf der Seite der Folterknechte tätig sein mußte? Lebte darum in ihm eine verborgene Sehnsucht nach Erlösung? Die beiden Frauen ermahnt Paulus im Brief, einmütig zu sein. Er fügt hinzu, daß sie mit ihm für das Evangelium gekämpft haben. Warum die Ermahnung? Sie hatten wohl oft Streit miteinander. Aus welchem Anlaß? Waren sie in Glaubensfragen uneinig oder wegen alltäglicher Dinge? Das waren die Startfragen, um mir vorzustellen, was diese drei Menschen, lange bevor Paulus nach Philippi kam, erlebt haben konnten, und wie sie dann durch seine Botschaft zum Glauben an Christus kamen.

Die Drei, die persönliche Grüße von Paulus empfingen

Eine Mädchenfreundschaft

Evodia und Syntyche kannten sich schon als kleine Mädchen. Sie wohnten an derselben Straße und spielten zusammen. Aber sie bekamen oft Streit, weil Evodia mit dem Ball und Syntyche »Mutter und Kind« spielen wollte. Am andern Tag war die eine für Seilspringen, die andere für das Hüpfspiel »Himmel und Hölle«. Dabei mochten sie einander gern, nur war die eine immer wieder gerade nicht so, wie die andere sich die Freundin wünschte. Länger als eine Woche dauerte ein Streit zwischen ihnen nie. Dann gingen sie wieder Arm in Arm. Miteinander nahmen sie am jährlichen Fest für den Gott Dionysos teil und freuten sich an den wilden Tänzen der Frauengruppe. Aber selbst an einem so herrlichen Tag kam es zu

einem unerquicklichen Streit, weil Evodia über das Kleid der Vor-
tänzerin mit den Silberfäden begeistert war. Syntyche widersprach:
»Es ist kitschig!«

Als Evodia und Syntyche in das Alter kamen, in dem die Mädchen
sich nach jungen Männern umdrehen, gab es neue Gründe zum
Zwist. Evodia schwärmte für einen jungen Mann, den Syntyche
langweilig fand. Syntyche begeisterte sich für einen, den Evodia
nicht riechen konnte. Und beide waren von Männern umworben,
denn sie waren hübsch und aus gutem Hause.

Evodia heiratete schließlich den Bankier Simon, einen frommen Juden, und trat seinetwegen zur Mose-Religion über. Das konnte Syntyche nicht verstehen. Sie spöttelte nur über die sonderbaren Bräu-
che der Juden.

Syntyche heiratete einen Großgrundbesitzer und zog in seine Villa
am Stadtrand mit 21 Zimmern und 10 Dienstboten. Evodia war
entsetzt: »Dieser Mann hat doch nur Sinn fürs Geldverdienen und
paßt nicht zu dir.« Diesmal dauerte die Entfremdung zwischen den
Freundinnen über ein Jahr.

Evodia ging mit ihrem Mann jeden Sabbat zum Gebetsplatz draußen vor dem Tor, am Fluß Gangites. Dort, unter freiem Himmel,
trafen sich die paar jüdischen Familien von Philippi zum Gottesdienst. Die Hausväter übernahmen im Wechsel das Amt des Vorbeters. Evodia hörte jeden Sabbat aufmerksam, was aus dem heiligen
Buch gelesen wurde, und lernte immer mehr über den Glauben an
Gott, den einzigen Herrn. Sie wollte ein treues Glied seines aus-
erwählten Volks werden.

Syntyche in ihrer Villa, draußen vor der Stadt, war nicht glücklich.
Das Leben im Luxus hatte für sie bald den Reiz verloren. Daß sie
sich alles, wozu sie nur Lust hatte, kaufen konnte, kam ihr bald
sinnlos vor. Sie hatte das Gefühl, ihr fehle das Wichtigste.

Nach der Wahrheit über Gott suchen

Eines Tages begegnete Syntyche auf dem Markt zufällig ihrer
Freundin Evodia. Sie begrüßten sich herzlicher als je, gingen zusammen in die nahe Wohnung von Evodia und hatten sich viel zu erzählen. Evodia sprach mit Ehrfurcht von dem Gott, zu dem sie jetzt betete und an dessen Gebote sie sich hielt. Syntyche war beeindruckt
und fragte sich, ob der Glaube an diesen Gott das sei, was ihr fehle.

Sie erfuhr, daß auch Nicht-Juden am jüdischen Gottesdienst teilnehmen durften.

Syntyche fand sich am nächsten Sabbat am Gebetsplatz ein und kam oft wieder. Sie spürte, daß eine Kraft vom Glauben der Juden ausging. Aber sie war kritisch. Manches, was im heiligen Buch stand, erregte ihren Widerspruch. Warum soll das Essen von Schweinefleisch, warum das Zusammenfügen von Fleisch und Butter im selben Kochtopf Sünde sein? Über solche Fragen hatten die Freundinnen, die sich wieder häufig sahen, jetzt Auseinandersetzungen.

Zu den Versammlungen auf dem Gebetsplatz kamen noch andere Griechinnen, die nach der Wahrheit über Gott suchten. Unter ihnen war Lydia, Besitzerin eines Tuchwarengeschäfts. Ab und zu stellten sich sogar griechische Männer ein, die nicht mehr an die alten Götter glaubten. Wachtmeister Klemens war einer von ihnen. Er war ein gewissenhafter Beamter am Stadtgefängnis — vielleicht zu gewissenhaft. Gegenüber den Gefangenen war er korrekt, sogar gütig, soweit es die Vorschriften erlaubten. Von Zeit zu Zeit aber wurde sein Gemüt verfinstert. Eine Welle von Traurigkeit überschwemmte sein Inneres. Die Kollegen mußten seinen Dienst übernehmen. Das bedrückte ihn erst recht. Er machte sich dann Vorwürfe, daß er zu allem unfähig und am Leiden seiner Gefangenen schuld sei. Ja, er klagte sich an, daß er überhaupt alles Böse auf der Welt verursacht habe. Zum Sabbatgottesdienst kam er manchmal, weil er hoffte, daß das Gebet zum Gott der Juden ihn von diesem Leiden befreie.

In diesen Jahren nahm die Zahl der Juden in der Stadt ständig ab. Sie waren hier nicht beliebt. Die vielen Soldaten und Kriegsveteranen, die in Philippi wohnten, haßten die Juden, weil sie oft gegen die römische Herrschaft revoltierten und der Krieg gegen sie viel Blut kostete. Manche Juden zogen aus der Stadt weg. Alte Gemeindeglieder starben. Es war ein schwerer Schlag für Evodia, daß ihr Mann im besten Alter plötzlich krank wurde und aus dem Leben schied. Weil zu dieser Zeit kein jüdischer Mann mehr da war, übernahm sie das Amt der Vorbeterin. Die paar Frauen, die regelmäßig zum Beten zusammenkamen, waren dankbar, daß sie in der Bibel gut Bescheid wußte.

Die Boten Christi

Als sie wieder einmal draußen am Fluß Gottesdienst hielten, waren zwei durchreisende Juden da. Sie hatten sich in der Stadt nach dem Gebetsplatz der Juden erkundigt. Man hatte sie hierher verwiesen. Der eine stellte sich vor: »Ich bin Paulus von Tarsus, und dies ist mein Begleiter Silas von Jerusalem.« Wie das bei den Juden Brauch war, fiel einem von ihnen als Mann die Aufgabe des Vorbeters zu. Nach der Lesung aus der Bibel und den Gebeten hielt Paulus eine Ansprache: »Was die Propheten in alter Zeit versprochen haben, hat Gott erfüllt. Er hat uns seinen Sohn als den Heilskönig geschickt. Er heißt Jesus Christus. Dieser hat die Mauer zwischen den Juden und den Heiden durchbrochen. Jeder hat durch ihn ungehindert Zugang zu Gott. Statt der vielen Gesetze gibt es nur noch das eine: Daß wir Gott lieben von ganzem Herzen und unseren Nächsten wie uns selbst ...«
Syntyche horchte auf. War das die Lehre, nach der sie schon lange suchte? Der Gottesdienst war zu Ende. Der Gebetsplatz leerte sich. Die vornehme Tuchwarenhändlerin Lydia, die auch zugehört hatte, ging auf die beiden Fremden zu und sprach noch lange mit ihnen über den Glauben. Sie lud sie zum Essen ein, und sie blieben als Gäste bei ihr. Am nächsten Sabbat brachte Lydia ihre Hausgenossen zum Gebetsplatz mit. Paulus leitete wieder das Gebet und predigte dann: »Christus hat uns als seine Boten in die Welt gesandt. Die, welche an ihn glauben, sollen als Gemeinde Gottes gesammelt werden. Wer sich schon für Christus entschieden hat, möge sich melden. Er wird das Zeichen der Taufe empfangen.«
Lydia stand auf. Silas führte sie zum nächsten Fluß. Sie mußte am Ufer ins Wasser knien. Silas sprach: »Ich taufe dich auf den Namen Jesu Christi« und tauchte sie dreimal ins Wasser. Dann legte er ihr die Hände auf den Kopf und sprach: »Empfange den Heiligen Geist.« Dann stand die Getaufte auf. Man sah, wie ergriffen sie war. Auch ihre Hausgenossen wurden getauft. Dies waren die ersten Griechen in Philippi, die an Christus glaubten.
An den darauffolgenden Sabbaten lehrte Paulus wieder am Gebetsplatz. Auch Wachtmeister Klemens war einmal da. Ihn beunruhigte, was Paulus von dem Gottessohn erzählte, der als Gefangener ausgepeitscht und nachher hingerichtet wurde. Könnte es sein, daß unter den Gefangenen, die er von Berufs wegen in die Zelle einschließen mußte, einmal ein Gottessohn war?

Von den Hörern des Paulus ließen sich noch weitere taufen. Frauen und Männer. Syntyche entschloß sich ebenfalls dazu. Die Taufe war für sie ein unvergeßliches Erlebnis. Als sie ins Wasser untergetaucht wurde, war ihr, als ob sie ihr ganzes bisheriges Leben hinter sich gelassen habe. Als sie emporkam, fühlte sie sich wie neu geboren. Sie wollte jetzt ein anderes Leben beginnen, ein Leben in der Liebe zu Gott und den Mitmenschen. Sie nahm zwei obdachlose Waisenkinder, die auf der Straße bettelten, zu sich ins Haus und sorgte für sie wie eine Mutter. Das machte ihr Freude.

Ihre Freundin Evodia war mit ihr nicht einverstanden. Evodia meinte, daß Gott nur diejenigen Heiden zu seiner Gemeinde zulasse, die sich verpflichteten, alle Gesetze der jüdischen Bibel zu halten. Doch in einem langen Gespräch mit Paulus ließ sie sich davon überzeugen, daß Christus auch den Heiden die Tür zur Liebe Gottes aufgetan hat. Sie meldete sich zur Taufe und war nachher ebenso eifrig wie Syntyche, Christus im Alltag nachzufolgen. Sie entdeckte in der Nachbarschaft eine bettlägerige Witwe, um die sich niemand kümmerte. Zu ihr ging sie täglich und pflegte sie. Beide Freundinnen erzählten auch ihren Nachbarinnen vom Glauben an Christus und luden sie zu den Versammlungen ein.

Eine Wahrsagerin tritt dazwischen

Die Zahl der Christen in dieser Stadt hätte noch weiter zugenommen, wenn der Zwischenfall mit Melaina nicht passiert wäre. Die dunkelhaarige Sklavin Melaina war eine stadtbekannte Wahrsagerin und verstand sich aufs Handlesen. Wer von ihr eine Auskunft wollte, bezahlte den Preis und zeigte ihr die Fläche der rechten Hand. Dann hörte er, wie eine geheimnisvolle Stimme ihm Erfreuliches über seine Zukunft verkündete. Das Geld, das Melaina einnahm, mußte sie jeden Abend ihren Besitzern abgeben, die sie einst teuer gekauft hatten. Evodia behauptete von ihr, daß aus ihr ein satanischer Wahrsagegeist rede. Darum töne die Stimme so unheimlich. Syntyche, die gern alles mit dem Verstand erklärte, meinte, Melaina könne wohl Bauchreden und habe zudem ein gutes Gespür für das, was jeder Kunde gern über seine Zukunft hören wollte.

Melaina mußte vernommen haben, wer Paulus war und warum er in der Stadt weilte. Sie sah ihn und Silas auf dem Markt, näherte sich ihnen, und plötzlich hörte man eine laute Stimme, als spräche das Kaiserstandbild auf dem Markt: »Die beiden sind Knechte des höchsten Gottes. Sie verkünden euch den Weg zur Rettung!« Die Umstehenden wunderten sich und lachten.

Wenn Syntyche später diese Geschichte erzählte, sagte sie an dieser Stelle immer: »Melaina wollte mit den beiden Schabernack treiben. Darum rief sie mit verstellter Stimme so.« Evodia widersprach jedesmal: »Nein, der satanische Wahrsagegeist rief aus ihr und wollte die Boten Christi lächerlich machen.«

Bei der nächsten Begegnung von Melaina mit Paulus ertönte die Stimme wieder. Das löste bei den Leuten auf dem Platz Heiterkeit aus. Paulus wurde zornig und herrschte sie an: »Ich befehle dir im Namen Jesu Christi: Schweig!« Melaina erschrak und machte sich wortlos aus dem Staube. Von Stund an war Melaina nicht mehr dieselbe. Evodia meinte: »Paulus hat den Satansgeist aus ihrem Leib ausgetrieben.« Syntyche verneinte: »Es ist harmloser: Durch den Schreck über Paulus hat sie das Bauchreden verlernt.«

Mit Melaina war wirklich eine Veränderung vor sich gegangen: Wenn die Kunden ihr die Hand zeigten und ein Wort über die Zukunft erwarteten, fiel ihr wohl noch etwas ein, aber was sie sagte, klang so gewöhnlich und geheimnislos, daß niemand mehr beeindruckt war. Die Kunden verlangten das Geld zurück. Die Besitzer von Melaina waren empört. Ihr Geschäft war ruiniert. Sie wollten Paulus beim Richter verklagen. Aber was er Melaina angetan hatte, war nach dem römischen Gesetz nicht strafbar. Sie verklagten ihn darum beim Gericht, daß er als Jude Werbung für eine verbotene Religion treibe. Dazu hatten sie eine Gruppe von Demonstranten angestellt. Die versammelten sich vor dem Gerichtsgebäude und schrien: »Juden raus! Juden raus!« Das wirkte. Denn die Richter in Philippi waren Offiziere, und die erwarteten ohnehin von Juden nur Böses. Sie ließen Paulus und Silas verhaften und ohne Verhör und Prozeß auspeitschen. Dann wurden die beiden ins Gefängnis geführt und in der berüchtigten Zelle mit dem Block eingesperrt.

In dieser Nacht hatte Wachtmeister Klemens Dienst. Er erschrak, als man ihm – mit blutigen Striemen auf dem Rücken – Paulus und Silas als Gefangene übergab. Als er ihre Füße im Block festschraubte, ging es ihm wie ein Stich durchs Herz. Er verfluchte sich selber und seinen Beruf, der ihn zwang, anderen Menschen, und vielleicht sogar Göttersöhnen, Schmerzen zuzufügen. Sein Leben war ihm verleidet. Er schleppte sich in seine Wohnung, nahm einen Dolch, wollte sich die Pulsadern aufschneiden, zögerte und hatte dann doch nicht die Kraft, sein Leben zu beenden. Seine Frau kam dazu und nahm ihm den Dolch aus der Hand.

Die Nacht weicht dem Morgen

Aber in dieser Nacht kam alles ganz anders. Eine Stunde nach Mitternacht saßen Paulus und Silas – frisch gebadet und die Striemen auf dem Rücken sorgfältig gesalbt und mit Verbänden bedeckt – am Tisch in der Wohnung des Gefangenenwärters Klemens. Sie aßen, was die Hausfrau Schmackhaftes auf den Tisch brachte, und redeten vom Glauben an Christus. Klemens fragte, wie es bei der Hinrichtung des Gottessohnes zugegangen sei und was es mit seiner Auferstehung auf sich habe. Vieles, was er hörte, verstand er noch nicht, aber eines wurde ihm klar: Christus liebte ihn und hatte ihn von aller Schuld freigesprochen, von der tatsächlichen Schuld und von den Selbstvorwürfen, die er sich machte, wenn sein Gemüt wieder finster wurde. Klemens erzählte von seinem Leiden, und Paulus betete für ihn: »Herr, erlöse ihn. Gib ihm ein neues Herz und einen fröhlichen Geist. Aber nicht wie wir wollen, sondern wie du willst.«
Bei Tagesanbruch wurden Klemens, seine Frau und die Kinder am Brunnen im Gefängnishof getauft. Klemens war voller Freude, und Paulus dankte Gott, daß eine ganze Familie zur Gemeinde Christi hinzugekommen war.
Am Morgen gaben die Richter Bescheid, daß die Gefangenen auf freien Fuß zu setzen und aus der Stadt auszuweisen seien. Paulus und Silas riefen für den Abend dieses Tages noch einmal alle Christen der Stadt zusammen, ermahnten sie, im Glauben treu zu bleiben, und nahmen Abschied. Die Trauer bei den Christen war groß, doch sie waren zuversichtlich, daß der Geist Gottes ihnen beistehen würde, wenn Schwierigkeiten kämen.

Die Wende um Mitternacht

Was aber war in jener denkwürdigen Nacht passiert, daß die Gefangenen aus der Zelle in die Wohnung des Wachtmeisters gebracht wurden? Darüber gingen bei den Christen in Philippi verschiedene Geschichten um:

Evodia erzählte: »Die beiden Gefangenen konnten natürlich nicht schlafen. Um Mitternacht beteten sie und sangen Loblieder. Die Mitgefangenen hörten es und wunderten sich: ›Was sind das für Gefangene, die trotz ihrer Schmerzen noch Grund zum Singen haben?‹ Da ließ Gott ein Erdbeben kommen. Ich erinnere mich, daß ich in dieser Nacht, in der ich ebenfalls nicht schlafen konnte, das Zittern des Zimmerbodens gespürt habe. Ich hörte, wie der Verputz von den Wänden rieselte, und hatte Angst. Im Gefängnis wankte das Fundament, die Türen der Zellen sprangen auf, die Fesseln der Gefangenen fielen ab. Klemens in seiner Wohnung meinte, alle Gefangenen seien schon geflohen. Er zog das Schwert und wollte sich das Leben nehmen. Paulus merkte das, obwohl er es nicht sah, und rief laut: ›Wachtmeister Klemens, tu dir kein Leid an. Wir sind alle noch da.‹

Klemens nahm eine Fackel und leuchtete in jede Zelle. Es war für ihn ein Wunder: Kein Gefangener hatte die Gelegenheit zur Flucht genützt. Als er zu Paulus und Silas kam, verneigte er sich tief. Er glaubte, sie seien Götterboten. Er fragte: ›Was muß ich tun, um auf den rechten Weg zu kommen?‹ Paulus antwortete: ›Glaube an Jesus, den Herrn, dann wirst du und deine Familie gerettet werden.‹ Dann brachte der Wachtmeister die Gefangenen in die Wohnung und pflegte ihre Wunden.‹

Syntyche fand diese Geschichte ihrer Freundin naiv. Von einem Erdbeben in jener Nacht, in der auch sie nicht hatte schlafen können, hatte sie nichts gespürt. Sie wußte es anders: Als Klemens die beiden Gefangenen im Block eingeschlossen hatte, war er voller Verzweiflung in die Wohnung zurückgekehrt. Dann hörten er und seine Frau die Gefangenen Loblieder singen. Sie lauschten und waren sprachlos: Hatte die Strafe die beiden noch nicht fertiggemacht? Warum waren sie trotz allem zuversichtlich? Woher hatten sie die Kraft zum Singen? Die Frau schlug vor: »Hol die beiden aus der Zelle und bring sie in die Wohnung. Dann pflegen wir ihre Wunden, und du mußt dir nicht mehr ihretwegen Vorwürfe machen.« »Das darf ich nicht«, wehrte er ab, »das geht gegen die Vorschrift.« Die Frau ließ nicht nach: »Du mußt nicht immer nur das tun, was vorgeschrieben ist. Du kannst auch einmal so handeln, wie du es selbst eigentlich möchtest.«

Das brachte bei ihm eine Welt ins Wanken. Er tat zum ersten Mal etwas, das sein Gewissen verboten hatte. Er befreite die Gefangenen und nahm sie in die Wohnung und verband ihre Wunden.

Zwischen den beiden Freundinnen gab es jedesmal eine Auseinandersetzung, wenn von der Nacht, in der Klemens getauft wurde, die Rede war. Jede behauptete, die andere habe ein falsches Bild der Ereignisse. Jede ärgerte sich über die andere. Aber auch wenn sie ganz gegensätzlicher Meinung waren, wußten sie, daß sie durch den Glauben an Christus zusammengehörten, wie die rechte und die linke Hand desselben menschlichen Leibes. Und für die Gemeinde Christi waren sie bald wie die rechte und die linke Hand. Dann, als der Stadtkommandant von der Gruppe der Christen hörte, daß ihre Zahl zunehme, fand er, dies sei eine im römischen Reich verbotene Religion, und er ließ die Männer, welche die Gemeinde bisher geleitet hatten, ins Gefängnis werfen. Da wurden Evodia und Syntyche von den Christen als Vorsteherinnen gewählt, und sie gingen zum Stadtkommandanten und überzeugten ihn in einem langen Gespräch, daß die Christen nichts Böses gegen die Regierung im Schilde führten. Da ließ der Stadtkommandant die gefangenen Leiter der Gemeinde frei.

Als einige Jahre später der Brief, den Paulus aus dem Gefängnis an die Christen in Philippi geschrieben hatte, vor der versammelten Gemeinde vorgelesen wurde, da schämten sich Evodia und Syntyche nicht, sondern sie lächelten und waren ein wenig stolz, als da der Satz vorkam: »Ich ermahne Evodia, und ich ermahne Syntyche, einmütig zu sein im Herrn ... Sie haben mit mir für das Evangelium gekämpft, zusammen mit Klemens und meinen andern Mitarbeitern« (Phil 4.2.3 b).

Paulus in Thessalonich (Apg 17,1–9)

Das Wirken von Paulus in Thessalonich verläuft nach dem von Lukas häufig verwendeten Schema: Paulus verkündigt in der Synagoge, daß Jesus der Messias ist – einige Juden nehmen den Glauben an – die Mehrheit lehnt ihn ab – Bruch mit den Juden – Gründung einer mehrheitlich heidenchristlichen Gemeinde – Eingriff der römischen Behörden, gelegentlich Verhaftung von Paulus – Flucht in die nächste Stadt, in der weitermissioniert wird. Das Schema entspricht wohl oft dem tatsächlichen Verlauf der Arbeit des Apostels, wenn es vermutlich auch die Dinge vereinfacht. Paulus verstand sich als gläubigen Juden, der an Jesus als Messias glaubte. Die Missionspredigt begann er jeweils bei Juden, nicht nur aus sprachlichen Gründen und weil er vor diesen Hörern eine institutionelle Möglichkeit zu einer Ansprache hatte, sondern weil ihm das theologisch richtig erschien. Seine jüdischen Hörer reagierten oft negativ, weil vieles an seiner Botschaft für ihre religiösen Ansichten fremd war und weil sie fürchteten, die Lehre von Paulus führe zu einer Assimilation an das Heidentum.

Für das Nacherzählen hat das lukanische Schema die Gefahr, daß die Geschichten eintönig werden. Der Hörer weiß schon, wie es weitergeht, wenn Paulus nur in der Synagoge den Mund öffnet. Für die Nacherzählung muß ich darum für jede Missionsstation aus den Quellen die für sie spezifischen Einzelheiten zusammentragen, damit die Geschichte ihren je wieder besonderen Charakter erhält.

Für Thessalonich bietet Lukas die Nachricht von Jason, einem besonders reichen Christen, der in der Lage war, eine Verhaftung von Paulus durch Bezahlen einer Kaution abzuwenden – für die paulinische Mission gewiß kein häufiger Vorgang.

Welche weiteren Besonderheiten hat die paulinische Mission in dieser Stadt? Apostelgeschichte 17,5 erwähnt noch eine antichristliche Demonstration als Anlaß für die drohende Verhaftung von Paulus. Kann ich dem ersten Brief, den Paulus einige Wochen nach seinem Aufenthalt in dieser Stadt an die dortige Gemeinde geschrieben hat, noch mehr über den Verlauf seiner Tätigkeit entnehmen? Es ist beinahe ein Liebesbrief. Er rühmt die Gemeinde über die Hutschnur (warum?) und nennt sie »meine Freude, meine Hoffnung, mein Ruhmeskranz« (1 Thess 2,19). Er hat Sehnsucht nach ihr (2,17). Er empfindet ihr gegenüber väterlich-mütterliche Gefühle (2,7ff.). Er muß offenbar viel mit ihr erlebt haben. Um so mehr wundert es mich, daß er in diesem Brief keinen einzigen Christen mit Namen nennt. Sonst schreibt er in allen Briefen persönliche Grüße an einzelne, die ihm besonders nahestehen. Warum fehlen solche Grüße hier? Warum erwähnt er nicht einmal Jason, dem er doch persönlich einiges zu verdanken hat? Vielleicht sind aus der prononcierten Beteuerung, daß er in Lauterkeit, Uneigennützigkeit und ohne Ehrsucht unter ihnen gewirkt habe (2,3–6), Rückschlüsse erlaubt. Warum betont er, daß er niemandem zur Last gefallen sei (2,9)? Mußte er sich mit solchen Aussagen gegen Konkurrenten abgrenzen, die vor oder neben ihm in Thessalonich auch eine neue Weltanschauung verkündigt haben, aber von denen er sich schon durch seinen Lebensstil unterscheiden möchte?

Suche ich trotz der in diesem Brief fehlenden Grußliste Namen von Gemeindegliedern in dieser Stadt, so finde ich bei Lukas an anderer Stelle noch zwei: Aristarch und Sekundus (Apg 20,4). Sie waren Vertrauensleute der Gemeinde für die große Geldsammlung, die Paulus für die Urgemeinde in Jerusalem veranstaltete. Unter den beiden Delegierten von Thessalonich wird Jason nicht genannt. Warum nicht?

Ein christlicher Geschäftsmann in Saloniki

Ein Konkurrent von Paulus auf dem Markt der Weltanschauungen

In der Wohnhalle der Villa Jasons nahmen sie Platz, vornehme Bürger von Thessalonich, um den berühmten Lehrer Theobios aus Alexandrien zu hören: Bankdirektor Hermokles mit seiner Gattin, der Polizeipräfekt Polymestor und viele andere. Theobios redete lange über den dreimal heiligen Gott Hermes, den die Ägypter Thot nennen, über den Planeten Saturn und über das Sternzeichen der Fische, das über dem Horizont aufsteigt und ein neues Zeitalter bringt. Die Anwesenden staunten über die Weisheit des fremden Lehrers. Es tat ihnen wohl, daß er ihnen sagte:
»Für euch ist die Stunde der Erleuchtung gekommen. Wenn ihr jetzt die Lehre der Wahrheit annehmt, wird eure Seele ewig frei werden. Ihr seid dann nicht mehr im Zeitalter des Widders, das nach 2000 Jahren Dauer zu Ende geht. Ihr seid die kommende Elite im Zeitalter der Fische.«
Nach der Rede wurde eine Schale herumgereicht. Alle spendeten reichlich für den Lebensunterhalt von Theobios. Die Sklaven bewirteten die Gäste. Man war zufrieden mit dem Abend. Als die Gäste weggegangen waren, meinte Jason zu seiner Frau Glykeia:
»Wenn ich Theobios zuhöre, bin ich schon im Reich der Freiheit.«
Sie stimmte zu: »Er gibt uns Einblick in höhere Welten. Es ist wunderbar, zur Elite des neuen Zeitalters zu gehören.«
So ging es zwei Wochen. Dann, eines Abends, als sich die Anhänger von Theobios wieder versammelt hatten, erschien Theobios nicht. Man war ratlos, dann ungehalten. Jason hatte ihm am Vortag eine große Summe Geld geliehen. Nach einigen Tagen erzählte man sich in der Stadt, Theobios habe vor seinem Auftritt in Thessalonich in der Nachbarstadt Methone zwei Wochen lang bei einem Gastgeber Lehrvorträge gehalten, habe von diesem Geld geliehen und sei dann verduftet. Man spöttelte über die Gesellschaft im Hause Jasons. Sie waren einem Scharlatan auf den Leim gegangen.

Anfang im jüdischen Gebetshaus

Es interessierte Jason nicht, daß sein Kassierer Sekundus von einem anderen Wanderlehrer erzählte, von einem Paulus aus Syrien, der in

274

der Synagoge zu hören sei. Als junger Zimmermann war Jason einst nach Thessalonich gekommen und hatte bei einem Schiffsbauer Arbeit gefunden. Damals war er ein frommer Jude mit Namen Josua geworden. Er ging jeden Sabbat in die Synagoge. Als er sich dann selbständig machte und sein erstes Lastschiff anschaffte, wurden ihm die jüdischen Speisevorschriften lästig, wenn er mit seinen Geschäftsfreunden aß und trank. Das Sabbatgebot war unbequem, wenn er an diesem Tag Geldanweisungen unterschreiben mußte. So wechselte er Namen und Religion. Er nannte sich nach dem berühmten Seefahrer aus der Sagenzeit. Das tägliche Gebet gab er auf. An welchen Gott er jetzt glaubte, wußte er nicht. Doch er hatte es zu etwas gebracht. Zehn hochseetüchtige Lastschiffe waren sein Eigentum. Seine Frau Glykeia war die Tochter aus einem reichen Handelshaus. Seinen Kassierer Sekundus schätzte er wegen seiner Zuverlässigkeit. Aber das war kein Grund, seinetwegen in die Synagoge zu gehen. Waren sie nicht alle gleich, diese Weltenbummler und Propagandisten einer neuen Lehre? Alle machten ihr Geschäft mit der Religion.

Auch wegen seiner früheren Glaubensgenossen scheute er sich, die Synagoge zu betreten. Sie würden sich nach ihm umdrehen und einander zuflüstern: »Was will denn der bei uns in der Synagoge? Vor vielen Jahren gehörte er zu uns, aber er hat das auserwählte Volk verlassen und sich den Fleischtöpfen Ägyptens zugewandt.«

Doch was Sekundus von seinen Erfahrungen mit Paulus erzählte, beunruhigte Jason und machte ihn zugleich neugierig.

»Ein Freund, der Jude ist, hat mich in die Synagoge mitgenommen. Der Lehrer Paulus predige, daß wir den falschen Götzen absagen und uns zum wahren Gott bekehren sollen. Er heißt Christus, der Herr. Er wird bald kommen, um uns zu richten. Ich habe gemerkt, daß das Geld mein Götze ist. Bisher war für mich nur wertvoll, was Geld einbringt. Diesen Götzen habe ich jetzt verworfen. Ich gehöre dem Herrn Christus.«

Wieso das Geld ein Götze sein sollte, verstand Jason nicht recht. Niemand betete ja zum Geld. Aber was er hörte, machte ihn nervös: »Hat das zur Folge, daß du deine Arbeit als Kassierer aufgibst? Oder wirst du mit dem Geld in meiner Kasse nicht mehr so zuverlässig umgehen wie bisher?«

Sekundus wehrte ab: »Was ich über den Götzen Geld erkannt habe, bezieht sich auf das, was *mir* gehört. Mit Geld, das mir anvertraut ist, muß ich als Diener meines neuen Herrn ganz treu sein.«

»Ob sich das so trennen läßt?« fragte Jason.

Andertags kam das Gespräch wieder auf Paulus.

»Er weiß, wie man mit der Religion ein Geschäft macht«, meinte Jason. Sekundus beteuerte: »Er verdient seinen Lebensunterhalt als Taglöhner bei einem Zeltmacher. Von uns, den Gläubigen, nimmt er nicht einmal ein Lepton (Kupfermünze) an.«

Mit der Zeit wurde das Interesse für Paulus bei Jason größer als das Mißtrauen. Am nächsten Sabbat ging er ins Gebetshaus der Juden. Es war voll besetzt. Niemand schaute sich nach ihm um. Der Vorbeter las aus dem heiligen Buch. Die Worte weckten in ihm Erinnerungen an die Jugend. Dann betrat der fremde Lehrer die Kanzel. Sein Gang war hinkend. Sein Gesicht sah aus, als ob er Schmerzen hätte. Nach den ersten Sätze seiner Rede merkte Jason, daß er kein glänzender Redner war wie Theobios. Seine Rede stockte immer wieder. Er suchte nach dem richtigen Ausdruck, brach einen angefangenen Satz ab, begann mit einem andern. Er sprach nicht von Planeten und Sternbildern, sondern von einem Christus, dem Sohn Gottes. Etwas an diesem Reden berührte Jason und machte ihn unruhig.

Doch nach kurzer Zeit wurde die Rede durch Pfeifen und Zwischenrufe unterbrochen: »Wir haben genug von dieser Irrlehre. Er lästert unsere Hoffnung auf den Heilskönig.«

Der Synagogenvorsteher trat zur Kanzel und ergriff das Wort: »Paulus, wir haben dich einige Sabbate zu uns reden lassen. Wir haben es jetzt eindeutig erkannt: Du bist ein Irrlehrer. Ich befehle dir und deinen Anhängern, den Saal sofort zu verlassen.«

Der Zorn stieg in Jason hoch. Er wollte für Paulus eintreten, doch der verließ ohne Widerspruch hinkend den Saal, als ob er eine solche Ausweisung erwartet hätte. Etwa 30 Personen drängten sich hinter ihm zum Ausgang, auch Jason.

Die Sehnsucht, ein anderer Mensch zu werden

Draußen auf der Straße sprach einer der Ausgewiesenen: »Wir treffen uns gleich jetzt in meiner Werkstatt.«

Die Angeredeten wußten Bescheid. Sie kannten sich offenbar alle. Ein paar Straßen weiter betrat die Gruppe im Hinterhof die Werkstatt des Färbers Aristarch. Sie war aufgeräumt, die Bottiche geleert und umgekehrt, so daß man darauf sitzen konnte. Auch Bretter waren als Sitzbänke hergerichtet. Alle nahmen Platz. Jason sah sich die Menschen an: Frauen aus dem einfachen Volk, Sklaven, Hafenarbeiter. Auch Sekundus, der Kassierer, saß da und Aristarch, der Färber. Plötzlich entdeckte Jason noch ein anderes bekanntes Gesicht: die Frau des Bankdirektors Hermokles. Was hatte die hier verloren? Sie paßte doch nicht in diese Gesellschaft: Aber Jason dachte nicht weiter darüber nach. Paulus fuhr in seiner Lehre mit so viel Ernst und Freude fort, als ob der Zwischenfall in der Synagoge nicht geschehen wäre.

Es ging in dieser Rede wieder um die Götzen. Jason hatte dieses Wort seit seiner Jugend nicht mehr gehört. Bei den griechischen Freunden sprach man von Göttern, nicht von Götzen. Theobios hatte gelehrt: »Die Namen der Götter sind Schall und Rauch. Es sind alles nur Namen für den einen, den dreimal Heiligen. Die Seele, die sich dem Göttlichen zuwendet, verehrt nur Ihn, für den kein Name gut genug ist.« Paulus aber forderte zur Entscheidung zwischen Götzen und Gott. Jason überlegte, was das mit ihm zu tun habe: Er betete nicht zu Zeus und zu den anderen Göttern. Er betete überhaupt nicht. Er verehrte also keinen Götzen. Doch ein Satz in der Rede von Paulus war wie ein Dorn in seiner Haut: »Ein Götze, das ist alles, was die Seele eines Menschen ganz erfüllt, alles, woran er sein Herz hängt.« Dieser Satz bohrte in ihm. Jason war tüchtig. Er hatte Erfolg gehabt. Er hatte es zum Großreeder gebracht. Darauf war er stolz. Die Leute sagten von ihm: »Ganz klein hat er angefangen, als armer Handwerksbursche ist er in unsere Stadt gekommen. Jetzt gehört ihm eine Handelsflotte.« Das tat ihm wohl, wenn sie so redeten. War die Karriere sein Götze?

Nach der Rede von Paulus wurde gebetet. Viele Anwesende sprachen eine Bitte aus. Eine Mutter betete für ihr krankes Kind. Offenbar litt es unter Krämpfen und schreckenerregenden Anfällen. Eine andere Frau betete für ihren Mann. Der war ein Weinsäufer – so entnahm Jason dem Gebet – und richtete sich und seine Familie zugrunde. Nach dem Gebet sang man einen Lobgesang. Dann wurden die, die noch nicht getauft waren, weggeschickt. Es hieß: »Wir feiern jetzt noch mit unserem Herrn das heilige Essen und Trinken. Daran dürfen nur die teilnehmen, die ganz zu uns gehören.«

Einige Anwesende standen auf und verabschiedeten sich. Jason blieb sitzen. Man bedeutete ihm, daß auch er den Raum verlassen müsse. Das ärgerte ihn, daß man für ihn, den Großreeder, keine

277

Ausnahme machte. Als er auf der Straße war, merkte er, daß es ihm auch imponierte.

Die Frau des Bankdirektors gehörte ebenfalls zu den Entlassenen. Jason begleitete sie auf dem Heimweg und erfuhr, was sie von Paulus erwartete:

»An den Abenden mit Theobios habe ich gemerkt, daß ich mit mir selber und mit meinem bisherigen Leben nicht mehr zufrieden bin. Ich möchte ein anderer Mensch werden. Ich hoffe, daß Paulus mir dazu verhilft.«

War es bei ihm ähnlich?

Bei der nächsten Versammlung in der Werkstatt des Färbers war er wieder dabei. Paulus lehrte über die Zukunft:

»Der Herr Christus wird vom Himmel herab als Richter kommen. Die Posaune Gottes wird in der ganzen Welt erschallen. Der Erzengel ruft uns alle vor seinen Thron. Vor ihm müssen wir verantworten, was wir mit unserm Leben angefangen haben. Er will uns ein gnädiger Richter sein. Er hat für uns den Kreuzestod erduldet, damit unsere Sünden vergeben werden. Wenn wir uns seiner Gnade anvertrauen, wird er uns retten. Es dauert nicht mehr lange, bis er kommt, vielleicht nur wenige Jahre. Wann er erscheinen wird, weiß niemand. Auch ein Reicher weiß nicht, zu welcher Stunde der Nacht ein Dieb in sein Haus einbricht. So ist uns die Stunde des kommenden Gerichts verborgen.«

Jason dachte an jene Nacht vor einem Jahr, als in seinem Haus eingebrochen worden war. Niemand hatte es bemerkt. Erst am andern Morgen entdeckte man, daß die Tür zum Garten aufgebrochen war. Viel Schmuck und Bargeld waren weg. Wenn das Erscheinen des himmlischen Richters so unberechenbar war wie das Kommen eines Diebs, mußte er sich heute darauf vorbereiten. Was wollte er Ihm vorweisen? Bei Ihm zählte gewiß nicht, daß er Karriere gemacht hatte. Und daß Jason seit Jahren nicht mehr betete, sprach auch nicht zu seinen Gunsten.

Nach der Predigt meldeten sich einige Anwesende neu zur Taufe: die Mutter des kranken Kindes, für die sie im letzten Gottesdienst gebetet hatten, der bärenstarke Chrestos, von dem Jason wußte, daß er irgendwo Sklave war, und die Frau des Bankdirektors. Als Jason diese Taufbewerber sah, fand er, daß er eigentlich auch so viel Mut habe wie sie, und trat ebenfalls nach vorn. Der Begleiter von Paulus, Silas, fragte jeden einzelnen, ob es ihm ernst sei mit seinem Entschluß. Dann unterrichtete er sie über das, was für jeden

278

Christen wichtig ist: über den Glauben, die Liebe und die Hoffnung, – den Glauben an Gott, den Vater Jesu Christi, die Liebe zu ihm und zu den Mitmenschen, und die Hoffnung auf die kommende Erlösung.

Am darauf folgenden Sonntag versammelten sich die Christen draußen vor der Stadt an einem Fluß. Zwei Frauen und zwei Männer wurden getauft. Jason spürte, wie das Wasser seinen ganzen Leib umfing und, als er heraustrat, von ihm abtropfte, und er hörte die Worte, die dabei gesprochen wurden. Da wußte er: Ich bin ein anderer Mensch geworden. Ich gehöre nicht mehr mir selbst, ich gehöre Christus. Das neue Zeitalter, von dem Theobios so viel geredet hatte, er hatte es jetzt betreten. Im Lobgesang, der nachher angestimmt wurde, summte er freudig mit, obwohl ihm die Worte noch nicht recht vertraut waren. Auch die Frau des Bankdirektors war über das Erlebte glücklich wie noch nie.

Als die Christen nach der Tauffeier noch zusammenstanden, schlug Jason vor, die Versammlungen fortan in der Wohnhalle seines Hauses abzuhalten. Die Werkstatt des Färbers war inzwischen für die Gemeinde zu eng geworden. Das Angebot gefiel allen. Dem Färber Aristarch war es auch recht. So konnte er sich das Aufräumen der Werkstatt vor den Versammlungen ersparen.

Als sie zum nächsten Abendgottesdienst das Haus Jasons betraten, staunten sie über den Reichtum. Die Mutter des kranken Kindes konnte sich nicht satt sehen am farbigen Mosaikboden mit den lustigen Delphinen darauf. Aristarch, der Färber, bewunderte die kostbaren afrikanischen Decken über den Polstern. Der Sklave Chrestos genoß es, daß er den ganzen Abend auf dem weichen Polster ruhte und niemand ihn zur Arbeit rief. Platz war reichlich für alle. Nach dem Gottesdienst wurden Erfrischungen herumgereicht. Sie blieben lange sitzen und plauderten.

Nur Jasons Frau Glykeia ärgerte sich maßlos. Sie hatte die Gäste zuerst begrüßt. Bald hatte sie das Gefühl, beim Grüßen dieser Leute schmutzige Hände zu bekommen. Ihr strömte der Geruch von Menschenleibern entgegen, die nicht täglich mit wohlriechendem Öl gepflegt werden. Sie zog sich in ihre Gemächer zurück und nahm ein langes Bad.

Die Christen versammelten sich von da an regelmäßig dreimal in der Woche im Hause Jasons und machten zusammen ihre ersten Erfahrungen mit dem Glauben. Das kranke Kind, für das sie oft gebetet hatten, wurde von Anfällen frei und erholte sich. Alle waren dankbar für die Erhörung. Vom Sklaven Chrestos wußte man, daß er einen tyrannischen Herrn hatte. Aber er klagte und schimpfte nicht mehr wie früher, sondern freute sich, daß Christus ihn von seinen Sünden befreit hatte. Der trunksüchtige Ehemann, der ebenfalls häufig in der Fürbitte vorkam, blieb ein Weinsäufer. Seine Frau fand Trost in der Liebe ihrer Mitchristen. Jason war mit seinem Buchhalter Sekundus noch zufriedener als früher. Wie mit einem Freunde besprach er mit ihm die Sorgen der Geschäftsführung, über die er bisher mit niemandem geredet hatte.

Die Zahl der Gläubigen nahm weiter zu. Die Christen fühlten sich wie Brüder und Schwestern einer großen Familie. Sie teilten ihre Freuden und kümmerten sich um jeden, dem etwas fehlte. Paulus war für sie wie ein gütiger Vater, wenn er sie geduldig über den Weg des Glaubens unterrichtete, und manchmal wie eine stillende Mutter, wenn er einem Bekümmerten Mut zusprach oder einem Kranken die Hand auflegte und mit ihm betete. Bis tief in die Nacht hinein hatte er Zeit für sie. Tagsüber arbeitete er nach wie vor als Handwerker.

Ist die Weltordnung gefährdet?

Nur Glykeia, die Frau Jasons, war mit dem, was in ihrem Hause geschah, nicht einverstanden. Sie wollte vom Glauben an Christus nichts wissen. Sie haßte Paulus und die Christen und machte ihrem Mann Vorwürfe:

»Du bringst uns bei den Nachbarn ins Gerede mit dem Gesindel, das du bei uns ein- und ausgehen läßt.«

Und sie hatte recht. In diesem vornehmen Quartier fiel es auf, daß im Hause des Großreeders regelmäßig Besucher verkehrten, die nicht zu ihm paßten: Sklaven, Leute aus dem Armenquartier und merkwürdigerweise auch die Frau des Bankdirektors. Man klatschte über die Gruppe und zog sie durch den Schmutz:

»Das ist ungesund, wenn Arme von einem Reichen eingeladen und verhätschelt werden. Das macht sie nur mit ihrem Schicksal unzufrieden.«

»Chrestos und die andern Sklaven planen vielleicht bei diesen Versammlungen einen Sklavenaufstand, und Jason wird ihn finanzieren.«

»Sogar den Unterschied zwischen Männern und Frauen wollen sie verwischen. Sie treiben an den langen Abenden in der Wohnhalle Jasons Unsittliches.«

So hieß es im vornehmen Viertel Jasons.

Und ähnlich redete man unter den Hafenarbeitern über die Kollegen, die die Versammlungen im Hause Jasons besuchten:

»Jeder Arbeiter sollte seinen Stolz haben und nicht mit einem Klassenfeind Freundschaft schließen. Sonst verrät er die Sache der Arbeiter.«

Die Mitsklaven von Chrestos fanden: »Du beschmutzest deine Sklavenehre, wenn du die Gastfreundschaft eines Sklavenbesitzers genießßest.«

Als man vernahm, der fremde Lehrer habe zuerst in der Synagoge gepredigt, fragte man die Juden über ihn und erhielt schlechte Auskunft:

»Der Christus, den sie anbeten, war ein Verbrecher, den der römische Statthalter von Judäa vor 20 Jahren hinrichten ließ. Paulus behauptet, daß dieser Christus und nicht unser Kaiser der Herr über die ganze Welt sei. Er stiftet seine Anhänger auf, den Gesetzen nicht mehr zu gehorchen und die bisherigen Ordnungen abzuschaffen.«

Jetzt wußte man Bescheid: Paulus lehrte eine verbotene Religion. Im Hause Jasons wurde die Weltrevolution vorbereitet. Die Polizei sollte einschreiten. »Warum wartet sie eigentlich so lange, bis sie zuschlägt?« Der Volkszorn kam zum Kochen, als man an einem hellen Abend wieder eine beträchtliche Zahl von Männern und Frauen hinter der Haustür Jasons verschwinden sah. Nichtstuer und Radaubrüder rotteten sich zusammen, mit ihnen zahlreiche besorgte Bürger der Stadt. Sie fanden alle, die bedrohte Ordnung müsse geschützt werden. Sie demonstrierten vor der Villa Jasons. Sie riefen nach der Polizei. Einige Rowdies warfen Pflastersteine gegen die Türe. Sie öffnete sich. Jason, mit bleichem Gesicht, trat heraus und erklärte:

»Paulus ist an diesem Abend nicht unter uns. Er hat heute eine Verpflichtung in der Stadt Methone.«

Jetzt packten sie Jason und Sekundus, der auch in der Haustür stand, und schleppten die beiden auf die nächste Polizeistation. Dort kannte man den Großreeder und behandelte ihn höflich. Jason verlangte sofort eine Unterredung mit dem Polizeipräfekten Polymestor. Das wurde ihm gewährt. Er konnte den Präfekten davon überzeugen, daß die Christen harmlose Menschen und gehorsame

Untertanen des Kaisers sein wollten. Als Garantie unterschrieb er einen Schuldschein von 1000 Denaren. Das Geld sollte der Staatskasse verfallen, wenn ein Verstoß von Christen gegen die Gesetze bekannt würde.

Der Krawall lief glimpflich ab. Niemandem war ein Haar gekrümmt worden. Jason kehrte in sein Haus zurück. Die Christen warteten mit Bangen. Sie freuten sich, dankten Gott für die Rettung und waren stolz, daß der Großreeder zu ihnen gehörte und daß er sie durch seine guten Beziehungen zum Präfekten geschützt hatte. Würde er das auch in Zukunft tun können? Was würde passieren, wenn der Volkszorn wieder aufflammte? Die Christen nahmen sich vor, ihn nicht zu reizen und still für sich zu bleiben. Auch Paulus fand, nachdem sie ihm vom Krawall dieses Abends erzählt hatten: »Es ist besser für euch, wenn ich euch jetzt verlasse. Ich will noch in anderen Städten das Evangelium verkünden, und vor allem möchte ich als Bote Christi in der Hauptstadt des Reichs, in Rom, wirken.« Sie feierten in einem langen Gottesdienst Abschied und begleiteten Paulus und seinen Mitarbeiter in tiefer Nacht vor die Stadt hinaus. Paulus und Silas wanderten in die Stadt Beröa weiter.

Jason – ein anderer Mensch?

Das Leben Jasons war anders geworden. In seiner Wohnhalle versammelten sich die Christen zum Gottesdienst. Weil Paulus und Silas nicht mehr da waren, mußte er die Leitung der Versammlung übernehmen. Die anderen Christen fanden das selbstverständlich, – nicht wegen seines Reichtums und nicht weil er der Hausherr war. Aber er war der einzige, der wußte, wie man eine Gruppe von Menschen leitet. Und alle waren zufrieden mit ihm als Vorsteher der Gemeinde. Sekundus und Aristarch halfen ihm dabei.

Ob seine Frau andern Sinnes wurde und den Glauben an Christus annahm, weiß ich nicht. Vielleicht ging sie zum Richter und ließ sich von ihrem Mann wegen seiner Religion scheiden.

Jasons Geschäft blühte. Einige seiner Schiffsleute waren ebenfalls Christen geworden. Sie verrichteten ihre Arbeit besonders gewissenhaft. Das kam dem Geschäftsgang zugute. Jason sah darin einen Segen Gottes.

Er hörte es nicht gern, wenn ihn die Mitchristen lobten: »Wir haben einen tüchtigen Leiter. Er stellt uns sein Haus für den Gottesdienst zur Verfügung. Er ist ein gläubiger Christ und nimmt sich trotz seiner vielen Verpflichtungen jeden Tag Zeit zum Gebet.«

Dann wehrte er ab: »Alles habe ich vom Herrn empfangen.«

Als nach einem halben Jahr der erste Brief von Paulus in Thessalonich eintraf und in der Gemeinde verlesen wurde, war es ihm nur recht, daß darin niemand mit Namen erwähnt wurde, auch er nicht. Jason war wirklich ein anderer Mensch geworden.

Ich stelle mir vor, daß er manchmal nachdenklich wurde, wenn er feststellte, daß manches in seinem jetzigen Leben doch dem früheren ziemlich ähnlich war: War er nicht wie vor seiner Taufe ein tüchtiger Geschäftsmann? War er nicht immer noch der Großreeder, dessen Geschäfte jährlich einen guten Gewinn einbrachten? Als Paulus einige Jahre später Vertrauensleute suchte, die in den verschiedenen Gemeinden das Einsammeln der Kollekte für die Christen in Jerusalem begleiteten, konnte sich Jason nicht beteiligen. Sekundus und Aristarch übernahmen den Dienst. Wenn es um die Verpflichtungen für das Geschäft ging, war Jason kein freier Mann.

Mit seinen Haussklaven lebte er wie mit Brüdern zusammen. Doch sie blieben sein Eigentum und arbeiteten für ihn ohne Lohn. Er war wie vor seiner Begegnung mit seinem neuen Herrn Christus ein treuer Untertan des römischen Staates und hielt sich gewissenhaft an dessen Gesetze. Mit der Zeit ließ in ihm die Spannung nach, die durch die Botschaft vom baldigen Erscheinen des himmlischen Richters entstanden war. Der Gerichtstag blieb aus. Jason hatte wie die anderen Christen das Gefühl, daß das Leben wie bisher weitergehe. Er plante, seine Flotte durch Ankauf von zwei neuen Schiffen auszubauen. War er durch den Glauben ein anderer Mensch geworden oder war er doch der alte geblieben?

Einmal bekam die Gemeinde Besuch von einem Mitchristen aus Jerusalem, der manches von Jesus aus der Zeit vor der Kreuzigung erzählte. Paulus hatte davon wenig gewußt. Ein Wort des Herrn, das Jason zum ersten Mal hörte, machte ihm zu schaffen. »Wie schwer es ist für Menschen, die viel besitzen, in das Reich Gottes zu kommen«, so hatte Jesus gesagt, und als die Jünger darüber bestürzt waren, noch hinzugefügt: »Eher geht ein Kamel durch ein Nadelöhr, als daß ein Reicher in das Reich Gottes gelangt.« Jason war froh, daß Jesus am Schluß des Gesprächs noch bemerkt hatte: »Für Menschen ist das unmöglich, aber nicht für Gott; denn für Gott ist alles möglich.«

Paulus in Athen (Apg 17,10–34)

Über das Wirken von Paulus in Athen im Religionsunterricht zu erzählen, ist nicht leicht. Die Schüler sollten zum Verständnis der Geschichte einiges wissen über das Leben im damaligen Athen, über das geistige Klima in dieser Stadt, die Philosophenschulen (Apostelgeschichte 17,10 nennt die Epikuräer und die Stoiker; es gab aber noch andere!), über das Forum und den Areopag. Kann man alle diese kulturgeschichtlichen Informationen durch eine Vorgeschichte vermitteln?

Die Hauptschwierigkeit für das Erzählen besteht darin, daß der Text arm an Handlung ist. Wenn der Nacherzähler Paulus zu lange reden läßt, schalten die Hörer ab. Die Geschichte hat nicht einmal einen dramatischen Höhepunkt, auf den hin man sie in Spannung halten könnte, zum Beispiel eine Massenbekehrung als Wirkung der Missionspredigt. Was Lukas über den Erfolg der Rede schreibt (Vers 34), ist genau besehen ein Mißerfolg. Es ist Paulus nicht gelungen, in Athen eine christliche Gemeinde zu gründen. Soll ich dieses Scheitern des Apostels zum Thema einer Geschichte machen?

Für mich ist der Abschnitt wegen der Rede interessant. Paulus wendet sich hier an gebildete Zeitgenossen. Sie sind keine naiven und abergläubischen Polytheisten, sondern haben sich tiefe philosophische Gedanken gemacht über das Eine, Göttliche, das allen Dingen zugrundeliegt, in dem wir leben und das in uns lebt. Um diesen Menschen das Evangelium nahezubringen, betont Paulus zuerst, soweit ihm das als Christ möglich ist, was ihm und ihnen an Wahrheitserkenntnis gemeinsam ist. Selbst vor pantheistisch klingenden Formulierungen scheut er nicht zurück (»in ihm leben wir, bewegen wir uns und sind wir«, Vers 28) und zitiert dabei einen heidnischen Dichter. Es ist zwar möglich, daß dieses Eingehen auf Gedankengut der Stoiker eher der Missionspredigt entspricht, die Lukas aus seiner Zeit kennt, und nicht derjenigen des historischen Paulus. Dennoch möchte ich den Schülern gerade für diese Art von Missionspredigt Verständnis vermitteln, bei der die Hörer nicht mit dem Nein zu ihren bisherigen Auffassungen über Gott und die Welt konfrontiert werden, sondern hören, was an ihren bisherigen Ansichten der Redner ebenso wie sie bejaht.

Wie knüpft die Missionspredigt, die Lukas in diesem Abschnitt formuliert, an die Philosophie gebildeter Heiden an? Für dieses Thema wählt der erfahrene Religionslehrer geeignetere Unterrichtsformen als das Erzählen: Er motiviert die Schüler zur Arbeit am Bibeltext und führt dann ein Unterrichtsgespräch über das Thema, oder er macht den Schülern die Besonderheit dieser Predigt durch den Vergleich mit andern Texten klar.

Wenn ich jetzt einen Vorschlag für eine Nacherzählung dieses Abschnittes trotz der damit verbundenen Schwierigkeiten mache, dann nicht, weil ich als sturer Erzählfanatiker der Meinung wäre, mit phantasierendem Nacherzählen ließen sich alle Schwierigkeiten des Verstehens beheben. Das meine ich nicht. Mein Vorschlag hängt vielmehr damit zusammen, daß ich schon lange an der Frage interessiert bin, wie unser Glaubensleben, das Wachstum des Glaubens, seine Stagnation, sein Zerfall, auch die Entscheidungen für und gegen den Glauben, mit der Lebensgeschichte jedes einzelnen zusammenhängen. In vielen Gruppen mit Studierenden oder mit Pfarrern haben wir über die Biographie jedes Gesprächspartners nachgedacht und zu verstehen versucht, wie unsere individuellen Erfahrungen und unsere je wieder andere Glaubensweise voneinander abhängen und sich wechselweise beeinflussen. Weil beim Aufnehmen einer Predigt die Lebensgeschichte und der Punkt, auf dem man sich auf dem eigenen Lebensweg gerade befindet, immer mitspielen, wirkt dieselbe Predigt auf Menschen, die sie alle gehört haben, oft so verschieden, ja gegensätzlich. Was dem einen einen Schritt weiterhilft, ist für den andern ein Ärgernis.

Diese eingehende Beschäftigung mit dem Zusammenhang zwischen Lebensgeschichte und Glauben war vorausgegangen, als wieder einmal die Frage an mich herantrat, wie der lukanische Bericht über Athen im Unterricht zu behandeln sei. Da kam mir die Idee, man könnte sich einige Lebensgeschichten von Hörern, die damals auf dem Areopag dabei waren, ausdenken und an ihnen verständlich machen, warum einige (sie gehörten zur Mehrheit) von der Predigt des Paulus nicht berührt wurden, obwohl der Redner sich bemüht hat, auf ihre Ansichten einzugehen, und warum einige wenige von der gleichen Botschaft so beeindruckt waren, daß sie sich für den Weg zum Glauben entschlossen haben. In die Lebensgeschichte dieser fingierten Personen habe ich das einzufügen versucht, was mir als Hintergrundwissen zum Verständnis des Textes hilfreich erscheint und dabei, wenn möglich, wörtlich aus den Quellen zitiert.

Wenn ich mich mit der Nacherzählung so weit von dem, was die Bibel berichtet, entferne, dann ist es (daran sei noch einmal erinnert) unerläßlich, die Hörer mit dem lukanischen Bericht im Wortlaut bekanntzumachen, vielleicht durch stilles Lesen im Anschluß an die fünf Lebensläufe oder indem der biblische Bericht der Nacherzählung vorangestellt wird. Damit die Hörer den Überblick über die fünf Geschichten behalten, ist es ferner nötig, ihnen im voraus mitzuteilen, daß sie fünf Geschichten zu erwarten haben.

In meinem Entwurf fehlt die Hauptperson im biblischen Bericht, Paulus. Von ihm erwähnt Lukas hier sogar eine emotionale Reaktion auf das, was ihm entgegentritt: Als er die Stadt voll von Götzenbildern sah, erfaßte ihn heftiger Zorn (Vers 16). Es fiele mir nicht leicht, dieses Gefühl der Empörung eines frommen Juden im damaligen Athen nachzuempfinden, weil ich ja auf die Skulpturen von griechischen Göttern aus der klassischen Zeit emotional anders reagiere. Ich müßte versuchen, mich in das einzufühlen, was Paulus schon als Kind der jüdischen Diaspora in Tarsus, in heidnischer Umgebung, an Götzendienst gesehen und erlebt hat, und müßte mir vorstellen, was in ihm, einem Mann mit strengen sexuellen Grundsätzen, vorgeht, wenn er auf den Plätzen der Stadt mannsgroße Phallus-Darstellungen aus Stein und an den Außenwänden der Tempel nackte Gottheiten beiderlei Geschlechts sieht.

Wenn es mir gelänge, den heiligen Ärger über die heidnische Übertretung des Bilderverbots auch in mir zu fühlen, wäre es erst recht schwierig, den gefühlsmäßigen Gehalt der Areopagrede mit der anfänglichen Stimmung des Redners zusammenzubringen. Die Rede beginnt mit einem vielleicht doppeldeutigen Kompliment an die Adresse der Athener (Vers 22): »Nach allem, was ich sehe, seid ihr besonders religiöse Menschen«). »Besonders religiös« könnte auch bedeuten »besonders abergläubisch«. Aber dann enthält die Rede nichts vom prophetischen Zorn gegen den Götzendienst, sondern entfaltet ruhig die Botschaft vom bildlos zu verehrenden Schöpfergott. Müßte ich, wenn ich die Ereignisse aus der Sicht von Paulus erzählen wollte, von diesem gefühlsmäßigen Bruch zwischen dem zornigen Juden am Anfang und dem abgeklärt rational argumentierenden Philosophen auf dem Areopag reden? Müßte ich Paulus darstellen als einen Missionar, der seinen anfänglichen Ärger über seine Zuhörer unterdrückt und ihnen mit positiven Gefühlen zu begegnen sucht? Oder als einen Missionar, der zwar mit den Zuhörern nett sein und auf ihre Auffassungen eingehen möchte, aber ihnen unterschwellig zu verstehen gibt, daß sie ihn als Götzendiener ärgern, und der sich dann nicht wundern muß, daß sie seine Botschaft mehrheitlich ablehnen?

Wenn ich mir solche Möglichkeiten für eine Geschichte, in der Paulus die Hauptrolle spielt, überlege, merke ich, daß mit ihr das, was mir an diesem Text für heute wichtig ist, weniger zur Sprache kommt als in den Biographien der Hörer.

Fünf Zuhörer-Geschichten

Damaris — Da Er nicht fern ist von einem jeden unter uns

Drei Kinder hatte sie ihm geboren. Dem jüngsten gab sie noch die Brust. Mit Arbeiten am Webstuhl brachte sie das Geld zusammen für ihn und die Familie.

Er kümmerte sich nicht um den Broterwerb. Er hatte Höheres im Sinn: Er suchte, zusammen mit einem Kreis von Freunden, nach der Wahrheit. Sie nannten sich Philosophen, das heißt Freunde der Weisheit. Sie trafen sich jeden Nachmittag reihum in ihren Wohnungen oder in der Halle beim Marktplatz und diskutierten über schwierige Fragen: »Was ist das Gute?« »Was ist der Mensch?« »Wie wird er glücklich?« »Wie ist die Welt entstanden?« Darüber hatten vor Jahrhunderten berühmte Philosophen Bücher geschrieben. Jeder im Freundeskreis hatte sie gelesen und trug daraus vor, was ihm wichtig schien für die Frage, um die gerade gestritten wurde. Er fügte eigene Gedanken hinzu, und so reihten sie Erkenntnis an Erkenntnis.

Wenn sie in ihrer Wohnung zu Gast waren, mußte Damaris die Runde bedienen. Dabei schnappte sie vieles auf, was geredet wurde, und machte sich darüber ihre eigenen Gedanken. Ihr Mann hielt alles, was sie für den Haushalt und die Gastfreundschaft tat, für selbstverständlich. Er sprach darüber nur, wenn er etwas auszusetzen hatte.

286

Einmal lag kein gewaschenes Hemd für ihn in der Truhe bereit. Da beschimpfte er sie:

»Du faules Miststück! Die Götter haben mich bestraft, daß sie mir ein solches Weib gegeben haben.«

In der sanften Damaris stieg der Zorn hoch. Sie hatte genug. Sie band ihren Jüngsten auf den Rücken und verließ wortlos das Haus und die Stadt. Bald lagen Mauern und Menschen weit hinter ihr. Sie wanderte einsam am Strand des Meeres entlang. Hier draußen war Friede: das tiefblaue Meer, vom Mittagswind leise bewegt, der weiße Sand, die sanften Hügel Attikas und darüber die wärmende Sonne. Sie setzte sich auf einen Stein und gab dem Kleinen die Brust. Er schmatzte zufrieden. Sie spürte seinen Atem an ihrer Haut. Der Aufruhr in ihrem Innern ließ nach. Sie schaute einer Schar unablässig kreischender Möwen nach und sah, wie die Fische sich vom Wasser ruhig tragen ließen und dann plötzlich hin und her zuckten. Ein Delphin schwamm mit flüssigen Bewegungen vorbei, hob gerade vor ihr den Kopf über Wasser, als ob ihn das Geschäft des Stillens interessierte, und tauchte unter. Sie staunte und wunderte sich über all das, was um sie herum lebte und sich bewegte, von der Sonne erwärmt, vom Wasser genährt. War sie mit ihrem Kind nicht ein Teil dieses Reichs des Lebendigen? Atmete sie nicht dieselbe Luft? Freute sie sich nicht über dieselbe Sonne? Nährte sie sich nicht auch von dem Lebendigen, das die Erde wachsen ließ und das die Netze der Fischer aus dem Wasser zogen? Und sie war als Mensch doch auch anders als die Lebewesen, die sie umgaben. Sie konnte über das Leben und sein Geheimnis nachdenken. Sie konnte davon reden. Ihrem Kinde wird sie bald die Namen dieser Lebewesen vorsprechen: Möwe, Fisch …

Ihr kam ein Preislied für Zeus in den Sinn, das einer der Freunde ihres Mannes manchmal rezitierte. Es hatte ihr Eindruck gemacht, und sie hatte sich die ersten Zeilen eingeprägt:

»Zeus, der Unsterblichen höchster, vielnamiger Herrscher des Weltalls, Ursprung du der Natur, der alles gesetzlich regieret, sei mir gegrüßt! Dich zu rufen geziemt ja den Sterblichen allen. Denn sie stammen aus deinem Geschlecht. Den Menschen allein nur gabst du die Sprache vor allem, was lebt und sich regt auf Erden.«

Als sie diese Worte langsam vor sich hin sprach, war ihr zumute wie nie zuvor, auch damals nicht, als sie noch in ihrer Jugend mit der ganzen Menschenmenge an den Götterfesten auf dem Tempelberg teilgenommen hatte. Damals war es bloß die Freude an Farben und

Klängen und Menschen, jetzt fühlte sie sich dem ganz nahe, aus dem alles Leben hervorgegangen war. »Wir stammen aus seinem Geschlecht.« Wir sind mit ihm verwandt. Das hatte sie gespürt. Aber hier draußen, am Ort solcher Erfahrung, zu bleiben war für sie nicht möglich. Die anderen beiden Kinder brauchten die Mutter noch. Alle drei ernähren konnte sie nur, wenn sie fleißig am Webstuhl saß. Der Jüngste war inzwischen eingeschlafen. Sie band ihn auf den Rücken und wanderte nach Hause. Sie holte Wasser und machte Feuer, als ob nichts geschehen wäre. Auch ihr Mann kam nicht mehr auf das Vorgefallene zurück.

Am anderen Morgen verschnürte sie wollene Decken und Mäntel, die sie in der letzten Zeit gefertigt hatte, zu einem Bündel und trug es auf dem Kopf zum Marktplatz. Die Kunden kauften. Einer, der Sprache nach ein Ausländer, fiel ihr auf. Er kaufte zwar nichts, aber betrachtete bewundernd die Erzeugnisse ihrer Kunstfertigkeit und lobte sie mit Sachverstand:

»Du stellst die Farben deiner Muster so schön zusammen, daß die Seele des Betrachters heiter und ruhig wird.«

Damaris freute sich über das Lob. Es war, ohne daß sie darüber redete, ein geheimes Einverständnis zwischen ihnen. Ob auch er hart bei einer Lebensaufgabe ausharren und Unrecht leiden und gegen Widerstand kämpfen mußte? Oder hatte er wie sie Erfahrungen mit der Nähe des allmächtigen Schöpfers gemacht?

Als sie aufbrach, sah sie in der Halle neben dem Marktplatz den Fremden diskutierend mitten im Kreis der Freunde ihres Mannes.

Sie trat hinzu und hörte, daß es um Fragen der Religion ging. Dem Fremden wurde vorgeschlagen, an diesem Abend auf den Hügel des Gerichts zu kommen und dort seine neue Lehre vorzutragen. Dann werde man in Ruhe darüber urteilen können.

Das ließ Damaris sich nicht nehmen: Was dieser Fremde zu sagen hatte, mußte sie hören. Sie legte die beiden älteren Kinder ins Bett, band den schlafenden Kleinen auf den Rücken und ging, ohne dem Mann etwas zu sagen, auf den Gerichtshügel hinauf. Zum Freundeskreis waren noch andere Athener, auch Frauen, gekommen. Sie setzte sich unauffällig in den Hintergrund. Sie hörte den Namen des Fremden: Paulus, aus einer Provinz im Osten des Reiches.

Er sprach zunächst von einem unbekannten Gott, den die Athener verehrten: »Was ihr verehrt, ohne es zu kennen, das verkündige ich euch.« Dann redete er von diesem Gott, der nicht in Tempeln wohnt und keine Opfer von Menschen benötigt und nicht den goldenen und silbernen und steinernen Statuen gleicht. Er ist der Gott, der die Welt erschaffen hat und alles Lebendige mit seinem Atem erfüllt.

Was Paulus redete, war für Damaris vertraut. Es war ihr, als ob er von ihrer eigenen Erfahrung draußen am Meeresstrand spräche. Manches erinnerte an das Preislied für Zeus, das sie liebte, nur der Name Zeus kam nicht vor.

»In ihm leben wir, bewegen wir uns und sind wir, wie auch einige von euren Dichtern gesagt haben: Wir sind seines Geschlechts.«

Dann sprach Paulus von einem, den der Allmächtige zu uns Menschen gesandt hat, damit wir uns zu ihm kehren. Dieser Bote Gottes sei von bösen Menschen getötet worden. Doch Gott habe ihn auferweckt und zum Richter aller Völker gemacht.

Jetzt wurde der Redner durch Zwischenrufe unterbrochen. Viele Zuhörer fanden, sie hätten genug gehört und wüßten Bescheid über Paulus. Einige spotteten, andere verabschiedeten sich mit einer höflichen Floskel. Nur wenige blieben zurück und wollten von Paulus noch mehr über diesen Gott und seinen Boten hören. Unter ihnen Damaris. Gestern, bei den Fischen und beim Delphin, hatte sie gespürt, daß der Allmächtige ihr nicht fern war. War es vielleicht auch möglich, seine Nähe zu erfahren, wenn sie am Webstuhl arbeitete und am Herd den Kindern das Essen kochte? Der Gottesbote hatte Unrecht gelitten. Man hatte ihn zum Tode verurteilt. Konnte sie von ihm Hilfe erwarten, um ihre Arbeit als Ernährerin der Familie zu leisten, auch wenn ihr Mann ihr kein gutes Wort gab?

Arion – Mit der stoischen Philosophie sein Schicksal meistern

Arion war Gründer des Philosophenklubs und ältestes Mitglied. Von Beruf oberster Steuerbeamter der Stadt, gerecht, pflichtbewußt und von den Bürgern hochgeschätzt. Wenn er am Nachmittag mit seinen Freunden, den Philosophen, zusammen war, hörte er dem Gespräch aufmerksam zu. Was er dann nach langem Schweigen vorbrachte, hatte bei den anderen ein besonderes Gewicht.

Arion war ein lebendiges Beispiel dafür, wie Philosophie einen Menschen verändern kann. Seine Altersgenossen erinnerten sich, wie er in der Jugend war: Sohn eines reichen Kaufmanns, vielversprechender Nachwuchskämpfer im Diskuswerfen. Dann begann sein schlimmes Leiden: Jedesmal, wenn ein Wettkampf bevorstand, überfiel ihn ein entsetzliches Kopfweh. Es war, als ob zehn Meißel auf seinen Schädel einhämmerten. Er konnte nicht schlafen, er schrie vor Schmerzen. Bald waren die Attacken alle paar Tage bei ihm zu Gast. Die Ärzte der Stadt wurden zugezogen, einer nach dem andern. Sie verschrieben Mittel. Die Heilung blieb aus. Arion pilgerte zum Tempel des Heilgottes Äskulap nach Epidaurus. Die Priesterärzte behandelten ihn eine Woche lang. Er kehrte ungeheilt nach Hause zurück. Er mußte seine Berufskarriere aufgeben. Sein Vater ließ einen berühmten Arzt aus Ägypten kommen. Der versuchte eine Schädeloperation. Man redete davon in der Stadt. Der Patient überlebte, die Wunde vernarbte. Aber die Schmerzanfälle waren wie vor der Operation.

Da lernte Arion einen Lehrer der Philosophie kennen. Er gehörte zu einer Gruppe, die man die Stoiker nannte, denn einst, als diese Gruppe sich bildete, versammelte sie sich in einer Säulenhalle (Stoa). Im Gespräch sagte dieser Lehrer, durch philosophische Erkenntnis bekomme der Mensch ein anderes Verhältnis zu seiner Krankheit. Das weckte bei Arion neue Hoffnungen. Er vereinbarte mit dem Lehrer Privatunterricht. In den ersten Stunden lernte er, daß jede Krankheit, die uns trifft, Schicksal ist. Das Schicksal muß man tragen, ohne zu murren. Ein Mensch, der die Weisheit liebt, so lernte Arion weiter, ist einer, der sich selber beherrscht. Er wird nicht von Gefühlen der Freude oder des Schmerzes hin- und hergerissen, sondern bleibt immer ruhig, unerschütterlich und frei von Leidenschaften.

Solche Lehren beeindruckten Arion. Indem er sich in sie vertiefte, erlebte er seine Kopfschmerzen anders als bisher. Wenn sie anfingen, versuchte er, innerlich davon unberührt und unerschüttert zu bleiben. Je mehr er sich darin übte, desto besser gelang es ihm.

Sein Lehrer führte ihn weiter zu der Erkenntnis, daß die göttliche Vorsehung die ganze Natur durchdringt und ordnet und belebt. Es gibt viele Namen für dieses Göttliche um uns und in uns. Man kann es Natur oder Geist, Schicksal oder Vernunft, göttlichen Vater oder Zeus nennen, so lehrte er. Und wir sind durch unsere Vernunft mit Gott verwandt. Wir sind seines Geschlechts. Auch diese Einsicht trug dazu bei, daß Arion sich nicht mehr wie bisher über die Anfälle ärgerte und sich dagegen auflehnte. Er nahm sie hin als etwas, das sein mußte, weil es die göttliche Vernunft beschieden hatte.

Er konnte seine abgebrochene Berufsausbildung wieder aufnehmen. Er trat als Beamter in die Verwaltung ein und rückte mit der Zeit an

die Spitze des Steueramtes auf. Fragte man ihn, wie es ihm mit seinen Kopfschmerzen gehe, antwortete er nur:
»Ich habe keinen Grund zum Klagen.«
Den Klub der Philosophen gründete er, weil ihm die Liebe zur Weisheit und das Suchen nach ihr Herzenssache waren. Er wollte in den Diskussionen mit den Freunden, die oft ganz anders dachten als sein stoischer Lehrer, noch mehr über die Weisheit lernen. Wenn er ihnen seinen Glauben an Gott, der mit so vielen Namen umschrieben wird, erklären wollte, trug er gern das Preislied von Zeus vor.

An jenem Nachmittag, als Paulus auf dem Marktplatz von Athen war und das Gespräch mit den Philosophen suchte, war Arion auch dabei. Die Botschaft des Fremden, das merkte Arion gleich, war in manchem seinen eigenen Auffassungen ähnlich. Darum schlug Arion vor, daß Paulus Gelegenheit bekomme, seine Lehre abseits des Marktlärms vorzutragen. Es war ihm recht, daß dies auf dem Hügel des Ares geschehen konnte. Am Abend saß auch er unter den Hörern, als Paulus von dem Gott sprach, der die Welt erschaffen hat und alles in ihr, und der nicht fern von einem jeden unter uns ist.

Es gefiel Arion, daß Paulus gegen die Meinung sprach, man könne das Göttliche in goldenen oder silbernen oder steinernen Statuen abbilden, oder das Göttliche wohne in einem von Menschen erbauten Tempel. Er war erfreut, daß der Redner ein Dichterwort zitierte, das ihn an das Preislied für Zeus erinnerte: »Wir sind seines Geschlechts.« Nur was Paulus am Schluß seiner Rede von diesem Gesandten Gottes erzählte, von seinem Tod, seiner Auferstehung und seinem Kommen als Richter der Menschen, leuchtete Arion nicht ein.

Als die Rede von einigen Zuhörern unterbrochen wurde, fand Arion, man wisse jetzt genug über ihn. Sein Urteil lautete: »Was an den Lehren dieses Juden gut ist, habe ich schon von meinem stoischen Lehrer gehört. Was er Neues bringt, finde ich überflüssig. Meine jetzige Philosophie genügt mir. Ich brauche das nicht, was er von diesem Heiland und Richter erzählt.«

Arion ging an diesem Abend nach Hause und war zufrieden, daß man dem Fremden eine Chance gegeben hatte, seine Lehre darzulegen.

Phaiax – Nach der Lehre Epikurs den Weg zu einem glücklichen Leben finden

Phaiax bewohnte eine Villa am Stadtrand. Er war reicher als die andern Klubmitglieder. Wenn sie bei ihm eingeladen waren, griffen einige tüchtig zu. In den anderen Häusern kochte man nicht so sorgfältig und reichlich. Phaiax jedoch nahm von jeder Speise nur ganz wenig. Er sagte oft:
»Gibt es für den Gaumen einen köstlicheren Genuß als ein Stück knuspriges Brot und ein Glas Wein?«
Im Philosophenklub war er beliebt. Er hatte ein heiteres Gemüt, und auf seine Freundschaft war Verlaß. Das gehörte zu seiner Philosophie. Er sagte: »Nur wer fähig ist, ein guter Freund zu sein, wird ein glücklicher Mensch.«
Besonders Chrysipp, der Baumeister, hatte seine Freundschaft erfahren. Als er wochenlang mit seiner Leberentzündung im Bett lag und die Schmerzen ihm keine Ruhe ließen, besuchte ihn Phaiax jeden Tag, brachte ihm etwas mit, ein paar Blumen, ein kleines Gebäck, etwas zum Lesen. Vor allem: Er hatte Zeit für ein langes Gespräch.
Einmal gestand der Baumeister, daß er Angst habe vor dem Sterben. Phaiax tröstete ihn:
»Vor dem Sterben brauchst du keine Angst zu haben. Denn du erlebst den Tod gar nicht. Solange wir leben, ist der Tod nicht da. Wenn der Tod einmal kommt, sind wir nicht mehr am Leben.«
Das Gesicht des Kranken drückte Zweifel aus. Phaiax fuhr fort:
»Wenn du mit dem gesunden Menschenverstand den Dingen auf den Grund gehst, merkst du, daß der Tod nichts anderes ist als ein Nichts. Vor einem Nichts brauchst du dich nicht zu fürchten.«
»Ich habe auch Angst vor dem, was nach dem Tode kommt. Wie wird es meiner Seele ergehen? Sie muß vielleicht büßen für das, was ich Böses getan habe. Die Götter werden mich strafen.«
»Die Vernunft beseitigt auch diese Angst. Man hat dir doch erzählt, daß die Götter irgendwo hoch oben auf einem Berg in ewiger Glückseligkeit leben. Wirklich glückselig sein können sie nur, wenn sie sich um nichts zu sorgen brauchen. Also kümmern sie sich auch nicht um uns Menschen und unsere Missetaten. Das wäre zu mühselig für sie. Unsere Seele löst sich mit dem Tod in ihre Atome auf. Es gibt keinen Grund, sich vor dem zu fürchten, was nach dem Tode kommt. Es kommt nichts mehr.«

Solche vernünftigen Argumente beruhigten den Kranken. Die Angst ließ nach. Was Phaiax vorbrachte, hatte er aus den Büchern des Philosophen Epikur gelernt. Weil von seinen Worten Überzeugung ausging, wirkten sie auf den Baumeister wie Balsam.

Chrysipp erholte sich langsam. Phaiax setzte seine Besuche fort. Jetzt wollte er in Gesprächen seinen Freund auf den Weg zu einem vernünftigen Leben und zum wahren Glück leiten. Vor Ausbruch der Krankheit hatte es der Baumeister, so meinte Phaiax, in seinem Lebenswandel an Vernunft fehlen lassen. Er trank gern über den Durst. Wenn schmackhafte Speisen auf den Tisch kamen, konnte er mit Essen nicht aufhören. Er vergnügte sich bei Glücksspielen mit hohen Wetteinsätzen und ärgerte sich maßlos, wenn der Gewinn im Spiel ausblieb. Phaiax belehrte ihn:

»Du hast schon recht, nach dem Erleben von Glück zu trachten. Mein Lehrer Epikur hat geschrieben: ›Lust ist Ursprung und Ziel des glücklichen Lebens.‹ Doch es gibt verschiedene Arten von Lüsten, gute und schlechte, Lüste durch einen Wirbelsturm in der Seele und Lüste, bei denen die Seele ruhig und gleichmäßig bleibt. Die Lust mit ruhiger Seele ist besser. Du erlebst sie, wenn du der Vernunft folgst. Du mußt lernen, mit Maß zu genießen und dich an kleinen Dingen zu freuen.«

»Mir wurde aber erzählt, daß Epikur selber ein Freund der übermäßigen Lust am Essen und Trinken gewesen sei, und nächtelang habe er in seinen Gärten mit lockeren Damen Feste gefeiert.«

Phaiax wehrte sich: »Das sind Lügen, die seine Gegner über ihn verbreitet haben. Sie werden nicht wahrer, weil sie nun über 300 Jahre, seit seinem Tode, weitererzählt wurden.«

Der Baumeister mußte zugeben, daß die heutigen Anhänger dieser Philosophie nicht so lebten, wie es böse Zungen von ihrem Meister behaupteten. Die Belehrungen von Phaiax gaben ihm zu denken. Er nahm sich ernstlich vor, von nun an einen Lebenswandel mit mehr Vernunft zu versuchen.

An jenem Nachmittag, als Paulus mit den Philosophen zu diskutieren begann, war Phaiax dabei. Seine Meinung hatte er sich bald gebildet: Der Fremde wollte neue Götter verkünden. Eine Botschaft über neue Götter hielt Phaiax für unnötig. Die Götter interessierten ihn nicht mehr. Doch er war einverstanden: Der Jude aus dem Osten sollte die Möglichkeit bekommen, seine Lehre in Ruhe vorzutragen. Auch Phaiax saß an diesem Abend unter den Zuhörern von Paulus, neben ihm sein Freund, der Baumeister.

Paulus begann seine Rede mit dem Hinweis auf einen Altar in der Stadt, auf dem er die Inschrift »Einem unbekannten Gott« gelesen hatte. Er behauptete, daß er den Athenern verkünden werde, wen sie bisher verehrt hätten, ohne ihn zu kennen. Phaiax bemerkte zu seinem Freund:

»Ein fetter Wurm am Angelhaken! Der Mann will Fische fangen. Paß nur auf, daß er dir nicht deine frühere Angst vor den Göttern wieder beibringt.«

Der Redner sprach dann von einem einzigen Gott, der die Welt erschaffen hat und der in allen Lebewesen wirkt. Phaiax fand, daß Epikur mit seiner Lehre von den Atomen die Welt und das, was in ihr sich bewegt, einleuchtender erklärt habe. Als Paulus dann von einem Mann sprach, den Gott als seinen Boten zu den Menschen gesandt habe, wurde der Widerwille in Phaiax gegen diesen Juden stärker. Als am Schluß der Rede behauptet wurde, Gott habe diesen Mann von den Toten auferweckt und zum Richter der Menschen gemacht, hatte Phaiax genug von diesem Unsinn aus dem Osten. Er stand auf und spöttelte:

»Meinst du eigentlich, du seist hier in einem Wettstreit der Märchenerzähler?«

Manche Zuhörer lachten beifällig. Der Baumeister war froh, daß sein Freund so sicher über die neue Lehre geurteilt hatte. Denn als Paulus vom kommenden Richter sprach, hatte er sich gefragt, ob nach dem Tod nicht doch noch etwas kommen könnte, von dem der menschliche Verstand nichts ahnte.

Telamon – »Was will denn dieser Schwätzer?«

Schon vor Jahren war es geschehen, daß an einem wolkenlosen Vormittag das Licht der Sonne immer schwächer wurde und die Dämmerung anbrach. Die Hunde verkrochen sich, die Vögel flatterten unruhig hin und her. Die Bewohner der Stadt fragten aufgeregt und voll Angst: »Was soll das bedeuten?« Wer blinzelnd in die Sonne blickte, bemerkte, daß ein halbkreisförmiger Teil der Scheibe wie weggebrochen war. Einige erinnerten sich an die Geschichte von einem Ungeheuer, das die Sonne aufgefressen habe. Andere meinten, jetzt gehe die Welt unter. Sie eilten in die Tempel und flehten zu den Göttern um Rettung. Zwei Stunden später war der Spuk vorüber. Die Sonne schien, als ob sie nie etwas anderes getan hätte.

Telamon spottete über die Angst seiner Mitbürger. Für ihn und die anderen gebildeten Athener war die Sonnenfinsternis ein natürlicher Vorgang. Das konnten sie erklären. Telamon wußte auch noch, wie man das Eintreten der Sonnenfinsternis und ihre Dauer im voraus berechnet. Er hatte die Bewegungen der Himmelskörper studiert. In seiner Werkstatt stellte er die Instrumente her, mit denen auf hoher See der Stand der Sterne gemessen wurde, und berechnete die Tabellen, auf denen abzulesen war, wo sich das Schiff befand, wenn ringsum kein Land in Sicht war.

Telamon war Naturforscher. Für ihn war die ganze Welt aus Atomen gebaut. Alles, was geschah, verlief nach berechenbaren Naturgesetzen. In der Welt von Telamon gab es keinen Platz für Götter. Nach seiner Meinung waren Götter nichts anderes als das Erzeugnis der Angst von Menschen. Das wurde für ihn durch das Verhalten der Mitbürger während der Sonnenfinsternis bestätigt.

Er wußte noch ein anderes Beispiel, wie Angst und Not der Menschen die Verehrung eines Gottes verursacht: Einst wurde die Stadt von einer Dürre heimgesucht. Gebete und Opfer zu den Göttern nützten nichts. Da dachte man, ein in der Stadt bisher unbekannter Gott habe die Dürre geschickt. Man baute für ihn einen Altar mit der Inschrift »Einem unbekannten Gott« und opferte darauf Tiere. Der ersehnte Regen kam. Seither wurden diesem Gott regelmäßig Opfer dargebracht. Sein Altar stand an der Straße zum Marktplatz.

Wenn Telamon Zeit hatte, nahm er an den Gesprächen im Philosophenklub teil. Er war nicht immer mit den anderen einverstanden. Was sie für wahr hielten, bezeichnete er oft als Aberglauben.

Er war an jenem Tag dabei, als Paulus sich in der Halle neben dem Marktplatz in die Diskussion der Philosophen einmischte. Als erster stellte er dem Fremden kritische Fragen. Als er keine Antworten bekam, die seinen Verstand befriedigten, fand er, ein weiteres Gespräch mit diesem Mann lohne sich nicht. »Was will denn dieser Schwätzer?« Dieser Zwischenruf auf dem Marktplatz könnte von Telamon stammen.

Am Abend auf dem Gerichtshügel war Telamon dann doch dabei. War er ein wenig neugierig? Tatsächlich, mit der Einleitung bewies Paulus, daß er etwas von Redekunst verstand. Zuerst machte er den Zuhörern Komplimente: »Athener, nach allem, was ich sehe, seid ihr besonders religiöse Menschen.« Dann knüpfte er an den Altar mit der Inschrift »Einem unbekannten Gott« an und versprach den Zuhörern, ihnen diesen unbekannten Gott näherzubringen.

Ein raffinierter Trick, fand Telamon. So weckte man die Neugierde des Publikums!

Was er jedoch über diesen unbekannten Gott verkündete, das waren nach Meinung Telamons leere, unbeweisbare Behauptungen. Schließlich erzählte Paulus noch von einem Mann, den Gott auf die Erde geschickt habe. Der Gottesbote sei getötet worden, und Gott habe ihn vom Tode auferweckt.

Jetzt stieg der Ärger in Telamon auf den Siedepunkt: »Das ist alles Unsinn! Daß ein Toter aufersteht, das widerspricht den Naturgesetzen. Das ist so absurd, wie wenn einer behauptet, er könne auf den Mond fliegen und heil wieder auf die Erde zurückkehren.«

Telamon erhob sich und ging nach Hause, ohne sich von den anderen zu verabschieden.

Dionysius – »Den Erdkreis richten durch einen Mann«

Der Tatbestand war klar: Der Täter war in die Schatzkammer des Landhauses eingebrochen und wollte sie ausräumen. Der Besitzer hörte ein Geräusch, eilte mit gezogenem Schwert herbei. Aber der Einbrecher war schneller. Er hob mit der Linken und mit dem Armstummel auf der andern Seite einen tönernen Mischkrug auf, der auf dem Boden stand, und schleuderte ihn mit aller Kraft dem Besitzer an den Kopf. Der starb sofort an einem Schädelbruch. Inzwischen waren die Sklaven herbeigeeilt. Sie überwältigten den Täter und übergaben ihn den Behörden. Der Täter war geständig. Dem Richter Dionysius blieb nur übrig, das Todesurteil zu fällen und mit seinem Siegel zu bekräftigen. Warum zögerte er?

Es war nicht das erste Mal, daß er Skrupel hatte, bevor er ein Urteil sprechen mußte. Doch so schwer wie diesmal war ihm sein Amt noch nie vorgekommen. War es das Mitleid mit dem Täter? Ein armer Schlucker, Bauarbeiter, mehrmals verunglückt, das letzte Mal vor fünf Jahren, als ein herabfallender Balken seine rechte Hand zertrümmerte. Seither arbeitslos. Dabei hatte er fünf hungrige Kinder zu ernähren. Der Mann wollte durch den Einbruch mit einem Schlag die Not seiner Familie wenden. Das war nachfühlbar. Warum stand aber nur er als Angeklagter vor dem Richter? Warum nicht die vermögenden Bürger, die sich um den Hunger in dieser Familie nicht gekümmert haben? Warum nicht die Stadtväter, die keine Vorsorge getroffen hatten für Familienväter, die durch einen Unfall arbeitsunfähig wurden? Warum nicht er, Dionysius, der Richter, der nichts von der Not dieses Mannes in der gleichen Stadt gewußt hatte?

Freilich, der Totschlag mußte bestraft werden. Man konnte ihn nicht als Notwehr entschuldigen. Woher kam dann der Widerspruch gegen die Verurteilung, den der Richter in sich spürte? Waren es die äußerlichen Ähnlichkeiten zwischen ihm und dem Täter? Der Mann hieß zufällig auch Dionysius. Doch das war kein seltener Name. Der Richter hatte in den Akten bemerkt, daß sie beide unter dem gleichen Sternzeichen der Zwillinge geboren waren. Und er, der Richter, hatte wie der Täter eine Familie mit fünf Kindern.

Es war ein innerer Zwang: Der Richter mußte sich vorstellen, daß *er* dieser Bauarbeiter wäre, mit einem Armstummel statt einer arbeitsfähigen Hand; daß *er* den Einbruch und den Totschlag begangen hätte, daß *er* ein gerechtes Urteil von einem Richter erwartete. Doch was war in diesem Fall ein gerechtes Urteil? Dionysius hatte einmal den Ausspruch eines Philosophen gehört: »Gerechtigkeit heißt, jedem das Seine geben.« Ein weises Wort! Aber wie soll der Richter Dionysius es gegenüber dem Totschläger Dionysius anwenden? Soll er ihn, der ein Menschenleben auf dem Gewissen hat, mit dem Tod bestrafen? Ist die Hinrichtung »das Seinige?« oder meint »das Seinige geben« in diesem Fall: die Notlage des Familienvaters berücksichtigen, mildernde Umstände gelten lassen?

Es blieb schließlich nichts anderes übrig: Dionysius siegelte mit traurigem Herzen das Todesurteil. Die andern Stadtrichter hätten ein milderes Urteil rückgängig gemacht. Doch die Frage blieb für ihn bestehen: Wie verwirklichen wir wahre Gerechtigkeit? Diese Frage, die ihn schon lange umtrieb, war der Grund, daß er dem Klub der Philosophen beigetreten war. In den Gesprächen mit den Mitgliedern des Klubs hoffte er, eine Antwort zu finden. Doch die interessierten sich für seine Frage nur wenig. Der freundliche Epikur-Schüler Phaiax fand die Fragen »Wie werde ich glücklich?« und die Frage »Was gehört zur wahren Freundschaft?« wichtiger. Wenn Dionysius ihnen heute den Fall dieses Familienvaters vorlegte, würden sie vielleicht die Bedeutung der Frage nach der Gerechtigkeit begreifen.

Doch an diesem Nachmittag diskutierten sie in der Halle beim Marktplatz mit einem Juden aus dem Osten über Fragen der Religion, und die interessierten den Richter nicht sonderlich. Er hörte nur mit halbem Ohr zu. Als vorgeschlagen wurde, der Fremde solle seine Lehre am Abend in Ruhe vortragen, bot er an, daß die Versammlung auf dem Hügel des Gerichts stattfinden könne. Für diese Erlaubnis war er zuständig. Die anderen waren einverstanden. So war auch der Richter am Abend auf dem Gerichtsplatz anwesend.

Was der Fremde im ersten Teil seiner Rede zu sagen hatte, fand Dionysius nicht aufregend, jedenfalls nicht neu. Auch einige Freunde im Klub vertraten diese Idee von einem einzigen Gott, der die ganze Welt geschaffen hatte. Als Paulus aber im zweiten Teil von dem Mann erzählte, den Gott gesandt hat, um den Menschen seine Gerechtigkeit zu bringen, horchte Dionysius auf. Als Paulus dann erzählte, wie dieser Bote Gottes als Angeklagter von Menschen zum Tode verurteilt und nach dem Tode von Gott auferweckt und zum Richter über alle Menschen eingesetzt worden war, da war Dionysius ganz dabei. Diese Geschichte enthielt ja eine neue Antwort auf seine Frage: Gerechtigkeit — nicht ein Werk, das menschliche Richter, wenn sie sich abmühen, schaffen können, sondern eine Gabe, die ein Bote Gottes bringt. Gerechtigkeit als Werk eines Richters, der selber zuerst Angeklagter war und zum Tode verurteilt wurde und der so die Kluft überbrückt zwischen dem Angeklagten und seinem Richter, die beide Menschen sind.

Auch Dionysius stand nach der Rede bei dem Grüppchen von Menschen, die noch mehr über die Lehre von Paulus hören wollten. Diese Lehre konnte ihm, so hoffte Dionysius, vielleicht helfen, sein schweres Richteramt so auszuüben, daß dadurch Gerechtigkeit unter den Menschen verwirklicht wurde.

Biblisches Register

Nachstehende Beiträge wurden bereits veröffentlicht in:

Gen 11,1–9 Turm zu Babel (Einleitung umgearbeitet)	GPM 41/3, 1987
1 Sam 13–14 Die Heldentat Jonatans (Einleitung umgearbeitet)	„entwurf" 1/86, Stuttgart
Ps 131 Ihr eigener Psalm Ps 137 Abwehr einer Versuchung Ps 130 Ein Vater, der den Sohn verliert	„Erzählte Kontexte" Th. P. 1983, 3/4
Mk 10,46–52 Die Heilung des blinden Bartimäus	„Biblische Geschichten Kindern erzählen" Gütersloh 1982
Apg 16,11–40 Paulus in Philippi	Zeitschrift RL 1984/3 + ‚Christenlehre' 1988/6
Apg 17,10–34 Paulus in Athen (Einleitung umgearbeitet)	Festgabe für G. Otto ‚Religion und Biographie' München 1987
Der Unfall an der Zisterne	Zeitschrift RL 1982/2
Die Engel in der Weihnachtsgeschichte von Lukas (Einleitung umgearbeitet)	Zeitschrift RL 1981/4
Was wäre er ohne den Freund?	KU-Praxis 20/1984
Der Dorf-Heiler	KU-Praxis 20/1984

Vorlesebücher und Erzählbücher

Vorlesebücher Religion

Herausgegeben von Dietrich Steinwede und Sabine Ruprecht
Kaufmann/Patmos/Vandenhoeck & Ruprecht/TVZ

Die Texte der Vorlesebücher wurden aus der Kinderliteratur der Gegenwart ausgewählt, z.T. extra für diese Bücher geschrieben und mit Kindern erprobt. Sie bringen einen Ausschnitt aus der Vielfalt kindlichen Erlebens und menschlicher Erfahrung. Sie fordern zum Nachdenken und Gespräch heraus, die in allen Lehrplänen Parallelen haben. Sie sind nach thematischen Aspekten geordnet und ermöglichen die Deutung der Lebenserfahrung von der Gotteserfahrung her.

Vorlesebuch Religion Band 1
384 Seiten, gebunden

Vorlesebuch Religion Band 2
400 Seiten, gebunden

Vorlesebuch Religion Band 3
416 Seiten, gebunden

Arbeitshinweise – Register 1–3
Erarbeitet von Renate Ohlemacher, Sabine Ruprecht und Heidi Kaiser.
504 Seiten, gebunden

Erzählbuch zur Bibel

Theorie und Beispiele. Über 40 Beispiele für das Erzählen biblischer Geschichten und Themen bei Kindern von 6–12 in Schule und Kindergottesdienst.
Kaufmann/Patmos/TVZ

Band 1
Herausgegeben von Walter Neidhart und Hans Eggenberger
384 Seiten, gebunden

Band 2
Herausgegeben von Walter Neidhart
304 Seiten, gebunden

Erzählbuch zum Glauben

Für Religionsunterricht, Kindergottesdienst und Familie
Herausgegeben von Elfriede Conrad, Klaus Deßecker und Heidi Kaiser.
Kaufmann/Patmos

Band 1: Das Glaubensbekenntnis
440 Seiten, gebunden

Band 2: Die Zehn Gebote
432 Seiten, gebunden

Band 3: Das Vaterunser
450 Seiten, gebunden

Band 4: Wort und Sakrament
476 Seiten, gebunden

Erzählbuch zur Kirchengeschichte
Herausgegeben von Dietrich Steinwede
Kaufmann/Vandenhoeck & Ruprecht/Christophorus

Die Bände enthalten über 140 Erzählungen und erzählende Beispiele zu den wichtigsten Daten und Epochen der Kirchengeschichte. Zu jedem Beispiel hat der Herausgeber einen knappen, informativen Text geschrieben, der den geschichtlich-kirchengeschichtlichen Zusammenhang der betreffenden Erzählung aufzeigt. Das Buch enthält ganz verschiedene Erzähltypen: Plastisch, eindringlich situative Erzählungen sowie mehr informierende, sachliche Erzählungen.

Band 1
Von den Anfängen des Christentums bis zum Spätmittelalter
460 Seiten, gebunden

Band 2
Von der beginnenden Neuzeit bis zur Gegenwart
638 Seiten, gebunden

Beide Bände haben ausführliche Register, die dem Benützer bei der Verwendung erhebliche Erleichterung bieten.

Werner Laubi
Geschichten zur Bibel
Ein Erzählbuch für Schule, Familie, Gemeinde
Kaufmann/Patmos

Band 1: Saul, David, Salomo
168 Seiten, gebunden

Band 2: Elia, Amos, Jesaja
152 Seiten, gebunden

Band 3: Abraham, Jakob, Josef
144 Seiten, gebunden

Band 4: Jesus von Nazaret Teil 1
148 Seiten, gebunden

Band 5: Jesus von Nazaret Teil 2
164 Seiten, gebunden

Jedes Buch enthält über 20 spannende und lebensnah erzählte Geschichten zu dem jeweiligen Thema. Der Autor vermittelt ein lebendiges Bild der Umwelt und des historischen Hintergrunds und der geistig-religiösen Auseinandersetzungen. Alle Geschichten fußen auf fundierten theologischen und historischen Kenntnissen, die mit Phantasie in Handlung gesetzt wurden. Sie sind alle in der Praxis des Pfarramts und der Schule entstanden und bei Kindern, Jugendlichen und Erwachsenen erprobt.
Zu jeder Geschichte werden sachliche und theologische Erläuterungen, Vertiefungs- und Repetitionsvorschläge in knapper Form geboten.

Erhard Domay (Herausgeber)
Vorlesebuch Symbole
Geschichten zu biblischen Bildworten. Für Kinder von 6–12 Jahren
280 Seiten, gebunden
Kaufmann/Patmos

Ein Vorlesebuch für Schule und Gemeinde mit über hundert Geschichten zu vierzig biblischen Symbolwörtern für die Altersstufe 6–12 Jahre. Alle Texte sind mit Hinweisen auf die jeweiligen Deutungsmöglichkeiten versehen.